Golo Mann
Zwölf Versuche

S. Fischer

Umschlagentwurf Eberhard Marhold
Satz und Druck Poeschel & Schulz-Schomburgk, Eschwege
Einband G. Lachenmaier, Reutlingen
Printed in Germany 1973
ISBN 3 10 047905 x

Inhalt

Noch ein Versuch über Geschichtsschreibung

Von Carl Friedrich von Weizsäcker stammt eine Bestimmung des Begriffes »Information«, die ich versuchsweise akzeptiere: Information ist Mitteilung von Tatbeständen, und zwar eindeutige Mitteilung. Ihre ideale Form ist die kürzeste, mit Worten oder Zeichen sparsamste, die möglich ist; ihre ideale Aussage ist die mathematische oder mathematisierbare. Natürlich könnte man demgegenüber behaupten, daß selbst ein lyrisches Gedicht Information gibt, daß Hölderlins ›Hälfte des Lebens‹ uns über menschliche Wirklichkeit, über menschliche Stimmungen, Schicksale, Wonnen, Ängste, Verzweiflung »informiert«. Über die Oden des Horaz schreibt Nietzsche: »Dies Mosaik von Worten, wo jedes Wort als Klang, als Ort, als Begriff, nach rechts und links und über das Ganze hin seine Kraft ausströmt, dies Minimum in Umfang und Zahl der Zeichen, dies damit erzielte Maximum in der Energie der Zeichen – das alles ist römisch und, wenn man mir glauben will, *vornehm* par excellence. Der ganze Rest von Poesie wird dagegen etwas zu Populäres – eine bloße Gefühlsgeschwätzigkeit ...« – Minimum in Umfang und Zahl, Maximum in der Energie der Zeichen – wohl erinnert das von fern an Weizsäckers Beschreibung von »Information«. Aber vielleicht ist es besser, den Begriff selber in möglichst eindeutigem Sinn zu gebrauchen, damit er seine Kraft, zu greifen und zu unterscheiden, nicht verliert.

Unter Geschichte verstehe ich im Folgenden Geschichtsforschung und Geschichtsschreibung ungefähr in einem. Mit beiden wird der Gegenstand, das zu Erforschende oder zu Beschreibende, Erzählende manchmal verschwimmen, manchmal nicht.

Auch die Historie bietet eindeutige, in der Form denkbar knappe, mathematisierte oder mathematisierbare Information. Schlagendes Beispiel dafür ist die Statistik; Kurven, die das Wachstum der Bevölkerung, des Sozialprodukts oder der Produktion einzelner Industrien, das Schwanken der Preise, die Häufigkeit von Krankheiten und so fort demonstrieren.

Nun ist aber Historie die Wissenschaft von den Menschen, im Plural, *la science des hommes*, so hat Marc Bloch sie genannt. Auch diese Bestimmung will ich versuchsweise annehmen, mindestens ihren zweiten Teil; Geschichte, ob Wissenschaft oder keine, handelt von Menschen. Der Mensch ist keine Zahl. Seine Motive, sein Denken und Fühlen, Wollen, Scheinen-Wollen, Fürchten, Lieben, Genießen, Leiden, Glauben, Gieren sind nichts Eindeutiges, summieren sich zu nichts Eindeutigem, sind ganz gewiß nicht mathematisierbar. Darum ist die Beschreibung einer inskünftig wünschbaren Geschichtswissenschaft, wie sie ein französischer Historiker in unseren Jahren gab, »statistique en mouvement«, eine schlechte. Man spielt hier Hamlet ohne den Prinzen von Dänemark. Man läßt den Menschen weg.

Statistische Zahlen und Kurven erhalten ihren Sinn im Rahmen einer Fragestellung, die sich auf Menschen bezieht, ihre Lebensbedingungen und Bedürfnisse, die Motive ihres Handelns oder Träumens. Und nur zu diesem Zweck werden Zahlen erforscht. Die Information bleibt eindeutig; ihr Sinn schwankt je nach der Frage, die gestellt wurde.

Man hat errechnet, daß unter der Regierung Napoleons I. im Durchschnitt jährlich 80 000 junge Franzosen durch kriegerische Aktionen den Tod fanden, zehn Jahre lang. Der Historiker, der diese Zahlen errechnete, Gaston Bouthoul, schließt aus ihnen auf die eigentliche Ursache der napoleonischen Kriege, auf das Motiv, das hinter ihnen stand: die französische Ökonomie war so dürftig, daß es im Jahre 80 000 junge Männer zuviel gab, die so oder so vernichtet werden mußten. Vermutlich war die These, wonach große Kriege regelmäßig Übervölkerung, Bevölkerungsdruck zur Ursache haben, schon vorher in seinem Kopf; beweisen wollte er sie mit seinen Berechnungen, mit seiner Frage, auf die er die Antwort im Prinzip schon wußte. Die Antwort überzeugt nicht; der Statistik, der reinen Information, wird hier zugemutet, was sie nicht hergeben kann. Es findet eine unerlaubte Gleichsetzung von Folge und Ursache, von Funktion und Folge statt. Gezeigt werden müßte, was nicht gezeigt werden kann: daß Napoleon sich der Notwendigkeit, jährlich 80 000 junge Männer loszuwerden, *bewußt* war, daß er sie bewußt zur Grundlage seiner imperialen Politik machte. Man wird in 22 000 Briefen

Napoleons nicht einen einzigen finden, in dem dies Argument formuliert oder angedeutet würde; und es ist völlig falsch, zu glauben, daß die Menschen ihre wahren Motive ihr Leben lang konsequent verschweigen könnten. Das ist noch keinem gelungen. Gezeigt werden müßte auch, daß jene 80 000 jährlich im Lande hätten hungern oder Hungers sterben müssen, daß sie buchstäblich zuviel waren, daß ihr Sterben im Krieg eine wirtschaftliche Funktion hatte; was wieder nicht gezeigt werden kann. In Wirklichkeit war Frankreich gegen Ende der napoleonischen Kriege in seiner Menschenkraft furchtbar geschwächt und ausgeblutet. »Ich habe Ihre Truppen gesehen«, sagte Metternich Juni 1813 zu Napoleon. »Es sind Kinder.« Eine Beobachtung, die den Kaiser in um so stärkere Wut versetzte, weil sie zutraf.

Daß Bouthouls Interpretation der von ihm gegebenen eindeutigen Informationen in ihrem absoluten Anspruch unhaltbar ist, heißt keineswegs, daß sie unbrauchbar wären, daß ihnen nicht mehrerlei Sinn entlockt werden könnte. Sie sind brauchbar für eine Geschichte des französischen Volkes: Was bedeuteten für die Gesellschaft als Ganze, für ein Dorf, für die einzelne Bauernfamilie die jährlichen Einberufungen, die jährlichen Todesbotschaften? Wobei dann wieder die stetig wachsende ungeheure Popularität des einen Namens in den 1830er und 40er Jahren verwirrend dazukommt und ein Licht auf der Menschen nie vorauszubestimmendes Fühlen wirft; da war das Sterben der 80 000 vergessen und das vergoldete Epos des Einen übriggeblieben. Sie sind brauchbar für den Historiker der Kriegskunst: Napoleons Strategie, was immer sonst sie war, war entschieden keine menschenschonende. Sie sind brauchbar für eine Geschichte des Machtkampfes zwischen den europäischen Staaten: wäre Frankreich 1792 nicht der volkreichste unter ihnen gewesen, hätte damit sich nicht ein nicht weiter zu erklärender, nur zu beobachtender *élan vital* verbunden, so hätten Republik und Kaiserreich ihre Rolle auf dem Welttheater nicht spielen können. – Eindeutige Information wird vieldeutig in ihrem Sinn, sobald sie überhaupt Sinn erhält, nämlich befragt wird, nämlich in den einen oder anderen Sinnzusammenhang gestellt wird.

Zu den Informationen der Statistik kommt die buchstäblich

unendliche Fülle bloßer Fakten, die, wenn nicht mathematisierbar, doch eindeutig und unbezweifelbar sind. Die böhmische Revolution von 1618 begann mit dem Prager Fenstersturz. Die Azteken pflegten die festlich-religiöse Sitte des Menschenopfers. Die russische konstituierende Nationalversammlung wurde, Januar 1918, durch eine Kompanie lettischer Scharfschützen auseinandergesprengt. Die Tatsache ist eindeutig und sehr leicht mitzuteilen. Ihre Interpretationen schwanken. Für Lenins feindliche Kritiker bedeutet sie einen Gewaltstreich, kraft dessen und von dem an die Entwicklung Rußlands von der ihr vorgezeichneten demokratischen Linie abirrte, um nie wieder zu ihr zurückzufinden. Für den Historiker Leo Trotzkij werden die lettischen Scharfschützen zu einem Instrument der Dialektik, dessen Lenin, selber persönlichstes Instrument jener irdischen Gottheit, sich im rechten Moment zu bedienen wußte. Hier setzt die Interpretation ein. Oder hier fängt die Imagination an.

Fakten sind dem Historiker nichts ohne den Zusammenhang, der ihnen ihren Platz gibt und den sie illustrieren. Nie ist ihre Anordnung ohne Absicht, sie gebe sich noch so objektiv. Unter den Sammlern bloßer Fakten, der *petits faits significatifs,* wie er sie nannte, war Hippolyte Taine einer der allerfleißigsten, allererfolgreichsten. Indem er seine Mosaikbilder kunstvoll aus ihnen zusammensetzte, wollte er etwas mit ihnen, was ihm ungefähr schon vorschwebte, ehe er an seine eigentliche Arbeit ging. Keines seiner Fakten ist bestreitbar, keines seiner Zitate verfälscht. Aber die sozialistischen Historiker der Französischen Revolution, Fälscher auch sie nicht, haben Charakter und Leistung des Wohlfahrts-Ausschusses ganz anders dargestellt, ganz anders bewertet, und zwar mit gleicher Überzeugungskraft. Das ist, was die Historie so verwirrend macht, zumal für einen wie den Schreiber dieser Zeilen, der alles glaubt, was er jeweils liest, wenn es nämlich von intelligenten Leuten stammt und gut geschrieben, solide begründet ist. Es liegt dies Verwirrende aber in der Natur der Sache, ihrer Unerschöpflichkeit; worüber später noch Einiges.

Das Wort Imagination hat seinen Auftritt schon gehabt. Es kommt nicht auf die philologische Herkunft des Wortes an, überhaupt auf Worte nicht, sondern auf die geistigen Vor-

gänge, durch die menschliche Vergangenheit, historische Wirklichkeit erfaßt, zusammengefaßt und dem Leser adäquat übermittelt wird. Hier setze ich Imagination gleich mit den Fähigkeiten: an die Vergangenheit sinnvolle Fragen zu richten. Vergangenes sich vorzustellen oder, wie man sagt, vor das geistige Auge zu rufen, sich in Fremdes oder halb Fremdes zu versetzen, es zu verstehen oder doch sich ihm verstehend anzunähern. Phantasie ist ein alledem eng benachbarter Begriff, so auch Intuition. Phantasie nicht im Sinn des Phantastischen, sondern eben als die Kraft, sich einzubilden und vorzustellen, Vergangenes, mitunter, das ist ja vorgekommen, auch Zukünftiges, aus dem Vergangenen und dem Gegenwärtigen her; Intuition, nicht als ein Geschenk, das vom Himmel fällt, sondern als Anschauung vergangener Zusammenhänge, vergangener Denkarten, Erscheinungen, Charaktere, Ereignisse, die dem Historiker aus jahrelangem Studium der Dokumente erwächst, dann mitunter wohl auch plötzlich, wie mit einem Schlag. Dem Historiker, dem gelehrten Forscher und Darsteller des Erforschten. Künstlern, Dichtern und Schriftstellern ist die Anschauung in tiefer Vergangenheit versunkenen Lebens nach höchst geringfügigem Quellenstudium geglückt. Da ist kein Mysterium, obgleich eine schöne Ausgenommenheit. Warum sollte es nicht ungewöhnlich intuitive Intelligenzen geben? Uns Durchschnittshistorikern jedenfalls geht ein Licht erst nach langem Tappen im Dunklen der Dokumente auf; was noch weniger ein Mysterium ist.
Will man die eben genannten angeborenen und ausgebildeten Fähigkeiten unter den Sammelnamen Imagination bringen, so ist offenbar: daß ohne Imagination Geschichtsschreibung nicht möglich ist und Geschichtsforschung ebensowenig; daß ohne sie auch Geschichtsforschung nichts anderes erbringen könnte als Fakten in beliebiger Menge und ohne Interesse. Dergleichen ist wohl getan worden. Zum Beispiel hat der amerikanische Historiker oder Soziologe Pitirim Sorokin, berühmt in den zwanziger und dreißiger Jahren, in seinem Riesenwerk ›Social Dynamics‹ eigentlich nichts getan, als zu zählen und zu addieren. Er hat alle Revolutionen gezählt, wobei er die römische Revolution im ersten Jahrhundert vor Christus und die bayerische Revolution von 1918 als Faktoren von gleichem

Gewicht behandelte. Er hat alle Kriege gezählt und fand heraus, daß im europäischen Raum Deutschland die wenigsten Kriege geführt habe, Spanien die meisten; wobei er wieder jeden Frühjahrs- und Herbst-Feldzug der christlichen Kastilier gegen die Mauren als Krieg verbuchte, auf gleicher Ebene mit dem Ersten Weltkrieg unseres Jahrhunderts. Was Sorokin so zuweg brachte, war etwas wie eine Sammlung toter Fliegen. Trotzdem wollte selbst dieser höchst fleißige und ungeschickte Mensch etwas. Beweisen wollte er die eigentliche Sinnlosigkeit allen historischen Geschehens, das ewige bloße Fluktuieren hin und her zwischen vergleichsweise friedlichen und übermäßig kriegerischen, gewalttätigen Epochen.

Dem Historiker Karl Marx wird niemand Imagination absprechen, so wie niemand ihm Kraft des Stils, Witz, Brillanz absprechen wird. Es bedurfte starker Einbildungskraft und Anschauungskraft, um die Thesen des historischen Materialismus zu formulieren. Die Anschauung ist die der 1840er Jahre. Von dorther bestimmt, wandte sie sich nach rückwärts, wie auch nach vorwärts. Die eigentlich prophetischen Seiten des Kommunistischen Manifests sind nicht jene, auf denen von der unvermeidlich kommenden Weltrevolution, der Diktatur des Proletariats gehandelt wird; das erwies sich später alles als falsch oder überwiegend falsch. Es sind jene, auf denen die Autoren von den Leistungen der gesellschaftlichen Macht sprechen, welche sie die »Bourgeoisie« nennen. Da lesen wir etwa: »Die Bourgeoisie reißt durch die rasche Verbesserung aller Produktionsinstrumente, durch die unendlich erleichterten Kommunikationen, alle, auch die barbarischsten Nationen in die Zivilisation ... Die Bourgeoisie hat das Land der Stadt unterworfen. Sie hat enorme Städte geschaffen, sie hat die Zahl der städtischen Bevölkerung gegenüber der ländlichen in hohem Grade vermehrt und so einen bedeutenden Teil der Bevölkerung dem Idiotismus des Landlebens entrissen. Wie sie das Land von der Stadt, so hat sie die barbarischen oder halb-barbarischen Länder von den zivilisierten, die Bauernvölker von den Bourgeoisie-Völkern, den Orient vom Okzident abhängig gemacht ... Die Bourgeoisie hat in ihrer kaum hundertjährigen Klassenherrschaft massenhaftere und kolossalere Produktionskräfte geschaffen als alle vergangenen Generationen zusammen. Unterjochung der Naturkräfte, Maschinerie, Anwendung der Chemie auf Industrie und Ackerbau, Dampfschiffahrt, Eisenbahnen, elektrische Telegraphen, Urbarmachung ganzer Weltteile, Schiffbarmachung der Flüsse, ganze aus dem Boden gestampfte Bevölkerungen – welches frühere Jahrhundert ahnte, daß solche Produktionskräfte im Schoße der gesellschaftlichen Arbeit schlummerten . . .« Das ist ein Vierteljahrhundert vor Jules Vernes ›Reise um die Erde in achtzig Tagen‹ geschrieben. Es ist geschrieben, als noch gut zwei Drittel aller Deutschen auf dem Land und vom Lande lebten, als es knapp 6000 km Eisenbahnstränge gab, als die bei weitem größte Stadt, Berlin, ganze 400 000 Einwohner hatte, und selbst Paris nur eine Million. Was Marx hier zeichnete, war nicht die europäisch-amerikanische industrielle Zivilisation von 1848, sondern von 1910. In den Anfängen sah er das zur Reife Gekommene, oder heute noch immer nicht zur Reife Gekommene. Man darf hier wohl von Einbildungskraft sprechen. Ähnliches gilt für Tocquevilles Vision dessen, was man heute mit einem kümmerlich zusammenraffenden Ausdruck »Konsumgesellschaft« nennt, im zweiten Band seiner ›Demokratie in Amerika‹. Ähnliches gilt sogar für Oswald Spengler. Der war nun, im Gegensatz zu Marx und Tocqueville, ein ziemlich schlechter Historiker. Hastig Gelesenes liebte er zu falschen, oft ans Lächerliche streifenden Vergleichen, zu leicht widerlegbaren historischen oder angeblich biologischen Gesetzlichkeiten zu kombinieren. Es lag ihm auch an Wahrheit nichts; seine Geschichtsphilosophie, so steht es in der Einleitung zum ›Untergang‹, sei die einzig jetzt noch mögliche, wirksame; was etwas völlig anderes ist als Wahrheit. Trotzdem intuierte auch Spengler im Jahre 1912, im Jahre 1917, was es noch gar nicht gab, genauer, nur in blassen Anfängen gab; mit Lust beschreibt er technologisch gestaltete Landschaften, so als hätte man damals schon unsere Autobahnkreuze, unsere unterirdischen Straßen, Hochhäuser, Monstre-Wohnblöcke, Flughäfen und so weiter gehabt. Auch diesem genialischen Quacksalber wird man Intuition zugestehen müssen; nur täuschte er sich über ihren Ursprung. Aus dem Studium der römischen Geschichte, wie er glaubte, kam sie ihm nicht.

Nach einem ehedem geläufigen Wort ist der Historiker der rückwärts gewandte Prophet. Auch er erlebt mitunter Einfälle, Anschauungen großer Ereigniskomplexe oder Epochen oder Entwicklungen durch Jahrhunderte, die danach ihm zu Thesen gerinnen. Ein paar Beispiele.

Der amerikanische Historiker Frederick Jackson Turner beschäftigte in den 1880er Jahren sich gründlichst mit der sogenannten »Grenze«, »frontier«, dem Gebiet zwischen Zivilisation und Wildnis, dem stetig sich nach Westen bewegenden Streifen Landes, in dem die amerikanischen Auswanderer, Farmer, Waldmänner noch und wieder unter primitiven, kämpferischen Bedingungen lebten. Endlich wußte er es: Der amerikanische Charakter, der Charakter der amerikanischen Demokratie stammte von dorther, von der Grenze; das hatte mit englischer Staatsphilosophie oder dem Glauben Calvins oder sonst irgendeiner europäischen Tradition nichts zu tun. »Amerikanische Demokratie«, lesen wir, »ist nicht die Ausgeburt eines Theoretikers; sie wurde nicht auf dem Schiff Susan Constant nach Virginia, nicht in der Mayflower nach Plymouth gebracht. Kraftvoll in ihrer lebendigen Eigenart, entsprang sie den amerikanischen Wäldern, und sie gewann neue Stärke, wann immer sie mit einer neuen Grenze in Berührung kam.« Es läßt sich manches für diese These sagen, das tat Turner, und manches dagegen, das besorgten andere. Gern glaubt der Erleuchtete, das Ganze auf seinen wahren Begriff gebracht zu haben; während er nur einen Beitrag leistete zum Begreifen dessen, was in einer einzigen Gleichung nie aufgeht.

Ein anderes Beispiel. Zu Beginn seines Riesenwerkes und Meisterwerkes ›L'Europe et la Révolution Française‹ trägt Albert Sorel eine Ansicht vor, die seiner eigenen Zeit wohlvertraut war, die noch aus der darzustellenden Epoche selber stammte. »Die Französische Revolution«, heißt es in Sorels Einleitung, »untergräbt die Basis und stößt das Gebäude des alten monarchischen Europa um, von Anfang an kraft ihres ersten Prinzips. Sie proklamiert die Souveränität des Volkes, sie bietet ihre Doktrinen als absolute, überall gültige Wahrheiten, sie bedroht alle Mächte, die sind, sie lädt alle Nationen ein, zu revoltieren und sich zu befreien. Das Erstaunliche an dieser Geschichte ist nicht der Charakter der Doktrin, nicht die Glut der Propaganda, es ist die Gleichgültigkeit der europäischen Regierungen. Sie bemerken keine Vorboten des Sturmes; nachdem er ausgebrochen, betrachten sie ihn mit egoistischer Ruhe; erst dann, wenn die Fluten alle Dämme durchbrechen und ihr eigenes Land überschwemmen, schrecken sie auf. Sie hatten die Gefahr nicht erkannt, sie waren nicht glücklicher darin, sie zu beschwören. Inkohärente Versuche, Akte voller Widersprüche, verwirrte, rasch unternommene, rasch abgebrochene Projekte, das ist alles, was sie ihr entgegensetzten.« Diese einigermaßen konventionelle Ansicht wird nun in dem ausgeführten Werk, und zwar schon vom ersten Bande an, in Zweifel gestellt, überschattet, ja geradewegs verneint von einer anderen. Die Kriege zwischen dem alten Europa und dem neuen Frankreich waren nichts weniger als neu; sie waren Kriege ältesten Stiles, Kriege um Grenzen, um Landgewinn, um Sicherheit, um Gleichgewicht und Hegemonie. Nicht nur die Kabinette der Könige trieben es, zwanzig Jahre lang, wie sie es vorher hundert Jahre lang getrieben hatten; auch die Jakobiner gerieten sehr schnell, und zwar bewußt, zurück auf die Bahn bourbonisch-imperialer Außenpolitik. So daß in jenen beiden Jahrzehnten die europäische Staatenwelt, zynisch verwildert und ein prätendiertes Völkerrecht nicht achtend lange vor 1789, sich ganz und schamlos demaskierte, ihr System rechtlosen Machtspieles zur äußersten Konsequenz entfaltete, auf französischer Seite so sehr wie auf jener der antirevolutionären Koalitionen. So daß ferner das Werk des Wiener Kongresses, welches angeblich Altes wiederherstellte, im Gegenteil zum ersten Mal das ganz Neue versuchte, wovon im 18. Jahrhundert nur wenige Träumer hatten träumen können: die Organisation einer dauernden, auf der wechselseitigen Achtung des Rechtes basierenden Friedensordnung, eines »europäischen Konzerts«. Nicht einmal die Sprache der Jakobiner, diese antikisierende, dramatisch schrille Sprache, war neu. Sie ging nur ein wenig weiter in dem, was in der Politik des 18. Jahrhunderts gang und gäbe gewesen war. Friedrich von Preußen an einen seiner Minister: *»A quelle infâme drogue avons-nous à faire et comment, entourés de canailles lâches et vénales, pourrons-nous soutenir la consti-*

tution et nous opposer au brigandage de ce maudit tyran viennois?« Anders klang es nicht von der Tribüne des Nationalkonvents.

Zwei Thesen in einem Werk. Der große Krieg zwischen 1792 und 1814 war etwas völlig Neues, ein ideologischer Krieg, eine Kette von Kreuzzügen der neuen Freiheit gegen die alte Unfreiheit, er war etwas völlig Altes, im Ursprung und Wesen den Erbfolgekriegen des frühen 18. Jahrhunderts nahe verwandt. Zwei Wahrheiten oder Teilwahrheiten, die einander widersprechen. Wie das möglich ist? Da es so ist, muß es wohl möglich sein. Obgleich der Gegenstand der Historiker die Menschen sind, mithin menschliches Bewußtsein wenigstens *ein* Hauptgegenstand der Historie ist, geht die Wirklichkeit doch in keiner Gleichung auf. Sie ist, um es mit einem Bild zu sagen, nicht aus Gedankenstoff gemacht; der einzelne Mensch nicht, die Menschen in Gruppen nicht, das Gegeneinander der Menschen in Gruppen nicht. Sobald unser Ehrgeiz über das bloße Beschreiben und Herzählen, Annalen, Chronik, hinausgeht, sobald wir Zusammenhänge erkennen und große Ereigniskomplexe begrifflich erfassen wollen, geraten wir in den Bereich der Abstraktionen. Die müssen sein, wenn man verstehen, nicht nur beschreiben will; aber sie sind Anschnitte der Wirklichkeit, Annäherungen an sie, und annähern kann man sich ihr von verschiedenen Seiten. Als Faustregel möchte gelten, daß ein Werk, das wenigstens zwei einander entgegengesetzte Thesen enthält, allemal mehr Wirklichkeit einfängt, begreift, dialektisch ordnet, als das von einer einzigen beherrschte und behexte.

Von der Sache abgezogen, gibt der Begriff der Sache Sinn und gewinnt ihn auch von ihr. Der Begriff ist arm, das vergangene Leben unendlich reich. Um beide Thesen, von denen die zweite die ihm eigene, von ihm zuerst gefundene war, zu entfalten, hat Sorel acht dicke Bände gebraucht.

Einen ungeheuren Schatz von Dokumenten, von authentischen Zeugnissen vor sich, sie vergleichend, sie einander zuordnend, wußte er mehr als irgendeiner der Handelnden des Dramas gewußt hatte; insofern stand er über seinem Gegenstand, außerhalb seines Gegenstandes. Meist wird der historische Erzähler beides tun: selber im Strom des Geschehens schwimmen, sich von ihm tragen lassen, so tun, als wüßte er vom Ende nichts, wie ja die Handelnden nichts von ihm wußten, so als überschaute er das Ganze nicht, wie ja die Handelnden es nicht überschauten; und auch von außen her, ein später Nachkommender und Besserwissender, die toten Zeugen verhören. Wie man beide Methoden verbindet, so, daß ein Schein von Einheit entsteht und die Erzählung nicht auseinanderbricht, ist Sache der Kunst. Die erste Methode für sich allein würde eine falsche Unschuld vortäuschen; sie ist nicht im Ernst, sie wäre nur mit dem Kunstmittel der Ironie durchzuführen. Durch das scharfe Bad der Analyse muß man gegangen sein. Begnügt man sich mit ihr, so entfällt das erzählerische Element, so fehlt die Vielfalt und Fülle und Kraft vergangenen Lebens, so geht die ihm eigene Atmosphäre verloren. Denn schließlich war es einmal da ohne uns, um die klügere Nachwelt sich durchaus nicht kümmernd, nicht »fahle Erinnerung«, wie es bei Hegel heißt, sondern Gegenwart, sich selber als so einmalig und bis zur Wurzel ernst nehmend, wie unsere eigene Gegenwart sich nimmt. Das ist vorzustellen, einzubilden, zu imaginieren; wozu Informationen, Kenntnisse, Erkenntnisse gehören, und Sympathie auch. Damit ist nicht nur die spezielle Sympathie gemeint, die man für einzelne Menschen oder Gruppen in ihren Leiden und gescheiterten Kämpfen empfindet; der hätte ein Herz aus Stein, der, wenn er von den Bauernkriegen des 16., 17. Jahrhunderts handelt, nicht für die Bauern gegen ihre Herren Partei nähme. Gemeint ist der Respekt vor jenen, die vor uns im Licht waren, überhaupt. Sie dienten nicht als bloße Stufen auf der Leiter, die zum Glück unserer »Emanzipation« führte. Sie waren nicht bloßes Material, im Unterricht gelegentlich heranzuziehen, um das gesellschaftskritische oder revolutionäre Bewußtsein der Schüler anzustacheln; was ein antihumaner Gebrauch der Vergangenheit ist.

Chesterton schreibt, was W. H. Auden neulich passend zitiert hat: »Tradition bedeutet, der tiefsten und verkanntesten aller Klassen, unseren Vorfahren, Stimmrecht einzuräumen. Sie bedeutet Demokratie für die Toten. Tradition lehnt es ab, der anmaßenden Oligarchie der zufällig heute Herumlaufenden das Feld allein zu überlassen.« Auf das Wort »Tradition«

würde ich den Wert nicht legen, man könnte es ebensogut durch »Historie« ersetzen. Auch auf das Wort »Stimmrecht« nicht; daß die Toten uns regieren müßten, haben seit dem 18. Jahrhundert nur wenige sich am Paradox ergötzende Schriftsteller behauptet. Aber die Toten haben ein Recht, als das genommen zu werden, was sie waren, ein Recht, verstanden zu werden, so wie sie sich in der Freiheit und Not ihrer Gegenwart kämpfend und irrend und schöpferisch bewegten, ein Recht auf Glauben, auch dann und gerade dann, wenn es um ihren Glauben geht.

Aus dem Verstehen, weil es sich eben um menschliches Bewußtsein, nicht um Moleküle handle, hat der sogenannte deutsche Historismus, besonders Dilthey, eine stark ausgewachsene Theorie gemacht. Es ist das Geschmackssache. Verstanden, oder zu verstehen gesucht haben Historiker längst, bevor jene gelehrte Schule auf den Plan trat. Was sonst hätten sie tun sollen? Tacitus verstand die Menschen, von denen er erzählte, erstaunlich gut; Thukydides auch. Freilich gab es Zeiten, in denen man alle Vergangenheit an der eigenen Gegenwart maß und folglich sie dumm fand. Da mag nun der »Historismus« auch seine Verdienste gehabt haben.

Verstehen: das Vertraute im Fremden finden, oder das Fremde vertraut machen; wozu gehört, daß es vertraut gemacht werden kann. Wäre es ganz fremd, dann wäre es unverständlich und uninteressant. Aber ganz fremd ist dem Menschen das Menschliche nie. Wir haben das Zeugnis eines Eskimo-Shamans, einem dänischen Forscher zu Beginn unseres Jahrhunderts gegeben, einzig in seiner Art, weil klar artikuliert, ein Fremder spricht zum Fremden: »Wir erklären nichts, wir glauben nichts ... Wir fürchten den Wettergeist der Erde, gegen den wir kämpfen müssen, um unsere Nahrung von Land und See. Wir fürchten Takánakapsáluk, das große Weib am Grund des Meeres, das über alle Tiere des Meeres herrscht ... Wir fürchten die Krankheiten, denen wir täglich überall begegnen ... Wir fürchten die bösen Geister des Lebens, die in der Luft, die im Meer, die auf der Erde, sie können tückischen Shamanen helfen, uns Schaden zu tun. Wir fürchten die Seelen der Verstorbenen und der Tiere, die wir erschlagen haben ... Wir fürchten, was wir um uns sehen, und

die unsichtbaren Dinge auch, und die Geschichten, die wir von unseren Vätern hörten. Darum haben wir unsere Regeln und Sitten, sie sind nicht dieselben wie die der Weißen Männer, die in einem anderen Land leben und andere Regeln brauchen.« – Ist in dieser Aussage des Angehörigen einer primitiven Stammeskultur etwas uns unverständlich oder unvorstellbar? Als ob wir Furcht nicht selber kennten, wenn auch vor anderen Gefahren. Als ob wir in der frühen Kindheit nicht Ängste ausgestanden hätten, jenen primitiver Völker so unähnlich nicht. Menschenopfer sind auf den ersten Blick uns das Fremdeste, was es gibt. Wenn aber in Amerika im Jahre 1953 zwei angebliche Wissenschaftsspione hingerichtet wurden aus schierer Wut darüber, daß den Russen die Konstruktion einer Atombombe gelungen war, so ist dieser Akt nicht so weit entfernt von dem Autodafé in Lissabon nach dem Erdbeben von 1755, und dies wieder kommt dem Menschenopfer sehr nahe. – Es ist hier nicht von Urbildern die Rede, Imagines, die von den Handelnden abgebildet oder nachgeahmt würden. Die Rede ist von Ähnlichem im Unähnlichen, von Wiederholung im Einmaligen.
In diesem Sinn, ja zu diesem ausgesprochenen Zweck, schrieb Thukydides die Geschichte des großen Krieges unter den Hellenen: damit Spätere ihre Erfahrungen mit den seinen vergleichen und beide besser verstehen könnten. Im europäischen sogenannten Ersten Weltkrieg ist das beherzigt worden, zum Beispiel von Toynbee, der, wie er uns erzählt, bei Thukydides Trost fand im Jahr von Verdun. Das Ähnliche im Unähnlichen kann mancherlei bedeuten: die Freude am Wiedererkennen, Trost, auch Komik, auch Düsternis, getrennt oder in Einem.
Albert Sorel hat nicht Wiederholung gefunden, sondern Fortsetzung und Steigerung des Gleichen durch die Revolution hindurch, trotz ihrer, wegen ihrer. Lesen aber wir Späteren seine Erzählung, so kommt unvermeidlich uns der Rückfall der Bolschewisten in die expansive Außenpolitik der Zaren in den Sinn. Die Ähnlichkeit ist so deutlich wie der Unterschied. Die Jakobiner gestanden ohne Scham ein, was sie taten. Die Politik »unserer Tyrannen« – der Bourbonen – schrieb einer von ihnen, sei eigentlich fehlerfrei gewesen von Heinrich IV. bis

1756, dem Jahre des Bündnisses mit Österreich. Ihre Prinzipien taugten noch immer: zum Beispiel jenes, aus keinem Krieg ohne eine gewonnene Provinz zurückzukehren und Frieden nur auf Kosten der Feinde, besonders der Schwächeren zu machen; zum Beispiel das konkretere, den Rhein als Grenze des Königreichs zu erstreben. – Dagegen suchten die Bolschewisten durch die Jahrzehnte zu verbergen, vor Anderen, wohl auch vor sich selber, was sie doch nicht verbergen konnten.

Geschichtliche Wirklichkeit kann nicht photographiert, nicht abgebildet, nicht in irgendeiner Weise erschöpfend dargestellt werden, das ist klar. Sind es acht Bände, die von zwanzig Jahren erzählen, man liest sie zur Not in vierzehn Tagen; und wären es selbst so viele, daß man zwanzig Jahre für ihre Lektüre bräuchte, erschöpfen würden sie ihren Gegenstand noch immer nicht. Verkürzung ist der historischen Kunst oberstes Gesetz. Sie geschieht durch Abstraktion; Goethes »Dich im Unendlichen zu finden, Mußt unterscheiden und dann verbinden«. Sie geschieht durch Auswahl: die und die Ereignisse, Szenen, Menschen, Zeugnisse persönlichen oder allgemeinen Lebens werden des Beispiels halber oder weil sie im Zusammenhang als besonders folgenschwer erscheinen, ins Licht gerückt; die Masse des Stoffes bleibt im Schatten. Sie geschieht auch einfach kraft Nichtwissens. Man weiß Vieles nicht. Dokumente, das geschriebene Wort überhaupt, für ältere Vergangenheit Inskriptionen, Münzen, Baudenkmäler, geben bei weitem nicht alles, was zu wissen interessant wäre; und wie wenig authentische Dokumente sind aus vergleichsweise uns so nahen Zeiten wie den altrömischen übriggeblieben. Paul Veyne nennt die Historie einen »wahren Roman mit Lücken«; Roman, weil erzählt wird, wahr, weil nichts erfunden wird, mit Lücken, weil, was man nicht weiß, durch Erfundenes nicht ersetzt werden darf. Immerhin darf man vermuten: So muß es nicht, so könnte es gewesen sein. Ein solider Vertreter der alten, nun in heller Auflösung begriffenen deutschen Historikerzunft, Gustav Droysen, schreibt: »Die Darstellung des Erforschten wird in dem Maß richtiger sein, als sie sich ebenso dessen bewußt ist, was sie nicht weiß, als dessen, was sie weiß.« Dem Schreiber dieser Zeilen hat man Agnostizismus zum Vorwurf gemacht, aber er hat nur das getan, was Droysen hier fordert. Auch habe ich eines meiner Bücher im Text selber »einen Roman« genannt. Damit meinte ich, was ich dann bei Paul Veyne fand: den wahren Roman mit Lücken. Für Lévi-Strauss ist die Biographie die an Information reichste, an Erklärung ärmste oder schwächste Art der Historie. Die an Information dichteste: Denn man kann auf das genaueste beschreiben, wie der Held der Biographie seinen Tag verbrachte, oder, was er an dem und dem bestimmten Tag tat, mit wem er umging, wie er wohnte, und so fort. Geht man über zu ganzen Gesellschaften, so muß man sich helfen mit dem, was mit einem guten Ausdruck »anschauliche Abstraktion« genannt wurde: wie siedelten die Könige, der Adel, die Bürger, die Bauern, die Herren, die Sklaven, die Reichen, die Armen, wie verlief um 1850 der Arbeitstag eines Textilarbeiters in Manchester, nicht des Einen, sondern des Angehörigen einer Klasse, eines Berufsstandes, und so fort. Daß die Biographie besonders arm an Erklärungen sein muß, scheint mir in diesem Unterschied noch nicht zu liegen. Aneinandergereihte Informationen, und gerade die dichtesten, reichsten, haben ja ihre eigene Erklärung in sich, eines paßt zum anderen, eines folgt aus dem anderen. Es ist nicht die Armut an Erklärungen, sondern der engere Umkreis, was die Biographie von der allgemeinen Geschichte unterscheidet. Und auch dieser Satz verlangt Nuancierung. Denn das Individuum, auch und gerade das kraft einer erworbenen oder ererbten Position, kraft seiner Gaben und Leistungen außergewöhnliche Individuum, steht ja unter den allgemeinsten Bedingungen seiner Zeit und Gesellschaft, erfährt und erleidet sie ununterbrochen, agiert, reagiert, gewinnt momentan, scheitert, trägt den historischen Augenblick mit seiner Identität; Galilei, Rubens, Comenius so gut wie Richelieu, um vier Zeitgenossen zu nennen. Engster und weitester Umkreis und was dazwischen liegt, verschwimmen ineinander. Immer und unvermeidlich ist Biographie auch allgemeine Geschichte, von einem persönlichen Zentrum aus gesehen.

Wie ist sie, wie ist historische Wirklichkeit überhaupt in *Worten* zu erfassen? Weil sie zu einem sehr großen Teil schon in Worten artikuliert wurde, als sie Gegenwart war. Die Natur ist stumm, der Mensch redet. In gewohnter Entschlußfreudigkeit hat denn auch Hegel dekretiert, »Geschichte« beginne erst mit der Schrift, dem aufbewahrten Wort. Was an der Spitze der gesellschaftlichen Hierarchie gesprochen und geschrieben wurde, Reden, parlamentarische Debatten, Briefe, diplomatische Dokumente, Memoiren, Gesetze, Kriegserklärungen und Friedensverträge, sind hier das Einzige nicht, obgleich man die längste Zeit überwiegend aus solchen Quellen schöpfte. Städtische Chroniken, Tagebücher von Dorfpfarrern, Grund- und Rechnungsbücher, Berichte von Aktiengesellschaften oder Ärzte-Kongressen reden auch. Und wenn Ohnmacht, Armut, Elend weniger redselig waren als die Macht, der Schmerz nicht so artikuliert wie das Vergnügen, Zeugnisse in Worten haben auch sie hinterlassen; was ein gemeiner Soldat im Siebenjährigen Krieg erfuhr, ein Bauer zur Zeit Luthers, ein Schulmeister, ein Lehrling, ein Matrose, ein schizophrener Handwerker im 18. Jahrhundert, das alles ist in Worten niedergelegt, in Worte muß man verkürzend es übertragen können. Aber andere Fragen erheben sich da. Die intendierte Vergangenheit hat *ihren* Stil, der von ihr handelt vermutlich einen anderen. Wie kann, was er beschreibt, uns beim Lesen angenehmes Interesse bereiten, während es doch in seiner Wirklichkeit oft nichts weniger als erfreulich, oft blutige Verwirrung, Dummheit, Qual, Infamie war?

Wählt der Historiker von den beiden Arten der Annäherung an den Gegenstand, wie sie eben charakterisiert wurden, nur die eine, die des später Kommenden, besser Wissenden, des Analytikers, so wird sein Stil ein dem Gegenstand fremder sein. Verbindet er jene beiden Weisen der Annäherung, taucht er, spät wie er ist, dennoch ein in den Strom vergangenen Lebens, so wird dessen Stil auf seinen eigenen mehr oder weniger abfärben, sei es auch nur, weil er aus den Zeugnissen der Vergangenheit reichlich zitiert. Ich halte diese Methode für die bessere, eben weil sie der Vergangenheit die ihr gebührende Reverenz erweist; aber ich schreibe niemandem vor. Seit ihren Anfängen ist die europäische Geschichtswissenschaft zu jeder Zeit in den verschiedensten Verwirklichungen erschienen. Im 19. Jahrhundert haben in ihrem Forschungs- und Stilwillen so sehr weit voneinander getrennte Schriftsteller wie Carlyle, Acton, Marx, Ranke, Foustel de Coulange gleichzeitig gewirkt; eine wünschbare Vielstimmigkeit, denn jeder von ihnen hatte Stil, und jeder von ihnen etwas zu sagen.

Warum dann aber überhaupt Stil, die Verwandlung auch des essentiell Unliterarischen ins Literarische? Weil der historische Schriftsteller wirken, das heißt, gelesen werden will? Das ist *ein* Grund und ein legitimer. Wozu wäre all der Arbeitsbetrieb gut, wenn die Gesellschaft nicht etwas von seinen Früchten hätte, wenn nur ein paar Spezialisten sich um sie kümmerten? Der Einwand, Literatur verderbe die Wissenschaft, gilt für diese Wort-Wissenschaft, die Wissenschaft von redenden Menschen, nicht. Stil verfälscht das gegenständliche Erkennen nicht, er vertieft, verdeutlicht, fördert es, er ist eines mit ihm. Er überträgt die Information vom Schreibenden auf den Lesenden, stellt Kommunikation zwischen beiden her. Sicher sollte auch hier kein Satz, kein Wort zuviel sein, das macht den guten Stil aus; jedoch ist das zu Kommunizierende oft so geartet in der Fülle seiner inneren Widersprüche, Doppelheiten, Ungewißheiten, daß es vieler Sätze und Worte bedarf. Wer seine Sache nicht gut sagen kann, der hat nichts Gutes zu sagen. Ich greife wieder einen Band von Sorels acht Bänden heraus und lese über das Verhältnis zwischen den Politikern Talleyrand und Fouché:

»Die beiden verfolgen sich mit Eifersucht, verleumden, verabscheuen sich; verbunden ihr Leben lang, trotz ihres Widerwillens, der sie einander unerträglich macht; vor denselben Wagen gespannt, ein Paar im Geschirr, ziehend im Widerstreit, der eine immer versuchend, den anderen aus der Spur zu stoßen. Gewesene Priester alle zwei, bewahren sie in ihren neuen Glücks-Schicksalen die alten Antipathien. Antipathie, im Falle Fouchés, des bürgerlichen Seminaristen, des priesterlichen Schulmeisters aus der Provinz, gegen den Grandseigneur, den General-Agenten des Klerus, den Hofprälaten; des Emporkömmlings gegen den Deklassierten; des verheirateten, ernsthaft verheirateten Mönchs, der zum Familienvater wurde, gegen den bischöflichen Renegaten und Freidenker von Welt; des langfingrigen Ökonomen, der spart und das Gesparte solide anlegt, gegen den Spieler, den Verschwender und frechen Schuldenmacher; des mageren, bleichen Kümmerlings mit dem Mardergesicht, den brauenlosen Spürhundaugen, der eine schlimmere Kutte, die des Terroristen und Atheisten, ablegte, um die Maske des jovialen Biedermannes anzulegen, aber immer noch dürftig ist in der Kleidung, in der Haltung, in den Manieren, gegen den revolutionären Aristokraten, auch im republikanischen Dienst die Allüren des großen Höflings Wahrenden; schließlich der vulgären Polizei gegen die noble Diplomatie, das Tor zur großen Welt, nach deren Gunst Fouché sein Leben lang schmachtet und die ihn doch niemals als ihresgleichen annimmt. Um diese beiden in das Kabinett Ludwigs XVIII. zu führen, den einen hinkend, den anderen wankend, beide aufeinander gestützt, wird es manchen Sündenjahres bedürfen, einer längeren Frist, als sie jetzt dem Leben Bonapartes zutrauen ...« Ich habe schlecht übersetzt; solch Stück Literatur kann man befriedigend so wenig übersetzen wie ein Gedicht. Die Verkürzung ist ungeheuer; rund zwanzig Zeilen für eine Beziehung, die rund zwanzig Jahre andauerte. Die Gedrängtheit und Verschlungenheit der Sätze scheint Absicht; sie sollen ein Sprachbild geben von der Verschlungenheit beider Biographien, von dem Nichtvoneinanderkommen zweier grundverschiedener, feindlicher Archetypen der revolutionären und imperialen Epoche. – Sorel stand der Zeit nach seinem Gegenstand ziemlich nahe; er hätte als junger Mensch noch Greise aus dem Empire treffen können. Auch war er selber Diplomat gewesen. Es gab Affinität zwischen ihm und seinem Gegenstand.

Sie findet man in den englischen »Life and Times«, »Life and Letters« oder einfach »Life of ...«, darum, weil diese dickleibigen Biographien gern von nahen Verwandten oder Freunden des Helden geschrieben wurden. Das Leben Gladstones von seinem Mitarbeiter John Morley, das Leben Macaulays von seinem Neffen Trevelyan, das Leben Lord Randolph Churchills von seinem Sohn Winston. Ohnehin bestehen solche Werke zur guten Hälfte aus Briefen; eine bequeme Angleichung von Stil, Klang, Farbe stellt sich von selber ein.

Umgekehrt haben wir historische Darstellungen, die, obgleich vollkommen in ihrer Art, zu ihrem Gegenstand nur eine sehr indirekte Beziehung unterhalten. Die dramatischen Zusammenraffungen, die Klarheit der Aussagen und Stellungnahmen, die sich jagenden Tempi in Schillers ›Dreißigjährigem Krieg‹ sind der Epoche, von der er handelt, ganz fremd. Denn die war langwierig, nicht knapp, die war nicht klar, sondern verworren. Weil man die Umwege liebte, das Verfolgen vielfach sich widersprechender Zwecke, die endlosen, überkomplizierten, von juristischer Rechthaberei durchtränkten Schriftwechsel, so waren auch Taten und Leiden langwierig; die Spannungen bauten sich viel langsamer auf, blieben viel undurchsichtiger und komplexer, lösten sich viel langsamer, wenn sie sich je lösten, als es in Schillers Prosawerk erscheint. Hier waltet der literarische, philosophische Geist des späten 18. Jahrhunderts auf seiner Höhe, aber der des frühen 17. nicht. Entscheide, wer will, ob das ein Tadel ist. Für mich ist es keiner; bloß eine Feststellung. – Zwischen dem Stil der Sprache, der dem Darzustellenden nahe verwandt, und jenem, der ihm ganz fremd ist, spielen beliebig viele Nuancen.

Es war die Rede von Außenpolitik, von Diplomatie, von Biographie; von der goldenen oder falsch vergoldeten Spitze der Hierarchie; von Taten und Ereignissen. Nicht, bisher, von gesellschaftlichen Strukturen. Und sie sollen ja nun heute der eigentliche Gegenstand der Historie sein. Ereignisse werden verachtet; gering geachtet auch die bedeutenden Individuen. Wie passen Stil und sozialgeschichtliche Forschung zusammen?

Auch soziale Strukturen werden von Menschen getragen. Strukturen wirken auf Ereignisse, Ereignisse oder Ereignisketten wirken auf Strukturen. Sie können ganze Gesellschaftsgefüge auf unvorhersehbare Weise verändern oder zerbrechen. Man spricht dann, in der Soziologensprache von heute, von »strukturfremden Ereignissen«, soll heißen, von Ereignissen, die eigentlich nicht hätten geschehen dürfen. Das nützt aber nicht viel, denn sie geschahen doch. Die Unterscheidung zwischen Strukturen und Ereignissen ist eine nur theoretische; die Wirklichkeit kennt sie nicht.

In Marc Blochs großer Studie über die ›Feudale Gesellschaft‹ haben Individuen und Ereignisse eine nur exemplarische Rolle. Es wird nicht chronologisch, viel weniger dramatisch erzählt, es wird untersucht, angeordnet, verglichen; die verschiedenen Formen der Herrschaft, der Bindungen und Abhängigkeiten, ihre Herkunft, ihre regionalen Variationen, ihr langsames Sichverändern und Welken. Daß im Zeichen des feudalen Prinzips eine Minderzahl von der Arbeit der Mehrzahl lebte, und besser lebte als sie, wird deutlich genug; so Unrecht, Gewalttätigkeit, Unterdrückung, der letztere Begriff sofort in die Schwebe gebracht durch einen anderen: den Schutz, den der Freie dem Gebundenen gewährte. Freiheit und Abhängigkeit, Herrschaft und Knechtschaft, Stolz der Ausbeuter und Elend der Ausgebeuteten erschöpfen das Leben in Europa durch ein paar Jahrhunderte nicht. Imaginiert wird der Zeitsinn der Menschen, so schwach entwickelt, daß niemand wußte, wann das gefürchtete Jahr Eintausend nun eigentlich anfing und aufhörte, auch die Stunde des Tages, wenn sie vor Gericht von Bedeutung war, nicht fixiert werden konnte; die Nähe zur ungezähmten, gefährlichen Natur, die dunklen Nächte, die Kälte des Winters in Schlössern und Hütten; die Vermischung dessen, was die Natur tat und dessen, was die Menschen taten, Stürme, Hungersnöte, Kriege; die Körper der Menschen, die Krankheiten und Epidemien, die kurze Lebensdauer; die Anfälligkeit, die Instabilität der Seelen, das nervöse Horchen auf natürlich-übernatürliche Zeichen, Träume, Prophetien; das Gefühl des Spätseins, die ständige Erwartung des Endes; der alles beherrschende, färbende Glaube überhaupt. Das gehört dazu, das gehört mit zur »Struktur«, weil sie eben von Menschen getragen wurde, nicht von abstrahierten Lehrbuch-Gespenstern. Marc Bloch über die gefahrvollen, langwierigen Wallfahrten der Könige: »Es gibt Historiker, die finden es verwerflich, daß ein Robert le Pieux, ein Otto III. einer Pilgerfahrt die gleiche Bedeutung beimaßen, wie einer Schlacht, einem Gesetz. Oder sie mühen sich ab, hinter jenen frommen Reisen irgendeine geheime politische List zu entdecken. Damit beweisen sie nur, daß sie ihre Brillen aus dem 19. oder 20. Jahrhundert nicht loswerden können. Nicht bloß das Interesse für das eigenste Seelenheil bewegte jene königlichen Wallfahrer. Von dem Schutz der Heiligen, den sie erwanderten, sollte, für ihre Untertanen wie für sie selber, das ewige Heil kommen und das irdische Glück auch.« In einer kleinen theoretischen Schrift, ›Apologie pour l'histoire ou métier d'historien‹ warnt dieser bedeutendste französische Sozialhistoriker unseres Jahrhunderts: »Hüten wir uns, unserer Wissenschaft die Poesie zu rauben, die zu ihr gehört.« Was meinte er mit »Poesie«? Die Gabe der Erfindung doch wohl nicht. Sondern eben, was seine ›Société Féodale‹ charakterisiert: die Kraft, zusammen zu sehen, was zusammengehört und nur der Anordnung halber getrennt werden muß, die Vorstellungs- und Einbildungskraft, die Fähigkeit, sich in Fremdes zu versetzen, den Toten ihr Leben zurückzugeben. Und so entstehen Werke, die zugleich wahr und schön sind, ob sie von Strukturen handeln oder von Ereignissen oder von beiden.

Poesie. Was den historischen Roman vom wissenschaftlichen Kunstwerk unterscheidet, liegt auf der Hand. Auch: daß wir historische Romane haben, die auf ihre Art leisten, was die glücksbegabtesten Historiker nur leisten konnten, und mehr als sie. Über die Pariser Revolution von 1848 sind Marxens ›Klassenkämpfe in Frankreich‹ schon recht, und sind die Memoiren Tocquevilles oder Pasquiers recht, und unzählige Werke und Studien. Sie verblassen gegenüber der ›Education Sentimentale‹. Ein einziger Typ Flauberts, der Bankier Dambreuse, und man kennt die Reichen der Hauptstadt in ihrer ganzen Wahrheit und Widerwärtigkeit. »Es war zu Ende«, heißt es nach dem Tod des Geschäftsmanns, »es war zu Ende, dies Dasein voller Aufregungen. Wieviele Gänge zu Regierungsstellen hatte er nicht gemacht, wieviele Zahlen errechnet, Geschäfte angeknüpft, Schätzungen angehört. Und die lächelnden Anbiederungen, Verbeugungen, plumpen Schmeicheleien. Napoleon hatte er seine Verehrung bezeigt, dann den Kosaken, Ludwig XVIII., 1830, den Proletariern, allen Regimen, hatte die Macht geliebt mit solcher Liebe, daß er noch dafür gezahlt hätte, um sich ihr verkaufen zu dürfen.« Vor der Beerdigung treffen großbourgeoise Freunde sich noch einmal in des Verstorbenen Haus, setzen die rechten Gesichter auf, machen die rechten Bemerkungen: »Zu denken, daß ich ihn noch vor einem Monat gesprochen habe; aber mein Gott, das ist unser aller Los. – Ja, aber sehen wir doch, es noch ein bißchen hinauszuschieben. – Ein leises, befriedigtes Lachen erscholl, auch begann man Gespräche, die mit der Situation gar nichts zu tun hatten.« Desto ernsthafter wird dann am Grab geredet, von Vertretern des Abgeordnetenhauses, der Handelskammer, einer landwirtschaftlichen Gesellschaft, einer Bergwerksgesellschaft, einer philanthropischen Gesellschaft; sie alle schildern Dambreuse als ein Opfer des Sozialismus, preisen seine Generosität, seine Redlichkeit, selbst sein Schweigen im Parlament, denn anstelle eitler Beredsamkeit habe er eben jene tausendmal solideren, wertvolleren Eigenschaften besessen, gebrauchen die gehörigen Ausdrücke, Vorzeitiges Ende, Unstillbare Trauer, Anderes Vaterland, Adieu oder richtiger gesagt Auf Wiedersehen, und fahren dann wieder zu ihren Büros, sehr zufrieden damit, daß die Sache so kurz gedauert hat ... Karl Marx, mit all seiner hellsichtigen Bosheit, ist nur ein Schulmeister, vergleicht man das Seine mit solchen Szenen. Oder Stendhals ›Chartreuse‹, Italien unter der österreichischen Restaurationsherrschaft. Da geht nun die Imagination noch weiter als bei Flaubert. Stendhal *erfand* ein oberitalienisches Fürstentum, das es so gar nicht gab, obgleich den Namen, und er erklärte seinem ersten enthusiastischen Kritiker, Balzac, warum: hätte er Wien oder Madrid als Schauplatz gewählt, er wäre von zuviel schwerer, fauler Wirklichkeit belastet gewesen. Um die Essenz von Staat und Gesellschaft jener Jahre zu geben, brauchte er ein Märchenland.

Übrigens haben Balzac, in seinem Hauptwerk, Stendhal, Flaubert ja nicht eigentlich historische Romane geschrieben. Sie handelten von ihrer eigenen Zeit, meistens rückblickend, manchmal nicht einmal das. Die dichterisch imaginative Gestaltung ferner Vergangenheit ist demgegenüber die heiklere Aufgabe, seltener geglückt. Bei Walter Scott, dem berühmtesten Vertreter der Gattung, macht man heute ein Fragezeichen, und machte es schon, seit der junge Ranke fachmännische Kritik an ›Quentin Durward‹ übte. Bei Manzoni nicht. Wie man einem Studenten des Jahres 1848 raten möchte, Flaubert zu lesen zuerst und zuletzt, so findet, wer sich mit der Lombardei unter der spanischen Herrschaft des frühen 17. Jahrhunderts beschäftigt, nirgendwo ein wahreres Lebensbild als in den ›Verlobten‹. Die Pest in Mailand war allerdings fürchterlich, ist fürchterlich auch in dem Roman. Was uns packt, was ein angenehmes Interesse in uns erweckt, ist ihre Vermittlung durch den Dichter. Das Fürchterliche war, aber ist nicht mehr; wir bewundern die von der Kunst geschaffene Scheinwirklichkeit. Und das gilt für die Historie wie für den gelungenen historischen Roman.

Freilich eignet unser Jahrhundert, und besonders sein viertes und fünftes Jahrzehnt, sich nicht mehr für solche Scheinwirklichkeit, deren Gestaltung ja auch eine Art von Versöhnung bedeutet. Dinge gibt es, Untaten gibt es, denen kann man keinen Stil geben, die kann man nicht mehr darstellen; man schämt sich, sie auch nur zu nennen. Täuschung des noch wie unmittelbar Gegenwärtigen? Sache der Perspektive? Auch dies wird nach hundert Jahren sich ganz anders ausnehmen, beginnt schon, sich anders auszunehmen nach dreißig Jahren? Ich glaube nicht.

Überhaupt weiß ich nicht, wie *unsere* Geschichte einmal geschrieben werden wird; nur, daß sie anders, ganz anders wird geschrieben werden müssen, oder gar nicht. Nicht mehr allzu viele informative Lücken informativen Wissens werden zu überbrücken sein. Der Schwall der Worte breitete sich aus in dem Maß, in dem die Zusammenballungen von Menschen wuchsen, die Produktion von Energie und Annehmlichkeiten und Gefahren. Europas schlechte, rechte Friedensordnung von 1815 wurde binnen sieben Jahren auf ganzen drei Gesamtkongressen diskutiert, Wien, Aachen, Verona, und von denen gab es noch etwas Handfestes zu erzählen. Unsere Gipfeltreffen, Gipfeltreffen vorbereitende Konferenzen, Halbgipfeltreffen, Treffen zu zwei, zu zwanzig, zu zweitausend, unsere permanent tagenden planetarischen Organisationen, unsere Pressekonferenzen und staatsmännischen Interviews füllen jedes Jahr, jeden Tag, und wird alles aufbewahrt in Druck, in Filmen und Tonbändern. So wie die Dichtigkeit des Reiseverkehrs sich hundertmal vertausendfacht hat und eben darum die Reisebeschreibung, ehedem ein so blühender Zweig der Literatur, fast ganz verschwunden ist, so hat die Masse des Geredeten seiner Intensität, seinem Stil und Rang nicht unbedingt gut getan. Etwas wie Napoleons letzte Unterredung mit Metternich, Juni 1813, ein Dialog, von zwei Zeugen überliefert, wörtlich und ungekürzt in ein historisches Drama versetzbar, dergleichen wird es aus der zweiten Hälfte des 20. Jahrhunderts nicht mehr zu berichten geben. Wenn für Stendhal schon die Capitalen Wien und Madrid zu schwere politische Lasten bedeuteten, was könnte er mit dem Glashaus der Vereinten Nationen anfangen? Ein einziges Subcommittee dort hält Tausende von Sitzungen; seine Dokumente tragen Zeichen, die sich aus vier bis fünf Buchstaben und nachfolgenden vier bis fünf Ziffern zusammensetzen. Was wiegen, verglichen mit solcher Papierproduktion, alle Schriftwechsel und Protokolle der Friedensunterhändler von Münster und Osnabrück während vier Jahren? Der Stoff wird die Imagination nachkommender Historiker zu ersticken drohen; es müßten neue Mittel gedanklicher Annäherung gefunden werden. Bekanntlich versucht der Roman das längst, die Wissenschaft könnte bei ihm lernen. Von Stendhals Waterloo über Tolstojs Austerlitz und Borodino, Zolas Sédan, Jüngers ›Feuer und Blut‹ führt der Weg zu Plieviers ›Stalingrad‹; vom aristokratisch-subjektiven Zentrum des Erlebens an einem Tag zur anonymen Masse des Leidens während Monaten. Da ist die Grenze, jenseits derer es die »Schlachtbeschreibung« nicht mehr gibt. Man lese Vonneguts Buch vom Untergang Dresdens, den der Autor als amerikanischer Kriegsgefangener erlebt hat. Er beschreibt ihn nicht, er *kann* ihn nicht beschreiben. Er umschreibt ihn in konzentrischen Kreisen, ohne ihn eigentlich zu erreichen.

Gegenwart und Zukunft, das, was ist, und das, was werden will, wirken auf die Vergangenheit zurück. Das haben sie immer getan. Sie tun es heute stärker. Es ist nicht mehr möglich, die Geschichte der Römischen Päpste so zu schreiben wie Ranke, die Geschichte der Hohenstaufen wie Giesebrecht. Wer dächte an den Versuch? Nur muß das Verhältnis ein wechselseitiges bleiben, die Historie auch auf den wirken, der jetzt schreibt. Setzte man Konflikt und Dialog zwischen Kaiser Heinrich IV. und Papst Gregor VII. an Gewicht, Ernst, Leidenschaft und Würde schlicht gleich mit Konflikt und Dialog zwischen einem amerikanischen Präsidenten, einem bolschewistischen Generalsekretär unserer Tage, so betröge man sich um das Anderssein des Vergangenen; und dann sollte man lieber die Hände davon lassen. Ich glaube nicht, daß man das soll. Wir sind weder genügend reich noch genügend klug, um so zu tun, als seien wir die Ersten, die zählen, und vor uns sei nichts Wissenswertes gewesen. Wie man bewältigen kann, was mit den Stilmitteln des 19. Jahrhunderts nicht mehr zu leisten ist, bleibt Sache der persönlichen Verwirklichung. Ich leugne nicht, daß es eine Gratwanderung ist, Epigonentum und Manierismus auf der einen Seite, auf der anderen modische Verfälschung. Was jetzt möglich, eben noch möglich, nicht mehr möglich ist, entzieht sich unserem Urteil. Darüber könnten nur die entscheiden, die nach uns kommen.

1973

Max Weber*

Der vierundzwanzigjährige Max Weber schreibt im Jahre der beiden preußisch-deutschen Thronwechsel: »Ich denke unausgesetzt an die öffentlichen Dinge.« 1887 berichtet der Student aus Berlin: »Und wäre bei meinen Altersgenossen nicht an sich schon die Anbetung der militaristischen und sonstigen Rücksichtslosigkeit, die Kultur des sogenannten ›Realismus‹ und die banausische Mißachtung aller derjenigen Bestrebungen, welche ihr Ziel ohne Appell an die schlechten Seiten der Menschen, insbesondere die Roheit, zu erreichen hoffen, zeitgemäß, so würden die zahllosen oft schroffen Einseitigkeiten, die Leidenschaftlichkeit des Kampfes gegen andere Meinungen und die durch den mächtigen Eindruck des Erfolgs hervorgerufene Vorliebe für das, was man heute Realpolitik nennt, ihnen nicht das einzige sein, was sie aus den Treitschkeschen Kollegien mitnehmen.« 1891 hat Max Weber »die Empfindung, als ob man auf einem mit großer Schnelligkeit dahinsausenden Zuge säße auf einer Bahnstrecke, die neu angestellte Weichensteller hat. Wenn der Kaiser nur seine geistigen Kräfte nicht ruiniert oder schon ruiniert hat.« Im Jahr darauf meint er über Wilhelm II.: »Er behandelt offenbar die Politik lediglich unter den Gesichtspunkten eines originellen Leutnants ... die dazwischenlaufenden Querköpfigkeiten und das unheimliche Machtgefühl, welches ihn beseelt, bringt eine solche unerhörte Desorganisation in die höchsten Instanzen, daß deren Rückwirkung auf die Verwaltung als Ganzes wohl nicht ausbleiben kann.« Zur ersten Tirpitzschen Flottenvorlage, die er bejaht, schreibt Weber 1897: »Und nur einem Regiment, welches in seiner inneren Politik zeigt, daß es die

* Neben den Schriften Max Webers und Marianne Webers altem ›Lebensbild‹ wurden für diesen Essay vor allem die beiden bedeutendsten unter den neuen Weber-Publikationen, Wolfgang Mommsens ungewöhnlich kluge und scharfe Analyse von Webers ›deutscher Politik‹ und die, im Vergleich mit Mommsen gestaltloseren, aber wohl vielseitigeren, reicheren, liebevolleren Kommentare Eduard Baumgartens – ›Max Weber, Werk und Person‹ – zu Rate gezogen. [G. M.]

freien Institutionen des Vaterlandes zu erhalten und freiheitlich weiterzuentwickeln *sich nicht fürchtet*, wird man das Vertrauen entgegenbringen, daß ihm nicht auf dem Gebiet der äußeren Politik Kraft und Mut im entscheidenden Momente, aller starken Worte ungeachtet, versagen werden.« 1912 tritt er für eine rechtliche Gleichstellung der Arbeitnehmer im wirtschaftlichen Kampf ein: »Daß wir daher die aus der zunehmenden Überlegenheit der Unternehmerorganisationen aller Art in Verbindung mit juristischen und polizeilichen Schikanen folgende zunehmende Aussichtslosigkeit geordneter Streiks und vollends die systematische Bildung subventionierter Unternehmerschutztruppen innerhalb der Arbeiterschaft vorbehaltlos als ein Übel ansehen, vollends aber Zustände der Kapitalherrschaft nach dem Muster von Pittsburgh, dem Saargebiet, der schweren Industrie in Westfalen und Schlesien und die Mithilfe der Staatsgewalt dazu rücksichtslos bekämpfen, weil wir in einem Lande von Bürgern und nicht von Hörigen leben wollen.« 1917, in seiner Aufsatzreihe ›Parlament und Regierung im neugeordneten Deutschland‹ schreibt Weber: »Nur Herrenvölker haben den Beruf, in die Speichen der Weltentwicklung einzugreifen. Versuchen das Völker, die diese Qualität nicht besitzen, dann lehnt sich nicht nur der sichere Instinkt der anderen Nationen dagegen auf, sondern sie scheitern an dem Versuch auch innerlich ... Der ›Wille zur Ohnmacht‹ im Inneren, den die Literaten predigen, ist mit dem ›Willen zur Macht‹ in der Welt, den man in so lärmender Weise hinausgeschrien hat, nicht zu vereinigen.« 1920 erklärte Max Weber im Kolleg: »Zur Wiederaufrichtung Deutschlands in seiner alten Herrlichkeit würde ich mich gewiß mit jeder Macht der Erde und auch mit dem leibhaftigen Teufel verbünden, nur nicht mit der Macht der Dummheit. Solange aber von rechts nach links Irrsinnige in der Politik ihr Wesen treiben, halte ich mich von ihr fern.« – Ein halbes Jahr später starb er; ohne je die Bundesgenossen gefunden zu haben, nach denen er sein Leben lang gesucht hatte, die aber für einen Menschen wie ihn wohl nie zu finden waren.

Die Epoche Max Webers war der schieren Zahl der Jahre nach nicht lang. Er hatte sich vertraut zu machen mit der Regierung Bismarcks zur Zeit seines Verfalls, dann mit der wilhelminischen Ära, dem Krieg, den unsicheren Anfängen der Weimarer Republik; mit nichts weiterem mehr. Die ihm zugewiesenen knappen vierzig Jahre machte er für sich zur Einheit durch die Intensität seiner Teilnahme. Wenn er im November 1918 schrieb, Bismarcks Werk sei dahin, dann bedeuteten diese vier Worte für ihn etwas anderes als für die Jüngeren, die Bismarck nur noch vom Hörensagen kannten; er hatte den langsamen Ruin des Werkes von Anfang bis zu Ende wissend beobachtet, hatte Spätjahre und Ausgang des großen Mannes erlebt und selbst noch den Höhepunkt seiner Laufbahn. In der scharfen Abrechnung mit Bismarck, die er mitten im Krieg, 1917, veröffentlichte, erzählt er, was er die Führer der Nationalliberalen Partei 1878 habe sagen hören. Damals war er vierzehn Jahre alt; aus seinen Kindheitsbriefen wissen wir, daß er Klugheit, Ernst und Neugier, auch Altklugheit und Arroganz genug besessen haben muß, um zu verstehen, was die Politiker in seines Vaters Arbeitszimmer redeten. Durch die Generation, von welcher der Knabe und Jüngling begierig lernte, stand er mit noch älteren Zeiten in Verbindung. Sein Verwandter und väterlicher Freund, der Historiker Hermann Baumgarten, war den ganzen Weg des deutschen Liberalismus gegangen: von 1848 zu Bismarck und wieder von Bismarck fort, in eine Sackgasse von Enttäuschung und bitter warnender Ohnmacht. Als Max Weber berufen wurde, am ersten Entwurf der Weimarer Verfassung mitzuarbeiten, hatte er ein halbes Jahrhundert deutscher Verfassungsgeschichte kraft eigener oder zum Eigenen gemachter Erfahrung im Kopf.

Im neunzehnten Jahrhundert galt der deutsche Professor als einer der Charaktere, die der politischen Einheit der Nation am kräftigsten vorarbeiteten, weil er, mit seinen Bücherkisten von Hochschule zu Hochschule ziehend, zu keinem Bundesstaat oder Fürsten in einem herzlichen Treueverhältnis stand. In gewissem Sinn gilt das auch noch für Max Weber. In seiner Sippe, einem weitverzweigten Netz hochgebildeter Familien von Gelehrten und Kaufleuten, war er fest verwurzelt, aber man könnte nicht sagen, daß er eigentlich Heimat gehabt hätte. In Erfurt geboren, in Berlin aufgewachsen, Student in Heidelberg, Straßburg, Berlin, dann nach Süddeutschland verschlagen, tätig in Freiburg, Heidelberg, Wien, München, war er weder Nord- noch Süddeutscher. Er spricht von deutscher Landschaft, nicht von schwäbischer oder preußischer; freute er auf seinen Auslandsreisen sich über Begegnungen mit Landsleuten, so fragte er nicht, woher sie kämen. Seine Gefühle waren hier eins mit den Überzeugungen, zu denen er sich früh entschlossen hatte; den Überzeugungen eines radikalen Bürgers, Demokraten und Nationalisten. In seinen letzten Jahren hat er die föderale Struktur Deutschlands erhalten, ja stärken wollen, aber aus rein staatstechnischen Gründen. Er tat sogar so, als wünschte er sich im Grunde die unitarische Republik und lehnte sie bloß darum ab, weil sie nicht zu haben und um das Können der Länder-Bürokratien nicht herumzukommen sei – eine vielleicht nicht ganz ehrliche Argumentation. Denn er verurteilte die Rolle, welche Preußen so lange in der deutschen Politik gespielt hatte, und wünschte Preußen durch einen stärkeren Einfluß der Süddeutschen, zumal der Bayern und Österreicher, zu balancieren, wie er denn die Funktionen der Reichshauptstadt 1919 am liebsten im Reich verstreut gesehen hätte. Bei alledem war kein Hauch landsmannschaftlicher Sentimentalität oder dynastischer Loyalität. Wenn in Webers durch eigenen Zwang verhärteter Seele weiche und liebende Gefühle ein Recht hatten – natürlich hatten sie es, aber nur in seinen privatesten Äußerungen durften sie zutage treten –, so waren einzelne Menschen ihr Gegenstand und dann das große Vaterland; nichts darüber hinaus und nichts dazwischen, nicht die Menschheit und nicht die Heimat.

Aus der Überlieferung ergibt sich ein widerspruchsreiches Bild. Man erzählt von der Majestät seines Erscheinens und Wirkens: »Er ist ein Kaiser, dem das Szepter gestohlen wurde«, hat Frau Elli Heuss, ihn im Heidelberger Wohnzimmer beobachtend, einmal gesagt. Er wird uns aber auch als nervös, ja als aufgeregt geschildert. Seine natürliche, liebenswerte Bescheidenheit wird gepriesen; als streitsüchtig und hochmütig galt er anderen. Der Stil seiner wissenschaftlichen Schriften wird manchmal getadelt und leicht ist er nicht; auf Schönheit scheint er, der Wahrheit zuliebe, völlig Verzicht zu tun. Häufig macht juristische Bildung sich bemerkbar: der Wille, alle einem bestimmten Begriff unterzuordnenden Möglichkeiten, seine ganze Kasuistik, in einer einzigen Aussage zu erfassen, ließ ihn wahre Satzungetüme zu Papier bringen. Gleichzeitig soll er ein großer Redner gewesen sein, einer, von dem Heinrich Wölfflin sagte, er habe ihm zum ersten Male die Vorstellung von dem gegeben, was ein hellenischer Rhetor gewesen sein muß. Wer heute seine gedruckten Reden liest, die Trompetenstöße der Antrittsvorlesung, den Schwanengesang über ›Politik als Beruf‹, wird es glauben. Da, wie in einigen politischen Aufsätzen, ist die Sprache von schöner Klarheit und Kraft, mitunter zu einer dichterischen Anschauung der Wirklichkeit sich erhebend. Als Beispiel mögen die Sätze der Antrittsrede dienen, die auf die kurz vorher stattgefundene Scheinversöhnung zwischen Bismarck und dem Kaiser anspielen: ». . . und als er im Winter des letzten Jahres, umstrickt von der Huld seines Monarchen, in die geschmückte Reichshauptstadt einzog, da – ich weiß es wohl – gab es viele, welche so empfanden, als öffne der Sachsenwald wie ein moderner Kyffhäuser seine Tiefen. Allein nicht alle haben diese Empfindung geteilt. Denn es schien, als sei in der Luft des Januartages der kalte Hauch geschichtlicher Vergänglichkeit zu spüren. Uns überkam ein eigenartig beklemmendes Gefühl – als ob ein Geist herniederstiege aus einer großen Vergangenheit und wandelte unter einer neuen Generation durch eine ihm fremd gewordene Welt.« Wie ist das Schicksal gescheiterter Größe – alle Größe scheitert am Ende – hier ausgedrückt, das Bewußtsein erbarmungslos wühlender, entfremdender Zeit, auf deren Höhe der junge Professor selber sich mit stolzem Mut bewegte. Auch für ihn sollten andere Tage kommen. – Ein anderes Beispiel, ein Vierteljahrhundert später, in der Reife der Erfahrung, seine Beschreibung des politischen Berufes: »Die Politik bedeutet ein starkes langsames Bohren von harten Brettern mit Leidenschaft und Augenmaß zugleich.« – Wer Pflicht und Qual des Staatsmannes in einem einzigen Satz so erfaßte, der muß ein großer Schriftsteller sein.

Er, der den Lesern seiner wissenschaftlichen Arbeiten das Schwierigste zumutete, konnte auch Volksredner, auch Demagoge sein und wußte es. Zu den Leuten in politischen Versammlungen sprach er einfach, derb, manchmal witzig, ohne ihnen je zu schmeicheln. Mein verehrter Freund Kurt Hahn erzählt die Geschichte, wie er ihn einmal, in den trüben Tagen nach dem November-Umsturz, zu einem überwiegend radikal gesinnten Publikum reden hörte. Weber, der eben die schärfste Wegsteuerung der Kriegsgewinne empfohlen hatte, unterbrach seine Argumentation mit der Bemerkung, man könnte vielleicht meinen, er sei im Begriff, ein Sozialdemokrat zu werden. Einer von den Zuhörern rief: »Det sollst du auch, du As!« Weber antwortete: »Das mag schon sein, Herr Interlocutor. Aber wissen Sie, wenn ich einen Sozialdemokraten in der Öffentlichkeit frage, ob er an den Marxismus glaube, wird er mir antworten: Selbstverständlich, wie sollte ich nicht. Und wenn ich ihn unter vier Augen frage, wird er antworten: Unter uns gesagt, ne. In die Kirche geh ich nich!« – worüber nun die Leute herzlich lachten, weil sie wußten, daß es traf. – Mit dem grimmigen Ernst seiner politischen Schriften kontrastieren die derb-lustigen, in ihren Beschreibungen wunderbar plastischen Briefe des Studenten, des Soldaten, auch noch des weltreisenden Professors; mit der asketischen Arbeitsbesessenheit seines Gelehrtenlebens die von Freunden bestätigte Tatsache, daß er auch ein vollblütiger Genußmensch sein konnte, der gern aß und trank und rauchte, gern gesellig war, gern wanderte und sah, gern lachte, der als Student, der eigenen Prahlerei zufolge, alle seine Kommilitonen an die Wand focht und unter den Tisch trank.

Max Weber war ein Mann von ungemein energischem, ja extremem Urteil; welche Haltung er einnahm, er nahm sie ein mit eindeutiger Konsequenz. Aber fast immer warf er das Gewicht seines Gedankens in die Waagschale, die zu hoch zu schweben drohte; kam heraus für ein starkes Parlament, als es schwach war, und für ein schwächeres, durch andere Mächte in Schach zu haltendes, als es zu stark zu werden drohte; für imperiale Ziele der deutschen Außenpolitik, als sie kaum welche hatte, und gegen den Annexionismus der Weltkriegszeit; für eine Politik, die den Krieg notfalls nicht scheute, im Frieden, und für einen Verständigungsfrieden im Krieg. Dasselbe Streben nach Gleichgewicht zeigt oft sich in seinen Urteilen über Personen und Schicksale. Einen leidenschaftlicheren Kritiker Bismarcks und der »furchtbaren Vernichtung aller selbständigen Überzeugung«, an der Bismarck schuld sei, hat es nicht gegeben. Im gleichen Atem wandte er sich gegen den »kindischen Bismarck-Haß« gewisser Leute, zu denen er auch seinen großen Lehrer Theodor Mommsen rechnete; das gehorsam-gleichgültige, passive, egoistische Verhalten der Nation, des Reichstags, vor allem der Konservativen, bei Bismarcks Sturz schien ihm beispiellos in seiner Verächtlichkeit. Im Krieg bekämpfte er erbittert das, was er die Admiralsdemagogie nannte, die Propaganda, welche Tirpitz für seinen verschärften U-Bootskrieg machte; um dann die plötzliche Entlassung des Admirals ungerecht und unwürdig zu finden. Man könnte sagen, er sei ein Extremist gewesen in der Verurteilung des Extremen; aber selbst dieser Satz fordert eine Einschränkung.

Wenige haben den Kampf so gelehrt wie er: Wirtschaft als Kampf, Leben überhaupt als Kampf und nur durch Kampf, vor allem: Politik als Kampf. Ein Kämpfer war er wohl selber, in dem Sinn, in dem für Goethe jeder rechte Mensch einer ist. Die Politik erklärte er für seine alte, heimliche, seinen Freunden nicht so heimliche Liebe; nur zu gern hätte er führend in die deutsche Politik eingegriffen und traute sich mitunter auch zu, was es dafür brauchte. Aber schroff, als fast beleidigende Zumutung, lehnte er es ab, um die Macht oder ein Teilhaben an ihr, ein Mandat, ein Staatssekretärs-Amt zu kämpfen, was er doch in der Konsequenz seiner eigenen Lehre gesollt hätte, wenn schon er nach politischer Wirkung strebte. Er war ein Nationalist, oder wollte doch einer sein, aber ohne jede Illusion über das Wesen des Nationalstaates und Machtstaates, über den Charakter seiner Nation und jeder Nation. Übrigens glaubte er, seine leidenschaftliche Teilnahme am deutschen Schicksal nach Belieben ausschalten zu können; Karl Jaspers erzählt, daß, als man ihn kurz vor seinem Tod fragte, was er wohl tun würde, wenn die Kommunisten Deutschland eroberten, seine Antwort gewesen sei: »Dann interessiert es mich nicht mehr.« – Daß ihm eine solche Abdankung gelungen wäre, mag man bezweifeln. Den politischen Machtkampf lehrte er als einen erbarmungslosen, hätte ihn selber aber erbarmungslos nie führen können; denn seine eigene Natur war ritterlich, und immer, oder fast immer, setzte er sich für die Schwächeren, zum Kampf nicht Fähigen ein. – Max Weber

war ein scharfer Gegner des pseudo-feudalen Stiles der Kaiserzeit, des Bündnisses von Bürgertum, Industrie, Adel, Monarchie, Bürokratie und Heer, ein Kritiker besonders des Corpsstudententums und seines gesellschaftlichen Einflusses. Aber ihm selber saß die alte Burschenherrlichkeit tief in der deutschen Seele; sie ist mitunter sogar seinem Vokabular anzumerken; und noch während der letzten Krankheit soll man ihn Studentenlieder haben summen hören.
Er war ein Professor, den es wieder und wieder in die Politik trieb, aber von politisierenden Professoren hielt er nichts, wie er denn 1918 von Wilson sagte, der erste eigentliche Weltherrscher der Geschichte sei ein Professor, und seine politische Dummheit beweise, wie sehr er ein Professor sei.
Die sogenannte Wertfreiheit der Wissenschaften ist zu einem der schlagwortartigen Begriffe geworden, die man, wie ›Charisma‹ oder ›innerweltliche Askese‹, mit Max Webers Werk zu verbinden pflegt: die Trennung zwischen dem zwingend Wißbaren, Austragbaren einerseits, andererseits der Wahl zwischen Werten und entsprechenden praktischen Entscheidungen, die unaustragbar sind. Über diese Frage hat er sich mehrfach mit der ihm eigenen Gründlichkeit und Konsequenz geäußert, nachdem man ihn einmal genötigt hatte, sich auf sie einzulassen. Fruchtlos waren seine, in ihrem historischen Grund auf Kant zurückgehenden Untersuchungen nicht, und sie hatten auch etwas mit seinem Temperament zu tun. Die Vermischung von logisch nicht Zusammengehörendem war ihm so zuwider wie billiges Professoren-Prophetentum, ein vom Katheder herab gefahrlos geführter Kampf, in dem die studentischen Zuhörer ja nicht repartieren durften. Aber die Sache ist, glaube ich, gewaltig überschätzt worden, auch von ihm selber. Ethische Fragestellungen lehnte er keineswegs, wie es unsere Logisten tun, als sinnlos ab, auch wenn er ihre Wissenschaftlichkeit bestritt oder ihnen eine andere Form von Wissensziel zuerkannte. Wichtiger: er selber fand sich mit seiner Forderung, Wissen und Werten zu trennen, wenn nicht als Forscher so doch als Professor, beständig im Widerspruch. In den wenigen Jahren, in denen er akademischer Lehrer war, hat er das Ansprechen der Studenten auf Zeit- und Schicksalsfragen hin nie unterdrücken können, hat wieder und wieder

Politik in jedem Sinn des Wortes auf den Katheder gebracht und, wenn er vorausschickte, er tue es nur ausnahmsweise und würde es sobald nicht wieder tun, diese Zusage alsbald gebrochen. Wie immer es mit der logischen Trennung von Wissen und Willen stand, in seiner Person waren sie machtvoll vereint, und nicht zuletzt darauf beruhte seine Wirkung.

So schon die Wirkung seiner Freiburger Antrittsrede von 1895. Er hat dies ungeheuer konzentrierte Stück Arbeit als unreif bezeichnet, und es trifft zu, daß der Fünfzigjährige nicht mehr den gleichen Hoffnungsmut, nicht die gleiche provozierende Selbstsicherheit hatte wie der Dreißigjährige. Trotzdem klang 1895 eine Mehrzahl der Motive an, die ihn seither nicht losließen. Die scharfe Trennung zwischen Forschen und Werten, Wissenschaft und Politik war schon da und ebenso ihre Verbindung, die er für festgegründet hielt, eben weil sie auf einer vorhergehenden sauberen Trennung beruhte. Als analysierende Wissenschaft ist die Nationalökonomie international wie die Mathematik. Aber der Forscher, der sie betreibt, steht nicht im leeren Raum. In seiner menschlichen Wirklichkeit gehört er einer Nation an; in den Dienst der Nation, des nationalen Staates, muß er nicht seine Forschung, wohl aber ihre Resultate stellen – eine jener nicht austragbaren Wertentscheidungen, die, einmal getroffen, wohl nicht umhin können, auch schon die Fragestellungen des Forschers zu beeinflussen. Ziel einer nationalen Wirtschaft und Politik ist nicht das weiche Glück des Einzelnen, sondern die Ausprägung eines starken freien Menschentums und die Macht des Staates gegenüber anderen Staaten, die Macht der Nation gegenüber anderen Nationen.

Hier kommt nun das ganze Knäuel von Kenntnissen, Fragen, Sorgen ins Spiel, mit denen der Gelehrte sich ein gutes Jahrzehnt befaßt hatte. Am direktesten die große Untersuchung der Lage der ostelbischen Landwirtschaft und Landarbeiterschaft, an der er unlängst führend beteiligt gewesen war und die er ihrerseits weit über das gesteckte Ziel ins Politische getrieben hatte. Was waren seine wesentlichsten Findungen gewesen? Die alten patriarchalischen Dienstverhältnisse sind in Auflösung begriffen. Sie sind es, weil die deutschen Landarbeiter, und zwar gerade die tüchtigsten, sie nicht mehr

wollen, sondern sich nach der wirklichen oder doch geglaubten Freiheit sehnen, wie die westdeutsche Industriearbeiterschaft sie schon besitzt. Sie sind es ferner, weil die wirtschaftliche Entwicklung selber die Gutsbesitzer zur kapitalistischen, rationalisierenden Bewirtschaftung ihrer Güter zwingt, um nicht der Konkurrenz begünstigter Produzenten zu unterliegen, der sie trotzdem unterliegen müssen. Daher die Forderung der preußischen Konservativen nach Hochschutzzöllen, nach einem Getreidemonopol; daher die preußische Einwanderungspolitik, welche zu Hunderttausenden polnische Landarbeiter hereinläßt, weil sie billiger sind als die deutschen, die ihren Brotgebern ohnehin davonlaufen.
Was für ein dichtes Wachstum sachlich unterschiedener, aber zusammenhängender Gedanken und Schlüsse nun. Im Psychologischen: der Mensch lebt nicht vom Brot allein und wird nicht immer von ökonomischen Motiven beherrscht; gerade der deutsche Arbeiter im Osten, dem es vergleichsweise am besten geht, verläßt sein Land und wandert westwärts, um dort größere Freiheit zu finden, selbst wenn dies Ziel eine Illusion wäre. Im Nationalökonomischen: der ostelbische, überwiegend adelige Grundbesitz strebt sich auf Kosten der Nation zu erhalten in doppeltem Sinn; indem er ihr eigentliche Tributzahlungen zumutet und indem die Arbeitsbedingungen, die allein er noch gewähren kann, zu einer Polonisierung des deutschen Ostens führen. Diese will Weber verhindern durch nationalpolitische Mittel: Sperrung der Grenzen, kleinbäuerliche Siedelung, Preisgabe des grundbesitzenden Adels, der nicht auf Kosten der Nation gerettet werden darf. Das wirtschaftliche Todesurteil, das er über die Junker ausspricht, ist mit einer Würdigung ihrer geschichtlichen Rolle verbunden: sie hatten, was unter Deutschen so selten ist, politischen Instinkt, Machtinstinkt, sie trugen den Staat, ihre Güter waren Zentren von Herrschaft, welche die Monarchie abstützten. Als Mitglied seiner Kaste, als Sohn des Bodens, auf dem er aufwuchs, wird Bismarck verstanden. »Ein Vierteljahrhundert«, heißt es in der Antrittsrede, »stand an der Spitze Deutschlands der letzte und größte der Junker, und die Tragik, welche seiner staatsmännischen Laufbahn neben ihrer unvergleichlichen Größe anhaftet und die sich heute noch immer dem Blick vieler

entzieht, wird die Zukunft wohl darin finden, daß unter ihm das Werk seiner Hände, die Nation, der er die Einheit gab, langsam und unwiderstehlich ihre ökonomische Struktur veränderte, und eine andere wurde, ein Volk, das andere Ordnungen fordern mußte, als solche, die er ihm geben, und denen seine cäsarische Natur sich einfügen konnte. Im letzten Grund ist eben dies es gewesen, was das teilweise Scheitern seines Lebenswerkes herbeigeführt hat.« In dem früheren Enquête-Bericht schrieb Weber: »Es ist ... kein Zufall, daß das Steuer des Reiches fast ein Menschenalter lang in der Hand eines gewaltigen Großgrundbesitzers gelegen hat. Wesentliche Züge seiner Natur sind ohne den Boden, auf dem er gewachsen ist, nicht verständlich. Alle glänzenden Eigenschaften, welche die ererbte Kunst des Herrschens über Land und Leute zeitigt, vereinigten sich in dieser Persönlichkeit, aber auch ihre tiefen Schatten. Der von der Presse zur Karikatur verzerrte, aber grundehrliche Haß von Millionen deutscher Proletarier und breiter Schichten des Bürgertums gegen diesen einzigen Mann ist die Antwort auf einen Zug tiefer Menschenverachtung, welcher seinem Tun und Reden unauslöschlich aufgeprägt war. Auch dieser Zug aber ist gewachsen auf dem Boden des patriarchalischen Systems und gerade den größten und energischsten Naturen seines Standes eigen ...«

Nun ist es so, daß eine wirtschaftlich schon verlorene, mit den stärksten ökonomischen Kräften der Zeit in hoffnungslosem Streit liegende Klasse die Zügel der politischen Macht nicht in Händen behalten kann. Es ist aber nicht so, daß die wirtschaftlich stärkste Klasse, hier das kapitalistische Bürgertum, zur Ausübung auch der politischen Macht an sich schon reif und berufen sein müßte. Daß es dazu nicht vorbereitet ist, teils durch die Schuld Bismarcks, der ihm keinerlei politische Erziehung gönnte, vielmehr ihm nahm, was es vor 1866 schon erreicht hatte, teils infolge der eigenen selbstischen Feigheit und Angst vor der roten Gefahr, ist Webers These damals und während der nächsten fünfundzwanzig Jahre gewesen. Ebenso auch, daß die Angst vor der roten Gefahr Torheit ist, weil die deutschen Sozialdemokraten nichts sind als »kümmerliche Kleinmeister«, Schafe im Wolfspelz, ganz ohne die Energie, aus der Revolutionen kommen, ohne die man aber auch die

Führung im Staat nicht an sich reißen kann. Folglich ist die Nation führerlos, in eigentlich unpolitischem Zustande. Dieser Ausblick ist düster; denn der Lebenskampf der Völker ist hart, Friede ein Wort, welches nur Formen des Kampfes verdeckt, die nicht geradezu Krieg sind; wenn der deutsche Nationalstaat keinen anderen Zweck hatte, als sich selber dürftig zu erhalten, nicht weltweite, von freien, wagenden Menschen verwirklichte Machtziele in sich trug, dann wäre er besser ungegründet geblieben.

So Webers Gedankengang von 1895. Er hat ihn später vielfach modifiziert, sowohl neuen Wirklichkeiten angepaßt wie auch erweitert; aber erstaunlich bleibt die Dauerhaftigkeit der Grundmotive, Urteile und Gefühle. Diese Geschichtsauffassung ist sehr stark vom Ökonomischen her bestimmt, wie es bei einem Gelehrten seines Faches, und einem, der nüchterner Realist sein will, nicht anders sein kann. Die Entwicklung der deutschen Wirtschaft zu den reifsten Formen des Kapitalismus ist unvermeidlich, ob man die damit verbundene Lebensart liebt oder nicht. Verschiebungen der ökonomischen Gewichte müssen auch Verschiebungen der politischen Machtgewichte mit sich bringen; verurteilt sind also die halb-absolute Monarchie, die Herrschaft der Konservativen in Preußen samt den Stilen, Wertungen und Manieren, welche sie künstlich aufrechterhält. Soweit ist alles klar, und soweit sieht Weber die Dinge ungefähr mit den Augen von Karl Marx, den er bewunderte; aber nur soweit. Politische und wirtschaftliche Führung sollten wohl zusammenfallen, aber tuen es nicht notwendigerweise und wie von selber. Der Mensch folgt nicht ökonomischen Motiven allein und ist freier in seiner Wahl, als Marx glaubte. Die Lehre von der kommunistischen Revolution ist falsche Künstelei. Käme es in der Wirklichkeit, und zwar durch einen Akt freier Willkür, je zu einer Sozialisierung allen Besitzes, so würde sie die Arbeiter nicht freier, sondern im Gegenteil noch höriger machen, als sie es jetzt sind, und die seit Jahrhunderten wühlende Tendenz von Staat und Bürokratie, unser Leben zu beherrschen, vollenden. Gegenüber den sich an die Reste ihrer Herrschaft krampfenden, das Königtum zu ihren Zwekken mißbrauchenden Feudalen ist der Platz der Arbeiterschaft beim Bürgertum. Auch sie gehört dem kapitalistischen

System an, dessen ebenbürtiger, freier Partner sie sein sollte; der Streit zwischen beiden modernen Klassen begünstigt niemanden als die Reaktion. Das Ziel ist nationale Demokratie, in der Form einer echt und nicht nur zum Schein konstitutionellen Monarchie, vorausgesetzt, daß die Monarchie eine solche Entwicklung zuläßt, durch die allein sie gerettet werden kann. Demokratie muß sein, nicht weil sie das absolut Gute wäre, nicht zur Verwirklichung prätendierter ewiger Menschenrechte, sondern weil sie die einzige für eine moderne Industrienation noch stimmige Staatsform ist. Die einzige, welche die an sich unvermeidlichen kapitalistischen Machtzusammenballungen von der Politik her zu balancieren vermag. Vor allem aber kann Demokratie, und sie allein, die Energien der Nation kanalisieren und in Friede und Krieg gegen außen wenden. Der Nationalstaat muß Machtstaat sein, muß imperiale Ziele verfolgen; und das kann er nur noch als ein demokratischer, gleichgültig, welche verfassungstechnischen Lösungen gewählt werden.

Als Soziologe hat Max Weber das Machtstreben jedes »autokephalen« Herrschaftsgebildes, wie er es nannte, analysiert, und da kam er zu nicht eben erfreulichen Resultaten: Macht als Mittel zu Beute und Pfründen für die herrschenden Schichten, Macht als Genuß von Prestige, und so fort. Er sah auch, der nahezu alles sah und alles aussprach, was er sah, daß Macht und schöpferische Kultur nicht immer zusammenfallen und gerade in Deutschland nicht mehr zusammenfielen, daß viele der edelsten Leistungen deutscher Kultur im noch nicht machtstaatlich organisierten Süddeutschland oder in der Schweiz vollbracht wurden und die Reichsgründung solche Leistungen nicht begünstigte. Aber eines war der Soziologe und Polyhistor; etwas anderes der Mann des Willens, der sich von Wissen nicht lähmen ließ und sich trotz allem Wissen entschloß.

Nicht, daß er Macht schön fand; alles Ästhetentum in der Politik war ihm verhaßt. Er hielt es für Schicksal, daß Deutschland Machtstaat sein müsse; und in seinen Lebensjahren war es ja wohl wirklich Schicksal, zumal die Nationen um Deutschland herum auch Machtstaaten waren und einer den andern zwang, wozu alle sich gern zwingen ließen. Um die Erde nicht den Russen und den Angelsachsen zu überlassen, hat Weber im Krieg einmal erklärt, sei der deutsche Machtstaat in der Mitte des alten Kontinents notwendig gewesen, im Interesse der Deutschen nicht nur, sondern auch der kleinen freundlichen Kulturstaaten, die ihre Existenz dem von Deutschland getragenen Gleichgewicht verdankten; so daß Deutschland nicht bloß um die eigene Autonomie, sondern auch um einen universalen Wert gekämpft hätte. Darin, scheint mir, liegt ein Stück Verklärung, aber auch ein Stück zeitbedingter, vergänglicher Wahrheit. Die gedankliche Verbindung von Nationalismus und Demokratie, die er fand, war eine wenig erhebende: je tiefer die Egalisierung und Nivellierung der Gesellschaft, desto mehr müsse das allen Menschen gemeinsame, billigste Kulturgut, die Nationalsprache, verbindend und trennend wirken.

Die Epoche, während derer ein starker politischer Wind das Boot des jungen Professors trieb, während derer er dem Alldeutschen Verband angehörte und seinen weniger scharf denkenden, von wärmerer Menschenliebe beseelten Freund Friedrich Naumann zu lenken versuchte, folgte eine Zeit allgemeiner Enttäuschung und persönlicher Umstände, die ihn zur Zurückgezogenheit zwangen. Eigentlich wissenschaftliche Arbeit, weit und tief greifende Forschungen im Gebiet der Religions- und Rechtsgeschichte, sind für Max Weber immer eine Art von Asyl gewesen, in das er sich zurückzog, wenn er im Politischen nicht mehr wirken wollte oder nicht wirken zu können glaubte. Häufig lesen wir in seinen Biographien, dann und damals habe er der Politik Lebewohl gesagt, um nichts mehr zu sein als ein Gelehrter. Der Abschied war nie ein endgültiger; die Rückkehr war es ebensowenig. Ernst Troeltsch meint, alle Wissenschaft, so Gewaltiges er in ihr leistete, sei ihm im Grunde nur eine Verlegenheitsbetätigung seiner Energien gewesen, weil das, wozu er eigentlich geboren war und wonach er sich eigentlich sehnte, die politische Tat, ihm durch äußere Umstände verboten war; einem »Raffael ohne Arme und Hände«. »Er war«, heißt es in Troeltschs Nekrolog, »in der tiefsten Seele Politiker, eine Herrschernatur und ein glühender Patriot, der sein Vaterland auf falschen Wegen sah und mit aller Leidenschaft die Führung zu übernehmen begehrte, aber bei den gegebenen Verhältnissen nicht daran denken konnte, sie wirklich zu erhalten.« Die Verhältnisse, muß man hinzufügen, waren allerdings gegen ihn. Aber ganz unmöglich war es unter Wilhelm II. für einen bürgerlichen Gelehrten nicht, in einer politischen Partei aufzusteigen; ein alter Philosophieprofessor ist ja zum Schluß noch Reichskanzler gewesen. Freilich hatte Hertling guten Willen zu dem gezeigt, was Weber ablehnte: seiner Partei von der Pike auf vierzig Jahre lang zu dienen. Webers politisches Scheitern war letzthin mehr von der Person her bedingt als von außen; es war etwas in ihm, was gegen die eigene Sehnsucht, die eigenen Wirkungsmöglichkeiten wütete.

Das, als was er angetreten war, blieb er in den Jahren gezwungenen Privatgelehrtentums: ein nationaler Demokrat, der die Vergiftung und Verkrampfung der deutschen Innenpolitik und Klassenpolitik, die prahlerische Schwäche der deutschen Diplomatie und das nervöse Treiben des Kaisers mit sorgendem Grimm verfolgte. Über Wilhelm II. schreibt er 1906 an seinen Freund Naumann: »Das Maß von Verachtung, welches uns als Nation im Ausland (Italien, Amerika, überall!) nachgerade – mit Recht! das ist das Entscheidende – entgegengebracht wird, weil wir uns *dieses* Regime *dieses* Mannes gefallen lassen, ist nachgerade ein Machtfaktor von erstklassiger weltpolitischer Bedeutung geworden ... Wir werden isoliert, weil *dieser* Mann uns in dieser Weise regiert *und wir es dulden und beschönigen.*« Mitten im Krieg hat er das nun der Vergangenheit angehörende persönliche Regiment des Kaisers einer öffentlichen Kritik von ungeheurer Prägnanz unterworfen, wobei er die, an seiner Zeit gemessen, eher zu starke als zu schwache Friedensliebe des Monarchen gerechterweise betonte. Max Weber unterschied zwischen Realismus und ›Realpolitik‹. Der Realist setzt sich freigewählte Ziele, die im Reich der Möglichkeit liegen, mitunter sogar jenseits seiner Grenzen, denn es mag vorkommen, daß man nach dem Unmöglichen greifen muß, um Geringeres, Wünschbares zu gewinnen. Immer ist politischer Realismus Kampf zwischen dem eigenen Willen und der ihm entgegenstehenden Wirklichkeit, die man als das erkennt, was sie ist – »die geschulte Rücksichtslosigkeit des Blickes in die Realitäten des Lebens, und die

Fähigkeit, sie zu ertragen und ihnen innerlich gewachsen zu sein«, wie er kurz vor dem Ende formulierte. Dagegen bedeutete ihm das Modewort ›Realpolitik‹: die Annahme jeder Entwicklungstendenz, weil sie einmal da war, ohne den Willen, sie so oder so zu gestalten; die prahlerische oder zynische Anpassung an jede Wirklichkeit ohne im Ernst verfolgte eigene Ziele, die Anbetung des Erfolges, das nervöse Haschen nach Erfolg oder Scheinerfolg, wo immer er sich bot. Eben dies war ihm die deutsche von Dilettanten geleitete, von braven Beamten ausgeführte Politik der Vorkriegszeit: eine Parvenupolitik ohne Stil und ohne Ernst, gegen den Hintergrund einer innerlich zerrissenen, ihr eigenes Schicksal nicht bestimmenden Nation, laut bei dürftigen wirklichen Ansprüchen und Ergebnissen; eine Politik, die schließlich zuwege brachte, was er im Krieg »die unnatürliche Koalition gegen uns« nannte. Wenn dem Stil des Kaiserreiches etwas Unnüchternes, etwas Überspannendes und Überspanntes anhaftete, so hatte Max Weber davon nichts.

Entsprechend war seine Haltung während des Krieges. Er hat in diesen Jahren, zumal in den beiden letzten, viel geschrieben und gesprochen, öffentlich wie privat. Dennoch gilt von ihm, was wohl von keiner anderen politischen Figur irgendeines Landes in dieser Zeit gilt: daß er nie ein falsches, nie ein maßloses oder geschmackloses Wort geäußert hat; wobei ein Zusammenhang ist zwischen der Untrüglichkeit des sachlichen Urteils und dem Geschmack.

Daß er zuerst von der Begeisterung der Nation mit fortgerissen wurde, versteht sich von selber; er war zu sehr Patriot von Instinkt, um hier sich auszuschließen, und wenn er, für sich, nur zu gut wußte, welche deutschen Fehler die »unnatürliche Koalition« der Feinde zusammengeschmiedet hatten, so wußte er auch, daß zerfahrenes Ungeschick, nicht Kriegs- oder Eroberungswille, die Quelle aller Irrtümer gewesen waren. »Die Politik der letzten zwei Jahrzehnte«, faßte er im November 1918 zusammen, »war frevelhaft, nicht weil sie Kriegspolitik, sondern weil sie leichtfertige Politik und verlogen war. Unsere Politik vor dem Kriege war *dumm*, nicht: ethisch verwerflich, davon ist gar keine Rede. Dabei bleibe ich.« Für den Moment litt er darunter, nicht aktiver Offizier sein zu können

– von den Söhnen seiner Mutter sei er der kriegerischste –, warf seine ganze Energie in Lazarett-Arbeit, um sich zu beweisen, daß er für nichts zu schade sei, und sah sich nach einer weitertragenden Pflicht für das Vaterland um, die ihm nie zuteil wurde. In geheimen Denkschriften, dann in Artikeln und Vorträgen blieb er unbeauftragter Ratgeber. Was er schrieb, ist heute noch ergreifend zu lesen, aber wenn es ihn nicht gegeben hätte, so wäre der Gang der Dinge derselbe gewesen, wenigstens bis zum Dezember 1918; im Grunde wohl auch darüber hinaus.

Er erkannte die Entartung des Krieges und die Folgen der Entartung: alle kriegführenden Staaten würden sich ruinieren, die Führung der Weltwirtschaft, eine eigentliche Weltwirtschaftsdiktatur, auf Amerika übergehen. Also wünschte er ein Ende, sobald es möglich wäre; die Möglichkeit dafür sah er am ehesten auf der englischen Seite. Der Hetze der Gegner trat er mit machtvoller Würde entgegen, aber nie hetzte er selber; verwarf das Gerede vom englischen Handelsneid, suchte die Gründe für die englische Intervention da, wo sie zu finden waren, und hielt dafür, man müsse versuchen, sie durch das Angebot einer Wiederherstellung des Gleichgewichts wenigstens im Westen, also den klaren Verzicht auf Annexionen, zu neutralisieren. Nie sang er das hohe Lied der englischen Verfassung kräftiger als gerade im Krieg; das Lob einer nationalen, durch die Krone gebändigten Demokratie, die echte Politiker an die Spitze brachte, anstelle von Beamten, und der Arbeiterschaft ihren sicheren Platz im Staate gab. Was Amerika betraf, so kannte er seine Macht, auch potentielle Kriegsmacht; er hatte das Land bereist und studiert und war empört über die Unwissenheit seiner Landsleute, auch der Verantwortlichsten, die nicht einmal wußten, was ein amerikanischer Wahlkampf sei. Amerika draußen zu halten, hielt er eines Preises für wert; daher sein Auftreten gegen die »Admiralsdemagogie«, seine mit präzisen Zahlen arbeitende Denkschrift gegen den unbeschränkten U-Bootskrieg, die er zirkulieren ließ und die auch Eindruck machte, aber, wieder und wieder, keinen rettenden Eindruck. »Inzwischen«, schreibt er 1916, »ist die Gefahr mit Amerika auf dem Höhepunkt, und mir ist, als ob eine Horde Irrsinniger uns regierte. Alle Leute,

die vor 14 Tagen meiner Ansicht waren, sind umgefallen. Die vor 14 Tagen sagten: ›Ach, die Amerikaner schlagen ja *nie* los‹ sagen jetzt: ›Ach, die Amerikaner *wollen* ja den Krieg auf jeden Fall‹ – ganz wie damals bei Italien. Die paar ruhigen Leute hier *wissen*: der Krieg ist verloren, wenn es losgeht ... Es ist um toll zu werden. Und die wahnsinnige Wut, die man erregt, wenn man so einen Hetzer *sachlich* zu überzeugen sucht, hat etwas Unheimliches ...«
Die öffentliche Meinung in Deutschland wurde gelehrt, den Krieg vor allem als einen von England verschuldeten, vor allem gegen das perfide Krämervolk zu führenden anzusehen. Weber hielt das für falsch; für ihn war Rußland der Hauptschuldige, eine Ansicht, welche die Forschung, auch die neueste, nicht völlig widerlegt hat. Ohne daß er, meines Wissens, je die berühmte Rußland-Amerika-Prophezeiung Tocquevilles zitiert hätte, sah er die Weltmacht-Zukunft der beiden Flankenreiche ungefähr wie Tocqueville, mit dem er so manche Fragestellung gemeinsam hat. Für Rußland fühlte er etwas wie Haßliebe; er war fasziniert von den schöpferischen Extremen des russischen Geisteslebens, lange trug er sich mit dem Gedanken, ein Buch über Tolstoj zu schreiben, der, mit der äußersten Konsequenz, ein anderes Wertsystem gewählt hatte als er selber, aber eines, das er verstand und dem er sich in tiefster Seele verwandter fühlte, als die entschlossene Härte seiner politischen Schriften erscheinen läßt. Er hatte es nicht gewählt; aber er hätte es schließlich wählen können. Die andere Seite Rußlands, den Machtstaat, den bürokratischen Despotismus und Imperialismus haßte und fürchtete er; früher oder später hätte es zwischen ihm und Deutschland zu einem Entscheidungskampf kommen müssen, in welchem Deutschland, unbedankt zwar, die Sache ganz Europas vertrat. Daß Weber in Rußland den Hauptfeind sah, nötigte ihn, seine Haltung gegenüber der polnischen Nation zu revidieren. Hatte er als junger Mensch von den Polen mit einer an Bismarck erinnernden, dünkelhaften Verachtung gesprochen – »Wir haben die Polen zu Menschen gemacht« –, so meinte er jetzt, das Kulturgefälle zwischen Deutschen und Polen sei längst nicht mehr, was es vor einem Vierteljahrhundert gewesen war. Deutschland mußte ernst mit seinem Versprechen

machen, einen polnischen Nationalstaat wiederherzustellen, mußte überhaupt als Beschützer der kleineren, am russischen Westrande lebenden Völker erscheinen, anstatt aus dem Krieg einen zwischen Germanen und Slawen zu machen. Daß dann die den Randvölkern durch den Frieden von Brest-Litowsk gebotene Befreiung deutscherseits eine unehrliche war, blieb ihm nicht verborgen.

Die Abwehr des russischen Imperialismus war der einzige Sinn, den der Krieg hatte. Sonst hatte er keinen; außer, daß Deutschland durch eine Kette enormer Ungeschicklichkeiten in eine schlimme Lage manövriert worden war, aus der es sich nun so gut es ging heraushauen mußte. Scharf, mit der ganzen Verachtung, deren er fähig war, wandte Weber sich gegen die Schreibereien von den »Ideen von 1914«, vom »deutschen Krieg«, vom Kampf zwischen Monarchie und Demokratie, zwischen deutschem Idealismus und englischem Materialismus, und so fort; der nur zu gut wußte, welche entfesselte Gewinnsucht nun gerade auch in Deutschland am Werke war und wie der Krieg das Schicksal der westlichen Gesellschaft, Zentralisierung, Bürokratisierung, Rationalisierung überall im gleichen Stile weitertrieb und verwischte, was von den Unterschieden der nationalen Charaktere noch übrig war. Literaten wollten der Sache einen Sinn geben, mit dem die kämpfende Front nichts zu tun hatte. Weber mochte die Literaten nicht und nie weniger als damals. Von »Literatenköpfen«, »Literatengeschwätz« ist in seinen Schriften häufig die Rede. Man denkt in Deutschland meistens an die Linke, wenn man von politisierenden Literaten spricht. Das tat Weber wohl auch – die »Literatenregierung in Petersburg« 1917, die »Literatenregierung in München« November 1918. Überwiegend aber dachte er an die Rechte: die romantischen Verherrlicher des Obrigkeitsstaates, die literarischen Schmäher des Parlamentarismus, die Konstrukteure einer papierenen Ständevertretung, die Antipolitiker überhaupt. Was sie, in Webers Augen, in Wirklichkeit taten, war entweder gar nichts oder war Hilfeleistung für die Plutokratie, die Beamtenherrschaft, die handfesten Pfründen-Interessen und Privilegien des preußischen Adels. Indem sie über dem Klassenkampf zu stehen behaupteten, lieferten sie ihm literarische Munition, vergifteten das

Verhältnis zwischen den Klassen der Gesellschaft noch bösartiger.

Aber war Max Weber denn nicht selber ein Literat, ein Mann des Gedankens und Wortes, ein Schriftsteller? Keineswegs konnte er sich große Politik vorstellen ohne Ideen, ohne Glauben; eben darum die scharfe Trennung zwischen Politik und Verwaltung, auf der er so unermüdlich insistierte. Gelegentlich sprach er sogar von Illusionen, die sein müßten, damit etwas Tüchtiges getan werde; und es ist ja Literatur, welche Illusionen schafft und verbreitet. Letztlich ging es hier um eine Frage des Wertes. Er sage offen, heißt es in ›Politik als Beruf‹, »daß ich zunächst einmal nach dem Maße des *inneren Schwergewichts* frage, das hinter dieser Gesinnungsethik steht, und den Eindruck habe: daß ich es in neun von zehn Fällen mit Windbeuteln zu tun habe, die nicht real fühlen, was sie auf sich nehmen, sondern sich an romantischen Sensationen berauschen«. Verhaßt war ihm alles Sachfremde, alles undurchdachte, unwissende, menschlich gehaltlose Gerede, ob es nun subjektiv ehrlich war oder bewußt im Dienst korrupter Interessen stand.

Lange vor der Intervention der Vereinigten Staaten hatte er durchschaut, daß ein vollständiger Sieg Deutschlands über die Koalition nicht im Bereich des Möglichen lag. Wäre er möglich gewesen, so scheint es, daß Weber ihn nicht einmal wünschte, weil er nur zu neuen Wirren führen konnte. »Es widerstreitet den deutschen Interessen, einen Frieden zu erzwingen, dessen hauptsächlichstes Ergebnis wäre, daß Deutschlands Stiefelabsatz in Europa auf jedermanns Fußzehen stünde.« Den Krieg in seinem Begriff selber wünschte er diskreditiert zu sehen, damit hernach ein langer Friede sein könnte; diskreditiert wurde der Krieg, wenn er in nichts endete, niemand etwas gewann, jeder sich zuletzt fragen mußte, wozu er eigentlich all das gelitten hatte. Ein Patt-Friede also, oder in der deutschen Historikersprache ein ›Hubertusburger‹-Friede; während ein karthagischer, gleichgültig zu wessen Gunsten, den Frieden selber diskreditieren mußte. Im Gegensatz dazu hielt das offizielle Deutschland dafür, alles käme darauf an, daß die Nation den Krieg in schöner Erinnerung behielte; und das war ohne Lohn für alle die Opfer, also Landgewinne, wirtschaftliche Gewinne nicht zu erreichen. Weber wußte sehr genau, daß der bösen Verhärtung des Willens im Lager der Entente in Deutschland starke Gruppen entsprachen, die in einer Verlängerung des Krieges ihren Vorteil fanden; nicht bloß die handfesten Interessen der Kriegsgewinnler, sondern die politischen Interessen der Konservativen und der Rechten überhaupt. Je länger der Krieg dauerte, desto stärker würden die verhaßten Sozialdemokraten nach links getrieben und würden so endlich wieder zu den ›Reichsfeinden‹ werden, als welche Bismarck sie von den Geschäften des Reiches völlig ausgeschlossen hatte. Nur ein ganzer deutscher Sieg nach außen würde die privilegierten Klassen vor jenen inneren Reformen retten, für welche die Zeit überreif war: Zusammenbruch der konservativen Herrschaft in Preußen durch Abschaffung des Dreiklassenwahlrechts, Parlamentarisierung der Reichspolitik und, in ihrer Folge, Übernahme der Regierung durch die Mehrheitsparteien einschließlich der Sozialisten.

Weber hat eine solche Entwicklung für dringend notwendig gehalten. In einer Reihe monumentaler Staatsschriften, die teils in der ›Frankfurter Zeitung‹, teils als Broschüren erschienen, hat er in den Jahren 1917 und 1918 von Deutschlands künftiger Staatsform gehandelt und die Vorzüge eines kräftigen Parlaments herausgearbeitet: Kontrolle der Verwaltung und Auslese echter politischer Führer, Einheit der Staatsführung, die es in dem von den Literaten gepriesenen Obrigkeitsstaat viel weniger gab als in den verachteten Demokratien des Westens. Im Lichte der von ihm entwickelten Prinzipien beurteilte er den Gang der Ereignisse: den Sturz des Reichskanzlers Bethmann Hollweg durch ein unsagbar verworrenes Eintagsbündnis zwischen dem Reichstag und dem General Ludendorff, den ›Sklavenaufstand‹ eines machtlosen, zur Führung weder berechtigten noch vorbereiteten Parlamentes; den kläglichen Ausgang der Kanzlerschaft Michaelis, der noch einmal zeigte, daß ein vom Monarchen ernannter bloßer Beamter, auch der fähigste und sympathischste, einem großen Industrievolk in solcher Krise keine Führung mehr geben konnte; das Wachsen der Generalsdiktatur im Machtvakuum der deutschen Politik; den Taumel eines unbändigen Übermutes, der jeden Kontakt mit der Wirklichkeit verloren hatte,

die wütende Hetze der Rechten gegen die Sozialdemokraten, die von den Generalen gestärkte, ihren Feldherrnruhm ausmünzende Demagogie. Über den Munitionsarbeiterstreik vom Januar 1918 schrieb Weber: »Aber der Streik war ganz selbstverständlich angesichts dessen, was man in Berlin Mitte Januar erlebte und was tatsächlich jeden, der einen rein sachlichen Betrieb der Politik verlangt, zum Rasen bringen konnte: wildeste Demagogie ohne Demokratie, vielmehr *wegen* fehlender Demokratie. Man muß dort gewesen sein, um das zu verstehen: man glaubte, im Irrenhaus zu sein – oder: in Athen nach der Argenusenschlacht.« – Der Vergleich hat Absicht; auf die Argenusenschlacht folgte Aigospotamoi.
Von dem grimmigen Schmerz des Patrioten angesichts der Erfüllung seiner Vorhersagen, von seiner Verzweiflung über Ludendorffs unzeitiges Waffenstillstandsangebot, von seinen Hoffnungen auf eine letzte kriegerische Anstrengung, kann hier nicht die Rede sein. In den Wochen vor dem Ende bewies er noch einmal seinen scharfen Sinn für Machtverhältnisse: wenn Wilson den Waffenstillstand zu lange hinauszögerte, wenn er Bedingungen stellte oder zuließe, die eine Wiederaufnahme des Kampfes völlig unmöglich machten, so würde nicht bloß Deutschland, sondern auch der amerikanische Idealist seine Sache verlieren, denn dann brauchten England und Frankreich die amerikanische Hilfe nicht mehr und könnten den Frieden nach ihrem Geschmack diktieren. Was auch geschah.
Die Monarchie hätte Weber gern gerettet gesehen durch eine zeitige Abdankung des Kaisers, und er wirkte in diesem Sinne auf seine politischen Freunde ein. Von sentimentaler Anhänglichkeit an die Dynastie, einem Royalismus des Herzens war er weit entfernt. Wilhelm II. hatte er jahrzehntelang für einen Schädling gehalten, im Kriege erlebt, daß die Monarchie auch die letzte ihrer nützlichen Funktionen, die Verhinderung einer Militärdiktatur, nicht zu erfüllen vermochte. 1916 schrieb er: »Ceterum censeo: gegen die U-Boot-Demagogie *muß* eingeschritten werden mit *Keulenschlägen* von oben – sonst weiß ich nicht, wozu wir ›Monarchie‹ heißen.« Die möglichen staatstechnischen Vorteile eines dauernd besetzten, umhegten, die Kontinuität darstellenden höchsten Amtes sah er auch jetzt

noch; aber da die Monarchie sich nicht retten lassen wollte, so gab er sie auf und ohne viel Kummer.
Friedrich Ebert hat kurze Zeit daran gedacht, Max Weber als Staatssekretär in das Reichsamt des Inneren zu berufen. Wer ihn kannte, hätte voraussagen können, was Weber dafür tat, nämlich nichts und weniger als nichts. Indem er nun öffentlich gegen den »blutigen Karneval, der sich Revolution nennt«, wetterte und nicht den Mehrheitssozialisten, wohl aber den ›Unabhängigen‹ seine Verachtung mit der ihm eigenen Derbheit zu erkennen gab, machte er seine Wahl, zu der es wohl auch sonst kaum gekommen wäre, buchstäblich unmöglich. Immerhin berief ihn der neue Staatssekretär Hugo Preuß in ein Komitee, das die Verfassung der Republik vorzubereiten hatte – sein erstes bescheidenes politisches Amt und sein letztes.
In Webers Begriff von Demokratie, zumal in seinen Schriften während des Krieges, war längst ein plebiszitärer Zug stark hervorgetreten. Das Parlament sollte nicht regieren; es sollte kontrollieren, vor allem aber aus sich heraus die politischen Führer gebären, die dann, und zwar nach eigenem Willen, eigener Überzeugung regieren würden, so lange, bis sie versagten und man ihnen das Vertrauen entzöge. Einen Volkswillen gab es in Wirklichkeit nicht, in einer Demokratie so wenig wie anderswo. Immer wurde Politik von wenigen gemacht. Die übrigen, die Wähler und dann die bürokratisierten Parteimaschinen, waren die Gefolgschaft, welche die Macht des »charismatischen« Führers, des Staatsmannes, des geborenen und bewährten Demagogen trug; wobei Weber einmal daran erinnerte, daß nicht Kleon, sondern Perikles der erste Demagoge Athens gewesen war. Die gute alte Zeit eines Parlamentes unabhängiger Honoratioren, einer zahlreichen, die Politik bestimmenden Elite schien ihm für immer vorbei. Wenn er jetzt, als Widerpart gegen das Parlament, einen starken, vom Volk gewählten Präsidenten forderte, so lag das auf der Linie seines Denkens, nur entschieden weiter nach vorn; aus den Führern, die das Parlament produzieren sollte, wurde *der* Führer, und zwar einer, der nicht einmal notwendigerweise ein Parlamentarier war. Auch der Reichstag hatte in den letzten Wochen vor dem Ende, als ihm die Macht plötz-

lich zugefallen war, versagt und sich mitkompromittiert; nun blieb die Erneuerung der Parteien, auf die er gehofft hatte, völlig aus, so hastig sie sich auch umtauften. Daß staatstechnische Fragen zwar wichtig, aber nicht allwichtig waren, daß nur der Geist der Gesellschaft, nur die Individuen eine Verfassung lebendig machen konnten, wußte er theoretisch sehr gut. Aber wie er zeit seines Lebens sich in den einmal gefaßten Gedanken verbissen hatte, fast bis zum Steckenpferdhaften – sein eigener Ausdruck –, so auch hier; ein paar Monate lang war er von der ›Magna Charta der Demokratie‹, dem ›Recht auf unmittelbare Führerwahl‹ wie behext; und wenn er die Volkswahl des Präsidenten nicht allein in die Verfassung brachte, so half er doch, sie durchzusetzen. Seine eigene Vergangenheit verteidigte er dabei durch die These: »Früher, im Obrigkeitsstaat, mußte man für die Steigerung der Macht der Parlamentsmehrheit eintreten, damit endlich die Bedeutung und damit das Niveau des Parlamentes gehoben würde. Heute ist die Lage die, daß alle Verfassungsentwürfe einem geradezu blinden Köhlerglauben an die Unfehlbarkeit und Allmacht der Mehrheit – nicht etwa: des Volkes, sondern: der Parlamentarier – verfallen sind, das entgegengesetzte, ganz ebenso undemokratische System.« Die Bemerkung erinnert an den alten Bismarck, der, im Ruhestand, seine Forderung nach einem stärkeren Reichstag mit dem Argument rechtfertigte, gegen eine allzu anmaßende Volksvertretung habe er wohl seinerzeit die Rechte der Krone verteidigen müssen, aber nun komme die Gefahr von der anderen Seite. Daß ihnen die Staatsform an sich völlig gleichgültig sei und daß man je nach den Umständen die verschiedensten staatstechnischen Lösungen wählen müßte, haben beide gelegentlich mit erstaunlich ähnlichen Worten gesagt. Sie waren beide Verächter der Ideologen und Ideologien; wobei, vielleicht, beiden die Sachlichkeit Schutz bieten sollte vor der Anarchie im eigenen Seelenhaushalt, vor den auseinanderstrebenden, nur durch Wille zusammengehaltenen Instinkten und Denkversuchungen. Es ist kein Zufall, daß Max Weber Bismarck so gut verstand, daß er immer wieder auf ihn zurückkam und, wenn er ihn kritisierte, sich bis zum Schluß, mehr als ihm selber bewußt war, von bismarckischen Traditionen lenken ließ.

Gegen Webers Begriff vom charismatischen Führer, vom Diktator, der zur Diktatur der Massen gehöre, hat Wolfgang Mommsen eingewendet, er liefere nicht die wünschbare Unterscheidung zwischen einem Volksführer wie Gladstone und einem wie Adolf Hitler und könne ebensogut beide rechtfertigen. Das scheint unwiderleglich; aber nur, insofern der allgemeine Begriff das Individuum nie erfassen kann. Von Max Weber, der von der Person Ludendorffs, als er ihm im Jahre 1919 begegnete, entsetzt war – »mischt er sich aufs neue in die Politik, so muß man ihn rücksichtslos bekämpfen« –, den das letzte innerpolitische Ereignis, dessen Zeuge er sein mußte, der Kapp-Putsch, in höchste Wut versetzte, können wir ungefähr ahnen, vielmehr wir können es genau wissen, wie er sich dem ›Dritten Reich‹ gegenüber verhalten hätte; was das Maß seines Abscheus gewesen wäre. Daß infolge der momentanen Ausschweifung nach links und des unglücklichen Versailler Friedens in längstens zehn Jahren Reaktion und Chauvinismus herrschen würden, sah er, ungern, voraus. Die Personen konnte er nicht voraussehen; die des zweiten Reichspräsidenten so wenig wie die des dritten.

Aber damit ist das Problem nicht erschöpft. Max Weber war nicht allwissend; er war nicht unfehlbar, und auf viele Fragen, die er stellte oder hätte stellen sollen, wußte er die Antwort nicht. Freiheit und freie Schöpferkraft inmitten des unentrinnbaren Gehäuses von Hörigkeit, inmitten der kapitalistischen, bürokratischen, demokratischen Maschinerien dennoch zu sichern, war sein höchstes Anliegen. Gegen Mißbrauch oder Verfall von Verfassungseinrichtungen wußte er keine Garantie, und tatsächlich gibt es keine. Im Obrigkeitsstaat, den er während des Krieges im hellichten Verfall sah, verlangte er eine entschiedene Trennung von Politik und Verwaltung, eine Beherrschung der Beamten durch die Politiker. Es ist unleugbar, daß dieser Zustand niemals krasser obwaltete als seit 1933, und daß die Folgen ungut waren, zumal die Beamten sich genau so verhielten, wie Weber vorausgesagt hatte: sie würden *jeder* Herrschaft gehorchen, *jeden* Befehl von oben pünktlich ausführen.

Was er nicht einmal fragte, war: wo der Führer sein geistiges, moralisches Volumen hernehmen sollte, wenn die Geführten so waren, wie er sie nun beschrieb, bloßes Stimmvieh; wenn alle die vermittelnden Schichten zwischen dem Regenten und den Regierten, blind Folgenden entfielen. Hier, muß man sagen, liegt ein Denkfehler vor, der mit Webers Gewohnheit zu tun hat, immer zum Äußersten einer Denkposition zu gehen. Wohlgemerkt, nur einer *Denk*-Position; denn der Praxis gegenüber war er ein Mann des Gleichgewichts und wäre der erste gewesen, der Verwirklichung der gestern von ihm selber verfochtenen Prinzipien alsbald entgegenzutreten und sich auf die andere Seite zu werfen. Jetzt ging er theoretisch viel zu weit in der Verurteilung der Elite, für deren Auslese durch das Parlament er sich noch vor kurzem eingesetzt hatte, in der Verurteilung der ›Honoratioren‹ als einer der Vergangenheit angehörenden Schicht. Jetzt wollte er nichts mehr sehen als den einen Führer, die Parteimaschinen, die Masse. In Wirklichkeit gibt es Honoratioren, unabhängige, für sich selber denkende und handelnde, im Haupt- oder Nebenberuf Politik treibende Menschen auch heute noch: und wohl uns, daß es sie gibt. Zum Beispiel fallen die amerikanischen Senatoren häufig unter diesen Begriff. In Deutschland haben wir sie auch; obgleich nicht so zahlreich und einflußreich, wie wünschenswert wäre.

Max Weber konnte überaus sachnahe und praktisch denken. Seine vollgültige Biographie, die wir bis heute nicht haben, müßte zeigen, woher er alle die praktischen Kenntnisse hatte; woher er so genau wußte, wie es in einer Fabrik, einem Kontor, einem Parlaments-Ausschuß, einer Zeitungsredaktion zuging. Die Schwächen und Irrtümer einer Praxis vermochte er zu erkennen; der Politiker hat sein Bestes als Kritiker und Warner geleistet.

Wo er das Positive bieten wollte, geriet er leicht auf Abwege; indem er sich in Probleme verrannte und nun alles an ihnen maß, die im Grunde so zentral nicht waren, wie das Problem der polnischen Landarbeiter in Ostdeutschland; indem er mit äußerster Konsequenz dachte, wo gesundes Denken sich selber abgebremst und korrigiert hätte. Seine ganze Lehre von Kampf und Macht erscheint uns heute nicht falsch, aber dramatisch isolierend und übertreibend; sie übersah andere Motive, Sehnsüchte, Bereitschaften, die im Menschen sind, und vermischte – was hätte auseinandergehalten werden sollen – die Formen des Zusammenlebens im Staat und zwischen den Staaten. Wenn heute wenigstens der Versuch gemacht wird, die Existenz einer Vielzahl von Staaten dem bürgerlichen Friedensgesetz zu unterwerfen, so verstand umgekehrt Weber das Leben innerhalb einer staatlichen Gemeinschaft, den Kampf der Klassen, der Parteien, schließlich der Individuen, nach dem Vorbild des Verhältnisses zwischen Machtstaaten. Machtstaatliches Denken zu überwinden, machte er nicht den Schatten eines Versuches, auch nach 1918 nicht. Damals glaubte er, daß Deutschland auf imperiale Träume für immer verzichten müsse, nicht aber auf den Traum nationaler, die Gebiete deutscher Zunge umfassender Autonomie; ihrem Wiederaufbau und nichts weiter galten seine letzten Gedanken. Andere, zum Beispiel Walther Rathenau, sein genauer Zeitgenosse, in manchem sein Schicksals- und Gesinnungsgenosse, haben doch immerhin über den nationalen Machtstaat hinausgehende Möglichkeiten zu finden gesucht, schon vor dem Krieg und wieder danach. Max Weber niemals. Der gnadenlose Lebenskampf der Völker gegeneinander, Kampf um Boden, Kampf um Märkte im Rahmen eines schon stagnierenden, schon dem Ende seines Aufstiegs nahen Kapitalismus, Abstützung der nationalen Wirtschaft durch militärische Macht und, trotz aller Macht und Opfer für die Macht, Verurteiltsein der meisten zu ewiger Armut – an diesem Bündel von Begriffen hielt er fest bis zum Schluß, und alles, was er den Münchner Studenten 1919 versprechen konnte, war eine »Polarnacht von eisiger Finsternis und Härte«.

All das hängt, glaube ich, damit zusammen, daß Max Weber mit gewaltigem Charakter und Verstand, aber nicht mit einem eigentlich schöpferischen Geist gesegnet war. Darum zerfiel ihm die Wirklichkeit allerorten; in kämpfende Machtstaaten und Klassen; in Verwaltung und Politik, Masse und Führer; in Wissenschaft und Prophetie; in unlösbare ethische Antinomien. Darum beschrieb er die Politik als ein Bündnis mit diabolischen Kräften, denen durchaus nicht auszuweichen sei, wenn man sich einmal in dies Handwerk eingelassen hatte, und forderte klare Entscheidung darüber, ob man Politiker sein wollte oder an die Botschaft der Bergpredigt glauben.

Immer geforderte Entscheidungen, immer Trennungen und ein tapferes ›Dennoch‹ in einer, wie er sie nannte, »gottfremden, prophetenlosen Zeit«. Immer die Ermahnung, bewußt zu sein, Ernst zu machen, Schicksal auszuhalten, auf kein Glück zu hoffen. Glück durch Wissenschaft war eine Hoffnung großer Kinder; Friede durch Recht eine Illusion; keine Versöhnung zwischen Gesinnung und Verantwortung, dem Guten und dem Praktischen, dem Wahren und dem Schönen.

In Max Weber, wie vor ihm in Nietzsche, war der christliche Kosmos völlig zerbrochen. Und darin war dieser strenge Gelehrte im Grund doch Künstler, daß er die Erlebnisse seines zerrissenen Innern nach außen übertrug und seine Zeit mit sich selber identifizierte; so mußte sie sein, weil er so war. So war sie wohl auch, zu einem Teil; der Denker und Künstler von Rang ist anzeigend für das Wesen seiner Zeit. Aber so war sie nicht ganz und ist es auch heute nicht; und es ist ja auch die Frage, ob man ihr am besten hilft, indem man nichts tut, als ihr einen tragischen Spiegel vorzuhalten. »Mein entschiedenstes inneres Bedürfnis«, schreibt Weber einmal, »ist intellektuelle Aufrichtigkeit. Ich sage, was ist.« Da in der Tat lag seine Größe. Aber schließlich *sind* die Dinge nicht nur, man kann sie auch verändern, sie zu binden und zu versöhnen trachten; auch in unseren Jahren hat es nicht an Menschen gefehlt, welche die Botschaft der Bergpredigt zur wirkenden Macht erhoben. Wenn Max Weber von prophetenloser Zeit sprach, so darum, weil er selber keiner war; sei es, weil er es nicht sein konnte, sei es, weil er es nicht sein wollte und sein Wirken und Wesen verkrüppelt hatte durch eine Wahl, zu der er sich verpflichtet glaubte. Anders ausgedrückt: weil er scheitern wollte. Gescheitert ist am Ende der Politiker wie der Philosoph. Neben dem Werk des Sachforschers, das die soziologische Wissenschaft auf zwei Kontinenten befruchtete, bleibt das Beispiel seiner aktuellen Stellungnahmen, seiner Warnungen, seiner immer wachen, stolzen Unabhängigkeit durch vier Jahrzehnte, nicht mehr; die Frage, ob mehr hätte bleiben *können,* hätte er selber als unbeantwortbar verworfen.

1964

Der Pädagoge als Politiker: Kurt Hahn

Den Alten geschieht es, daß sie Zeiten erlebt haben, welche die Neueren nicht mehr kennen, die aber für sie noch eine Art von Gegenwart haben. Das war immer so. Es ist heute noch frappanter so, denn die Zeit arbeitet schneller, und die nebeneinander existierenden Generationen sind durch sie mehr getrennt als ehedem. Wer vom politischen Leben eines Achtzigjährigen berichtet, muß auf Menschen und Ereignisse anspielen, von denen nur die gleichfalls Alten noch wissen oder der Fachmann. Geschichte sind sie noch nicht recht; aktuell sind sie nicht mehr; sie sind in der Dämmerung zwischen Gegenwart und Geschichte. Sollen wir sie jedesmal eigens erklären? Für den jüngeren Leser möchte das eine Bequemlichkeit sein, unsere Arbeit, die ein bloßer Versuch sein soll, aber unbequem belasten.

Kurt Hahn hat nie ›Politik als Beruf‹ betrieben. Sie war nicht das Zentrum seines Wirkens, obgleich im Zusammenhang mit ihm, eben mit seiner Pädagogik. Diese hat immer auch politische Zwecke verfolgt, zeitweise direkt und bewußt. Zuletzt sind im Umkreis des Hahnschen Humanismus Pädagogik und Politik ein und dasselbe; eine Identität, die auf klassische Vorbilder zurückgeht.

War er kein praktischer Politiker, so doch ein Praktiker, seines ausgeprägten Moralismus' ungeachtet; einer, ›who gets things done‹. Wir wissen es von anderen Aspekten seines Wirkens. Es war keine Kleinigkeit, in der Armut der zwanziger Jahre das Salemer Schulsystem zu entwickeln weit über den Rahmen hinaus, der dem fürstlichen Stifter ursprünglich wohl vorgeschwebt hatte; keine Kleinigkeit, die Mitarbeiter zu finden, für die Finanzierung zu sorgen, die wachsende pädagogische Provinz unter Kontrolle zu halten. Ein Gleiches gilt für die Gründung des Atlantic College in unseren Jahren. Ein zäher, schlauer Wille, der Traum in Wirklichkeit umsetzt, hat hier gewaltet. Und so auch in gewissen Phasen des Hahnschen Politisierens.

Ein Idealist also und ein Praktiker zugleich. Aber einer, der als politischer Praktiker meistens scheiterte, wie nahe auch der Erfolg das eine und andere Mal zu winken schien. Ferner einer, dessen Tätigkeit und Mühe oft nicht eindeutig zu erfassen sind. Es war das selbstauferlegte Schicksal des Politikers Hahn, nicht direkt zu wirken, sondern durch andere wirken zu wollen. Die normale Laufbahn, die politische Ochsentour, mied er, bestimmt durch Temperament, durch Krankheit und, in seiner am stärksten politischen Zeit, durch Jugend. Das Medium der Publizistik, das ihm verfügbar gewesen wäre, wählte er nicht, vielleicht, weil er wußte, wie wenig auch die begabtesten politischen Publizisten gerade in Deutschland je haben wirken können. Statt dessen geheime Denkschriften; Mitwirken bei Reden, die andere hielten, Interviews, die andere gaben, Büchern, die andere zeichneten; Ratschläge, auf die andere hörten oder nicht hörten. Er traute sich viel zu, und mit Recht, denn sein politischer Blick war gut. Aber nie wollte er ins Rampenlicht; zuerst, weil er nicht konnte, später, weil er sich an die Indirektheit seines Tuns gewöhnt hatte. ›Indirektheit‹ gibt die Sache besser als ›Heimlichkeit‹; vom Heimlichen, von grauer Eminenz, vom Intriganten war in Hahn keine Spur. In der politischen Schriftstellerei seiner Freunde ist seine Feder häufig zu identifizieren, aber auch das nicht immer mit Sicherheit; die Freunde waren wohl imstande, unbewußt ihn nachzuahmen, die Ausdrücke, die Zitate, die Parabeln zu verwenden, die dem Kenner des Hahnschen Stils so vertraut sind.
Da hier also denn vom Politiker die Rede sein soll: Wir haben es mit einer starken, impulsiven, politisch leidenschaftlich interessierten Persönlichkeit zu tun, die den Berufspolitikern fremd blieb, mitunter scharf von ihnen abgelehnt wurde, und die durch die Jahrzehnte sich nur am Rande eigentlicher politischer Tätigkeit bewegte, manchmal nahe an sie herankommend, manchmal weit von ihr entfernt.

Die Gegenstände und Ziele, auf die sein Wille gerichtet war, schwankten, oder mußten einer Evolution unterliegen. So entsprach es einem langen Leben in bewegter Zeit und schlimm bewegten eigenen Schicksalen. In den zehner und zwanziger

Jahren war die ›gemeinsame Sache‹, der zu dienen Kurt Hahn für Pflicht und Segen des Einzelnen hielt, die deutsche, und zwar entschieden die gesamtdeutsche, ein wenig in der Tradition von 1848. Wir können nicht finden, daß die einzelnen deutschen Regionen, Stämme, Bundesstaaten den nach Südwesten verschlagenen Norddeutschen je sonderlich interessiert hätten. Für ihn, wie für einige ihm von fern verwandte zeitweise verbündete Geister, Meinecke, Hans Delbrück, Friedrich Naumann, Max Weber, galt die Nation als die historisch gegebene und aufgegebene Einheit, ihr innerer Friede, ihre innere und äußere Freiheit und ihre Größe auch. So war der Geist der Zeit, so auch die Wirklichkeit der europäischen Dinge im ersten Drittel des Jahrhunderts. Das Erlebnis des heraufkommenden, dann zur Reife seiner Schlechtigkeit gelangenden ›Dritten Reiches‹ mußte Hahns Gefühl gegenüber dem alten Vaterland wie gegenüber dem Begriff der Nation als höchster Aufgabe zu einem zwiespältigen machen. Daß er ein Deutscher war, konnte er auch im englischen Exil nicht vergessen. Aber das Exil hörte formal auf, eines zu sein, als er 1938 britischer Untertan wurde; seine von tiefen Kenntnissen genährte Liebe zur englischen Zivilisation prägte die erworbene Bürgerschaft zu einer mehr als nur formalen. Folglich wurde seine Loyalität eine geteilte oder hätte es werden müssen, hätten nicht menschheitliche, christliche Ideen in seinem Geist die Brücke zwischen den kämpfenden Staaten gebildet. Nach 1945 kamen ›Europa‹ oder die ›Atlantic Community‹ versöhnend hinzu.

Hahns ›atlantische‹ Schulgründungen sind so wenig als eine Waffe im Kalten Krieg gemeint, wie seine politische Tätigkeit während des Ersten Krieges eigentlich gegen England gemeint, sein Wille im Zweiten gegen Deutschland gerichtet war. Was er im Ersten Krieg wollte, war Friede überhaupt und vor allem mit England, weil er dort den besten Ansatzpunkt sah, dort auch seine besonderen Kenntnisse lagen. Was er während des Dritten Reiches erhoffte, vor dem Krieg und später, war Friede mit Deutschland durch Zerstörung des Hitler-Regimes. ›Unsere Streitkräfte‹, ›unsere Staatsmänner‹, das waren 1917 die deutschen, 1943 die englischen. Biographisch eine tief veränderte Situation, ohne Zweifel; aber kein

Bruch. Hahn hat immer humanistisch gedacht, nicht nationalistisch, auch als die Nation ihm noch zum Vehikel für das Humane taugte. Sein Denken ist immer ein Ordnungsdenken gewesen. Nationen, ja, selbst gegnerische; aber noch in der Gegnerschaft einander steigernde, harmonisch gegeneinander spielende. So auch Parteien in der inneren Politik, jede an ihrem Platz für das Ganze wirkend. Fast ist man versucht, hier von Glauben an prästabilierte Harmonie zu sprechen. Eine Episode aus der Kanzlerzeit des Prinzen Max von Baden ist bezeichnend dafür. Die Regierungserklärung des Prinzen, so wie sie ursprünglich von Hahn entworfen worden war, enthielt einen Passus gegen den Gedanken einer Gesamtkoalition der Rechten, Mitte und Linken: Die Regierung sollte aus der Mehrheit kommen, die Opposition aber scharfe, patriotische Kritik üben. Dagegen rebellierten die Mitglieder des neuen Kabinetts: »Es sei vollkommen verfehlt, im Innern das Parlament zur Kritik und zur patriotischen Opposition gegen die Regierung aufzurufen, wo jetzt alles auf geschlossene Einheit des ganzen Volkes ankomme.« Der Einwand war so banal wie unwahr; eine geschlossene Einheit des Volkes gab es keinesfalls, im Reichstag so wenig wie außerhalb. Darin aber hatten die Routinepolitiker wohl recht (wenn sie es meinten): Der Gedanke eines harmonischen, wie heimlich verabredeten Gegeneinander- und Zusammenspiels zwischen Regierung und Opposition, in dem selbst der hassende, verleumdende Protest der ›Vaterlandspartei‹ noch seinen nützlichen Platz hätte, war zu gut, zu kunstvoll, um realistisch zu sein.

Über die philosophischen Grundbegriffe eines Mannes, der sich theoretisch nie eigentlich expliziert hat, wird man mit Vorsicht sprechen. Soviel aber würde ich zu behaupten wagen: Die längste Zeit seines Lebens hat Hahn an die Wirklichkeit des Bösen nicht geglaubt, und es hat lange gedauert, bis Adolf Hitler ihn eines anderen belehrte. Für Sokrates ist das Böse nur Mangel an Wissen, Mangel an Klarheit, ein non-ens. So, ungefähr, für Hahn. Seine Pädagogik war darauf gerichtet, die Impulse, auch die angeblich bösen, zum Guten zu befreien, sie zu dem, was ihre unbewußte Sehnsucht war, zu erlösen. Seine Politik wollte dasselbe. In allen Gruppen, allen starken

Individuen war etwas potentiell Gutes, Berechtigtes, Nützliches oder nützlich zu Machendes. Daher seine ambivalente Haltung selbst gegenüber dem Nationalsozialismus vor 1933. Der Ethiker in ihm kannte keinen Kompromiß; nach dem Mord von Beuthen und Hitlers Telegramm, das seine Mörder-Kameraden pries, stellte er die Mitglieder des Bundes der alten Salemer vor die Wahl, entweder mit der Schule oder der Partei zu brechen. Wenige Monate später, es muß in Göttingen im Dezember 1932 gewesen sein, habe ich ihn in einem Vortrag sagen hören, zweifellos bereue Hitler sein Telegramm bereits. Das war ein Irrtum; Hitler bereute gar nichts und würde noch ganz andere Dinge nicht bereuen. Aber eben, achtdoppelte Schurken, scheusälige Monstren in Menschengestalt gab es in Hahns humanistischem Lehrbuch nicht. Ihnen gegenüber mußte sein sehr angelsächsisches, sehr pragmatistisches Prinzip scheitern, nach welchem die Menschen zu Gentlemen werden, wenn man sie als Gentlemen behandelt.

Indem Hahn nicht an die Realität des Bösen glaubte, glaubte er auch nicht an das, was unser berüchtigter Staatsphilosoph das »Freund-Feind-Verhältnis« genannt hat. Und darin hatte er recht; ein solches Absolutum gibt es nur in Mißverständnis und Verkrampfung. Hahn hat sich in beiden Kriegen für einen Verständigungsfrieden eingesetzt; im Ersten zwischen den Mächten ungefähr so wie sie waren, im Zweiten zwischen den Alliierten und einem von Hitler befreiten Deutschland. Wissend, wie nahe verwandt Europas nationale Zivilisationen einander waren, verachtete er das Gerde vom Kampf zwischen ›englischem Mammonismus‹ und ›deutschem Idealismus‹ so sehr wie das von ›unvermeidlichen Wirtschaftskriegen‹. Wohl aber hat er dem Krieg eine erlösende Wirkung für sonst gebundene, brachliegende menschliche Möglichkeiten, Instinkte und Sehnsüchte zuerkannt: Tapferkeit, Abenteuer, Phantasie und Dienst, Aufopferung für die gemeinsame Sache. Solche vom Krieg gebotenen Erfahrungen zu ersetzen durch vergleichbare Aufgaben im Frieden, ohne Mord, ist ein Teil seiner Pädagogik. Der Gedanke stammt von William James, dem ethisch inspirierten Pragmatisten, dem Hahn manche Anregung zu verdanken hat; die Ansicht zum Beispiel, wonach die Menschen nicht *sind* in Unveränderlichkeit, sondern das sind oder werden, was sie tun.

Weil Hahn das Politische als einen Teil des Humanen überhaupt sah, als Selbstverwirklichung, Selbstbefreiung des Menschen, ungefähr so, wie in der Kunst oder wie im Sport, liebte er auch das Dramatische in der Politik: Große Rufer im Streit, klassische Parlamentsreden, Schicksal, gemeistert oder nicht, in gewaltigen Szenen. Demokratie ja; aber entschieden aristokratisch akzentuierte. Die Erinnerungen des Prinzen Max, deren Formen er wesentlich mitbestimmte, sind dramatisch aufgebaut, zumal im letzten Teil. Die Charakteristik der Figuren ist eine überaus diskrete, gerechte, aber dennoch sind es Dramatis Personae. Auch fehlt es nicht an Krisen, die »mit unerhörter dramatischer Kraft« ausbrechen, nicht an totenblassen Sendboten, die zu später Stunde die furchtbarsten Nachrichten überbringen, an deren Empfängern, die vor Schrecken taumeln oder unerschüttert die Information wägen; häufig trägt das Wörtchen »da« – da erschien, da geschah, da trat ein – zur dramatischen Wirkung bei.

Politik sollte durchdacht und vergeistigt sein, obgleich nicht ›intellektuell‹ im deutschen Sinn des Wortes. Was Hahn den zum Denken Neigenden vorwarf, war der »Hiatus zwischen Einsicht und Tatkraft«. Als er aus dem Krieg kam und die im Krieg gemachten Erfahrungen im Aufbau der Salemer Schulen verwertete, war eine der Fähigkeiten, die er in seinen Schülern zu entwickeln hoffte, jene, »das als recht Erkannte in die Tat umzusetzen«.

Hahns politisches Wirken begann 1914 und erreichte während des Vierjahrkrieges ihren Höhepunkt. Was er später nur gelegentlich und mit der linken Hand trieb, tat er am Anfang stetig und ausschließlich und mit beiden Händen.

Er war jung damals, 28 Jahre, als der Krieg begann, ohne Amt, ohne Titel, fast ohne aufzuweisende Leistung. Was er besaß, war eine profunde Kenntnis des englischen Gegners, die er sich in mehrjährigen England-Aufenthalten gewonnen hatte. Was er während des Krieges entwickelte, darf man politisches Ingenium nennen. Ein solches bei einem so jungen, so uneingeordneten Menschen anzuerkennen, war mehr, als die deutsche Staats- und Parteienbürokratie vermochte. Leidlich wurden Hahns Englandkenntnisse respektiert. Sie brachten ihm seine Stellung als englischer Lektor in der von Paul Rohrbach aufgebauten ›Zentralstelle für Auslandsdienst‹, einer mit dem Auswärtigen Amt verbundenen Improvisation, deren Aufgabe es war, die Presse und durch sie die Stimmungen in den feindlichen Ländern zu analysieren. Hahn, ohne jeden Zweifel, war das bei weitem fähigste Mitglied dieser Gruppe. Solche Berichte über das innere Treiben im Lager des Gegners sind vorher nie einer kriegführenden Regierung geliefert worden; vielleicht auch nachher nicht. Der ›englische Lektor‹ war sowohl arrogant wie bescheiden, voller Vertrauen in das eigene Urteil und voller Widerwillen, persönlich in irgend einen Vordergrund zu treten. Den Willen, sachlich zu wirken, besaß er. Die Qualität seiner Leistung, eine Verbindung von minutiöser Kleinarbeit mit phantasievoll-großzügigen Schlußfolgerungen, konnte auf die Dauer nicht unbemerkt bleiben: von Geheimräten, Abgeordneten, Mitgliedern der Reichsleitung. Der Krieg zwingt und lockert die Verhältnisse zugleich; Menschen treffen einander, besprechen, verbünden, verschwören sich, die unter normalen Umständen nie zusammengekommen wären. In dem erregten, neugierigen, von Hybris und von Entmutigung wechselnd heimgesuchten Berlin der Kriegszeit gab es für ein so intensives Talent allerlei Möglichkeiten, menschliche Beziehungen anzuknüpfen und durch sie indirekten Einfluß zu gewinnen; mit Publizisten, politisierenden Bankiers, politisierenden Professoren, politisierenden Offizieren, Politikern schlechtweg. Ein Mittelpunkt dieses Treibens war die ›Deutsche Gesellschaft 1914‹, vor der Hahn einen vielbeachteten Vortrag über die Psychologie der englischen Kriegführung hielt. Wir finden ihn in mehr oder weniger engem Kontakt mit Conrad Haußmann, dem württembergischen Freisinnigen, mit Eduard David vom rechten Flügel der Sozialdemokratie, mit Friedrich Naumann; mit Hans Delbrück, Alfred Weber, Friedrich Meinecke; mit Max Warburg und Albert Ballin; mit dem Staatssekretär für die Kolonien, Solf, dem Gesandten im Haag, Rosen. Seit dem Februar 1917 kam die Beziehung hinzu, die für beide Männer eine so fruchtbare wie schicksalsschwere werden sollte, jene zu dem Prinzen Max von Baden. Im August 1917 war er zum erstenmal in der Nähe vom Schloß Salem; wo er heute noch ist. Er reiste ins neutrale Ausland, nach Holland, nach Dänemark; in der bescheidenen Funktion eines ›Dolmetschers‹, so, wie er später bei den Versailler Friedensverhandlungen nichts war als der Privatsekretär eines der deutschen Delegierten. Die Klugheit seines Urteils, die schiere Kraft der Person, die literarische Meisterschaft seiner Berichterstattung machten aus solchen Reisen mehr, als die Auftraggeber zuerst gemeint hatten.

Die ›Zentralstelle für Auslandsdienst‹, die sich zu einer politisch eigenwilligen und kritischen Gruppe entwickelt hatte, wurde im Frühjahr 1917 aufgelöst. Damals ging Hahn in den Dienst des späteren Generals von Haeften über, der die Vertretung der Obersten Heeresleitung beim Auswärtigen Amt leitete. Haeften war der politische Berater Ludendorffs; Hahn der politische Berater Haeftens. Die Kette, die den jungen Menschen aus Wannsee mit dem General-Diktator verband, war also so vielgliedrig nicht. Sie hat nie ausgereicht, Hahns Wirken eigentlich wirksam zu machen, aber ein paarmal war es nahe daran. Einmal durfte Hahn Ludendorff direkt Vortrag halten, wobei es bei dem, was der Gegenstand sein sollte, dem amerikanischen Kriegspotential, keineswegs blieb. Eine von Haeften gezeichnete Denkschrift hat Ludendorff in seine *Dokumente der Obersten Heeresleitung* aufgenommen, eine andere mit dem Vermerk ›Dringend befürwortet‹ an den Reichskanzler weitergegeben. Es war damals die Ansicht Hahns und blieb es auch im Rückblick, daß Ludendorff im Jahre 1917 ›aus dem Krieg herauswollte‹ und daß er, trotz aller Beschränktheit und gewalttätigen Starrheit seines Wesens, gutem Rat nicht unzugänglich war oder nicht gewesen wäre, wenn die dazu verpflichteten zivilen Politiker ihn mit der notwendigen Energie gegeben hätten. 1917 sei die Oberste Heeresleitung ›sturmreif‹ gewesen; aber kein Staatsmann wagte den Sturm, der die Erklärung über die volle Wiederherstellung Belgiens, die conditio sine qua non eines Verständigungsfriedens erzwungen hätte. Im Januar 1918 schrieb Hahn an den Prinzen Max: »Der gute Moment wird aber wieder fruchtlos vorüberziehen ... Auf der einen Seite ein starker, leidenschaftlicher Wille, oft von einer dämonischen Ungeduld besessen, aber aufnahmefähig für alle ehrlichen Ratschläge und mit einer großen Kraft, sich selbst zu zügeln. Auf der anderen Seite eine Kabinettspolitik, ... mit kleinlichen Mittelchen arbeitend, voller Furcht vor ihren natürlichen Bundesgenossen, unfähig, zu einer offenen Auseinandersetzung vor den anderen hinzutreten ...« Mit den beiden Seiten waren Ludendorff und die Reichsleitung gemeint.

Wer den Obersten von Haeften kannte, weiß, daß er nie etwas mit seinem Namen gedeckt hätte, was er nicht verstanden und nicht gebilligt hätte. Wer die beiden, Haeften und Hahn, gekannt hat, weiß auch, daß der Jüngere der ungleich stärkere und einfallsreichere Geist war; der könnte übrigens an dem Stil der Haeftenschen Ausarbeitungen die Feder Hahns erkennen, denn diese Feder ist charakteristisch genug. Haeften, der Schreiber dieser Zeilen kann dafür bürgen, hat seinen Mitarbeiter sehr hoch geschätzt und ihm weitreichende Freiheit der Meinungsäußerung erlaubt. Nur einmal, in einer in der Tat dramatischen Stunde, ließ er ihn seine untergeordnete Stellung merken. So jedenfalls will er sich selber erinnern: »Schweigen Sie – Sie sind der Landsturmmann Hahn, der in dieser ernsten, staatspolitischen Angelegenheit nicht mitzureden hat!« In Wirklichkeit hat er ihn nicht nur mitreden, sondern, was seine eigenen Gutachten betraf, entscheidend reden lassen.

Die andere Persönlichkeit, durch die und mit der zusammen Hahn in den Jahren 17 und 18 seine Beurteilungen zu fruktifizieren suchte, war Max von Baden. Er bot die Einflußmöglichkeiten, die trotz des militärischen, pseudo-demokratischen Cäsarismus, der sich im Krieg Bahn gebrochen hatte, ein deutscher Bundesfürst noch besaß, wenn er sie besitzen wollte. Der badische Thronfolger konnte jederzeit zu den Reichskanzlern, zu Hindenburg-Ludendorff, zum Kabinettschef des Kaisers vordringen und höflichen Gehörs sicher sein. Er konnte auch Reden halten, die innerhalb und außerhalb der Reichsgrenzen bemerkt wurden. Mehr freilich nicht. Das System der Beeinflussung, das Hahn sich geschaffen hatte, das über den Prinzen einerseits, den Obersten von Haeften andererseits, dazu noch einige Abgeordnete und Diplomaten, zu den deutschen Machthabern oder Ohnmachthabern reichte und durch das nun Denkschrift nach Denkschrift geschleust wurde, war nicht unstattlich. Erstaunlich bleibt, daß der junge Privatpolitiker es sich hatte aufbauen können. Tragfähig war es trotzdem nicht, was Hahn und der Prinz auch ahnten. In seinen Erinnerungen schreibt Prinz Max: »Es war schwer, die Wahrheit zu kennen und nicht öffentlich sagen zu dürfen. Was nützten schließlich alle unsere Denkschriften und geheimen Überzeugungsversuche.« – Wenn aber die Bemühungen der beiden etwas fast Quijotisches hatten und von gewissen Berufspolitikern – zum Beispiel Philipp Scheidemann – auch so angesehen wurden, so wäre nicht bloß zu fragen, was sie denn sonst hätten tun sollen, da sie an den Hebeln der Macht nun einmal nicht waren und nicht sein konnten. Es wäre auch hinzuzufügen, daß die unvergleichlich breiteren, legitimierteren, macht-näheren Gremien, in denen die Parlamentarier saßen, in der Angelegenheit des falsch geführten Krieges ebensowenig erreichten wie der fürstliche Dilettant und sein Berater und daß sie, die dazu berufen gewesen wären, es allzuoft nicht einmal versuchten.

Was waren in jenen vier Jahren Hahns Bestrebungen, seine immer wieder variierten Thesen?

Der Krieg entsprang keiner Naturnotwendigkeit. Er hätte verhindert werden können. Folglich war er auch auf eine für die Ehre aller kriegführenden Mächte erträgliche Weise zu beenden. Er durfte nicht sich an sich selber steigern und entarten, wie er es tat, er mußte unter Kontrolle gebracht und politisch gestaltet werden. Das war eine Aufgabe der Politik, nicht der Diplomatie, noch weniger der Geheim-Diplomatie, am wenigsten der Militärs.

Die Angelsachsen verstanden die Macht der öffentlichen Meinung in dieser Sache, im eigenen Land, beim Gegner, bei den Neutralen. Die Deutschen verstanden sie nicht. Man mußte sie dazu erwecken. Hahn versuchte das in seinen Denkschriften und Gesprächen; selten auch in öffentlichen Kundgebungen, wobei er behutsam vorging. So ist sein Vortrag vom November 1916 mit ›verschleierten Beschwörungen‹ an die eigene Heimat versetzt; mit Zitaten aus englischen Reden, mit Betrachtungen über das, was ehedem die Stärke der englischen

Politik war. »Ein Teil der Schlacht, und ein sehr wichtiger Teil der Schlacht«, hatte MacDonald noch unlängst gesagt, »ist die Fähigkeit, seinem Feinde klarzumachen, was die eigenen Absichten sind, so daß der Feind unsere Erklärungen nicht mißbrauchen und entstellen kann, um seine innere Stärke zu vermehren. Man muß die Psychologie des Feindes ebenso bearbeiten, wie seine bewaffneten Streitkräfte.« Salut à bon entendeur! Deutschland sollte das auch und sollte der Welt endlich seine Kriegsziele bekannt geben, anstatt dunkelunheimlich um sie herumzureden und ohne Nutzen auf die eigene Stärke zu pochen.

Zur Präzisierung der Kriegsziele gehörte Klarheit über die Zukunft Belgiens. Für die ›Erklärung über Belgien‹, die absolute, durch nichts zu qualifizierende Wiederherstellung seiner Souveränität und Integrität hat Hahn buchstäblich vier Jahre lang vergeblich gekämpft. Hier sah er das Mittel, durch das die englische öffentliche Meinung geteilt, die Gruppe der Friedensbereiten – die Grey, Asquith, Balfour, Lansdowne, zu schweigen von den Rebellen auf der Linken – gestärkt werden könnte. Nie ließ er eine Gelegenheit vorübergehen, das belgische Problem zu berühren, für die Öffentlichkeit in der Form, die seine Zensoren ihm vorschrieben. »Der Gott, der Eisen wachsen ließ, der wollte keine Knechte«, zitierte er in dem Vortrag vor der ›Deutschen Gesellschaft‹, »Meine Herren, keine deutschen, keine polnischen und keine belgischen Knechte!« Hans Delbrück, der den Vortrag abdruckte, hat das »belgische« weggelassen.

Natürlich wußte Hahn gut, daß für die seit 1916 regierenden englischen Anführer Belgien nur ein Vorwand oder nicht einmal mehr ein Vorwand war. Ihnen wollte er die ›Erklärung über Belgien‹ nicht in der Form einer Selbstdemütigung, sondern in der einer stolzen Kampfansage bieten; ein Gedanke, bezeichnend für sein politisches Taktgefühl und Stilgefühl, aber zu subtil für seine deutschen Adressaten. Zu demselben Komplex gehört, daß er den deutschen Annexionisten, den Alldeutschen, später der ›Vaterlandspartei‹ – er nennt sie »Zornige Patrioten« – stets eine nützliche Funktion zuerkannte. Sie sollten ihren Willen nicht durchsetzen, wohl aber ihn kräftig verkünden, damit ein Verständigungsfriede nicht an der Hoffnung der Feinde scheiterte, Deutschland sei so schwach geworden, daß es nun um Frieden bitten müßte. Der Gedanke war wohl gut, aber nur dann, wenn Deutschland eine Regierung besaß, die wußte, was sie wollte. In Wirklichkeit hat das Treiben der Annexionisten ganz andere Folgen gehabt.

Zur Beeinflussung der Geister gehörte Propaganda; eine neue Kunst, von der man in Berlin wenig verstand. Wenn Max von Baden einmal daran gedacht hat, sich an die Spitze eines zu schaffenden ›Propaganda-Ministeriums‹ zu stellen, so dürfen wir Hahn hinter dieser Idee vermuten. Der These von der deutschen Alleinschuld am Krieg stark und überzeugend entgegenzutreten, die ›Greuel-Propaganda‹ der Entente zu entkräften und die Ausschweifungen ihrer eigenen Kriegführung unter Beweis zu stellen, dazu riet er mit verzweifelter Geduld. Als Sir Edward Grey seine Bereitschaft kundtat, die beiden deutschen Behauptungen, die russische Mobilmachung sei eine aggressive gewesen, und auch andere Mächte hätten die belgische Neutralität bedroht, durch ein unparteiisches Tribunal prüfen zu lassen, beschwor die ›Zentralstelle‹ (worunter regelmäßig Hahn zu verstehen ist) die Reichsleitung, den Vorschlag in präziser Form anzunehmen. In den Baden-Memoiren steht über diese Episode der bezeichnende Satz: »Damals schien eine gute Gelegenheit gegeben, einen Präzedenzfall für einen Kompromiß zu schaffen, denn in der einen Frage hätten wir gewonnen und in der anderen verloren.« Durch Wahrheit zum Kompromiß; durch Wahrheit und Kompromiß zum Frieden. Es gab etwas Drittes zwischen Sieg und Niederlage.

Das damals erträumte Propaganda-Ministerium wäre dem nachmals geschaffenen im Geist diametral entgegengesetzt gewesen. Unter Propaganda hat Hahn sich immer Kampf für die Wahrheit vorgestellt, wenn auch demagogisch wirksamen Kampf. Er hielt die deutsche Sache für eine gute; genauer für eine, die gut sein, gut gemacht werden *konnte*. Ritterliche Kriegführung, christliche Kriegführung, Kriegführung, welche die Zivilisten, Frauen und Kinder, die wehrlosen Gefangenen nach Kräften schonte, war nicht nur absolut gefordert; sie war auch ein Mittel, die öffentliche Meinung der Feinde zu verwirren, während deutsche ›frightfulness‹, gleichgültig, was ihr kurzfristiger Erfolg, auf die Dauer die entgegengesetzte Wirkung haben mußte. Aus der englischen Presse konnte Hahn reichlich Beweise für diese These beibringen. »Die Fackel des Weltgewissens brennt heute in England aus«, heißt es in dem Vortrag von 1916. »Wenn sie um so heller dem deutschen Kriege voranleuchtet, dann werden die seelischen Gewalten mit uns sein, die England gegen uns aufgerufen hat ...« Die Deutschen, so wie es ihre Führer und Sprecher darstellten, kämpften entweder für ihre bloße Selbsterhaltung oder für die bloße Vermehrung ihrer Macht, ihres Reichtums auf Kosten anderer. Beide Interpretationen blieben unklar und unehrlich verbunden, beide, verstand Hahn, genügten nicht, um die unwägbaren aber mächtigen »seelischen Gewalten« auf die deutsche Seite zu bringen. »Eine so ungeheure Kraft, wie wir sie in diesem Krieg entfaltet haben, muß sich vor der Welt ethisch begründen, will sie ertragen werden. Darum müssen wir allgemeine Menschheitsziele in unseren nationalen Willen aufnehmen.« Die Schrift, in der Hahn, zusammen mit Max von Baden, diesen Gedanken systematisch entwickelte, wurde auf dem Höhepunkt von Ludendorffs Frühjahrsoffensive, März 1918, in der Reichskanzlei abgegeben, wo ihr das Schicksal früherer Denkschriften zuteil ward. Der nicht eben glücklich gewählte Titel ›Ethischer Imperialismus‹ ist aus der Situation zu verstehen. Angesichts des russischen Zusammenbruchs und der Brest-Litowsker Verhandlungen war Deutschland in Tat und Wahrheit in ein imperialistisches Abenteuer von schwindelnder Größe verwickelt. Die Greueltaten der Bolschewisten in den russischen Randgebieten gaben dem deutschen Heer und der deutschen Politik die Chance, sich zu schöpferischen, rettenden, ordnenden Zwecken ›imperialistisch‹ zu erweisen; wozu die genuine Befreiung der Randvölker des zerschlagenen Zarenreiches gehörte, nicht die unehrliche oder viertelsehrliche, zu der man sich in Brest-Litowsk entschlossen hatte. Daß Deutschland in Osteuropa der befreiende, den eigenen Egoismus transzendierende Protektor sein konnte; daß die Freiheiten, zu Lande und zu Wasser, die es im Westen forderte, mit den Lebensnotwendigkeiten der Völkergemeinschaft und ihrer einzelnen Glieder nicht im Widerspruch stehen mußten; daß das einzige deutsche Machtinteresse, das dem Völkerrecht schreiend widersprach, das an dem Dominat über Belgien, ein aus dem Grunde falsch verstandenes, halluzinatives war – alle diese Behauptungen konnten zutreffen, auch wenn sie, der Stimmung des Augenblicks gemäß, ›imperialistischer‹ akzentuiert wurden, als heute nach unserem Geschmack ist. Dem deutschen Geist entsprachen sie nicht. Dieser war auf der Seite der Sozialdemokraten rein defensiv; auf der Seite jener, die der Macht nahestanden, imperialistisch ohne ›ethischen‹ Zusatz. Das dürfte der Grund dafür sein, daß sie ungehört blieben.

Wollte man aus der Hahnschen Arbeit während dieser vier Schicksalsjahre die Summe ziehen, so würde sie etwa folgendermaßen lauten:
Politik ist auch im Krieg notwendig und viel notwendiger als im Frieden. Sie hat vorzubereiten, was die Diplomatie ausführen wird. Sie muß öffentliche Politik sein. Sie muß vollständige Ehrlichkeit, vollständige Präzision, vollständige Klarheit über das, was sie will, mit einem sich an die wechselnden Gelegenheiten anpassenden Realismus verbinden. Dieser muß auf der Kenntnis der feindlichen Psychologie beruhen, von den großen Parteien und Gruppierungen bis zu den Eigenheiten führender Individuen; auch mit ihnen muß man zu spielen wissen. Ohne solche Politik, solchen Realismus nützen alle Siege nichts. In einem Bericht an Max von Baden Anfang 1917 heißt es: »Die Herren (des Auswärtigen Amtes) können nicht aus ihrer diplomatischen Einstellung heraus. Sie rechnen damit, daß die Kriegsentwicklung einmal die Situation heraufführt, aus der sich automatisch Verhandlungen ergeben; und dann wollen sie mit aller erdenklichen Gewissenhaftigkeit und Geschicklichkeit an die Arbeit gehen, um das Beste für Deutschland herauszuholen. Inzwischen aber warten sie mit verschränkten Armen und werden nicht inne, daß ihre Tatenlosigkeit den Anfang der Verhandlungen hinausschiebt und daß für den guten Ausgang die Rechtzeitigkeit wichtiger ist als die Geschicklichkeit ... Die Gründe liegen tief: In einer Verkennung der menschlichen Natur. Die Herren wissen nicht, daß von der ›Moral‹ der Völker der Ausgang des Krieges abhängt. Es fehlt das Feingefühl für die öffentlichen Strömun-

gen, das unschätzbare diagnostische Material der feindlichen Presse wird nicht genügend gewertet, dagegen die Bedeutung von Agenten und ›Vertrauensmännern‹ überschätzt. Je geheimnisvoller ihre Nachrichten, um so besser.« Ein Jahr später wird in einem von Hahn inspirierten Artikel das vieux jeu bloßer Diplomatie der Methode der Staatskunst gegenübergestellt. »Man erklärt seine Verhandlungsbereitschaft und erwartet dann, sich irgendwo mit einem feindlichen Unterhändler, womöglich mit einem, den man von früher kennt, zu treffen, um in einer freundschaftlichen Aussprache die Lösung des Weltkrieges zu finden ...« Es war die Methode, mit welcher der Staatssekretär von Kühlmann nie zum Zuge kam. Dagegen wahre Staatskunst: »Verhandlungen werden vorbereitet durch eine öffentliche Aussprache, die gewissermaßen die Basis der Verständigung schon findet und sie den Völkern so deutlich macht, daß die öffentliche Meinung in den kriegführenden Ländern auf den Versuch hindrängt, die noch bestehenden Differenzen durch diplomatische Verhandlungen zu überbrücken.« Es war die Methode, die Hahn vier Jahre lang vergeblich predigte. Wie er sie in den einzelnen Krisen abwandelnd zur Geltung zu bringen suchte, mögen ein paar Beispiele zeigen.

Vor der Proklamierung des unbeschränkten U-Boot-Krieges warnte er mit dem Ernst der Verzweiflung. Weder zwinge die militärische Lage dazu, noch seien die Versprechungen der Marine gerechtfertigt und ebensowenig der passive Pessimismus der Politiker; jetzt das Friedensgespräch mit Wilson abzubrechen und Amerika in den Krieg zu zwingen, komme einem Akt irrsinniger Selbstzerstörung gleich. Nach der Unglücksentscheidung legte er dem Auswärtigen Amt eine Denkschrift vor, in der es hieß: »Die englische Regierung hat die deutsche Entscheidung, wie sie gefallen ist, nicht nur gewünscht, sondern sie hat auch mit allen publizistischen und diplomatischen Mitteln darauf hingearbeitet. Die Entente-Noten mochten uns wahnsinnig erscheinen ..., aber es lag Methode in diesem Wahnsinn; nämlich die Methode des agent provocateur.« Der Pfeil, so wie wir es heute sehen, traf ins Schwarze; der verschärfte U-Boot-Krieg, und er allein, konnte die Intervention Amerikas herbeiführen, und ohne die Intervention Amerikas konnte die Entente nimmermehr siegen, so daß die Entscheidung vom Januar 1917 England buchstäblich gerettet hat ... Für die Herren vom Amt war die Kritik des jungen ›Lektors‹ zuviel; sie wurde der Grund dafür, daß er, über den Protest seiner bisherigen Vorgesetzten, in das Büro Haeften hinüberwechselte.

Was ihn während dieser Januar-Tage am tiefsten bewegte, war die Haltung der zivilen Politiker, der Menschen von Einfluß in Berlin überhaupt. Sie wußten, daß die Rechnung der Admirale trog, sie wußten, was die Intervention Amerikas bedeuten würde, und sie taten trotzdem nichts, um das Verhängnis auch nur etwas hinauszuschieben, so, als ob der Wille Ludendorffs ein Naturgesetz gewesen wäre. Ein anderer, Max Weber, hat damals über dieselben Eindrücke sich ähnlich düstere Gedanken gemacht.

Dem Schritt zum verschärften U-Boot-Krieg, der amerikanischen Kriegserklärung, der russischen Revolution, der Enttäuschung über den verschärften U-Boot-Krieg, der das von der Admiralität Verheißene wieder nicht brachte, folgte die Juli-Krise, die Friedensresolution des Reichstags, der Sturz Bethmann Hollwegs. Auch über diese Ereigniskette hat Hahn ähnlich geurteilt wie Max Weber, der den Sturz Bethmanns einen »Sklavenaufstand« des Parlaments nannte. Der Reichstag konnte, in widerspruchsvollem Bunde mit dem General, den Kanzler stürzen, aber selber keinen stellen, konnte nur negativ und ins Leere handeln. Die Substanz der Friedensresolution mußte Hahn billigen; Landgewinn als Kriegsziel war ihm immer absurd erschienen, der Verständigungsfriede in einem Krieg, der im Grunde ein Mißverständnis war, ihm immer der einzig wünschbare gewesen. Hier aber kam das Subtile seines Stilgefühls hinzu, das zwischen ihm und den robusteren Routine-Politikern so oft einen Wall entstehen ließ. Er warf ihnen Unehrlichkeit vor, und das mit Recht: Erzberger, der Vater der Resolution, war nicht nur ehedem ein lautstarker Annexionist gewesen, er sagte auch jetzt noch zum Prinzen Max: »Was wollen Sie, Hoheit – damit kriege ich auf dem Verhandlungswege Briey und Longwy.« Er warf ihnen ferner mangelnden Sinn für den Augenblick, mangelnden

Stolz vor; von Verständigung konnte man den Völkern reden und auch gewissen politischen Gruppen beim Gegner, aber nicht einem Manne wie Lloyd George, der sich vermessen hatte, Deutschland wie ein Gangster niederzuboxen. Nun wieder die fast quijotische Bemühung Hahns und seines neuen Verbündeten, Max von Badens, ihre Akzentgebung zur offiziellen zu machen, und den neuen Reichskanzler, Michaelis, sprechen zu lassen, was er nie verstanden hätte und was er denn auch nicht sprach; Michaelis, der statt dessen die Unehrlichkeit der Resolution durch seinen Zusatz »wie ich sie auffasse« bis zum Lächerlichen steigerte.

Das Jahr 1917 war das Jahr der Friedensmöglichkeiten, von Januar bis Dezember. Im Spätherbst trafen zwei Ereignisse von sehr verschiedenen Dimensionen, aber von vergleichbarer Nutzbarkeit zusammen: Lenins Staatsstreich und Friedensangebot und Lord Lansdownes Brief an den ›Daily Telegraph‹. Die durch den russischen Zusammenbruch gebotenen Chancen zu erkennen, war so schwer nicht. Die Bedeutung des Lansdowne-Briefes richtig einzuschätzen, setzte Kenntnisse voraus, wie Hahn, und in Deutschland beinahe nur er, sie besaß; hinter der Tatsache, daß einer der stärksten, konservativsten, aus dem Grunde imperialistischen englischen Staatsmänner die eigene Regierung beschwor, einen Frieden der Vernunft zu machen, bevor vielleicht der Krieg gewonnen, aber die europäische Zivilisation zerstört wäre, stand mehr als nur Gefühl und Urteil dieses einen. So sehen wir denn Hahn Himmel und Erde in Bewegung setzen, damit Lansdowne die seine Position stärkende, die rechte, öffentliche, feierliche Antwort zuteil würde, die Antwort, die diesmal die eindeutige ›Erklärung über Belgien‹ enthalten müßte. Der Kampf um den ›Dialog mit Lansdowne‹ steigert sich im neuen Jahr, während Ludendorff seine große Offensive im Westen vorbereitet, die den Sieg, oder aber, nach seinem eigenen Wort, den ›Untergang‹ bringen soll. Man müsse, beschwört Hahn, die große politische Offensive machen vor der militärischen. Man könnte immer noch schlagen nach dem Scheitern der politischen, dann wäre die Verantwortung klar, und die englische Heimatfront belastet durch das Bewußtsein, an dem entsetzlichen neuen Blutvergießen schuld zu sein. Denkschriften: von Hahn an

Ludendorffs Politiker, Oberst Haeften; von Hahn und Alfred Weber an Ludendorff, versehen mit den stattlichsten Unterschriften; Reden des Prinzen Max, unzureichende Antworten an Lansdowne in Vertretung der Reichsleitung, die nicht antworten will; Besuche des Prinzen Max bei Ludendorff, bei dem Reichskanzler Hertling. Ludendorff hört interessiert zu, ist nicht für die politische Offensive, davon versteht er nichts, ist nicht für die ›Erklärung über Belgien‹, ist aber auch nicht so starr dagegen, daß er nicht von den dazu Berufenen überredet werden könnte. Es sind die dazu Berufenen, die zivilen Politiker, die versagen. Hertling verläßt sich auf Hindenburg-Ludendorff, auf den Gott der Waffen; Ludendorff tut, wozu sein starker, beschränkter Wille ihn treibt, weil die dazu Berufenen ihn keines Besseren belehren. Der Vizekanzler, Herr von Payer, meint zu Prinz Max: »Wir haben uns eben zur Offensive entschlossen.« (Es ist derselbe Geheimrat von Payer, ein würdig-solider Politiker, der im Jahr zuvor sich gegenüber Hahn erklärte: »Meine jungen Freunde, was geht mich das feindliche Ausland an? Ich bin ein Deutscher und kümmere mich um mein Vaterland.«)
Da niemand das Schicksal aufhalten will oder die, die es aufhalten wollen, die Macht nicht haben, so nimmt es seinen Gang: Der Sturm der Frühjahrsoffensive, die Siege, die wieder nichts entscheiden, die Hybris, die sie begleitet. »Es geht gegenwärtig eine chauvinistische Welle durchs Land«, schreibt Hahn Ende März an Prinz Max. »Nahe Freunde von mir werden mit fortgerissen ... Gott schütze die Leiter Deutschlands vor Übermut.« Und dann das Steckenbleiben der Offensiven; die ersten schlimmen Rückschläge im Juli, die schlimmeren, entscheidenden Rückschläge im August. Und immer noch keine Klarheit bei den ›Leitern Deutschlands‹ und immer noch kein Programmwechsel, immer noch kein Personenwechsel. Im August wandte der Chef der Reichskanzlei sich an den Obersten von Haeften: Jetzt müsse er als Unterstaatssekretär die Gesamtleitung der Propaganda übernehmen. In den Memoiren des Prinzen Max heißt es dazu: »In der Tat, wenn die Reichsleitung nach der psychologischen Methode ... rief, mußte ihre Weisheit am Ende sein. Schade, daß die Einsicht zu spät kam, denn die von uns empfohlene politische

Offensive war als Vorbereitung und Begleitung des Sieges gedacht, nicht aber als sein Ersatz.« – Der Versuch, die sture, schwerfällige, vielfältig-blinde, jammervoll unbegabte Masse der deutschen Politik von außen her zu vergeistigen und in die rechte Richtung zu kehren, war gescheitert. Wie hätte er nicht scheitern sollen?

Es könnte gezeigt werden, daß die Idee, Prinz Max von Baden sollte Reichskanzler werden, ihren Ursprung im Geiste Hahns hatte. Eine eher befremdliche Idee. Nicht freilich ganz so befremdlich, wie sie späteren Generationen erscheinen könnte; die kaiserlichen Reichskanzler wurden auf wunderliche Weise ernannt, und politisch so gut ausgewiesen wie Dr. Michaelis war Prinz Max allemal. Erstaunlich bleibt der Hergang trotzdem: Ein junger Privatmann wollte einen süddeutschen Fürsten, der von sich selber gestand, daß er kein Politiker sei, an die Spitze der Reichsregierung bringen, und schließlich gelang ihm das auch. Natürlich nicht ihm allein. Er war geschickt darin, Bundesgenossen zu finden, ein paar Abgeordnete zuerst, einen weitverzweigten Kreis später; als die Stunde kam, waren für den Prinzen sowohl Ludendorff wie die bayerische Regierung wie der abgehende Kanzler Hertling wie andere mehr. Die Stunde war spät; im Vorjahr, nach dem Rücktritt des ungeeigneten Michaelis, wäre die rechte Zeit gewesen, und damals hatten Hahn und Conrad Haußmann emsig gewirkt, um ihren Kandidaten an die Vorfront zu bringen. Statt seiner fiel die Wahl auf den alten Hertling, wozu Prinz Max resigniert meinte: »Ob meine Zeit noch kommt, noch kommen muß, darüber habe ich kein Urteil; sollte dieser Fall eintreten, so wird er vermutlich mit noch weit zwingenderen Gründen an die Türe klopfen.« Hahn antwortete: »Ich glaube, daß die Notwendigkeit wieder anklopfen wird, aber dann wird es zu spät sein.«
Der Prinz hatte es seinen Freunden nicht leicht gemacht, weil er es für unter seiner Würde hielt, für sich zu werben. Besorgt um das Schicksal der Nation, fein begabt mit Einsicht und gutem Willen, aber ohne Instinkt für Macht und Kampf um die Macht, hatte er versucht, den aristokratisch-unpolitischen Einfluß geltend zu machen, den eine Verbindung von Geist

und Rang ihm geben würde; damit hatte er nichts Rettendes bewirkt. Zugunsten der Überzeugung Hahns, er wäre 1917 der rechte Mann gewesen, spricht einiges. Als er am 1. Oktober 1918 berufen wurde, konnte er der rechte Mann nicht mehr sein. Für sein Programm, den Verständigungsfrieden auf Grund von intakter Macht, war es nun zu spät. Und wenn er von den Gaben des Staatsmannes einige hatte, dazu noch, was wenige Staatsmänner haben, einen hochfliegenden Sinn für das Gute und Edle, so fehlte ihm die Nervenkraft, die notwendig gewesen wäre, um der nun niedergehenden Lawine der Katastrophen standzuhalten. Verzweifelter Gegner der von Ludendorff geforderten Bitte um Waffenstillstand, gab er dennoch nach und ließ das Angebot, das seiner Politik das Genick brach, unter seinem Namen nach Washington gehen. Als er vier Wochen später die Entlassung Ludendorffs erzwang, hatte dieser Akt nicht nur keine Bedeutung mehr, er gab auch Ludendorff die Chance, alle Schuld von sich abzuwälzen und sie den Parlamentariern zuzuschieben.

Prinz Max war mehr als der, als welcher er nie hätte dargestellt werden dürfen: Eine Marionette, deren Drähte Kurt Hahn zog. Das Wenigste, was von ihm gesagt werden kann, ist, daß er Hahns Gedanken völlig verstand und sich völlig für sie einsetzte, wenn er sie für richtig hielt; was er nicht immer tat. Eine solche Identifizierung mit den subtilen Bestrebungen eines jungen, unbekannten, aus fremder Umgebung Stammenden geht nicht ohne Fähigkeiten eigener Art. Übrigens war Max zu stolz, um sich ganz in Abhängigkeit zu begeben. Er hatte längst politisch aktiv zu sein versucht, hatte sich besonders um den Frieden mit Rußland bemüht, wobei seine verwandtschaftlichen Beziehungen zum Zarenhof ihm zustatten kamen. Sein Amt in den ersten Kriegsjahren, die Gefangenenfürsorge, hatte er in dem Geist verwaltet, der ihn zu einem Gesinnungsgenossen Hahns machte, noch bevor die beiden sich kannten. Allerdings, was über das Verhältnis Hahns zum Obersten von Haeften gesagt wurde, gilt auch für diese Beziehung. Das Schwergewicht der Gedanken, noch mehr der Stilisierung, trug Hahn bei.

Eben dies wurde schwierig, sobald das Ziel endlich erreicht, der Prinz Reichskanzler war. Den noblen Dilettanten, der vom Bodensee seine Denkschriften verschickte, hatte Hahn ungehindert beraten können. Mit dem Chef der Regierung, im Hexenkessel der Hauptstadt, unter den Argus-Augen pedantischer Geheimräte und abgebrühter Politiker war es eine andere Sache. Die offiziellen Gehilfen des Prinzen, die Mitglieder des Kabinetts, zumal die neuernannten parlamentarischen Staatssekretäre, Erzberger, Scheidemann, begannen bald zu fragen, wer der junge Mann sei, der sich ständig im Reichskanzler-Palais aufhalte und was er dort zu tun habe. In dem Bericht über eine Kabinetts-Sitzung, die ohne den erkrankten Prinzen stattfand, lesen wir: »Scheidemann: Wer berät den Reichskanzler, Hahn? ... Man sieht den ganzen Tag Herrn Hahn im Haus. Staatssekretär Wahnschaffe: Hahn sei ein alter Bekannter des Prinzen, habe aber keinen besonderen Einfluß auf ihn ... Erzberger: Der Herr rühmt sich, ich bin ... Wahnschaffe: Er muß eingegliedert werden ... Erzberger: Hahn erzählte, daß er gegen die Note sei. – Staatssekretär Solf: Hahn habe ihm seit Jahren auch Berichte erstattet; sei ein zuverlässiger Mann ...« Von den Mitgliedern der Oktoberregierung waren zwei, Solf und Haußmann, alte Freunde Hahns; den übrigen blieb er ein ärgerliches Rätsel. Der Prinz, berichtet Vizekanzler von Payer in seinen Erinnerungen, habe da einen Privatsekretär mitgebracht, einen jungen Herrn von pazifistischem Einschlag, politischen Kenntnissen und stilistischen Talenten, aber ohne die Erfahrung und Nervenbeherrschung, die der Politiker braucht, »uns allen undurchsichtig«. Hämischer erinnert sich Scheidemann; wobei die Tatsache, daß Hahn nicht ihn, sondern Ebert als Vertreter der Sozialdemokratie hatte sehen wollen, nicht ganz ohne Einfluß gewesen sein mag. Es war dies eine der ersten Differenzen zwischen dem ›jungen Mann‹ und den alten Politikern. Hahns Vorstellungen von parlamentarischer Kabinettsbildung waren die alt-englischen: Ein starker Premier wählt sich aus der Mehrheitspartei die seinem Urteil nach Besten, die dann unter seiner Führung tun werden, was ihnen recht scheint, ohne sich viel um Kritik zu kümmern. Von den Mechanismen einer demokratischen Massenpartei, den Kanälen ihrer Willensbildung, den Spielen ihrer Disziplin hatten weder der Prinz noch sein ›Privatsekretär‹ eine ausreichende Vorstellung.

Wie schwer es war, einer Regierung, an der die Gewichte großer Parteien hingen, die eigenen Ideen aufzuzwingen, schwer oder unmöglich auch für den Berater des Reichskanzlers, zeigte das Schicksal der ersten Regierungserklärung. Hahn entwarf sie zusammen mit Geheimrat Simons, dem späteren Reichsgerichtspräsidenten. Von diesem mögen die juristischen Feinheiten stammen; der Drang, der Wille zur Sache ist Hahns Beitrag. Die Rede, wie sie hätte gehalten werden sollen, war kühn, nahezu ein Meisterstück. Was hier versucht werden sollte, war nichts Geringeres, als die Bitte um Waffenstillstand, die Ludendorff erzwungen hatte und die jetzt der Kanzler nobel auf sich nahm, nachträglich noch zu modifizieren, ja, unter Umständen zurückzunehmen. Es geschah dies durch eine Interpretation des amerikanischen Friedensprogrammes, auf das im Waffenstillstands-Angebote Bezug genommen worden war. Die Interpretation verband Stolz mit Geschicklichkeit im Auslegen der vierzehn Grundsätze zu Deutschlands Gunsten. Der Sinn war klar: Deutschland nahm das Wilsonsche Programm nicht blindlings an, sondern machte sich anheischig, über seine Bedeutung von gleich zu gleich zu verhandeln. Aus der Chamade sollte zuletzt noch eine Fanfare gemacht werden. Aber eben gegen diese Verwandlung liefen die Minister wie auch der Vertreter der Obersten Heeresleitung Sturm: Die militärische Lage erlaubte ein so hochfahrendes Spiel nicht mehr; auch mißfiel ihnen die Sprache des Kanzlers, der den Reichstag, Mehrheit und Opposition, zu dirigieren gedachte wie der Dirigent sein Orchester. Gegen die blinde Unterwerfung unter die ›14 Punkte‹ setzte Hahn sich verzweifelt zur Wehr – er »kämpfte wie ein Löwe«, heißt es auf einem Erinnerungsblatt Conrad Haußmanns, mußte sich schließlich aber sagen lassen, er sollte den Mund halten.

Mit dieser Niederlage, der zweiten und endgültigen der Politik, die ihm vorgeschwebt hatte, schwindet er uns ein wenig aus den Augen. Es liegt dies daran, daß er den Prinzen täglich sah, daß es also keine Briefe zu schreiben, keine Denkschriften zu entwerfen gab; zum Teil daran, daß der Prinz, obgleich er ihn täglich sah, nun der Gefangene eines riesigen Apparates war, den er nicht beherrschte. Die Hiobsbotschaften, die stündlich eintrafen, aus der Türkei, aus Bulgarien, aus Österreich, von der Westfront, schließlich von der ›Heimatfront‹, zwangen zu einem stückweise improvisierten Rückzug; Hahns durchdachte Pläne, sein idealistischer Realismus, hatten keinen Griff mehr darauf. Die Leistung der Regierung des Prinzen Max, die den Notwendigkeiten kommender Jahrzehnte an sich völlig genügende Reformierung des deutschen Verfassungslebens unter den immer schwärzeren Wolken des militärischen, politischen Zusammenbruchs, ist nie gerecht gewürdigt worden. Hahns Anteil an ihr wäre in jedem Fall nicht zu wägen. Gelegentlich ist sein Stil noch immer zu erkennen; so in der Erklärung, welche am 8. November der Reichskanzler – unter welchen Qualen! – dem Kaiser am Telefon vorlas, und in der er, um die Monarchie zu retten, die Abdankung des Monarchen forderte. »Wenn das Opfer erst erfolgt, wenn schon Blut vergossen ist, so hat es keine heilende Wirkung mehr« – immer hat Hahn ›heilen‹ wollen. Die Verblendung Wilhelms II., das Versagen jener, die man zu gewinnen versuchte, um ihn zu freiwilliger, rechtzeitiger Abdankung zu überreden, der peinigend langsame Schriftenaustausch mit dem Professor-Präsidenten in Washington, während dessen die Lage sich täglich verschlechterte, schließlich im Inneren die dumpfe Rebellion von Menschenmassen, die man vier Jahre lang überfordert hatte, der Nervenzusammenbruch der alten Ordnung, haben zur konsequenzlosen Episode gemacht, was ein hoffnungsvoller, ein ›heilender‹ Anfang hätte sein können.

Während der zwielichtigen, blutigen und närrischen Epoche zwischen Waffenstillstand und Friedensschluß gaben Prinz Max und Hahn sich noch nicht völlig geschlagen. Im Februar gründeten sie die ›Heidelberger Arbeitsgemeinschaft für Politik des Rechts‹, zusammen mit Max Weber, den sie erst jetzt kennenlernten. Die Vereinigung sollte Deutschland bei den Verhandlungen Argumente liefern: Über die Schuld am Krieg, über die Schuld an der Entartung des Krieges, über das Recht, unter dessen Schutz der Besiegte trotz allem stünde. Der Vortrag, mit dem Prinz Max in Max Webers Haus an der Ziegelhauser Landstraße die Vereinigung eröffnete, ist ein kluges Konzentrat der vierjährigen Erfahrung. Die Fehler, die Verbrechen Deutschlands werden unumwunden zugegeben: »Ich nehme das moralische Gewicht dieser Anklagen wahrlich nicht leicht. Wir, die wir hier anwesend sind, haben während des Krieges darunter gelitten und uns gegen Deutschlands Unrecht eingesetzt, wo wir es konnten. Ich kann nicht ohne Bitternis an die politische Verblendung denken, die hinter dieser Kriegspolitik stand; hätten wir unseren guten Namen in der Welt aufgerichtet, dann wären wir die Sieger geblieben; so aber haben wir niemals unsere großen Siege politisch zu einem gerechten Verständigungsfrieden fruktifizieren können, weil in den psychologisch fruchtbaren Augenblicken wir durch unsere Methoden stets aufs Neue den erlahmenden feindlichen Kriegswillen auffrischten und den Krieg der Entente immer wieder zu einem Volkskrieg machten, hinter den auch der Imperialismus sich stellte.« Dem wurden alsbald die vergleichbaren Ausschweifungen der Feinde gegenübergestellt, die dennoch kein Recht hätten, sich zu Sittenrichtern aufzuwerfen; beginnend mit der russischen Mobilmachung, endend bei der Fortführung der Hungerblockade mit ihren mörderischen Folgen trotz des Waffenstillstandes. Gefordert wurde ein Neubeginn im Sinn des werdenden Völkerrechts und Völkerbundes. Zwischen ihm und einer Hegemonie der Entente, den Dekreten bloßer Macht, die neues, heilendes Recht nie werden könnten, sei die Wahl.

Bekanntlich ging Max Weber selber nach Versailles, um die geteilte Verantwortung für den Ausbruch des Krieges zu verfechten. Hahn ging auch, wieder in der Tarnung eines ›Privatsekretärs‹, diesmal des Bankiers Melchior, welcher der deutschen Delegation als Wirtschaftsspezialist angehörte. Zu dieser Zeit war das Wesentliche über den Vertrag, den die Sieger unter sich zusammengekocht hatten, schon bekannt. Die Stimmung, welche die Deutschen vorfanden, die Rede, mit der Clemenceau ihnen aufwartete, ließen den Minister Brockdorff-Rantzau zu dem schärfsten der Antwort-Konzepte greifen, die man ihm vorbereitet hatte; zu dem Entwurf, bei dem Hahn federführend gewesen war. Wir erkennen seinen Stil: »Es wird von uns verlangt, daß wir uns als die Alleinschuldigen bekennen. Ein solches Bekenntnis wäre in meinem Munde eine Lüge.« Wir erkennen sein Vokabular im historischen

Rückblick: »Die russische Mobilmachung nahm den Staatsmännern die Möglichkeit der Heilung und gab die Entscheidung in die Hand der militärischen Gewalten.« Wir erkennen seine Dialektik: Deutschland sei bereit, begangenes Unrecht zu bekennen und wiedergutzumachen, aber nicht Deutschland allein habe Unrecht getan, und nach dem Waffenstillstand in kalter Überlegung fortgesetztes Unrecht, die Tötung von Nichtkämpfern durch die Blockade, sei weniger zu rechtfertigen als Verbrechen in der Glut des Krieges. »Daran denken Sie, wenn Sie von Schuld und Sühne sprechen.« – Hahn war einer, der zäh an seinem Gedanken festhielt. 1917, nachdem der verschärfte U-Boot-Krieg beschlossen worden war, hatte er ihn durch ein Manifest rechtfertigen wollen, in dem die mörderische Wirkung der Blockade angeprangert würde. Damals hatte man ihm geantwortet, das ginge nicht, denn gerade eben habe das Reichsgesundheitsamt die günstige Wirkung der Kriegsernährung nachgewiesen. Hier nun durfte er das alte Argument im neuen Gewande endlich bringen; und es heißt, daß Lloyd George von ihm sehr unangenehm berührt worden sei.

Die Ansprache hat den alliierten Friedensmachern nicht gefallen. Es ist aber lächerlich, zu glauben, daß mit demütigen Worten mehr für Deutschland herauszuholen gewesen wäre; und nach so langer Zeit kann man nicht umhin, Genugtuung darüber zu empfinden, daß in verlorener Sache wenigstens die Sprache der deutschen Delegation wahr und ungebrochen klang.

Ganz wahr klang? »In meinem Munde« – nämlich dessen, der die Rede vornehmlich entworfen hatte, wohl. Der, für seine Person, konnte das Haupt hoch tragen. Historisch bleibt die Frage, ob Deutschland im Sommer 1919 noch unter dem Schutz von Wilsons 14 Punkten stand, strittig. Es trifft zu, daß der deutsche Reichskanzler mit seinem Waffenstillstandsangebot Wilsons Programm »als Grundlage für die Verhandlungen« angenommen hatte, und die andere Seite später auch. Aber niemand wußte besser als Hahn, wie vage, wie so oder so durchführbar die Grundsätze Wilsons waren. Niemand wußte besser als er, wieviel bei der Auslegung der 14 Punkte auf die Machtposition ankam, in der die Auslegenden auf beiden

Seiten sich befanden. Die 14 Punkte stammten vom Januar 1918. Hätte Deutschland sie damals ›als Grundlage‹ angenommen, wie unterschiedlich wäre die Auslegung gewesen, wieviel näher dem ursprünglichen guten Willen ihres Verfassers! Damals, auf der Höhe der Macht oder Scheinmacht, hatte man in Deutschland andere Gedanken. Als neun Monate später Ludendorff sich zur Annahme des Wilsonschen Programms entschloß, tat er es nicht, weil er es gut fand – man sagt, er habe es nie gelesen –, sondern weil er ohne Waffenstillstand seine Armee für verloren hielt; was praktisch hieß – freilich verstand er es nicht –, daß er seine Armee überhaupt für verloren hielt. Warum in aller Welt sollten die Alliierten ihm einen Waffenstillstand der Art gönnen, die seine Armee retten würde? Im Oktober 1918 hätte Ludendorff auch dann um Waffenstillstand gebeten, wenn es die 14 Punkte gar nicht gegeben hätte. Das hier alles entscheidende Element der Freiwilligkeit war verloren. Gut ausgelegt, war das amerikanische Friedensprogramm gerecht, so vage es war. Auf Gerechtigkeit aber hat man im Krieg, das heißt, in einer vom Recht nicht beherrschten Umwelt, nur Anspruch, so lange man selber noch Unrecht tun könnte und darauf verzichtet. Deutschland verzichtete erst, als es seinerseits nicht mehr Unrecht tun konnte. Damit entfiel, wenn man es denn in diesen Dingen genau nehmen will, sein Anspruch auf Gerechtigkeit – der Sieger – in der moralischen Sphäre; in der praktischen auch, denn es hatte nun nichts mehr, womit es drohen konnte. Was Wunder, daß die Auslegung der 14 Punkte verbogen, boshaft, in einigen Fragen abtrünnig wurde?

Prinz Max von Baden und sein Berater haben zur Verdunkelung dieses Herganges einiges beigetragen, obwohl gerade sie es hätten besser wissen müssen. Sie haben sich erdenkliche Mühe gegeben, zu beweisen, wo und wie Wilsons Friedensprogramm in Versailles verraten worden war. Natürlich war es verraten worden; aber einem gegenüber, der es angenommen hatte, nicht weil er wollte, sondern weil er mußte, und der folglich auch den Verrat an dem Programm annehmen mußte.

Völlig unter den Tisch fiel dabei, was, wenn nicht die 14 Punkte, so doch die Macht und der gute Wille der Vereinigten

Staaten in Versailles milderten oder verhinderten. Das wissen wir heute: Als ein Friede der Gerechtigkeit war der Vertrag von Versailles schlecht. Als Macht- und Rachefriede nach einem Krieg von bis dahin beispielloser Wildheit war er viel besser, als er hätte sein können. Solche interessanten Details, wie Frankreichs Verzicht auf den Rheinstaat, Polens Verzicht auf Danzig, die Abstimmungen in Oberschlesien und Ostpreußen, waren der Einwirkung amerikanischen Geistes zuzuschreiben.

Ein Vierteljahrhundert später hat Hahn sein Urteil über den Frieden von Versailles modifiziert; eines der nicht allzu häufigen Beispiele dafür, daß auch er vermochte, umzudenken. »Das ganze Problem wird verzerrt durch die Klagen und Lügen, mit welchen die Deutschen den Vertrag überschüttet haben. In vielen Beziehungen ist es ein ausgezeichneter Vertrag; verglichen mit Hitlers Verträgen jedenfalls ein gutwilliger und menschlicher; trotzdem hatte Smuts ganz recht, wenn er sagte, Wilsons Versprechen seien in Versailles gebrochen worden.« (1944)

Prinz Max und Hahn arbeiteten an dem dicken Bande der *Erinnerungen*; manchmal erschienen die Verbündeten der Kriegszeit, die Haeften, Rohrbach, Solf, Hans Delbrück, im Schloß und hielten den grau uniformierten Schülern Vorträge; in Europa wiederholte man die Situationen des Krieges in anderer Gestalt und bereitete unwissend schlimmere Wiederholungen vor. Wiederholt wurde auch in Salem, obgleich mit weniger Intensität jetzt, weniger dramatisch, im Schatten der pädagogischen Arbeit. Man hielt Gelegenheitsreden, man schrieb an englische Zeitungen und englische Politiker und mitunter in einer deutschen Zeitung. Das Ziel war, den verlorenen Verständigungsfrieden von 1917 doch noch zu finden, die verratenen 14 Punkte doch noch im Stil des 4. Oktober 1918 interpretiert zu sehen, kraft eines friedlichen Revisionismus; wobei man in Deutschland sehr viel Geduld haben müßte und würde, aber doch nicht unendliche Geduld. Mit dem Schwert sollte man jetzt nicht klirren, wohl aber es schärfen. Half gar nichts anderes, dann würde es, das rein zu haltende deutsche Schwert, doch noch einmal sprechen müssen. Zu den Bedingungen, von denen sich Deutschland so oder so befreien mußte, gehörten solche, welche auf die Dauer in der Tat unerträglich waren. Es gehörten andere dazu, zum Beispiel der ›polnische Korridor‹, unsere ›blutenden Ostgrenzen‹. So war der Stil der zwanziger Jahre, Gustav Stresemanns Stil; in Salem akzentuiert durch die Töne des ›ethischen Imperialismus‹.

Kurt Hahns Verhältnis zur Weimarer Republik war ambivalent, aber mit dem schwereren Gewicht auf der Verneinung. Wohl lebte ein fernes Echo von 1848 in ihm. 1848, das war der deutsche Nationalstaat an Stelle des Bundes von Dynastien und letzthin die nationale Republik. Andererseits war Hahn Monarchist, wenn nicht von Hause aus, so doch als treuer Diener eines deutschen Fürsten, für den Monarchismus sich von selber verstand. Unter dem Dach einer reformierten Monarchie hatten die beiden ihre Politik führen wollen; die Politik einer parlamentarischen, aber doch nicht ganz parlamentarischen, einer von der Parlamentsmehrheit gedeckten, aber nicht getriebenen und gezwungenen Regierung. Der militärische Zusammenbruch hatte ihnen das Konzept verdorben; der innere Nervenzusammenbruch, der Umsturz vom 9. November auch; wie so viele neigte Hahn dazu, das zweite Ereignis mit dem ersten ursächlich zu verbinden, direkter und einseitiger, als ein unbeteiligt-objektiver Beobachter urteilen mußte. Zwar, von ›November-Verbrechern‹ hätte er nie gesprochen; der nur zu gut wußte, wie hart die sozialdemokratischen Führer gearbeitet hatten, den Umsturz erst zu verhindern, dann unter Kontrolle zu bringen, der nie den Haß vertiefen, immer versöhnen, entgiften, heilen wollte. Aber was für psychologische Umstände ihm auch mildernd zuzubilligen waren: Der »blutige Karneval der Revolution« – ein gern von ihm zitierter Ausdruck Max Webers – hätte nicht sein sollen. Folglich war auch seine Ausgeburt, die Republik, wenigstens in ihrem Ursprung nichts Achtenswertes.
Wurde sie es im Lauf der Zeit? Nicht allzu sehr, in Hahns Augen. Er fand, daß sie die Nation mehr teilte als integrierte, was ja leider zutraf; der Stil der Klein- bis Mittelbürger, die sich in rascher Abfolge an der Führung Deutschlands ver-

suchten, hatten für ihn nichts Anziehendes. Sein Verhältnis zur Sozialdemokratie war von jeher ein wenig kondeszendierend, im Stil eines aufgeklärten Großbürgertums: Da seien doch auch sehr anständige Menschen dabei, Ebert, Noske, David, Severing, die nur leider oft nicht könnten, wie sie wollten. Wohl war Hahn im Krieg für die ›Parlamentarisierung‹ gewesen, deutlicher als Prinz Max, dem konstitutionelle Einrichtungen spezifisch deutschen Charakters vage vorschwebten. Aber die Funktion des Parlamentes sollte es sein, eine starke Regierung hervorzubringen, nicht, sich in deren Geschäfte allerorten einzumischen. Treffend hatte er 1917 die Machtgewinne des Reichstags analysiert: Gerade die parlamentsfremden, konservativen, schwachen Regierungen Bethmann und Michaelis mußten dem Reichstag Konzessionen machen, die über die Regeln eines gesunden Parlamentarismus hinausgingen. Nun war das parlamentarische System vollständig; aber starke Regierungen brachte es nicht hervor. Dem Kritiker in Schloß Salem schienen sie nicht stolz, nicht würdig, nicht patriotisch genug. Schlagworte wie ›Parteienstaat‹, wie ›demokratische Korruption‹, waren ihm nicht ganz fremd, das ließe sich zeigen; sie waren ja auch nicht ganz ohne Grund in den Sachen. Jedoch wäre hier, genauer als Hahn tat, zu unterscheiden gewesen zwischen dem, was besser nicht so war und nicht so zu sein brauchte, und dem, was von einer politisierten Industriegesellschaft nun einmal nicht zu trennen war.

Kurt Hahn wollte eine Jugend erziehen, die das moderne Leben meisterte, ohne Schaden zu nehmen an ihrer Seele, so, wie er sich starke, seelenführende Regierungen wünschte. Aber in dem platonisch ästhetisierenden Ethiker war etwas, das sich gegen wesentliche Züge unserer Zivilisation auflehnte: Den Unernst, die schlechten Vergnügungen, die Gier nach kurzfristigen Sensationen; den Egoismus der Individuen und der Klassen, das Leben in Gedankenlosigkeit; die Großstadt tout court. In seinen Schülern wollte er entwickeln: die Fähigkeit zur Konzentration, zur inneren Sammlung, die ernste Phantasie; die Liebe zur Sache; die mens sana in corpore sano; praktisches Christentum, Gehorsam, ›soldatische Tugenden‹. Gute Ziele. Daß man den Drang der Dinge sich nicht einfach selber überlassen darf, daß es die Aufgabe des Pädagogen wie die des Staatsmannes ist, zu bremsen, zu leiten, für Gegengewichte zu sorgen, leugnen nur falsche Propheten, an denen damals kein Mangel war, wie heute keiner ist. Nur konnte praktisch die Verneinung sehr starker, sehr breiter Tendenzen der Zeit zur Arroganz werden, nicht im Meister, aber in den unreifen Schülern. Nur konnte praktisch der Ehrgeiz, das moderne Leben gewissermaßen von außen her als ein anders und besser Erzogener zu meistern, auch zur Weltflucht werden. Es ist kein Zufall, daß eine überdurchschnittliche Zahl von Schülern Salems sich alsbald in jenes ausgesparte Stück von Unschuld und Ritterlichkeit, in die Reichswehr, zurückzog.

Wir sehen Hahn die Volkswahl des Reichspräsidenten, die in der Verfassung begründete, sehr starke Stellung des Staatsoberhauptes als eine »Großtat Max Webers« preisen. Wir sehen ihn über die Wahl Hindenburgs sich freuen, von diesem Amtsträger sich heilende Wirkungen erwarten. Wir sehen ihn im Kontakt mit dem Kanzler Brüning; und Kontakt mit dem Kanzler von Papen suchen, an den er glaubt. Wir sehen ihn schließlich zu Hitler, vor der Machtergreifung, und selbst in den ersten Monaten danach, eine Haltung einnehmen, die es zu verstehen gilt, auch wenn ein Rest von Staunen und Bedauern bleibt.

Die Sache war die, daß Hitler, nicht der wirkliche, sondern ein imaginärer, im politischen Denken Hahns einen Platz hatte, ungefähr wie ehedem die ›Vaterlandspartei‹ einen gehabt hatte. Deutschland brauchte ›zornige Patrioten‹. Hitlers Energie hatte die Volksmacht organisiert, die, wenn sie im November 1918, im Mai 1919 dagewesen wäre, Deutschland, vielleicht, die schlimmsten Demütigungen erspart hätte. Er inkarnierte den Protest gegen den Verrat an den 14 Punkten. »Seit dem Tage, als er, am Schicksal des Staates verzweifelnd, als Prediger in der Wüste begann, hat sich die Kraft seiner Person und der nationalen Erweckung, zu der er aufrief, wie ein Feuerbrand durch Millionen Herzen verbreitet.« (Brief des Markgrafen von Baden an den ›Manchester Guardian‹, Oktober 1932.) Insoweit war er gut. Leider nur war er mit sehr schlechten Elementen verbündet. In einer Denkschrift Hahns – vom Sommer 1933! – heißt es, die Nazi-Bewegung sei widerspruchsvoll zusammengesetzt: Einerseits aus dem »besten Teil des Landadels, aus Arbeitern, Bauern, jungen Menschen, die nicht Krieg wünschen, wohl aber entschlossen sind, die Ostgrenzen zu revidieren«; andererseits aus »Gangstern, Abenteurern, früheren Zuchthäuslern«. Blieb die Frage: Wie zwei so grundverschiedene Gruppen sich hatten verbünden können, oder wie der Führer der einen nicht verschmähen konnte, auch jener der andern zu sein? –

Einstweilen, 1932, galt es, Hitler von den Bösen zu trennen, deren Gefangener er zu werden drohte. Er sollte nicht zur Macht kommen, aber er sollte gebraucht werden; geläutert, vielleicht an der Macht teilnehmen dürfen. Für beides würde Hindenburg sorgen. Auch der Hindenburg der Hahnschen Konzeption war imaginär; nicht der wirkliche, der beschränkte, selbstische und korrumpierte Greis, von dem wir wissen. Der Kampf ging zwischen dem, was um Hitler schlecht, was in Hitler ›unbesonnen‹ war, und dem vornehmen alten Soldaten und Edelmann, der zwischen gut und böse mit schlichter Sicherheit unterschied. Nur noch zwischen diesen beiden. Daß das ›andere Deutschland‹ bei den anständigen, treuen Menschen zu finden gewesen wäre, Millionen von ihnen, die bis zuletzt, trotz aller Mittelmäßigkeit ihrer Führung, sozialdemokratisch wählten, davon findet sich in den von Hahn stammenden oder von ihm beeinflußten Erklärungen des Krisenjahres kein Wort.

Er nahm Stellung, sehr eindeutige, sehr mutige, nach Hitlers Beuthener Telegramm. Nun sei ein Kampf entbrannt, der über die Politik hinausführe. »Es geht um Deutschland, seine christliche Gesittung, sein Ansehen, seine Soldatenehre.« ... Auch jetzt aber wollte er in dem Lob, das Hitler viehischem Mord spendete, nicht den Ausdruck seines innersten Wesens, sondern die Einflüsterung der Bösen um ihn sehen. Hätte der Parteiführer sich nur ihr entzogen! In einer Broschüre Paul Rohrbachs vom September 1932, in der Hahns Stil und Gedanke sehr deutlich erkennbar sind, heißt es, Hitler hätte im August bestimmt Kanzler werden können, wenn er an die Beuthener Mörder etwa telegraphiert hätte: »Ihr habt durch eure Tat euch unwürdig erwiesen, meine Uniform zu tragen; wenn ich das Letzte versuche, um eure Begnadigung durchzusetzen, so geschieht es, weil Ihr in Wut und Verblendung gehandelt habt... Sowie ich zur Macht komme, werde ich solche gemeine Verbrechen nicht weniger streng sühnen als die Gerichte von Beuthen; aber ich werde sie besser zu verhüten wissen, als Herr von Papen, dank der strengen Zucht, in der ich meine Kameraden halten werde.« ... Sollte dieser Entwurf von Hahn stammen – aber wir sind dessen nicht sicher –, so wäre es die fast parodistische Übertreibung einer seiner alten Denkgewohnheiten: Dem Fremden seine Sprache zu leihen und ihm zuzumuten, was jener durchaus nicht tun konnte, weil er nun einmal nicht so gemacht war. – Hahn, allzuoft, sah die Funktion, so wie er sie sich wünschte, nicht die Substanz, so wie sie war.

Er hat nachmals von seiner organisierten Bemühung, ja einer Verschwörung gesprochen, um Hitlers Machtergreifung zu verhindern. Konzedieren wir ihm den Ausdruck. Aber die gedachte Verschwörung zielte zu knapp an Hitler vorbei, um das Ziel zu erreichen. Nicht die ›lachende Linke‹ sollte den Vorteil davon haben – als ob das im Herbst 1932 die Gefahr gewesen wäre! –, sondern die ›anständige‹ Wählerschaft Hitlers, die man ihm abtrünnig machen und unter dem Banner der ›präsidialen‹ Rechten zu sammeln hoffte. Statt dessen war es die präsidiale Rechte, die vier Monate später die ›Machtergreifung‹ ermöglichte. Danach, im Mai 1933, hat der Schreiber dieser Zeilen Kurt Hahn in Berlin noch einmal gesehen. Hahn war tief traurig damals, er erkannte nun seine persönliche Sache als verloren. Aber er wollte nicht sehen, daß auch seine und seiner Freunde geträumte Politik falsch gewesen war. Alles hätte gut gehen können, meinte er; nur sei am 30. Januar eine Weiche falsch gestellt worden.

Wir machen es kurz mit dieser Epoche, entschieden nicht der glücklichsten in Hahns politischem Leben. Es ist kein Vorwurf, daß er sich in Hitler irrte, Andere, sehr brave Andere, taten es ebenso. Auch nicht, daß er in der Nazi-Bewegung ›anständige Elemente‹ sah; wo wären die nicht? Er sah die alles entscheidende Macht des Bösen in der Sache eine Zeitlang nicht; damit muß es sein Bewenden haben.

Er sah sie auch dann noch nicht, als man ihn 1933, nach den März-Wahlen, verhaftete und nach einer Zeit im Gefängnis von seinem geliebten Werk, den Salemer Schulen, verbannte. Dieser berüchtigte Freimaurer und Großjude, hieß es in einer Nazi-Zeitung, habe schon 1918 »in einer hochpolitischen Sendung beim Hauptquartier« gegen den Willen Ludendorffs die Annahme von Wilsons 14 Punkten durchgesetzt ... Das Ergreifende, das fast Betrübende ist, daß Hahn gegen solche Infamien sich auch noch zur Wehr setzte, daß er ernsthaft bestritt, was ihm da angelogen wurde. Es war seine Tragödie, und nicht nur seine. Der Mann reinen Willens, der Patriot, der Versöhner, konnte nicht begreifen, daß, nach allem, was er versucht und getan hatte, ihm so begegnet wurde. Darum ließ er sich noch in Briefwechsel, in Pamphletwechsel mit »Wölfen, Schweinen und gemeinen Hunden« ein – um einen Dichter zu zitieren, den er nicht liebt.

Der Trennung von Salem folgte die Trennung von Deutschland. Der Tätigkeitsdrang, der Optimismus im ursprünglichen, leibnizischen Sinn des Wortes ließ Hahn nicht in der Bitternis versinken, die verständlich gewesen wäre. Pädagoge war er, Pädagoge mußte er bleiben. Seine weitverzweigten englischen Beziehungen im Dienste seines zähen, geschickten Willens machten ihm das Unmögliche möglich: Die Gründung einer im Ursprung deutschen Schule in Schottland, Gordenstoun, das heute mit den großen Public Schools Alt-Englands konkurriert. Das hier zu Leistende nahm ihn noch mehr in Anspruch als ehedem der Aufbau der Salemer Schulen.

Freilich aber war er nicht imstande, sich von seinem Verantwortungsgefühl, seinem brennenden Interesse für den Gang der deutschen und deutsch-englischen Dinge zu befreien. Was er auf diesem Felde in den nächsten zwölf Jahren trieb, war wie eine etwas abgeschwächte Wiederholung dessen, was er während des Vierjahrkrieges in Deutschland getrieben hatte, mit umgekehrter Frontrichtung. Damals war er ein Deutscher gewesen, zugleich ein Kenner und betrübter Liebhaber Englands. Jetzt war er Engländer, zugleich ein noch besserer Kenner, ein noch betrübterer Liebhaber Deutschlands. Selber Politik zu machen, war ihm noch eindeutiger unmöglich als 1917. Wieder besaß er ein System von Bekanntschaften, durch das er zu wirken versuchte: Professoren, Bischöfe, politisierende Aristokraten. Das Sonderbare und Melancholische der

Wiederholung dürfte ihm kaum bewußt gewesen sein. Er ist nach außen gekehrten Geistes; er hat sich selber nie gesehen. Sicher hat er sich nicht bewußt zitiert, wenn er während des Hitlerkrieges manchmal buchstäblich wiederholte, was er während des Vierjahrkrieges gesagt oder geschrieben hatte.
Drohende Wiederholungen sah der in der Geschichte im Werden nun schon reichlich Erfahrene in der Sache. Geburt, Wachsen und Agonie eines großen Krieges hatte er erlebt; er wünschte es nicht noch einmal zu erleben, es wäre denn aus klarer Notwendigkeit und nicht, wie 1914, aus Mißverständnis und Stümperei.
So greift er 1938, vor und während der Tschechen-Krise, wieder zur Feder. Er hat keine geheimen Informationen. Aber er kennt die alte Heimat, Land und Leute; er kennt oder ahnt die Generalität, die konservative Bürokratie, die Kirchen. Er spürt, daß sich etwas vorbereitet, daß die öffentliche Meinung in Deutschland zum erstenmal wieder wichtig ist, daß die Chance besteht, Hitler von einem Großteil der Nation zu trennen. Immer Ethiker und machtpolitischer Logiker zugleich, will er England so manövrieren sehen, daß es entweder zum Krieg nicht kommt, oder, wenn es zu ihm kommt, das Recht eindeutig auf englischer Seite ist. Also darf England sich nicht zu früh binden, wie 1914, sondern muß nach dem Verdienst der Sache handeln. Hitler darf seiner Neutralität nicht sicher sein; andernfalls würde er Krieg beginnen. Die Tschechen dürfen seiner Nicht-Neutralität auch nicht sicher sein (wie Rußland 1914); sonst können sie provozieren. Darum müssen Deutschland Angebote gemacht werden, die den ›guten Elementen‹ überzeugend akzeptabel sind, aber Hitler nicht. Kein Tscheche darf dem Reich ausgeliefert werden. »Es war ohne Zweifel sehr falsch, die Sudetendeutschen in den tschechoslowakischen Staat zu zwingen, aber es wäre ein Verbrechen, eine tschechische Minderheit den Nazis auszuliefern.« »Ich sehe einen Weg, der ehrenhaft wäre und den die Tschechoslowakei annehmen könnte: Keine Volksabstimmung in der Fieberglut der Bürgerkriegs-Atmosphäre, sondern nach einem Jahr, wenn die Dinge sich beruhigt haben. Das Gebiet wäre mittlerweile durch eine internationale Kommission, unterstützt durch internationale Polizeitruppen, zu regieren ...«

Nehme Hitler den Vorschlag an, so sei es gut, nehme er ihn nicht an, so stehe er vor seinen eigenen Leuten eindeutig als der Schuldige da ... Die wievielte der Hahnschen Ideen war es, der richtigen, eine subtile Mitte haltenden, die nie erprobt wurden?

Über ›München‹ ist er verzweifelt, weil man dort dem Übeltäter ohne Einschränkung recht gab und allen seinen Gegnern, auch und gerade seinen deutschen Gegnern, unrecht. Nach der ›Kristallnacht‹ schreibt Hahn: »Es war ehrenhaft, die Beschwichtigungspolitik zu versuchen. Es wäre unehrlich, sie jetzt noch fortzusetzen. Hitler muß lernen, daß es das Gewissen der Engländer nicht erträgt, dem Organisator von Pogromen Herzlichkeiten zu erweisen. Herzlichkeit gegenüber den Nazis ist nicht Freundschaft für das deutsche Volk ...« So dachte er seit dreißig Jahren. Schandtaten in einem Lande gehen alle Völker und alle Regenten an. Primär ist nicht das Machtinteresse, sondern das moralische. Aber die Dinge sind so gefügt, daß moralisches Interesse und Machtinteresse auf die Dauer zusammenfallen können, ja müssen; Macht ohne Moral zerstört sich selbst.

Ein halbes Jahr vor der Entfesselung des Hitlerkrieges beginnt Hahn von der ›German home front‹ zu sprechen, wie er ehedem zu Ludendorff von der ›Englischen Heimatfront‹ sprach. Psychologische Kriegführung, um dem Feind Schaden zu tun, er braucht im Juli dies Wort; nämlich, um Hitler Schaden zu tun, nicht Deutschland. So wenig er England 1917 betrügen wollte, will er nun Deutschland betrügen. Es soll wissen, daß es ›a fair deal‹ haben kann, wenn es Hitler daran hindert, Krieg zu machen, wenn es Hitler bei Kriegsbeginn stürzt. Und wieder die Ratschläge, wie solches ins Werk zu setzen wäre, wie man zu jenen, die gemeint sind, sprechen müßte, ohne sie direkt anzureden, wie man der deutschen ›Regierung von Morgen‹ helfen müßte, so wie man 1917 der englischen ›Regierung von Morgen‹ hätte helfen sollen.

Wiederholung der Dinge, Umkehrung, doppelte Umkehrung der Dinge; nicht nur im Leben Kurt Hahns, auch im Streitspiel der Staaten. 1917/18 hatten England und Amerika den psychologischen Krieg vorzüglich geführt, Deutschland gar nicht, trotz Hahns Bemühungen. Hitler verstand sich darauf, bis 1938, selbst bis 1940 und darüber hinaus; im Frankreich-Feldzug haben psychologische Waffen eine bedeutende Rolle gespielt. Im selben Augenblick gab man in England den Versuch, auf die deutsche Heimatfront zu wirken, praktisch auf. Die Herren von der BBC sprachen wohl noch nach Deutschland hinein, aber außer unconditional surrender hatten sie nichts anzubieten. Diesmal sollten die Deutschen nicht sagen können, daß sie betrogen worden seien. Man hatte den Teufel gegen sich, ein Volk, das sich dem Teufel ergeben hatte und zur Gänze schuldig war. Keine Nuancen, keine Diplomatie, keine Unterscheidungen mehr. Dem Übel war an die Wurzel zu gehen, die Wurzel war für immer zu durchschneiden ... Es sprach viel für diesen Entschluß, diese Haltung, überwältigend viel; Winston Churchill wurde davon überwältigt. Hahn, der es besser wußte, der wußte, daß Deutschland innerlich geteilt war oder geteilt werden konnte, kam dagegen nicht an. Seine Ratschläge verhallten noch ungehörter als in Deutschland vor 25 Jahren; verhallten ungehört gerade unter jenen, die vor 25 Jahren seine Lehrmeister in der Kunst der psychologischen Kriegführung gewesen waren. »If you had ten minutes with the Primeminister«, meinte zu Ende des Jahres 40 ein englischer Freund, »he would at once see the military significance of splitting the German morale from top to bottom. It is so much on his line.« Die Unterredung zwischen Churchill und Hahn wäre beinahe zustande gekommen.

Er ahnte den deutschen Widerstand, den sich vorbereitenden 20. Juli. Im Grunde gehörte er dazu. Frappant ist die Ähnlichkeit zwischen seinem Denken und Wollen in den zwanziger Jahren und jenem der Moltke, Beck, Goerdeler späterhin. Die Verachtung des ›Parteien-Staates‹, die etwas vagen Vorstellungen von einer deutschen Regierungsform, die zugleich demokratisch und autoritär wäre, die freundliche, aber ein wenig kondeszendierende Haltung gegenüber dem ›vernünftigen‹ Flügel der Sozialdemokratie, das Streben nach einer gerechten Revision des Versailler Vertrages, das Setzen auf Hindenburg, das Hoffen, zuerst, auf einen geläuterten Hitler, der doch das Recht wollen und besser sein könnte als die Schlechten um ihn herum, die angewiderte Enttäuschung dann, Enttäuschung nicht von Machtpolitikern, sondern von Christen, die Moral als die letzte entscheidende Instanz – all das gehörte zu Salem wie zur Verschwörung des 20. Juli; mehrere Salem-Schüler sind an dieser beteiligt gewesen. Wenn Hahn in seinen Memoranden, lange vor dem 20. Juli, die Pläne und Gefühle der Widerstandsgruppen richtig analysierte, so analysierte er die eigenen Gefühle auch; so, wie sie gewesen wären, hätte er in Deutschland bleiben können.

Aber er hatte nicht bleiben können. Er hatte seit 1933 englische, nicht deutsche Soldaten erzogen. Er war britischer Untertan und nahm seinen Eid ernst. Folglich konnte er in keiner Weise mitmachen. Der deutsche Widerstand schien ihm, technisch gesprochen, nur die Chance einer Spaltung der ›deutschen Heimatfront‹ zu bieten. Seine englische Bindung verbot ihm, die machtpolitischen Ziele des deutschen Widerstandes zu akzeptieren; das größere Deutschland mit den gleichwohl revidierten Grenzen zuerst, die Vermeidung der ganzen Niederlage später. Nicht bloß seine Loyalität, auch das eigene Urteil hinderte ihn daran. Er billigte die Politik des unconditional surrender. Das deutsche Heer mußte in der Tat völlig besiegt werden, wie die Alliierten es wollten, der deutsche Staat mußte völlig entmachtet werden, der Verbrecher bestraft mit allen seinen Helfershelfern. Seine Sympathie für die Männer des Widerstandes konnte er trotzdem nicht verbergen. Man hätte, so die Ansicht Hahns, ihnen dennoch helfen können; nicht, indem man von der bedingungslosen Kapitulation abging, sondern indem man dem Besiegten ›a fair deal‹ versprach. Deutschland sollte allerdings völlig entmachtet werden, aber von den Siegern gerecht verwaltet, nicht ungerecht verkürzt; unter der Kontrolle der Sieger sollten die Besiegten eine Chance haben, ihr Land selber zu reinigen, selber Gerechtigkeit zu üben, und diese Aufgabe konnte der Widerstand erfüllen.

Was in Hahns an Enttäuschungen so reichem, immer wieder zu neuen Hoffnungen sich zwingendem Leben zur neuen Enttäuschung wurde, war der moralische Schatten über Churchill und seiner Kriegführung in den letzten Jahren. Vergebens hatte Hahn im Ersten Krieg die Deutschen lehren wollen, ein großes Volk dürfte nicht bloß für die eigene Erhaltung kämpfen, es müßte einer ›Sache‹ dienen, die über es hinaus ginge.

Viel, viel eindeutiger als für beide Seiten im Jahre 1917 war diesmal die ›Sache‹ gegeben: Die Befreiung Europas von der Herrschaft des unnennbarsten Verbrechens. Aber auch den Teufel, und gerade ihn, mußte man mit reinen Waffen bekämpfen; gerade auf sein Niveau durfte man sich auch nicht spannenweit herablassen. Die alliierte Politik und Strategie entfernte sich zusehends von dieser Forderung. ›Bombenteppiche‹ mochten als Erwiderung auf Hitlers Luftkrieg – allenfalls – gerechtfertigt sein. Warum aber das, was hier am Werk war, beschönigen, es als die Verfolgung strikt militärischer Zwecke ausgeben; warum über solche Barbarei auch noch jubeln? Warum über die Hölle der deutschen ›Lager‹ die Wahrheit sagen, aber über den Mord von Katyn schweigen? Warum von der Sowjetunion reden, als sei sie ein zweites Commonwealth? – Seelenträgheit und Leichtgläubigkeit waren hier im Spiel, »die Verhärtung, welche der Erfolg mit sich bringt«. Machtpolitik war auch im Spiel; die Koalition mußte halten, Rußland war der große Alliierte, also durfte man nichts Schlechtes über es sagen. Hahn bestritt dies Argument: Illusionen waren nicht einmal gute Machtpolitik. Abmachungen über die zukünftige Demokratie in Osteuropa, getroffen mit jemandem, der unter Demokratie etwas völlig anderes oder gar nichts verstand, konnten jene Gegenden auch machtpolitisch nicht sichern.

Seine Sorgen vertraute Hahn nicht bloß seinem Tagebuch an. Wir haben eine Laienpredigt von ihm, gehalten 1943 in der Kathedrale von Liverpool, in der es heißt: »Kein Friede mit den Mördern, kein Friede mit den Begünstigern, die wissen, was recht ist, und dennoch niemals ihr Leben einsetzen, um Geiseln vor dem Erschießen, Häftlinge vor der Folter und Juden vor der Vernichtung zu bewahren.« Jedoch: »Wir wollen die Stimme des großen Erbarmens hören, nicht nur mit den Opfern der Nazis außerhalb Deutschlands, sondern auch mit Millionen von Deutschen, die heute in Deutschland unter Hitler leiden ... Wir wollen Klarheit darüber, ob je unsere Streitkräfte einem besseren Deutschland begegnet sind, das gerettet zu werden verdient. Und wir warten ungeduldig darauf, daß unsere Staatsmänner von Heute das siegreiche England von Morgen binden werden, strenge und unterscheidende Gerechtigkeit zu üben, von der ein gereinigtes und befreites Deutschland nichts zu fürchten hat ... Die Entscheidung wird in den Händen eines Mannes ruhen. Es ist nicht nur Englands, sondern Europas Schicksalsfrage, ob der große Krieger Winston Churchill wieder zu dem hellsehenden Staatsmann werden wird, der er einmal war. Ich denke daran, wie Winston Churchill im November 1918, in der Stunde des Sieges, die Regierungen Frankreichs und Englands bestürmt und beschworen hat, sie möchten sofort Nahrungsmittel dem hungernden Feindesland zuführen ...«

Etwas Geringes war es für einen naturalisierten Bürger deutscher Herkunft nicht, dergleichen mitten im Krieg zu predigen. Aus einer Tagebuchnotiz Hahns vom Mai 1945 mag man schließen, daß einige seiner Mitarbeiter in Gordonstoun School ihm trotz allem deutsche Sympathien zutrauten. »Sie irren. Ich fühle keine Schadenfreude, aber ich juble (I do not gloat but I jubilate) beim Klang der brechenden Ketten. Ohne die bedingungslose Kapitulation war keine Sicherheit für England, keine Befreiung für Europa, keine Vergebung für das deutsche Volk ... Meine Kollegen haben den Zusammenbruch der Nazis sechs Jahre lang ersehnt und erbetet; ich zwölf.«

Er war gleich wieder da, nach zwölf Jahren. Er sah sein geliebtes Salem wieder und was von den Freunden dort übrig war. Er half, sammelte Geld und sammelte Lebensmittel. Zu helfen, über alle Subtilitäten des Denkens hinweg, war immer sein stärkster Instinkt gewesen.

Eine unkritische Wiedersehensfreude war es nicht. Ein Bericht über ›the state of the young in Germany‹ (1946) hat pessimistische Akzente. Viele reuelose Nationalsozialisten habe er getroffen, viele harte und böse Gesichter gesehen; Betrogene, die noch immer glaubten, was man ihnen zwölf Jahre lang vorgelogen hatte; andere, die nun überhaupt nichts mehr glaubten, zwischen Propaganda und Wahrheit keinen Unterschied mehr sehen wollten, zumal, wenn die Wahrheit gegen sie oder gegen ihr Land zeugte; viel moralische Stumpfheit und totale Gleichgültigkeit gegenüber allem Leiden, welches Deutschland verschuldet hatte, nicht aber gegenüber dem eigenen. Hier waren neue, alte Gefahren, die aufleben würden mit der zurückkehrenden Vitalität. Hahn hätte nicht er selber sein müssen, der Pragmatiker, der fromme, unbeirrbare Menschheitsgläubige, wenn er nicht bessere Möglichkeiten gesehen hätte und Ratschläge erdacht hätte zu ihrer Verstärkung. Bloßes Beobachten war seine Sache nie. Man mußte ›den Tatbestand aufnehmen‹ – den Ausdruck liebt er – und so genau wie man konnte, aber um die Tatsachen zu verändern, so wie man wollte. Hier also galt es, wie 1917, wie 1940, einen Feldzug zu führen, »um unsere Feinde zu schwächen und unsere Freunde zu stärken«.

Folgten präzise Vorschläge. Zum Beispiel: Man mußte die eigentlichen Nationalsozialisten von den bloßen Patrioten trennen; die schuldigen Nazis von jenen, die nichts Schlechtes, ja, die mitunter nachweislich Gutes getan hatten; diesen den Vorzug geben vor anderen, die ein glücklicher Zufall vor der Parteimitgliedschaft bewahrt hatte, aber die gleichwohl mit Schande bedeckt waren; unterscheiden, unterscheiden und wieder unterscheiden. Den Gutwilligen, genauer jenen, deren guter Wille erweckt werden konnte, war aktive Verantwortung zu geben, welche sie selber erziehen würde, indem sie andere erzogen. Eine historische Kommission, zusammengesetzt aus Deutschen bewährten Charakters, sollte die deutschen Kriegsverbrechen prüfen; die gleiche Kommission sollte auch das Recht haben, zu beweisen, »daß eine große Zahl von Soldaten und Offizieren, meistens der niederen Grade, Befehlen, die gegen ihr christliches Gewissen gingen, den Gehorsam verweigert hat«. »Ich höre das Argument, warum ›Nürnberg‹ verdoppeln? ›Nürnberg‹ ist eine getrübte Wahrheitsquelle. Die Alliierten haben die einzigartige Gelegenheit versäumt, die Naziverbrechen derart auf den Säulen der Geschichte einzugraben, daß weder die Zeit noch die Legende sie verwischen könnten. Dazu war nichts anderes notwendig als ein wahrhaft internationaler Gerichtshof aus unparteiischen Richtern ... In Nürnberg aber sitzt der Angreifer Finnlands, Litauens, Estlands, Lettlands und Polens – ich nenne nur die im Sturm genommenen, nicht die durch versteckte Gewalt gewonnenen Länder – zu Gericht über das Verbrechen der Nazi-Aggressionen.« Überzeugen, nicht zwingen. Überzeugen

durch Wahrheit und Gerechtigkeit und Hilfe. Keine Wahrheit verschweigen, auch die peinlichste nicht. Die zu Überzeugenden zu eigener Aktivität aufrufen. Das Unvergebbare nicht vergeben; das Menschliche verzeihen; das Brave ehren. Die Menschen nicht nehmen, als seien sie tote Klötze, unveränderlich in ihrem Sein, sondern als lebendig-vielschichtige Wesen, in denen das Gute auf Erlösung wartet. Alte Hahnsche Gedanken, auf das deutsche Elend von 1946 angewandt.
Für ihre Wirkung können wir uns nicht verbürgen. Es ist möglich, daß sie sehr indirekt, auf die allmählich sich wandelnde Besatzungspolitik wenigstens der Engländer eingewirkt haben. So könnte man in dem nachmals gegründeten ›Institut für Zeitgeschichte‹ eine Verwirklichung von Hahns Vorschlag sehen; wobei es gleichgültig ist, ob zwischen beiden ein ursächlicher Zusammenhang besteht (Kurt Hahn wäre das völlig gleichgültig).

Seitdem sind zwanzig Jahre vergangen. Kurt Hahn ist noch immer mit uns. Er hat viel getan seit 1945; mehr vielleicht als je zuvor. Aus seiner nationaldeutschen, seiner nationalenglischen Pädagogik, in deren Ethos das Humane, Übernationale immer angelegt gewesen war, wurde eine wahrhaft internationale: Austausch zwischen Salem und Gordonstoun, Atlantic College, die Kurzschulen. Politik trat zurück; außer in dem Sinn, daß Hahns Pädagogik eine eminent politische ist und immer war. Gelegentlich zu den Fragen der Weltpolitik Stellung zu nehmen, das konnte er freilich nicht lassen. Wie hätte ihn, den gläubigen Humanisten, etwa der Komplex ›Atombombe‹ nicht angehen sollen? Er hielt Hiroshima für ein Verbrechen, schlimmer, für ein vermeidbares Verbrechen. Er hat seither zu jenen gehört, die das unter menschliche Kontrolle Bringen der von Menschen geschaffenen Gefahr einer Vernichtung der Menschheit für die dringendste, durch nichts hinwegzuglossierende Aufgabe der Zeit hielten. Im Kriege hatte er, einer unter wenigen, vor den Bübereien Stalins gewarnt. Aber auch die russische Gesellschaft war kein toter, sich immer gleichbleibender Klotz. Ihre Veränderungen zu erkennen und nach Kräften zu fördern, auch hier zu unterscheiden, auch hier psychologische Kriegführung, Friedensführung zu treiben und die Chance zu ergreifen, die der im Herzen friedwillige Chruschtschow bot – kaum kann es uns überraschen, Kurt Hahn in dieser Richtung vordringen zu sehen: seiner Richtung seit fünfzig Jahren.

Er hat manche Epoche durchlebt: Das Hohenzollernreich in seinem Verfall, den Vierjahrskrieg, der, wie nichts anderes, sein Denken prägte, seine Talente spornte, die erste deutsche Republik, die Appeasement-Zeit, den Hitlerkrieg, die beiden Jahrzehnte danach, die längst kein ›Nachkrieg‹ mehr sind. Er kennt auch die Geschichte, die vor ihm war, mehr oder weniger, aber er ist kein eigentlich historisch denkender Mensch. Der Augenblick hat Macht über ihn; was die Geschichte ihm liefert, ist, was auch das eigene Erleben ihm so reichlich lieferte: Erlebnisse, paradigmatische Ereignisse, goldene Worte, gute und ungute Taten. Er ist imstande, Lord Palmerston zu zitieren, so, als lebte er heute; die historischen Bedingungen, unter denen Palmerston wirkte und allein wirken konnte, interessieren ihn nicht sonderlich. Plato zitiert er ganz ebenso; der ja wohl der am allerwenigsten historisch denkende Staatsphilosoph war. Überhaupt zitiert er sehr gern; »Ach Sie mit Ihren Zitaten«, hat ihm der Reichsgerichtspräsident Simons, den er in einer politisch-moralischen Sache bedrängte, einmal ablehnend geantwortet. Menschen und Taten interessieren ihn, nicht Entwicklung. Auch die eigene Entwicklung nicht. Das, was ist, hat er allerdings immer erfassen wollen, und heute ist, was gestern nicht war; aber der Erfassende ist im Kern immer der gleiche geblieben.

Aktiv, besessen von dem Drang zu helfen, immer nach Bundesgenossen suchend, hat er den Weg so manches bedeutenden Menschen gekreuzt. Als den, der ihn am tiefsten beeindruckte, würde er wahrscheinlich Max Weber nennen; dies Erlebnis und Urteil verbindet ihn mit Naumann, den er kannte, mit Karl Jaspers, den er nicht kennt. Wohlgemerkt, es war die schiere Persönlichkeit Webers, es waren gewisse aktuelle Ansichten des Mannes, die ihn anzogen, nicht seine theoretischen Schriften. Diese, sollte er sie je durchblättert haben, konnten ihm kaum etwas sagen. Der heroische, tragische Dualismus Webers war ihm wildfremd; der eigene ›ethische Imperialismus‹ hatte mit dem darwinistischen Webers nichts zu tun;

Unterscheidungen wie jene zwischen Gesinnungsethik und Verantwortungsethik hätte er weit von sich gewiesen. Hier stand ihm Friedrich Naumann näher, dessen Zeitschrift ›Die Hilfe‹ hieß; man könnte Hahns ganzes Lebenswerk so nennen. Naumanns Ideen vom demokratischen Kaisertum, von Überwindung des Klassenkampfes durch aktive Güte lagen ihm; auch Naumanns Imperialismus hatte ›ethischen‹ Akzent. – Auf dem Wege durch die Zeit blieben Weber und Naumann weit hinter ihm zurück, sie waren früher geboren und starben jung.

Ein wenig hat Hahn von den Akteuren und Denkern, denen er begegnete, den nationalliberalen Historikern, den freisinnigen Politikern, wohl gelernt. Allzuviel nicht. Eher als von ihnen lernen, wollte er sie für seine Ziele einsetzen, sie brauchen. Zur Bewunderung war er sehr wohl imstande, ja Seine Briefe, Denkschriften und Reden, von denen man nur geneigt dazu; seine Gedanken machen konnte er sich selber. Auszüge kennt, würden ein merkwürdiges Buch ergeben, den Kommentar zur Geschichte eines Halbjahrhunderts; den politischen Schriften Max Webers von ferne vergleichbar, aber menschenfreundlicher, enthusiastischer, schlauer, weniger tief bohrend. Hahn hat immer nach Auswegen, nach Überbrückungen gesucht, wo Weber grimmige Alternativen sah. Was hilft Tiefe, hätte er gegen Weber fragen können, wenn sie nicht hilft? – Schön war sein Stil. Aber er hat nicht gute Sprache zum schlechten Spiel gemacht. Was er versuchte, war, die Ereignisse zu klären, sie moralisch anzuheben, indem er ihnen einen Stil gab; stilistische und praktische Bestrebungen fielen zusammen.

Sein Streben, den Krieg der Politik zu unterwerfen, ist zweimal gescheitert. Sein Glaube an die Versöhnbarkeit von Krieg und Samaritertum, Krieg und dem Geist der Bergpredigt überwiegend auch; und das mußte in unseren Jahren wohl so sein. Er hat Konsequenzen gezogen. 1918 war er nicht »der junge Herr von pazifistischem Einschlag«, als den Vizekanzler von Payer ihn sah. 1965 könnte man ihn einen alten Herrn von pazifistischem Einschlag nennen, wäre das Wort ›Pazifismus‹ nicht selber überholt, wie so viele Worte der gleichen Gattung.

Als Politiker hat er nie ein Absolutes gekannt, auch nicht und keineswegs, die Nation, die Max Weber als ein Absolutes anzunehmen sich unnatürlicherweise zwang. Er kannte nur ein Reales, den Menschen; dessen Fahrzeug zum Guten Nation und Nationalstaat zeitweise sein mochten. Nur das Fahrzeug. Ein Metaphysiker war er nicht. Aber soviel verstand er und praktizierte er, daß der Glaube an den Menschen als Ens reale den Glauben an ein Realissimum voraussetzt, ohne den er keinen Boden hat.

Den Menschen wollte er im Sattel sehen, nicht die Dinge. Nicht den Krieg, nicht die Technik, nicht die Wirtschaft; nicht das blinde Schicksal. Gleich tief haßte er den Fatalismus und dessen Bruder, den Zynismus. Seine einfache Geschichtsphilosophie war die der Freiheit und der Verantwortung, trotz der Macht der vorgegebenen Dinge: So kam es leider, aber es hätte anders kommen können. »Die Entscheidung über Krieg und Frieden«, schrieb er 1916, »ist in England im schärfsten politischen Kampf entschieden worden, und wo gekämpft wird, da entscheidet Menschenkraft.« – Elektronenhirne, ›planning games‹ und ›Big Science‹ haben Hahns Ansicht vom Menschen nicht unaktuell gemacht.

1965

Konrad Adenauer

Der Staatsmann und sein Werk
Zu Adenauers Rücktritt, 1963

Ein ernster Moment, ohne Zweifel, den man recht tut, würdig zu begehen. Freilich ist es zu früh, das Werk Adenauers »historisch einzuordnen«, und auch nach Jahrzehnten noch werden die Urteile schrill durcheinandergehen. Das Danachkommende, entscheidend wie es ist, kann doch nicht eindeutig wirken. Machen die Nachfolger es schlechter, brechen neue Wirren auf, so wird es, wie nach Bismarcks Sturz, heißen: Dahin hätte Adenauer es nicht kommen lassen, und wird man ihn mit den Epigonen konstrastieren; oder auch, wieder wie nach Bismarcks Sturz, man wird sagen, da sehe man, wie schlecht er für sein Erbe gesorgt habe. Machen sie es gut, so mag man es dem großen Vorgänger kreditieren oder nicht, je nach Geschmack.

Ebenso wird nie zu entscheiden sein, inwieweit er verursachend und fordernd gewirkt hat und was auch ohne ihn gekommen wäre. Das »Wirtschaftswunder«, wird man argumentieren, mit seinen guten und schlechten Eigenschaften, wäre auch ohne ihn gekommen, das lag in der Zeit und kam anderswo auch. Ebenso mag man die Teilung Deutschlands in der Situation des Jahres 1945 als unvermeidlich angelegt betrachten oder wird sie vor allem ihm ankreiden, weil sie, und sie allein, seinen Aufstieg zur Macht ermöglichte und weil er, ohne sie zu wünschen, nicht eben energisch gegen sie arbeitete, aber sehr energisch in einer anderen Richtung. Welche Möglichkeiten in den frühen fünfziger Jahren für einen gesamtdeutschen Staat bestanden hätten, könnte erst dann beurteilt werden, wenn russische Dokumente uns den Sinn des Stalin-Angebotes von 1952 oder die auf Deutschland zielenden Absichten des österreichischen Staatsvertrages enthüllten – falls es solche Dokumente überhaupt gibt. Und selbst wenn gezeigt werden könnte, daß ein nichtkommunistischer, aber bündnisfreier deutscher Gesamtstaat damals zu haben gewesen wäre, müßte die Entscheidung der Frage, ob eine verkrüppelte Wiederholung der Weimarer Republik besser und gut gewesen wäre, immer bloßem Meinen überlassen bleiben.

Fest steht schon heute, daß Adenauer mehr war als ein bloßer geschickter Repräsentant der Epoche, die für Deutschland und über Deutschland hinaus seinen Namen zu erhalten verdient; daß er regierte, führte, stimmungsprägend wirkte wie je ein bedeutender Staatsmann vor ihm. Und daß er zu dieser erlauchten Gruppe gehört, aller Simplizitäten und Härten seines Wesens ungeachtet – als ob es im Bild seiner Ebenbürtigen nicht auch schwarze Flecken gäbe, ähnliche oder unterschiedene. Churchills oft wiederholtes Wort, Adenauer sei der größte Deutsche seit Bismarck, wird, hält man sich an die Politiker, einstweilen unrevidiert bleiben, und vielleicht ist es nicht einmal ein sehr hochgegriffenes Wort; denn wen gab es zwischen den beiden, den übertrumpft zu haben als Ehre anzusprechen wäre?

Mit anderen Meistern der Politik hat er die Ambivalenz der Leistung gemeinsam. Man muß ihn immer gleichzeitig preisen und anklagen; ein Spiel, das, vom Schreibtisch aus geübt, etwas Billiges hat, aber dem Historiker nun einmal aufgegeben ist. Erst der Ausgang könnte zeigen, welcher Teil des Werkes überwiegt, und kann es auch wieder nicht, weil hinter jedem Ausgang noch andere kommen und die Zusammenhänge zwischen Früherem und Späterem dicht, aber nicht zwingend sind. Jede politische Generation ist dennoch für sich selber verantwortlich.

Auch der Charakter, bei scheinbarer Einfachheit, ist komplex. Seine Politik war die geradlinigste, offenste, treueste, und auch nicht. Franzosen und Amerikaner hat er nie betrogen; viel eher das eigene Volk. Aber vielleicht wollte es sich betrügen lassen, weil es ihm gut dabei ging. Vielleicht könnte man für ihn geltend machen, daß er es betrog in seinem wahren Interesse. Um die Spekulation noch weiter auszuspinnen: zuletzt könnte herauskommen, daß, während er die Nation gutwillig betrog, um ihren Wiederaufstieg zu echter Souveränität zu verhindern, die Nation mit ihm und seiner Versöhnungspolitik die Welt betrog, so wie sie es vordem mit der Stresemannschen Diplomatie getan hatte; daß sie die Leiter, auf der sie zu neuer Macht kletterte, umstoßen wird, wenn sie ihrer nicht mehr zu bedürfen glaubt, wie 1933. Das ist im Moment nicht wahrscheinlich, aber nichts für unmöglich zu halten, haben wir gelernt.

Alle solche Gedanken laufen auf eines hinaus. Eine historische Würdigung Adenauers ist heute am Platze, aber sie muß mehr Fragen enthalten als Antworten. Und auch wenn er längst im Grabe ruht, wird die Wahrheit über ihn, wie über alle Großen der Geschichte, dem Suchenden entgleiten, einmal fest da zu sein scheinen, um im nächsten Moment ganz anderswo aufzutauchen.

Er ist ein Bürger, von einer Reinheit des Typs, wie er nie zuvor die deutschen Geschicke leitete. Die sozialdemokratischen Kleinbürger der zwanziger Jahre, Ebert und Noske, Braun und Severing, seine Generationsgenossen, waren, auch wenn sie sich als Republikaner gaben, ungleich stärker im Bann der preußischen Hierarchie als er, der es überhaupt nicht war; das Gleiche gilt für die Vertreter des Mittelstandes und Reichtums in jenen Tagen, Rathenau, Stresemann, Brüning, Monarchisten alle, Hegelianer alle, wenn sie sich nicht geradezu, wie Brüning, in Hindenburg und das preußische Heer vergafften.

Nichts davon in Adenauer, dem rheinländischen Juristen und Kommunalverwalter, der schon damals gesellschaftlich, nicht großmächtlich dachte und dem die Königstradition, Generale, Fürstlichkeiten wenig imponierten. So scheint der Abschied von der Monarchie dem Oberbürgermeister leichtgefallen zu sein und nicht schwer eine vorübergehende geschickte Zusammenarbeit mit »Revolutionären«, ohne daß man den Eindruck des treulos raschen »Sich-Umstellens« hätte, welches damals Mode war. Bei jemandem, der in der Bismarckzeit zur Schule ging und der nichts weniger war als ein Rebell, ist das merkwürdig genug: so erhaltend und autoritär und patriarchalisch zu sein, und dennoch so sehr unpreußisch, so ganz ohne liebenden Sinn für Deutschlands feudale, militärische Überlieferungen.

Seine Biographie hat etwas Ernstes, altväterlich Exemplarisches, lange bevor sie in die allgemeine Geschichte mündet. Der strenge, liebevolle, lebensfrohe Familienvater; die weitverzweigte, tüchtige, wohlplacierte Familie, deren unbestrittenes Oberhaupt er ist; die Sparsamkeit, der Arbeitsfanatismus; die Schicksalsschläge, die ihn treffen und die er hinnimmt, fromm, fest und zäh; die enorme physische und geistige Gesundheit, Ausgeglichenheit der Seele in einfacher Glaubensanschauung; das Wachsen der Stellung im öffentlichen Leben, bei geringen Anfängen, die schöpferischen, geschickt und herrisch durchgesetzten Leistungen des Stadtregenten – all das setzt sich zu einem stark gezeichneten, stimmigen Bild zusammen.

Es könnte wohl auch das Bild eines Angelsachsen, eines Franzosen sein, ich würde sogar sagen, eines protestantischen Franzosen, des Chefs eines der Hugenotten-Clans. Ein paar deutsche Züge kommen dazu, Korpsstudententum, Wanderlust und -lieder. Dagegen ist in Adenauers Patriotismus nichts, was nicht auch dem Charakter anderer Völker eignen könnte; wäre er deutsch im Besonderen, so wäre er westdeutsch, vorpreußisch, reichsstädtisch, mit einer Spur, aber auch nicht mehr, von 1848.

Hat er früh geahnt, daß er einmal an die Spitze kommen würde? Hat er es gewollt? Offenbar nicht in dem Sinn, in dem sein schlimmer Vorgänger »beschloß, Politiker zu werden«. Nicht in dem Sinn, in dem de Gaulle einmal gesagt hat: »Man ist Premierminister, weil man es sein wollte« – de Gaulle, von dem wir wissen, wie früh seine ganze politische Laufbahn in seiner Phantasie vorgeboren und ausgemalt war. Beide, de Gaulle und Adenauer, konnten warten; jener, weil er seiner Sache sicher war, dieser, weil nichts egozentrisch Verkrampftes, nichts von Künstlertum in ihm ist, weil er wohl die eigene Pflicht sehr ernst nahm, aber nicht die eigene Größe.

Bekannt ist die Episode von 1926, das Angebot der Reichskanzlerschaft. Ein Zielbewußterer hätte zugegriffen, sicher, daß er, einmal im höchsten Amt, es so bald nicht wieder hergeben würde. Adenauer prüfte, fand die Stellung des Bürgermeisters unter den angebotenen Bedingungen vorteilhafter und schlug aus. Die Haltung eines dämonisch Ehrgeizigen, vom Bild der eigenen Größe Besessenen war das nicht.

So würde ich meinen – aber vielleicht werden Dokumente das Gegenteil beweisen –, daß er erst 1945 seinen Blick auf das

Ziel der höchsten politischen Verantwortung richtete. Von da an handelte er mit eiserner Konsequenz. Wie er auf der Herforder Tagung der neuen CDU das »Alterspräsidium« usurpierte, wie er die Berliner ausschloß und der gefährlichsten Konkurrenten, Hermes, Schlange-Schöningen, Kaiser ledig wurde, wie er die Parteiorganisation in der britischen Zone zentralisierte, sich zu ihrem Herrn machte, kommunale, regionale, nationale politische Fäden spann und knotete, ist schon Legende. Eine Legende der Geschicklichkeit, Schnödigkeit, Ruchlosigkeit, wenn man will. Aber so ist Politik und demokratische Politik vor allem.
Der Königsdiener Bismarck brauchte nur mit Hilfe des Heeres die Stellung des Königs zu festigen und den König zu beherrschen, so war er der eigenen Macht sicher. Wer der »erste Diener der Nation« werden will, muß andere Mittel gebrauchen. Wie Revolutionen nicht mit Rosenwasser gemacht werden, so auch starke demokratische Regierungen nicht. Soll politische Führung sein, und sein muß sie ja, so wird sie mit Adenauerschen Mitteln zustande kommen und nur in den seltensten, edelsten Glücksfällen anders. Wobei man noch gut tut, solchen Glücksfällen – Lincoln, Gladstone, Churchill – nicht zu genau auf den Grund zu gehen.
Etwas anderes ist, wie er regierte. In einem englischen Epos aus dem 17. Jahrhundert heißt es über Cromwell:

For the same arts that gain
A power must it maintain.

Dies Prinzip, das nicht unbedingt wahr zu sein braucht, hat Adenauer weit getrieben. Er blieb ein Adept der Taktik, mit der er sich das Kanzleramt erobert hatte: dieser Verbindung gewaltiger persönlicher Autorität mit auf das Kleinmenschliche der Politik spekulierenden Tricks, Manövern, Duldungen. Er nahm nur Männer in sein Kabinett, die seiner Person, seiner politischen Spielart ergeben waren, und vertrieb sie, wenn sie ihn in diesem Punkt enttäuschten. Er war nur zu leicht bereit, die Opposition niedriger oder bis zum Landesverrat falscher Motive zu verdächtigen und, in der Tradition Bismarcks, »Reichsfeinde« aus ihnen zu machen, eine Methode, die wohl auch in anderen Demokratien im Schwange ist, aber

dort nicht den blutigen Ernst hat und nicht mit den Gefahren verbunden ist, welche zu vermeiden Deutschlands unglückliche Vorgeschichte hätte zum Gebot machen sollen. Er ließ die Vertriebenenverbände blühen und warb um ihre Hilfe, obwohl *seine* Politik dennoch nicht die ihre, und diese so hoffnungslos wie schadenstiftend war. Er horchte auf die Orakel der Demoskopie und bot seine Wahlgeschenke im rechten Augenblick. Wenn wir in der letzten Zeit in Deutschland gegen trübeunrechtliche Praktiken der Macht erfreuliche Reaktionen erlebten, so ist dieser neugewachsene staatsbürgerliche Instinkt dem Wirken Adenauers schwerlich zuzuschreiben.
Den kleinlichen Praktiken des demokratischen Machtpolitikers steht eine Großzügigkeit im Großen gegenüber, die ja eben war, was ihm das Vertrauen der weiten Welt erwarb: seine Vertragstreue gegenüber den neuen Vertragspartnern; die Unbeugsamkeit, mit der er den Wiedergutmachungsvertrag mit Israel durchsetzte und durchführte, wohl wissend, daß der Vertrag, mit wie überwältigender Mehrheit er auch vom Bundestag akzeptiert wurde, im Wahlvolk nicht populär war und nicht sein konnte. Aber er war notwendig, er war gerecht, er tat der Sache des eigenen Volkes gut, und so hielt der Regierungschef, trotz der giftigen Drohungen der Araber, an ihm fest.
Schließlich hat alle Taktik der Eroberung und Erhaltung der Macht gedient. Adenauer wollte sie, mindestens ursprünglich, nicht um ihrer selbst willen. Er wollte sie, um mit ihr zu tun, was, wie er glaubte, nur er tun konnte und was, über allem anderen, auf dem Felde der Außenpolitik lag. Wie Metternich hätte er sich den »Arzt im großen Weltspital« nennen können, denn er hatte unbedingtes Vertrauen in den eigenen Verstand, aber sehr geringes in den der Nation, die er zweimal so argen Unfug hatte treiben sehen.
Hier liegt die sachlich reinste Quelle seines vielbeklagten Autoritarismus, der auch weniger reine haben mag. Das Paradox ist, daß ihm unter den Händen eine Machtorganisation entstand, oder wieder entstand, die ihm im Grunde nicht lag; daß er dem Werden eines starken, vielfach mit den alterprobten dunklen Mitteln der Obrigkeit arbeitenden Staates präsidierte, um eben diese neue Souveränität, der er nicht traute,

in einer viel weiter gespannten, nicht mehr machtstaatlich akzentuierten, aufgehen zu lassen. Das Beiprodukt ist ihm einstweilen besser gelungen als das große europäische Unternehmen, welches er mit ihm vorhatte.

Er wollte ein deutsches Truppenkontingent, aber nicht die Armee als Instrument deutscher Souveränität, die er bekam und über deren politische Wirkung das letzte Wort nicht gesprochen ist. Wenn er später selbst, und wenn viel lauter einer seiner Mitarbeiter Nuklearwaffen für Deutschland forderte, und zwar ausdrücklich als Bestätigung der Souveränität, so widersprach das seinem ursprünglichen Wollen glattweg, als hätte er im hohen Alter vergessen, was zu erreichen und was zu verhindern er ausgezogen war. Seine Hand war lange Zeit fest, aber auch er blieb nicht Herr über die eigene Gründung.

Man hat sich über Adenauers diplomatische Unwissenheit lustig gemacht: zur Außenpolitik sei dieser Kommunalfachmann erst in einem Alter gekommen, in dem Bismarck in den Ruhestand geschickt wurde. Tatsächlich aber finden wir Kontinuität in Adenauers außenpolitischen Vorstellungen durch die Jahrzehnte. Die westdeutsche Republik, für die er sich 1919 einsetzte, sollte entschieden weniger bedeuten als Separatismus, aber entschieden mehr als eine bloß administrative Neuordnung Deutschlands. Aufteilung Preußens und Rheinischer Bundesstaat würden den Charakter des Reiches und besonders seine Außenpolitik von Grund auf ändern; den Rheinländern einen Einfluß auf seine Führung gewinnen, die ihnen der Königsstaat verweigert hatte. Wenn Adenauer dabei mit den Ängsten und Wünschen der Franzosen argumentierte, so geschah es wohl mehr zum Gefallen seiner Zuhörer, abgesehen davon, daß diese Bereitschaft, selber sich in die Mentalität der westlichen Nachbarn zu versetzen, sein späteres Werben um Frankreich vorwegnahm. Dabei blieb er; erklärte sich 1946 gegenüber Jakob Kaiser, Berlin dürfe nie wieder die Hauptstadt Deutschlands werden; sprach sein kräftiges Ja zur Gründung des Landes Rheinland-Westfalen und meinte über den Protest Kurt Schumachers, halb mitleidig, halb verachtungsvoll: »Er ist eben doch ein Preuße.«

Adenauers Amerika-Politik war eine Improvisation der zweiten Nachkriegszeit, diktiert von neuen Machtgegebenheiten.

Sein auf das deutsch-französische Verhältnis zentriertes Europäertum hatte Wurzeln tief in seiner Vergangenheit. Im Zeichen des Kalten Krieges glaubte er beide Linien zu einer einzigen glatt verbinden zu können; Gegensätze, die offenbar wurden, als nur oberflächlich abtuend, uneingedenk der Tatsache, daß die Pan-Europa-Bewegung schon in den zwanziger Jahren entschieden anti-amerikanische Akzente gehabt hatte.

Zu den Zielen kam die Methode: die unbeirrbare Geradlinigkeit, die stets voraussehen ließ, was er sagen und wie er sich entscheiden würde. Auch sie war von alters in seinem Geist angelegt. In dem klar und eindrucksvoll geschriebenen Memorandum des Reichskanzlerkandidaten von 1926 heißt es, für »Locarno« sei er auch, aber was ihm an Stresemanns Politik mißfalle, sei das »Unstete und Schaukelnde«. Ein Vierteljahrhundert später hat er seine ganze Macht eingesetzt, um eine Rückkehr Brünings in die deutsche Politik zu verhindern, und jeden Gedanken an ein »zweites Rapallo« verworfen. Wer könnte die großartige Konsequenz dieser Staatsführung leugnen? Wer ihren Erfolg?

Wir sind leicht geneigt, das Erreichte als selbstverständlich hinzunehmen und uns zu verwundern über das Nichterreichte. Selbstverständlich war es aber wohl nicht, daß, keine zehn Jahre nach dem *Finis Germaniae* von 1945, die amerikanische Außenpolitik, wie Adlai Stevenson einmal formuliert haben soll, nicht in Washington, sondern von dem deutschen Bundeskanzler gemacht wurde. Diese Leistung, dieser Erfolg grenzen an das Unglaubliche, und wie sehr die Umstände ihm entgegenkamen, so hätte doch, so sicher wie eine geschichtliche Spekulation überhaupt sein kann, kein anderer als er sie zuwege gebracht. Zu ihr gehört all das, sie gehört zu alledem, was wir in anderthalb Jahrzehnten Entspannend-Wohltätiges erlebt haben: von den Campingplätzen, wo die Bürger Europas freundnachbarlich nebeneinander hausen, bis zur großen Zollunion und zu dem Abschiedsbesuch, den der scheidende deutsche Staatsmann seinem Kollegen und Freunde in Frankreich machte. Es sind Dinge, die wir nicht schätzen, weil wir sie haben. Wer sich aber an die Zeit erinnert, da wir sie nicht hatten, die zwanziger, die dreißiger Jahre, der schätzt sie; und

der fühlt stark eine Versuchung, in den »Dank an Adenauer« einzustimmen.
Wir kennen die Nachtseiten und Widersprüche dieser Politik: Widersprüche, die er wohl ahnte, aber wegzudenken versuchte, besessen von der einen Intuition, wie er war, und zu deren Auflösung einen starken Versuch zu machen er später zu alt, zu müde, zu zynisch und opportunistisch wurde.
Zwischen Adenauer und seinen Deutschen ist im Grund immer ein Versteckspiel gewesen. Man glaubte oder machte, weil es das Bequemste war, sich selber vor, zu glauben, daß ein so deutscher Mann, ein so kräftiger, autoritärer Mann, ein so »profilierter Politiker« doch auch ein Nationalist, mindestens ein gesamtdeutsch denkender Patriot sein müsse. Wirklich war Adenauer nicht »undeutsch« in dem Sinn, daß er für die schimpfierte Würde der Nation ohne Gefühl gewesen wäre; dafür gibt es eindrucksvolle Zeugnisse, zumal aus den ersten Jahren nach dem Zusammenbruch. Wenn er damals gelassen, nüchtern, so ganz unhysterisch zu seinen Landsleuten redete, so stach seine Art angenehm ab von der schrillen Nationalsprache Kurt Schumachers. Schlechte Kunst und schlechtes Drama hatte die deutsche Politik ehedem zum Überdruß geboten.
Aber dabei blieb es nicht. Bald ließen sich aus seinem Umkreis Töne hören, die der geistigen Freiheit und Wahrheit im Lande schlecht taten; Kreuzzugstöne eines lauten, über das, was die Provokationen der anderen Seite rechtfertigten, immer hinausgehenden Antikommunismus, Töne eines Nationalismus, der seinen Kult mit der »deutschen Hauptstadt Berlin« trieb, als ob Adenauer selber nicht der erste gewesen wäre, der großen Stadt ihre hauptstädtische Mission in Wort und Tat zu bestreiten, Reichs-Töne von den Grenzen von 1937, abendländischer Wacht am Rhein, Sieg über den Kommunismus, Unmöglichkeit einer »Koexistenz« mit ihm. Verbrechen und Katastrophe der Hitlerzeit sollten nun nichts mehr sein als eine wenig bedeutende Episode, ohne dauernde Nachwirkung.
Das »Wirtschaftswunder«, das Wachsen von Deutschlands Stellung im Rahmen des atlantischen Bündnisses begünstigten diese Illusionen. Vergessen wurde, welcher internationalen

Seelenlage das Wirtschaftswunder sein Dasein verdankte, welche unverrückbaren Grenzen der deutschen Politik innerhalb des atlantischen Bündnisses gesetzt waren, zu welchen Zwecken dieses Bündnis gemeint war, zu welchen es, aller Rhetorik zum Trotz, nicht gemeint sein konnte.

Der Widerspruch, der heute und längst Adenauers Außenpolitik samt allen ihren Erfolgen gefährdet, ist nicht der zwischen der französischen und der amerikanischen Europa-Konzeption, schwerwiegend wie dieser sein mag; es ist der zwischen seiner wirklichen Deutschland-Politik und seiner angeblichen, zu demagogischen Zwecken gepredigten. Die wirkliche schloß »Wiedervereinigung« aus, indem sie sie unter Bedingungen erstrebte oder zu erstreben vorgab, die mit absoluter Sicherheit unerreichbar waren. Die angebliche versprach sie trotzdem und darüber hinaus die Wiederherstellung des Reiches von 1937 – oder mehr. So konnte der im Grund zivilste, nüchternste Politiker, den Deutschland je hervorgebracht hat, im Osten in den Ruf eines »Revanchisten« und »Militaristen« kommen. Ein zutiefst ungerechter Ruf; Adenauers Wirklichkeit und wahrem Wollen entspricht er in keiner Weise. Trotzdem ist er selber mitschuldig daran.

Wenn es noch eines Beweises dafür bedurft hätte, daß das große Versprechen hohl war, so hätte die Berliner Mauer ihn erbracht. Sie zeigte, noch einmal und am krassesten, daß die Machtgrenzen von 1945 durch Macht nicht zu verrücken waren, daß jeder in seinem Machtgebiet, auch an dessen äußerster Grenze, treiben konnte, was ihm beliebte oder wozu die Not ihn zwang, und der andere ihn nicht daran hindern konnte. Damit war die Krise von Adenauers angeblicher Deutschland-Politik da, oder hätte sie da sein müssen. Für den Augenblick gab er es auch zu, indem er zuerst schwieg, dann abwiegelte, anstatt Öl ins Feuer zu gießen: So beklagenswert das alles sei, so dürfte man mit der Gefahr des nuklearen Krieges dennoch nicht spielen. Aber auch dies ehrenhafte Eingeständnis blieb ohne Konsequenz. Nachdem man sich eine Zeitlang aufgeregt und den Alliierten Verrat vorgeworfen hatte, kehrte man zum Altgewohnten zurück.

Nie wußte man, Berlin, Ostdeutschland, ganz Osteuropa betreffend, etwas Besseres als ein starres Festhalten am Status quo, eben dadurch, daß man ihn verneinte: Fordern, aber nicht erhalten; nie »anerkennen«, aber nie verändern – so wie ein verstiegener Alpinist, der weder vorwärts noch rückwärts kann, auf dem allergefährlichsten, allerunmöglichsten Ort sein dauerhaftes Nest errichten wollte. Würde er die Rettung durch andere ablehnen? Einstweilen lehnt Adenauers deutsche Politik sie ab; zetert über jeden Versuch einer Entspannung des russisch-amerikanischen Verhältnisses, die allein Ostdeutschland und Deutschland überhaupt, nicht das Heil, aber etwas davon bringen könnte, weil mit ihr das Allerirrelevanteste, eine sogenannte »internationale Aufwertung der DDR« verbunden wäre – vielmehr, weil mit ihr die Anerkennung dessen, was ist und folglich eine Demaskierung des Gegensatzes zwischen wirklicher und angeblicher deutscher Politik verbunden wäre. Kein Krieg mit Rußland, aber auch kein Friede! Fortsetzung des Kalten Krieges für immer und immer, mit viel schönen behaupteten Zielen, aber mit dem einen wirklichen, die Dinge dort festzuhalten, wo sie 1950 angekommen waren. Kennedy war gut beraten, als er in der Paulskirche die Deutschen vor Fausts »Verweile doch, du bist so schön!« warnte. Der Augenblick von 1950 war so schön nicht, und verweilen kann er nicht.

Das ist das negative Geheimnis von Adenauers Außenpolitik, das Geheimnis auch seines Erfolges, der ja eben zu einem entscheidenden Teil auf dem Kalten Krieg beruhte. Ein schweres Erbe; die Zukunft wird lehren, ob schwerer wiegend als der Erfolg. Die es antreten, werden es so nicht fortsetzen können. Sie müssen sich offen zu der wirklichen Politik des Vorgängers bekennen, was allein ihnen die Möglichkeit gäbe, sie nach Osten hin zu entgiften und schöpferisch zu ergänzen. Oder aber, sie müßten die angebliche zur wirklichen machen; und das wäre das Ende vom Lied.

Der innere Politiker ist mehr Vorsitzer und Vermittler als Schöpfer und Arbitrator gewesen. Wer Adenauers innere Staatsführung aus der monarchischen Autoritätsgewohnheit des alten Oberbürgermeisters herleitete, ließ sich von Äußerlichkeiten täuschen. Das Wesen der Sache, glauben wir, traf Rüdiger Altmann, wenn er Adenauer den gesellschaftlichen »Status im Griff haben« sah; den Status einer schnell reich und

Hier verkennt Golo Mann die Wirkung des „real existierenden Sozialismus"

reif gewordenen, nicht länger in feindliche Klassen zerfallenen Industriegesellschaft. Mit einer solchen macht man nicht, was man will, sondern muß sie tun lassen, was sie will, indem man zwischen den Interessengruppen vermittelt und ihnen allen etwas bietet.
Der als Vater nach so altbiederer Art mit Moralpredigten und Teppichklopfer regiert hatte, wandte als Landesvater keine vergleichbaren Mittel an. Selten sprach er, und in einfachen Worten, von Dingen, die ihm mißfielen. Im wesentlichen ließ er sie treiben, bis zur Verwahrlosung; zufrieden, wenn sie ihm erlaubten, das, was ihm eigentlich am Herzen lag, seine Außenpolitik, fortzuführen. Auch seine frühe Entscheidung für Erhards »soziale Marktwirtschaft« war im Grund mehr die Annahme dessen, was die Leute wollten, als die Erfüllung eigenen Führungsanspruches; selber glaubte der alte Praktiker freilich an »Sozialismus« nicht, aber wenn an ihn zu glauben ihm einige Millionen Wahlstimmen mehr eingebracht hätte, so ist nicht wahrscheinlich, daß er sie dem Prinzip geopfert hätte. Die Wahl wurde ihm erspart; was er selber dachte und wünschte, traf mit dem, was die Mehrheit der Bundesbürger dachte und wünschte, zusammen. Adenauer gab dem Willen zum Leben, zu Arbeit, Ordnung, Wohlstand freie Bahn. Vielleicht gehörte dazu gar nicht so viel, denn der Wille war da und überstark und längst da gewesen; nur eben: ein wenig praktische Weisheit, ein Verzicht auf die orgiastischen Künste, die hierzulande früher als große Politik gegolten hatten.
Die Weiche hat der Innenpolitiker Adenauer nur einmal gestellt: Als er 1949 gegen die Koalition mit den Sozialdemokraten entschied, zu der so viele seiner wichtigsten Parteifreunde dringend rieten. Es heißt, er habe es getan, weil er eine starke, loyale Opposition wünschte, und fürchtete, wenn die beiden Hauptparteien sich zusammentäten, eine unloyale, antirepublikanische zu bekommen. Wie er später mit der Opposition umsprang, spricht aber nicht dafür, daß er ihren Nutzen und ihre Würde richtig eingeschätzt hätte. Er zog die Kleine der Großen Koalition vor, weil er das Komplizierte scheute, was ein Bund mit der SPD im Gefolge gehabt hätte, und weil er seine Außenpolitik frei wissen wollte von innergouvernementalen Quertreibereien.

Von da ab lief die Maschine in der gleichen Richtung; immer schneller, immer stattlicher bis zu dem Höhepunkt, der durch die Pariser Verträge bezeichnet ist. In der zweiten Hälfte der fünfziger Jahre wurden die Hindernisse holpriger, der Motor schwächer, so wie der alte Herr selber schwächer wurde und zum Schluß nur noch lähmend wirkte. Für seinen Ruhm wäre es besser gewesen, er hätte sich vor vier Jahren aufs Altenteil des Präsidentenamtes zurückgezogen, oder vor zweien nach Rhöndorf.

Sieht man ihn im Inneren mehr als den Vermittler denn als energischen Staatsleiter und Sachschöpfer, so wird man ihm die gesellschaftliche Entwicklung der Bundesrepublik, die mit hektischer Schnelligkeit vorwärts schreitende »Amerikanisierung« der Nation so wenig zugute halten, wie man ihm das Pomphafte, Gleißende des neudeutschen Lebens zum Vorwurf machen darf. Er war zu schwach und skeptisch und gleichgültig geworden, um dergleichen zu hindern. Konnte *einer* es hindern?

Heute ist er älter, als die greisesten Potentaten der Vorzeit, Kaiser Franz Joseph, Queen Victoria, es im Tode waren. Der absoluten Chronologie nach ist er nur sechzig Jahre jünger als Bismarck und war ein flotter Student, als Bismarck noch lebte. Wäre er damals, wie so viele seiner Kommilitonen, nach Friedrichsruh gepilgert, so hätte dieser Artikel einen hübschen Abschluß. Ein Vergleich zwischen Bismarck und dem »Größten nach Bismarck« wäre wohl auch einer; aber verbietet er sich nicht? Und bietet er sich nicht an? Die sechs Jahrzehnte, welche zwischen den beiden liegen, wiegen Jahrhunderte älterer Zeitrechnungen auf.

Beide trauten sich selber viel und ihrem Volk wenig. Aber Bismarck war ein Artist, ein verwegener Spieler, der mit vielen Bällen auf einmal jonglierte. Adenauer trug einen einzigen in festen Händen, immer in der gleichen Richtung. Bismarck dachte feudal und historisch, dachte in den Begriffen von Staat, Klasse, Herrschaft, Macht, Großmacht, was schon zu seiner Spätzeit ein Anachronismus war. Adenauer dachte gesellschaftlich und wollte große deutsche Außenpolitik nur führen, um großer deutscher Außenpolitik für immer ein Ende zu machen. Jener war der geistvollste Schriftsteller und geistige Abenteurer, dieser – nicht. Der eine war ein Junker, privilegiert und übermütig von Haus aus, der andere ein hart arbeitender Bürger. Bismarck war schon auf der Höhe des Lebens krankhaft leidend, früh verbraucht, von schlechten Nerven gepeinigt, wüst und ohne Regel lebend; Adenauer eine fleischgewordene Lebensregel, die physische, geistige Gesundheit selber. Die Aufzählung der Verschiedenheiten wäre *ad infinitum* fortzusetzen; wobei die zeitbedingten und die persönlichen miteinander verschwimmen würden.

Trotzdem sind auch Ähnlichkeiten da, die das Handwerk mit sich bringt und die besondere deutsche Tradition des Handwerks. Beide waren sie gierig nach Macht, zuerst, um etwas Großes damit anzufangen, später, weil sie sich allzu gründlich an sie gewöhnt hatten, sich selber als eine nicht mehr abzuschaffende Institution empfanden und ohne Macht nicht mehr denken konnten. Beide waren sie ausgepichte Taktiker im Kleinen; im Großen verbanden sie Konsequenz, Aufrichtigkeit, Offenheit und Treue mit dem genauen Gegenteil davon. Es ist diese schwer faßbare, schwindelnde Verbindung, die Theodor Fontane zu seinen Urteilen über Bismarck führte; Fontane, der Bismarck so oft, so bewundernd und im gleichen Atem so befremdet und abgestoßen beschrieb.

Von Ideen hielten sie beide wenig, gingen mit konkreten Dingen um, so wie sie an sie herankamen; eine Haltung, die den Erfolg anzieht, aber auch Gefahren in sich birgt. Beide hatten sie einen persönlichen Erfolgsmythos aufgebaut, dessen Düpierte sie selber wurden; er wirkte lang, aber verblaßte, je näher das Ende kam. Beide waren sie fromm und pflichtbewußt und gleichzeitig, auf dem Umweg über ihr Pflichtgefühl, sehr weltlich gesinnt. Eines war der Glaube, etwas anderes die Politik. Selber starke Charaktere, umgaben sie sich mit Gehilfen tieferen moralischen Standes; es kam dies aus ihrer Intoleranz, ihrem Mißtrauen, das stets bereit war, fremde, unabhängige Meinungen mit Dummheit oder Bösheit gleichzusetzen.

Bismarck hinterließ ein explosives System von Militärbündnissen, eine überalterte Verfassung, eine feindlich geteilte Gesellschaft; Lasten, mit denen er hatte manövrieren können und an denen seine Nachfolger scheiterten. Das lag aber mehr an ihnen als an Bismarck. Um die großen, ungelösten Aufgaben zu lösen, hätten sie, in jenen langsamen Zeiten, ein Vierteljahrhundert Zeit gehabt. Soviel Zeit haben Adenauers Nachfolger nicht.

1963

Selbstporträt eines Patriarchen
Der erste Band der ›Erinnerungen‹

reicht bis Seite 169!

Konrad Adenauer wurde mit 74 Jahren der Leiter der deutschen Politik und blieb es vierzehn Jahre lang. Mit 88 begann er das erste Buch seines Lebens zu schreiben, ein Werk, das auf drei oder vier dicke Bände angelegt ist. Den nun vorliegenden ersten hat er offenbar mutterseelenallein geschrieben, ohne sich der gelehrten Hilfe eines Historikers, der geölten eines Publizisten zu bedienen. – Was soll man mehr bewundern: den politischen Wagemut von 1949, den schriftstellerischen von 1964?

Als Kunstwerk oder Genußmittel stehen diese ›Erinnerungen‹ nicht zur Diskussion. Sie sind ein Rechenschaftsbericht; sind, gewollt oder ungewollt, ein unschätzbares Zeugnis von des Autors Charakter, vom Funktionieren seines Geistes, von den Lichtern und Schatten seiner Staatskunst. Nur selten kann man eigentlich von ›Erinnerungen‹ sprechen. Erinnern bedeutet doch wohl, daß eine Distanz besteht zwischen dem Erinnernden und dem Erinnerten, daß eine zweite Wirklichkeit sich im Gedächtnis formt. Eben dies geschieht hier nur auf wenigen Seiten. Überwiegend haben wir es mit geformten Notizen zu tun; die Verhandlungen, welche der Bundeskanzler zu führen hatte, werden so dargestellt, wie sie am Morgen nach der Verhandlung seinem Geist gegenwärtig waren. Große Teile des Buches lesen sich wie eine Akten-Publikation; etwa wie die Berichte eines Botschafters, und zwar eines von der strengen Schule, der sich jede Farbe, jeden Seitenblick, jeden Klatsch versagt. Mitunter werden Situationsanalysen, geschichtliche Rückblicke, »allgemeine Gedanken« eingestreut. Sie bringen etwas Luft in das Werk, und solche ist dem Leser sehr willkommen.

Von Bismarck stammt das Wort, es gebe Falten in seiner Seele, in die er niemanden blicken lasse. Unser zweiter Ur-Kanzler scheint in keine Falte seiner Seele blicken zu lassen; manchmal, beim Lesen dieser Berichte, dieser harten, klaren, nüchternen und bedürftigen Schriftsätze, ist man bedrängt zu fragen, ob er überhaupt eine Seele hat, ob er nicht, wie der Mann in dem Märchen von Hauff, sein lebendiges Herz mit einem steinernen vertauschte. Wir wollen diesem Verdacht nicht nachgeben. Der Träger so leidgeprüfter, so feiner Gesichtszüge müßte doch etwas zu erzählen haben, was er hier verschweigt? – Konfessionen im Rousseaustil darf der Leser jedenfalls am wenigsten erwarten.
Merkwürdig auch, wie die Sparsamkeit der Mittel ihren Wert steigert; so wie der Geiz die geringen Geschenke des Geizigen. Konrad Adenauer meidet die großen Worte. Von der Behauptung, er habe Bonn als Bundeshauptstadt gewünscht, weil es so nahe an seinem eigenen Wohnsitz lag, meint er nur: »Diesen Vorwurf betrachte ich als sehr naiv.« Oder über die sturpassionierte Opposition Kurt Schumachers: »Dr. Schumachers Standpunkt war sehr theoretisch.« Manchmal spricht er Lob und Dank aus: den Amerikanern Hoover und Acheson; dem Franzosen Monnet; den Engländern Gollancz und Robertson. Das Lob macht Eindruck aus den gleichen Gründen. Gelobt wird auch die Stadt Berlin: »Berlin hat sich durch all das Leid, das die Berliner ertragen mußten und tapfer ertragen haben, mehr als je zuvor in die Herzen aller Deutschen fest eingeschrieben als die Hauptstadt Deutschlands.« Es ist dies der einzige Satz in dem Buch, welchen der Referent dem Bundeskanzler geradewegs nicht glaubt. Freilich – der Referent ist leichtgläubig.
Nie erscheinen die Porträts, kaum je die Namen der engeren Mitarbeiter. Ich finde nur zwei dieser frühen Kanzlerzeit erwähnt: Blücher und Heinemann. Dem Vizekanzler wird eine väterlich-strenge Rüge erteilt, weil er versuchte, seine Fraktion an der Gestaltung der Deutschland-Verträge aktiv teilnehmen zu lassen: wo man denn hinkäme, wenn alle Fraktionen aller interessierten Parlamente ein Gleiches beanspruchten? Heinemanns erster, letzter und knapper Auftritt hat mit seinem Protest gegen die deutsche Wiederaufrüstung

zu tun. Der Minister, erzählt uns Adenauer, habe betont, man müsse den einstweilen noch nicht erkenntlichen Willens-Spruch Gottes in Ergebenheit erwarten. Wozu unser Autor: »Ich möchte hier über Gottvertrauen an sich und über die Frömmigkeit im allgemeinen nichts sagen, aber ich hatte Herrn Heinemann, als er mich beschwor, in der Sache der Verteidigung der Bundesrepublik nichts zu tun, erwidert, daß nach meiner Auffassung Gott uns den Kopf zum Denken gegeben habe und die Arme und Hände, um damit zu handeln.« Es ist eines der wenigen Beispiele für ein Aufflackern von Humor.

Wir wissen, daß Adenauer ihn besitzt; trockenen, kaustischen, zynischen Humor. Als Schriftsteller gönnt er ihn sich kaum einmal auf hundert Seiten; die Zitierung sämtlicher diskreter Halbscherze würde unser Referat nicht ungebührlich verlängern, und sie wären nicht eben der Art, daß man herzlich über sie lachen könnte. Von untergrundigem, grimmigem Humor ist seine Anekdote, die ganz am Anfang steht. Als Adenauer September 1944 in ein Gestapogefängnis eingeliefert wurde, bat ihn der Kommissar, sich doch nicht das Leben zu nehmen und ihm, dem Gefängnisleiter, böse Unannehmlichkeiten zu ersparen. – Wie er denn auf solche Ideen komme? – Nun, der Herr Oberbürgermeister sei fast siebzig Jahre alt, zu erwarten habe er vom Leben nichts mehr, und so liege der Gedanke an Selbstmord doch nahe genug. – Ein anderer hätte bei dieser Gelegenheit einen wohlgefälligen Blick auf die spätere reiche Erfüllung seines Lebens geworfen. Adenauer tut das nicht. Wieder erhöht die Sparsamkeit des Schriftstellers die Wirkung.

Ein überaus sachlicher Bericht also; der auch egozentrisch wäre, schützt ihn nicht die Sachlichkeit davor. Er handelt von Konrad Adenauer und dem, was er seit Mai 1945 tat; von der Vorgeschichte, der Gründung, dem Wachsen der Bundesrepublik Deutschland; von ihren Verhältnissen zu den Westmächten. Nur hiervon. Diesen einen großen Zusammenhang hat der Autor darstellen wollen, nicht die beliebig vielen Aspekte zeitlichen Ablaufes. Andere Probleme, zum Beispiel das der Wiedervereinigung, der deutschen Ostpolitik überhaupt, verspricht er im zweiten Band anzugehen. – Dürfen wir erraten: er wollte zuerst und vor allem von dem sprechen, was ihm am Herzen lag und was ihm seine nie genug zu bewundernden Erfolge brachte, nicht aber von den negativen Posten in der Schlußrechnung?

Früh, eigentlich vom ersten Tag an, sah er die Dinge so, wie er sie dann immer sah; mit der Klarheit, die seinem zugleich ernsten und schlichten Geist gegeben ist. Oktober 1945 sagte er einem Vertreter des ›News Chronicle‹: »Der von Rußland besetzte Teil sei für eine nicht zu schätzende Zeit für Deutschland verloren.« Das übrige Deutschland sei daher möglichst zu konsolidieren, »eventuell bundesstaatlich«, seine Wirtschaft aber mit der Wirtschaft Frankreichs und Belgiens zu verflechten; eine solche Verflechtung sei für den Frieden die beste Grundlage. – Ein paar Wochen später heißt es in einer Denkschrift: Die Trennung des russisch beherrschten Osteuropa, einschließlich der »Zone«, von Westeuropa sei eine vollzogene Tatsache. Westdeutschland, Frankreich, Belgien, Luxemburg, Holland und, wenn es so wollte, England, müßten sich daher möglichst fest zusammenschließen, zuerst wirtschaftlich; das wünschenswerte Endziel sei eine Union der europäischen Staaten. Die Zusammenfassung der von den westlichen Alliierten besetzten deutschen Länder zu einem zentralisierten Einheits-Staat sei nicht möglich und auch nicht wünschenswert, wohl aber die »Form eines bundesstaatlichen Verhältnisses«.

Man muß sich erinnern, daß, als Adenauer solche Gedanken zu Papier brachte, der Berliner Kontrollrat leidlich funktionierte und noch niemand von einer Spaltung Deutschlands zu reden wagte; daß Kommunisten in Frankreich und Italien mitregierten, in westdeutschen Gremien saßen; daß nicht nur die Tschechoslowakei, auch Rumänien, Bulgarien noch ungefähre Demokratien waren und die polnische »Volksdemokratie« nur ihre ersten Schritte tat. – Bleibt die schwierige Frage: ob man eine Entwicklung, die man schon bis zu ihrer letzten Konsequenz vollendet sieht, während sie in Wirklichkeit gerade erst begonnen hat, nicht eben dadurch auch selber fördert, beschleunigt, erleichtert? Daß Adenauer *seinen* Part in der Sache ungemein wirkungsvoll spielte, daß kein anderer einzelner Mensch das Werden der Bundesrepublik und ihrer westlichen Bindungen auch nur annähernd so stark mitbestimmte wie er, ist bekannt, wird übrigens durch die »Erinnerungen« noch einmal erhärtet. Aber er verstand das Spiel nicht in seinen wechselseitigen Abhängigkeiten. Er verstand seinen Part, den Part des Westens überhaupt, als nur reaktiv, den russischen als nur aktiv. Die russische Politik, in seinen Augen, war konstant, immer die gleiche, auf Eroberung erst Osteuropas, dann ganz Deutschlands, dann ganz Europas gerichtet; sie würde Halt machen nur da, wo man sie zwingen würde, Halt zu machen. In diesem einen Sinn konnte man sie beeinflussen; in keinem anderen. Daß die Gründung der DDR ihrerseits mit der Gründung der BRD zu tun hatte, der Warschauer Pakt mit dem Atlantischen, Comecon mit EWG, fiel ihm nicht ein.

Es ist undialektisches Denken; mithin eines in Alternativen. Durch das ganze Buch zieht sich die These, die Adenauer vertrat, wo immer er konnte, vor und während der Kanzlerzeit: Deutschland mußte sich für den Westen oder für den Osten entscheiden. Es konnte nicht neutral sein, kein Niemandsland, keine »Politik der Weltverbesserung« treiben. Es würde dann verschlungen werden von den Russen oder vom Krieg. Also mußte es sich für den Westen entscheiden, eindeutig, treu, absolut. Verlockende Angebote der Russen waren noch gefährlicher als unverlockende.

Eine von ferne vergleichbare Haltung nahm er in der Innenpolitik ein. Der erste bundesdeutsche Wahlkampf habe »klar und unerbittlich gegen die anderen Parteien« geführt, der Unterschied der Anschauungen und Ziele scharf herausgearbeitet werden müssen. Danach, wie bekannt, entschied Adenauer gegen die »Große Koalition«. »Es gibt entweder nur Planwirtschaft oder soziale Marktwirtschaft und kein Gemisch ... Man muß einen klaren Kurs steuern.«

Zu Kompromissen bereit war er gegenüber jenen, für die er einmal entschieden hatte. Das Geheimnis seines Erfolges, insoweit das Persönliche auf Begriffe gebracht werden kann, scheint hier zu liegen: in der Verbindung von Eindeutigkeit, in der prinzipiellen Entscheidung mit Elastizität in den Mitteln zum Zweck. Daß man die harten Tatsachen so nehmen müsse, wie sie seien; daß man Verhandlungspartnern auf halbem Wege entgegenkommen und oft wählen müsse, was, mit dem Auge des Perfektionisten gesehen, nur ein kleineres Übel sei; daß eine »Ruhrbehörde« mit deutscher Beteiligung besser sei als eine ohne deutsche Beteiligung, ein »Besatzungsstatut« besser als eine Besatzung ohne Statut, ein in seiner Freiheit beschränkter deutscher Bundesstaat besser als gar kein deutscher Bundesstaat – solche einfachen Grundsätze wurde er nicht müde, seinen Kritikern einzuhämmern. Immer, durch das Gestrüpp der Details, sah er das Essentielle, das eigentlich Politische; wozu, bei seinen endlosen Verhandlungen mit den alliierten Hohen Kommissaren, die Verbrechen der Vergangenheit, das tiefe Mißtrauen Frankreichs gegenüber den Deutschen, das französische Sicherheitsbedürfnis gehörten. Hier trug er volles Verständnis, volle Bereitwilligkeit zur Schau, seine eigene echte Überzeugung taktisch ausmünzend.

Andererseits, und auch dies gehört zum Geheimnis des Erfolges, konnte er ein sehr ungemütlicher Unterhändler sein, auch und gerade zu einer Zeit, als das von ihm vertretene Land völlig ohnmächtig war. Den Eindruck von Würdelosigkeit, von übergroßer Beflissenheit, die sein Gegner Kurt Schumacher ihm zum Vorwurf machte, hat man bei der Lektüre seiner Verhandlungsberichte keineswegs. Dagegen oft: den Eindruck von dreister Geistesgegenwart. Nie blieb er auf eine Herausforderung die Antwort schuldig, stets erkannte sein scharfer Blick die Lücken und Tücken in einem ihm vorgelegten Dokument; da erfolgte prompt die Rückfrage, wie das und das zu verstehen sei? Wenn er nicht mit anderen Möglichkeiten deutscher Politik zu erpressen suchte – der Gedanke lag ihm weltenfern – so war er doch geschickt darin, die Gefahren der deutschen Psychologie zu einer Trumpfkarte zu machen: er müsse leider mit seinen Sozialdemokraten rechnen, die und die Konzession sei notwendig, da sonst die Gefahr eines wiederaufsteigenden deutschen Nationalismus nicht zu bannen wäre.

Seine Verhandlungspartner, bis 1953 zugleich seine Aufpasser, schätzten, ja bewunderten ihn, aber nicht selten trieb er sie zu ärgerlicher Ungeduld. (François-Poncet, 1950: »Sie haben sehr viele Qualitäten, Herr Bundeskanzler, aber wenn Sie sich in einer Frage festgelegt haben, ist es außerordentlich schwierig, Sie daraus wieder herauszuleiten ... Jedesmal, wenn wir versuchen, Ihnen einen guten Dienst zu leisten, erhalten wir eins hinter die Ohren ...«) – Im Rückblick erscheint der Weg der Bundesrepublik zur ebenbürtigen Partnerschaft ein vorgezeichneter und glatter. So war die Logik der Situation. So sah es Adenauer auch manchmal im Vorblick; wenn er etwa, Oktober 1949, den Hohen Kommissaren erklärte, das Besatzungsstatut kümmere ihn nicht sehr, denn bald werde es ja doch zur Gänze verschwinden. Aber auch, was die Logik der Sache ist, oder nachträglich als solche erscheint, kommt nicht von selber zur Wirklichkeit. Um diese wurde zäh und lange gekämpft, und niemand kann sagen, ob ein anderer als der graue, fromme Fuchs, der mit so knapper Not der deutsche Regierungschef geworden war, sie überhaupt hätte erkämpfen können.

Er dachte politisch, nicht wirtschaftlich, und sah im Wirtschaftlichen, zum Beispiel in der Montanunion, nur eine Funktion des Politischen. Es ist aber nicht so, daß die »Integrierung« Westeuropas und die europäisch-amerikanische Verbindung, an der er so emsig arbeitete, für ihn *nur* den Sinn einer Front gegen die Bolschewisten gehabt hätte. Die Überwindung des europäischen Nationalismus bedeutete ihm ein Glück an und für sich. »Ich war überzeugt, daß die Montanunion in ihren Auswirkungen nicht nur die wirtschaftlichen Verhältnisse unseres Kontinents, sondern das ganze Denken und das politische Empfinden des europäischen Menschen verändern würde. Ich war überzeugt, daß sie die Europäer aus der Enge ihres nationalstaatlichen Lebens herausführen würde in die Weite des europäischen Raumes, die dem Leben des einzelnen einen größeren und reicheren Sinn geben würde. Die Jugend aller europäischen Völker sehnte sich danach, in anderen Ländern Erfahrungen zu sammeln, zu lernen und zu wirken ... Aus Menschen, deren Gefühle noch zu diesem Zeitpunkt wesentlich durch Mißtrauen, Konkurrenzsucht und Ressentiments bestimmt waren, würden Nachbarn und Freunde werden.«

Adenauers Stil, wir deuteten es schon an, wird durch ein Nonplusultra mangelnder Sentimentalität bezeichnet. Aber zwei Seiten gibt es in dem Buch, auf denen durch alle Scheu und trockene Härte eine innere Bewegung, ja ein Funke von Liebe spürbar werden. Die eine handelt von seinem ersten Besuch in Paris, von der freundlichen Gesinnung, der er dort begegnete, von dem »Kriegskreuz«, das die Tochter eines im Ersten Weltkrieg gefallenen Franzosen ihm übersandte. »Dieses ›Croix de Guerre‹ war während meiner ganzen Kanzlerjahre für mich Symbol des echten Willens des französischen Volkes, mit dem deutschen Volk Freundschaft zu schließen. Es ist mir sehr kostbar.« Die andere, die den Band wirkungsvoll abschließt, berichtet von einer Kranzniederlegung am Grab des Unbekannten Soldaten in Arlington. Da ist sogar von Tränen die Rede; nicht eigenen, das doch nicht, aber von fremden, die der alte Streiter versteht und billigt.

Gegenüber seinen Rivalen kannte er keinen Pardon und sein »Nein« zu den Prinzipien der »Koexistenz«, der »Entspannung«, der Abrüstung war zum Schluß sehr falsch und sehr hindernd. Aber ein Versöhner war er auch; und wir möchten glauben, daß die erlebten Höhepunkte der Versöhnung seinem alten Herzen noch wohler taten als die gnadenlos erfochtenen Wahlsiege, der Haß oder etwas dem Haß sehr Nahes, dessen er fähig war, die unschönen, beleidigenden Angriffe, mit denen er seinen Gegnern so freigiebig aufwartete.

Davon ist übrigens in dem Band nie die Rede; wohl aber von den Kränkungen, die Kurt Schumacher ihm zuteil werden ließ und die unleugbar mitunter auch sehr plump und sehr ungerecht waren. Adenauer, den von Bismarck so sehr Vieles unterscheidet, und der dennoch auch manches mit ihm gemeinsam hat, scheint neben anderem dies mit ihm gemeinsam zu haben: er ist empfindlich für Injurien, die er erfährt; ganz unempfindlich für solche, die er austeilt.

Was nun den militärisch-politischen Zweck des Atlantik-Pakt-Systems und, in seinem Rahmen, des deutschen »Wehrbeitrags« betrifft, so unterstreicht Adenauer seinen defensiven Charakter. Sehr mit Recht, insoweit die Situation zur Zeit der Gründung und die Absicht der Gründer in Frage kommen. Sie haben im Ernst nie an etwas anderes gedacht als an die Erhaltung des Status quo von 1945; das »Roll Back«-Versprechen des Staatssekretärs Dulles – Adenauer läßt es unerwähnt – war nicht ernst. Im Widerspruch mit dem defensiven Charakter der Allianz stand und steht bis zum heutigen Tag das Versprechen, welches die deutsche Politik, und nur sie, auf ihr gründete: die Wiedervereinigung und einiges mehr. Unvermeidlich ziehen Versprechen und Widerspruch sich durch Adenauers Berichte. »Es konnte mir niemand erklären, wie ohne ein starkes und einiges Europa die deutsche Einheit in Freiheit zu verwirklichen wäre ... Erst wenn der Westen stark war, konnte sich ein wirklicher Ausgangspunkt für Friedensverhandlungen ergeben mit dem Ziel, nicht bloß die Sowjetzone, sondern das ganze versklavte Europa östlich des Eisernen Vorhangs zu befreien, und zwar in Frieden zu befreien. Der Weg in die europäischen Gemeinschaften erschien mir der beste Dienst, den wir den Deutschen in der Sowjetzone erweisen konnten.« – Der Schein, man weiß es, hat in den fünfzehn oder zwanzig Jahren, während derer er vor Adenauers geistigem Auge stand, sich nicht zur Wirklichkeit erhärtet. Das beweist nichts Endgültiges, man soll nie nie sagen; vielleicht kommt es noch.

Ehrlicher oder nicht ganz ehrlicher Weise im Banne des Scheines, in Alternativen denkend, kein »Gemisch« duldend, wie sein Schüler Herr von Guttenberg zwischen Freiheit und Sklaverei keine Möglichkeit eines Dritten kennend, versperrte Adenauer sich den Blick auf den einstweilen noch bescheidenen, aber wirklichen Nutzen, den die Revitalisierung Westeuropas auch den Völkern Osteuropas brachte. Die Auflockerung des Ostblocks, die Evolution des Geistes und der Gesellschaft dort, die längst begonnen haben, wären doch bestimmt nicht, was sie sind und noch werden können, ohne Westeuropa, so wie Adenauer es bauen half. Aber gerade dieser Aspekt, auf den er eigentlich stolz sein könnte, interessiert ihn nicht und interessiert, wie wir täglich hören, seine ganze erstarrte Tafelrunde nicht.

Als die »wichtigste Aufgabe« seiner Regierung bezeichnet er jene, »die Spaltung unseres Vaterlandes wieder rückgängig zu machen«. In dem Band ist wohl von ihr die Rede, oft, aber flüchtig. Viel, viel mehr, viel, viel gründlicher ist die Rede von dem Aufbau der westeuropäischen und europäisch-amerikanischen Gemeinschaften. Sein Restdeutschland in diese Scheuer zu bringen, so schnell wie möglich und endgültig, war ihm das nicht die wichtigste Aufgabe? »Die europäischen Nationalstaaten«, schreibt er, »hatten meines Erachtens eine Vergangenheit, aber keine Zukunft.« An anderer Stelle, einem Wort Robert Schumans beistimmend: die europäische Zerstückelung sei ein Anachronismus. Das Abbauen von Anachronismen gehöre zu den notwendigsten, aber auch zu den schwierigsten Dingen in der Politik. – Gut; aber warum mußte es dann der ganze deutsche Nationalstaat sein? *Konnte* er es überhaupt sein; war der, mit seiner Hauptstadt Berlin, denn in die europäische Scheuer zu bringen? – Große Politiker sind ruchlos auch darin, daß sie Fragen, welche sie selber und ihre Politik in Verwirrung bringen könnten, sich gar nicht stellen.

Gingen sie nicht sein eigenes Wollen an, so war Adenauer zu Fragen und Zweifeln wohl imstande. Bismarck bedrückte der Cauchemar des Alliances; Adenauer die Furcht vor ihrem Auseinanderfallen. Er begriff, daß die Franzosen zweierlei Politik trieben oder zu treiben versucht sein konnten, die neue des europäischen Kerns mit Deutschland, die alte der Flankenmächte gegen Deutschland; und daß die letztere Tradition am Quai d'Orsay sehr zäh war. Er sah die neuen Gründe, die England sich dem Kontinent nähern ließen und die alten, die es von ihm fernhielten: »Großbritannien verhielt sich gegenüber den neuen europäischen Möglichkeiten zögernd, zaudernd, unentschieden; es wollte und es wollte nicht.«

Er ließ sich über den amerikanischen Isolationismus berichten und verstand die uralten Kräfte, die hier im Spiele waren, lange, bevor er zum erstenmal den Fuß auf amerikanischen Boden setzte. Welche der drei Nationen ihm die liebste war, erwähnt er nicht; übrigens Italien so gut wie gar nicht. Was man erfährt oder zwischen den Zeilen lesen mag, ist, daß er um die französische Freundschaft am innigsten rang; daß er mit den Amerikanern bei weitem am leichtesten auskam, in ihnen die besten Europäer sah; daß die Briten, trotz Churchill, den er bewunderte, ihm die fremdesten waren. Sollten hier persönliche Erlebnisse mitgespielt haben? Seine zweite, rüde Entlassung aus dem Amt des Oberbürgermeisters, nicht wegen politischer Divergenzen – die der wahre Grund waren – sondern wegen sachlicher Unfähigkeit, hat ihn bitter gekränkt, soviel wird deutlich. Und häufig spricht er von der Bevor-

zugung, welche die Sozialdemokraten durch die Vertreter der Labour-Regierung erfuhren, den ungerechten Sitzverteilungen, den begünstigenden Geheiminformationen. Dagegen hat er, mit dem ihm eigenen zähen Aufbegehren, das Recht seiner jungen CDU durchgesetzt. Aber Adenauer vergißt nicht.
Man sagt ihm Menschenverachtung nach. Davon kommt in seinem Buch direkt nichts vor; wie so manches ihm Nachgesagte, etwa der Einfluß seiner katholischen Bindungen auf seine Politik, nicht vorkommt. Warum auch sollte man den Menschen erzählen, daß man sie verachtet, warum dann ihnen überhaupt etwas erzählen? Erwähnt wird, daß nach seiner zweiten Absetzung die Leute sich ungefähr so verhielten wie nach der ersten: ein entlassener, von den Machthabern verworfener Oberbürgermeister war ihnen nicht mehr interessant. So plädierte er für die Nazi-Mitläufer, nicht so sehr aus Achtung wie aus dem Gegenteil davon: »Ich bin sicher nicht dafür, daß man Nationalsozialisten, die schwere Schuld auf sich geladen haben, frei laufen lassen sollte, auf der anderen Seite ist mir jedoch die Schwäche der menschlichen Natur bewußt...«
Auch die spezifische Schwäche der deutschen Natur. In den Jahren des Dritten Reiches habe er sich oft geschämt, ein Deutscher zu sein; nach 1945, beeilt er sich hinzuzufügen, nicht mehr. Der Grund, den er nennt, ist plausibel: die Bestraften, im bitteren Elend Lebenden, zu denen man nun selber gehört, verachtet man nicht, wie man die vom falschen Glück Trunkenen verachtete. Am offensten, obgleich nie ganz ohne taktische Absicht, sprach er sich mit den Fremden über Deutschland aus. Zu Churchill, 1951: »Der Deutsche neigt zum Extremen ... Deutschland ist eine Masse, die zu formen ist. Es kommt darauf an, ob von guten oder von schlechten Händen.« Genuin war seine Furcht vor einem Wiedererstarken des deutschen Nationalismus. Hier war er der alte Kaiserliche, der alte Weimaraner, der zuviel Falsches und Schlechtes schon erlebt hatte. Seine Berichte und Dokumente zeigen auch noch einmal, was wir schon wußten: daß er anfangs kein nationales Heer wollte, daß der Wehrbeitrag, den er den Amerikanern vorschlug, nicht die Hintertür sein sollte, durch welche eine selbständige deutsche Militärmacht wieder hereinkommen könnte.

Furcht, Furcht vor der »Volkspolizei« der Zone und der hinter ihr stehenden russischen Riesenmacht ist das echte Motiv gewesen. Ob es sachlich begründet, ob Stalin damals wirklich der zum Sprung gegen den Westen ansetzende Tiger war, wissen wir nicht und werden es sobald nicht erfahren. Jedenfalls, unter dem Eindruck des koreanischen Debakels waren die deutschen Stimmungen so; man muß sich daran zu erinnern versuchen. – Wie aber so manches, was Konrad Adenauer begann, anders ausging, als er es sich vorgestellt hatte, so auch die Wiederaufrüstung. Die Bundeswehr, wie sie heute dasteht, ist nicht die Erfüllung seines frühen Traumes. Später dann hat freilich auch er recht bundeswehrliche Töne hören lassen, aus schierer Demagogie, wie wir glauben; von Herzen können sie dem greisen Zivilisten nicht gekommen sein.

Ist er ein guter Demokrat? Er glaubt es zu sein, aber seine Betrachtungen über diesen Fragenkomplex haben keinen allzu tiefen Gang. Einmal wird ein wehmütiger Einzeilen-Blick auf 1848 geworfen, als es schien, »als könnte das Werk gelingen«. Nur allzu leicht, heißt es auf einer anderen Seite, neigten die Deutschen dazu, sich der Staatsmacht zu unterwerfen. Macht müsse verteilt werden, ihre Konzentration sei zu vermeiden ... Über die Entstehung des Grundgesetzes, dessen Beratung Adenauer präsidierte, gibt es ein Kapitel, aber ein bohrendes Interesse an Verfassungsfragen verrät es nicht. Er fürchtet, läßt er uns wissen, die Tyrannei der Mehrheit so sehr wie die einer Minderheit; ein Nachwehen der Erfahrung von 1933. Er fordert eine saubere Trennung der exekutiven und legislativen Verantwortlichkeit. Es wäre falsche Vereinfachung zu sagen, er sei für den Obrigkeitsstaat alten Stiles; das ist er nicht und schon allein darum nicht, weil er wenig historischen Sinn besitzt. Er denkt nicht autoritär, schon allein darum, weil Theorie ihm überhaupt nicht liegt. Nicht durch theoretische Sophismen gelangte er zum Prinzip starker Führung. Er ist für starke Autorität, oder war dafür, solange es um seine eigene ging, aus dem Instinkt seines Könnens und Wollens. – Wie sehr, kommt es zur Interpretation von Verfassungen, bei ihm der Verstand die Magd des Willens ist, dafür hatten wir in diesen Tagen wieder einmal ein einprägsames Beispiel.

Praktiker von der Sohle bis zum grauen Scheitel, alles Denken,

das keinen praktischen Zweck hat, als überflüssig, wohl auch als unmoralisch ansehend, glaubte Adenauer sich 1945 eine gedankliche Prüfung der Frage schuldig zu sein, wie alles solches habe geschehen können. Die Resultate seiner Bemühungen teilt er uns mit; höchstens halbwahre, halbgute Resultate. Es geht da um Probleme, über die man sich schwindlig denken könnte; sich schwindlig zu denken ist Adenauers Sache nicht. Wie soll man auch zum Handeln kommen, nachdem man sich erst schwindlig gedacht hat? Der Nationalsozialismus also war nur die äußerste Konsequenz der Staats- und Machtvergötzung, der Vermassung, des gottlosen Materialismus, die schon lange vor seinem Erscheinen im Schwange waren. »Die materialistische Weltanschauung des Marxismus hat zu dieser Entwicklung in sehr großem Umfang beigetragen. Wer eine Zentralisierung der politischen und wirtschaftlichen Macht beim Staate oder bei einer Klasse erstrebt, wer demzufolge das Prinzip des Klassenkampfs vertritt, ist ein Feind der Freiheit der Einzelperson, er bereitet zwangsläufig den Weg der Diktatur im Fühlen und Denken seiner Anhänger vor ... Der Nationalsozialismus hatte den stärksten geistigen Widerstand gefunden in denjenigen katholischen und evangelischen Teilen Deutschlands, die am wenigsten der Lehre von Karl Marx, dem Sozialismus, verfallen waren.« Die positive Folgerung ist ein Zurück zum christlichen Naturrecht. Die Implikation – zur Explikation kommt es auch – ist, daß die Sozialdemokraten, als Marxisten, eben doch halbe Kommunisten sind oder waren; daß von ihnen eine prompt wirkende Verbindung zu den Nationalsozialisten ging; daß zwischen Nationalsozialismus und Bolschewismus überhaupt kein Wesensunterschied ist.
Der Referent zögert, mit dem Politiker Adenauer zu streiten, weil er dessen nur in astronomischen Größen zu messende Überlegenheit auf diesem praktischen Gebiet anerkennen muß. Mit dem Philosophen Adenauer möchte er aus einem anderen Grunde nicht streiten. Allenfalls wäre unser Autor an ein paar Tatsachen zu erinnern, der Art, wie ein am Umgang mit Tatsachen Geschulter sie nicht hätte übersehen dürfen. Der christliche Widerstand gegen den Nationalsozialismus in Ehren, dort, wo er sie verdient. Der sozialdemokratische auch in Ehren, und in *mindestens* ebenso hohen. War es

denn nicht der in den »Erinnerungen« so oft, so lieblos erwähnte Kurt Schumacher, der 1945 aus zwölf Jahren Lagerhaft kam, gebrochen am Körper, ungebrochen am Geist? Warum denn ging er nicht zu jenen über, und schaffte so sich ein komfortables Leben, die angeblich seine nahen Geistesverwandten waren? Freilich: Partei, Partei, wer wollte die nicht nehmen. Wenn Adenauer so schreibt, als seien Nazis und Kommunisten in allen irgendwie relevanten Dingen genau gleicher Art Menschen, so ist er der große Vereinfacher, als der er manchmal Nutzen stiftete und manchmal nicht. Wenn er, sei es auch philosophierend, die Sozialdemokraten erwähnt, erscheint der Kämpfer und Parteimann, der er nun einmal ist. Wie sonst hätte er vier Bundestagswahlen gewinnen können? Man hat ihm wohl vorgeworfen, seine skeptisch-schlaue, unedle Mittel nicht verschmähende Innenpolitik habe seiner großzügigen Außenpolitik nicht entsprochen; zur moralischen Erneuerung Deutschlands habe er nichts beigetragen. Fragt sich, inwieweit dergleichen vom Politiker überhaupt verlangt werden darf. In seiner großen Zeit hat Adenauer den Deutschen gutgetan. Die Erscheinung dieses von jeder Hysterie freien, jeder falschen Pose abholden, seinen außenpolitischen Kurs fest und unbeirrbar steuernden Patriarchen übte nach all dem gräßlichen Hin und Her, all den Greueln und Verrücktheiten eine wohltätige Wirkung aus. Davon ist auch in dem Buch etwas zu spüren. Es ist ein überaus gesundes Buch; verfeinert durch Alter, Erfahrung und Ernst; nichts weniger als verfeinert durch Krankheit oder etwas der Krankheit Analoges.

> Deutschland hat ewigen Bestand,
> Es ist ein kerngesundes Land . . .

In diesem, Heineschen Sinn wäre es denn auch ein sehr deutsches Buch.

Es handelt über Vergangenes, das versteht sich; auch in einem Sinn, in dem sein Autor es nicht verstehen will oder kann. Nicht die schöpferischen Versuche, von denen es erzählt, sind unaktuell geworden; die müssen nur neu nuanciert werden. Veraltet sind die mit jenen Hoffnungen zusammenhängenden explosiven Situationen, die Ängste, Verneinungen, radikalen

Feindschaften; und von ihnen wurde Adenauers politisches Denken unauslöschbar geprägt. Er zog aus, um böse Anachronismen zu überwinden, und dafür verdient er Bewunderung, zumal er schon ein Greis war, als er seinen Feldzug begann. Er konnte es, weil er es schon in den zwanziger Jahren versucht hatte, weil für ihn alte Bestrebungen waren, was den Jungen grundstürzend neu erschien. Die Überwindung dieser Anachronismen ist nicht ihrerseits anachronistisch geworden, aber es sind neue Anachronismen dazugekommen, zum Beispiel der Kalte Krieg, und eben das sieht Konrad Adenauer nicht. Er denkt noch immer in den Begriffen, die von der Wirklichkeit von 1952 abgezogen wurden; so wie Bismarck, tieferen und freieren Geistes wie er war, dennoch in vielem über die Begriffe von 1862 nie herauskam. Er sei, schreibt Adenauer, der Auffassung gewesen, »der Gegensatz zwischen Sowjetrußland und den freien Völkern werde ständig wachsen«. Was auch eine Zeitlang geschah. Aber da der Ost-West-Gegensatz nicht explodieren konnte, eben dank einer westlichen Politik, an der Adenauer teil hatte, so hörte er allmählich auf zu wachsen, fror er ein, begann aufzutauen; am Horizont erschienen neue Möglichkeiten, neue Hoffnungen, neue Gegensätze. In das Blickfeld des großen alten Mannes traten sie nicht mehr. Ginge es nach ihm, so würden wir 1952 spielen bis zum Ende des Jahrhunderts.

Der achtzigjährige Konrad Adenauer hat sich um das Vaterland verdient gemacht, man mag gegen sein Werk einwenden, was man wolle. Der Neunzigjährige sollte nun sich um historische Literatur verdient machen und darauf sich konzentrieren. Genug Vitalität, um auch dies spät begonnene Hand-

1965

Ein Gespräch mit Konrad Adenauer

Der Besuch, von dem ich hier erzähle, fand am 18. bis 19. April 1966 statt. Jemand, der mir wohl will, hat ihn großmütig als einen Besuch bezeichnet, den der Geist bei der Politik machte. Nun, »der Geist« empfand sich als solcher nicht; er war eher unsicher und aufgeregt bei der Sache. Trotz der Kritik, die ich gelegentlich vernehmen ließ, hatte ich Adenauer aus der Ferne längst bewundert, wie man bewundert, was man selber so gar nicht ist, so gar nicht kann. Auch fühlte ich mich mit meinen siebenundfünfzig Jahren jung ihm gegenüber, er hätte – sapienti sat – mein Vater sein können; noch gehörte ich zu jener versinkenden Generation von Deutschen, die Respekt für das Alter haben. Ob nun aber jene Gespräche von gleich zu gleich stattfanden oder anders, sie bleiben ein Erlebnis, das ich nicht missen möchte. Die Aufzeichnungen, die folgen, machte ich mir am nächsten Tag. Ich habe nichts umstilisiert, nur einige scharfe Bemerkungen über noch lebende Personen weggelassen. Das ist ein wenig schade, denn das Schärfste, in Adenauers Mund, war gleichzeitig das Belustigendste, auch für den Sprechenden höchst Charakteristische. Das Harmlose, oder doch nicht eigentlich Kränkende, lasse ich stehen.

Telegraphisch avisiert, kam ich um halb vier in Lugano an; das versprochene Auto war aber nicht da, und nach längerem Warten mußte ich mich zu einem Taxi entschließen. Fahrt nach Cadenabbia eine knappe Stunde, verlängert durch einen Unfall, dessen Folgen die Straße versperrten. Am Tor der Villa stand ein Herr, der wohl mehr ein Leibwächter als ein Sekretär war, wartend. Die Villa Collina liegt hoch über der Einfahrt. Adenauer saß wartend in einer kleinen Loggia neben der Haustür. Im ersten Moment wirkte er, wie man ihn vom Fernsehen her kennt; die Begrüßung war höflich-freundlich, aber formell. Er war in dunkelblau, sehr unländlich gekleidet, abends wie auch am nächsten Morgen. Mein Telegramm war wegen Post-Streiks nicht angekommen, wie sich herausstellte; es kam am nächsten Tag. Dem Taxi-Chauffeur sagte ich, er möchte etwa anderthalb Stunden warten; Adenauers Assistentin meinte aber, es wäre besser, ihn wegzuschicken, so wäre man freier, welchem Adenauer beipflichtete. Wir blieben dann fast drei Stunden allein in einem Raum im Parterre, der als Eßzimmer und in einem anderen Teil als Wohnzimmer diente. Es gab Tee. Er dankte mir zuerst für das Interesse, mit welchem ich mich in sein Buch vertieft habe, meine Besprechung in der ›Zeit‹ lag auf dem Tisch, er hatte sie offenbar kurz vorher noch einmal gelesen. Um gleich in medias res zu gehen, sagte er dann, wäre es das beste, wenn ich Fragen an ihn richtete. Auf Fragen im Interview-Stil war ich nun gar nicht vorbereitet und mußte wohl oder übel improvisieren: Vielleicht dürfte ich mit dem Allgemeinen anfangen und von da zu Speziellerem kommen. Was seien wohl die Talente, Gaben, Fähigkeiten, die ein Staatsmann vor allem haben müsse, wie erkläre er sich die große Autorität über die Nation, die er sich erworben und so lange bewahrt habe? – Ille: Das sei nun allerdings gleich die schwierigste Frage. – Er ging nicht eigentlich auf sie ein, sondern fing an, von seinen politischen Aufgaben und Zielsetzungen seit 1949 zu sprechen. Von da ab war Assoziieren, gelegentlich durch Fragen von mir ermuntert. Wo ich seine Beurteilung von Vergangenem und Gegenwärtigem nicht teilte, sagte ich es meistens gar nicht oder deutete es vorsichtig an; darauf ließ er sich aber eigentlich nie ein. Für Fragen war er zugänglich. Da er meistens selber sprach, so konnte ich ihn genau beobachten. Die Farbe des Gesichts wächsern, der Mund eingefallen. Die Augen über und hinter schwer hängenden Säcken; eher klein, blaß und in die Ferne blickend. Eine ganz leichte Ähnlichkeit mit der letzten Photographie Metternichs: das Porzellanen-Zarte des höchsten Alters, der ferne Blick. Das Lachen oder Lächeln sehr liebenswürdig, verschmitzt, das Gesicht in wohlige Falten zerknitternd, besonders wenn, später beim Abendessen, seine angenehme und intelligente Assistentin, Fräulein P., dazu anregte.

Über die Ursprünge der Bundesrepublik. 1945 habe er noch nicht im Traum an eine spätere Teilung Deutschlands gedacht, an die Bundesrepublik, oder gar an sich selber als Regierungschef. »Ehrgeiz! Ich wollte Köln wieder aufbauen! Ich hätte es besser gemacht, als es dann gemacht wurde.« Wenn er von seinen Kölner Leistungen in den zwanziger Jahren sprach, wurde er so freudig stolz wie sonst nie während der sechs bis sieben Gesprächsstunden: die Universität, aus nationalpolitischen wie aus regionalen Gründen, das Stadion, der Grüngürtel etc. Als er die Kanzlerschaft übernahm, dachte er, es werde dem natürlichen Lauf der Dinge nach ein bis zwei Jahre dauern.

Da er vor allem von *seiner* Politik sprechen wollte, so war über alte Zeiten wenig aus ihm herauszubringen. Der Obrigkeitsstaat sei menschlich oder moralisch nicht besser gewesen als der demokratische. Über Bethmann Hollweg sagte ihm einer, der ihn kannte: »Wenn Bethmann einen gewissen Ort aufsucht, so kann er sich nicht entschließen, welches von beiden zu tun; Katastrophe ist unvermeidliche Folge.« – Aber von allen Parlamenten, in denen er saß, imponierte das preußische Herrenhaus ihm am meisten. »Wir hatten bald nach meinem Eintritt eine Motion gegen irgendeinen deutschen Diplomaten, ich glaube, er war Botschafter in London gewesen, gegen den etwas Gravierendes vorlag. Ich kann Ihnen sagen, anderthalb Tage lang haben wir auf das gründlichste untersucht und diskutiert, und schließlich wurde die Motion abgelehnt.« Mit dem Namen des Diplomaten konnte ich aufwarten, insistierte aber wohlweislich nicht; überhaupt nie, wenn Adenauer sachliche Irrtümer zum Besten gab.* Sein Gedächtnis mag für seine Jahre noch immer stupend sein, ist aber nichts weniger als unfehlbar; ebenso sein Wissen. Zum Beispiel sagte er mehrfach »Afghanistan«, wo er Pakistan meinte, weil er sich an diese neuen Namen wohl nie hatte gewöhnen können. Auch fiel mir das Sporadische seiner Kenntnisse der nicht-deutschen Welt auf. Zum Beispiel macht er sich aus den und den Gründen große Sorgen über die Zukunft der USA. Eine schwere Krise werde der Tod des Gewerkschaftsführers Meany bringen. Der allein halte die Gewerkschaften halbwegs loyal etc.
Im Kern wiederholte er, seine Politik betreffend, was in den ›Erinnerungen‹ steht: die Russen wollten ihre Hand auf ganz Deutschland und ganz Westeuropa legen, Rettung war nur im Anschluß der Bundesrepublik an den Westen und so fort. Auf meine Frage: »Nehmen wir aber einmal an, ein vereinigtes neutrales Deutschland *wäre* möglich gewesen, hätten Sie es dann gewünscht?« war seine Antwort: »Nein, niemals.«
Die Gefahr, daß Deutschland *und* Frankreich irgendwie in den Bann der russischen Macht geraten könnten, sei auch heute noch nicht vorüber. Hier fürchtet er als erstes eine »Neutralisierung« Europas, die Washington und Moskau beide wünsch-

* Die Motion gegen den Fürsten Lichnowsky war leider keineswegs abgelehnt worden.

ten und wahrscheinlich zusammen beschlossen hätten. De Gaulles Reise nach Moskau habe den Hauptzweck, eben dies zu verhindern. De Gaulle sei ein Feind des Kommunismus, werde nie eine Kommunisierung Frankreichs dulden und wünsche aufrichtig die deutsche Wiedervereinigung. Auf meine Frage, ob ein Staat von 75 Millionen Deutschen denn wirklich im Interesse Frankreichs sei: »Wenn Frankreich Nuklearwaffen hat und Deutschland nicht, so gleicht sich das schon aus.« Sehr ausführlich sprach er von der Entstehung seiner Freundschaft mit de Gaulle; wie er zuerst den Besuch verweigert hatte, weil er dem Regierungschef eines besiegten Staates nicht zustehe, wie dann Colombey-les-deux-Eglises gewählt worden sei. »Die Gegend, in der de Gaulle wohnt, ist überaus karg und arm. De Gaulle führte mich auf einen erhöhten Aussichtspunkt und zeigte mir das Land: Sehen Sie, keinerlei menschliche Siedlung irgendwo sichtbar. – De Gaulle liebt die Einsamkeit, vielleicht zu sehr für einen Politiker, das habe ich ihm auch gesagt. Es hat mit seinem ganzen Charakter zu tun. Um ihn besser kennenzulernen, bat ich, eine Stunde allein in seiner Bibliothek herumschnüffeln zu dürfen. Denn wissen Sie, was für Bücher einer hat, das ist doch sehr bezeichnend. Da entdeckte ich nun eine Menge sehr ernster, gelehrter Schriften, historischer, staatsphilosophischer usw., das hat meinen Respekt für de Gaulle gewaltig erhöht. Irgendwie ist de Gaulle auch ein Romantiker. Er kann ganz gut deutsch, z. B. hat er mir die ›Grenadiere‹ von Heine hergesagt, die er sehr liebt.« – Ego: »Nun, das beste Gedicht von Heine hat er sich da nicht ausgewählt.« – Ille: »Allerdings, da gäbe es bessere. De Gaulle kann ganz gut deutsch. Aber wissen Sie, was er jetzt macht? Er lernt alle die Namen russischer Städte richtig aussprechen, die er besuchen wird. So einer ist er. Er wird auch Stalingrad besuchen, es heißt jetzt ja wohl anders. Das wird man ihm in Deutschland übelnehmen, aber übelnehmen kann ich es ihm eigentlich nicht.« Vom Verhältnis zwischen Frankreich und Deutschland sprechend, meinte er, die Konfessionen spielten da immer noch eine ungeheure Rolle. Die Minister, die seinen Vertrag mit Frankreich sabotierten, seien die protestantischen: Erhard, Schröder, Hassell. »Schleswig-Holstein liegt eben sehr weit von Frankreich, da neigt man England zu.«

Ich bemerkte, es sei schade, daß die Bayern, die zu Frankreich und de Gaulle doch das positivste Verhältnis hätten, also Strauß, Guttenberg etc., auf die deutsche Außenpolitik momentan keinen rechten Einfluß hätten. Ille: »Um den Strauß zu ermutigen, habe ich ihm neulich gesagt, er könnte doch jederzeit die Koalition sprengen, wenn er wollte. Aber die Stellung von Strauß ist in Bayern auch keine sichere.«
Von Dulles und der Epoche Dulles sprach er beinahe mit Zärtlichkeit; damit bestätigend, was ich immer wußte, daß die fünfziger Jahre die ihm eigene, liebste Zeit, seine große Epoche gewesen waren, von der er sich nie hatte trennen wollen. Besonders hob er den ethisch oder religiös bestimmten Charakter der Dulles'schen Politik hervor; beide Brüder Dulles seien in ihrer Jugend Missionare gewesen. Ergreifend sei Dulles' letzter Besuch in Bonn gewesen, als er wegen seiner Krebskrankheit schon gar nichts mehr essen konnte. Adenauer habe ihm eine Hafersuppe kochen lassen, die er dann doch aß und um deren Rezept er bat. Ich fragte ihn nach Kennedy. »Der war kein Freund der Deutschen. Der war kein Politiker.« Was mir wieder bestätigte, was ich schon wußte: Adenauer war immer gegen die »Entspannung« gewesen, für die Kennedy sich gegen Ende so sehr einsetzte. Dem widersprach, was er über Rußland sagte, wie er sich überhaupt öfters selber widersprach. Die Russen, sagte er zum Beispiel, hätten einen Inferioritätskomplex, von dem man sie heilen müßte. »Noch vor ein paar Wochen war der Smirnow (russischer Botschafter in Bonn) bei mir gewesen, um mir sein Herz auszuschütten; nun sei er schon sieben oder acht Jahre in Bonn und habe sich die allergrößte Mühe gegeben und überhaupt gar nichts erreicht. Die Leute sind auch oft so taktlos.« Nun kam die Geschichte einer haarsträubenden Taktlosigkeit, die das Auswärtige Amt sich den Russen gegenüber herausgenommen hatte. Das war nach seinem Rücktritt; aus seinen Erzählungen ging hervor, daß er auch während seiner Kanzlerzeit seiner Mitarbeiter, besonders im Auswärtigen Amt, nie ganz Herr gewesen war. Von Chruschtschow sprach er mit einer gewissen Sympathie, die, so betonte er, gegenseitig gewesen sei. Während der Moskauer Verhandlungen 1955 hätten sie manchmal beide mit gehobener Faust einander gegenübergestanden und

sich angebrüllt, aber im Grunde hätten sie sich geschätzt. Er sei entschlossen gewesen, diplomatische Beziehungen anzuknüpfen, sobald die Kriegsgefangenenfrage geregelt sei, gegen seine Begleiter, besonders Brentano.
Über den deutschen Charakter sprach er mehrmals mit Skepsis. »Ich möchte die Deutschen nicht zu Nachbarn haben.« Sie seien noch nicht zur Ruhe gekommen. »Die Deutschen sind eine sonderbare Gesellschaft.« Auf meine Frage, wie er zum Wiedererstarken einer Nation, der er so wenig traute, so entscheidend habe beitragen können, ging er aber nicht ein.
Bemerkungen über seine Mitarbeiter. Daß er Erhard geringschätzte und zutiefst nicht leiden konnte, wußte ich und fand es bestätigt. Seit Erhard Kanzler sei, habe er ihn überhaupt niemals um Rat gefragt, höchstens zwei oder drei Mal beim Hinausgehen in völlig gleichgültiger und wegwerfender Art. Früher habe er Erhard einmal gefragt, ob dieser wohl gekränkt wäre, wenn er nicht sein Nachfolger würde? Erhard: »Gekränkt? Es ist mein *Recht,* Ihr Nachfolger zu werden!« Der italienische Minister Scelba sei eigens zu ihm nach Cadenabbia gefahren, um ihn zu beschwören, dieser Mann, Erhard, dürfe niemals Bundeskanzler werden. »Ich habe vieles auf dem Gewissen, zum Beispiel diesen Schröder. [. . .] Und dann den von Hassel. Sehen Sie, der Strauß hatte sich als Verteidigungsminister wie ein junges Füllen benommen und die Generale beständig vor den Kopf gestoßen. Ich mußte immer einen Eclat fürchten. Wie ich nun einen Nachfolger für Strauß brauchte, war da der von Hassel. Er hat unleugbar gute Manieren, ein sehr urbaner Mann, und sein Schleswig-Holstein hat er ja auch recht gut verwaltet. Na und nun ist er in die Hände von McNamara gefallen. Und Sie wissen, McNamara ist heute der mächtigste Mann in Amerika.« »Halten Sie das für ein Glück?« »Nein, das halte ich keineswegs für ein Glück. Aber der von Hassell ist völlig in den Händen von McNamara. Unlängst hat er den letzten Groschen seines Budgets für Waffenkäufe in Amerika gebunden. Und de Gaulle war so viel daran gelegen, daß Deutschland und Frankreich zusammen Waffen fabrizierten und Waffen gegeneinander austauschten.« Ego: »Wenn in Bonn solche Politik gemacht wird,

dann kann aus der deutsch-französischen Freundschaft ja wirklich nichts werden.« Ille: »Natürlich nicht.«
Über die sozialdemokratischen Führer: Erler, der sei so sehr langweilig und trocken; Wehner ein furchtbarer Dickkopf und viel zu grob mit seinen eigenen Leuten. Ich meinte, es sei doch zu bedauern, daß so fähige und ernste Patrioten, wie mancher Sozialdemokrat sei, dazu verurteilt seien, ihr ganzes politisches Leben lang in der Opposition zu sein. Ille: »Na, da können wir nichts dafür, freiwillig abdanken konnten wir doch nicht. Aber ich sehe, was Sie meinen, und habe auch immer versucht, die Opposition zu positiver Mitarbeit heranzuziehen.« (Was ich hier dachte, mag man erraten.) Er kam, ich glaube in diesem Zusammenhang, dann auch noch einmal auf die Vergangenheit zu sprechen, auf Otto Braun und Severing. Sie seien feige gewesen. Mit ihrer Polizei hätten sie den Staatsstreich von Papens im Sommer 1932 doch niederschlagen können und müssen. »Ich bin kein Revolutionär. Aber es gibt Momente, da kommt es auf den Mut an, und da muß man zuschlagen.«
Ich fragte ihn nach Brüning, nach dessen mörderischer Deflationspolitik, und erinnerte ihn daran, daß er auf dem Höhepunkt der Wirtschaftskrise den Versuch gemacht hatte, Brüning zu einem gewaltigen Arbeitsbeschaffungsprogramm zu überreden. Ille: »Die Lage war ja damals furchtbar. Das heißt, in Köln war sie nicht gar so schlimm. Aber wenn ich mit dem Auto durch Deutschland fuhr, so war es entsetzlich, die Arbeitslosen überall auf der Straße zu sehen. In diesem Sinn habe ich Brüning beschworen. Aber Brüning war so *sehr* theoretisch! Ein grundanständiger, integerer Mann, aber kein Politiker, durchaus theoretisch.« – Über seinen eigenen Rücktritt: »Wenn man so hoch steht, wie ich stand, so ist man sehr einsam und erfährt vieles nicht. Ich habe einfach nicht gewußt, daß die Brigade Erhard mich abhalftern wollte.« Ego: Bismarck habe auch über seine Einsamkeit geklagt. Allerdings habe der auch nur Jasager und Kreaturen um sich geduldet. – Diese Bemerkung schien er auf sich zu beziehen, wie es wohl auch ein wenig gemeint war, und sein Gesicht verdüsterte sich für einen Moment. Er ging nicht recht darauf ein, meinte aber, ins Humoristische ablenkend: »Politik ist ein schmutziges Geschäft. Sie verdirbt den Charakter, meinen hat sie auch ver-

dorben.« »In Grenzen, Herr Bundeskanzler, in Grenzen.« »Sehr liebenswürdig, daß Sie mir wenigstens das konzedieren.«
In einem anderen Zusammenhang: Seine Minister und die Abgeordneten hätten immer nur an materielle Interessen gedacht. – An ihre eigenen oder an Gruppeninteressen? – An materielle Gruppeninteressen.
Häufig kam er auf Amerika zu sprechen, dessen Zukunft ihm schwere Sorgen machte. Die Verfassung sei völlig veraltet, Johnson sei eine Macht in den Schoß gefallen, durch die Ermordung Kennedys, der niemand und der er nicht gewachsen sei, die Gewerkschaften, die Neger etc. etc. Ebenso übel, oder noch übler sei England daran, eine gebrochene Weltmacht, deren Bürger sich mit den neuen Realitäten nicht abfinden könnten und nicht genügend arbeiten wollten, besonders die Jugend.
Um etwa halb sieben sah ich auf die Uhr und bemerkte, ich müsse nun bald wieder weg, mein Zug in Lugano gehe um acht, auch möchte ich ihn nicht zu lange aufhalten und ermüden. Ille: Ich sollte doch noch bleiben, ich könnte auch zum Abendessen bleiben. »Mit wem kann ich sonst schon sprechen? Mit den Herren von der Fraktion, das ist doch nichts.« (Der Gedanke ging mir durch den Kopf, jetzt, da er auch das letzte Amt abgegeben hatte, möchten sich auch die Herren von der Fraktion nicht mehr viel um ihn kümmern.) Die Assistentin kam herein, und allmählich entstand die Verabredung, ich sollte zum Abendessen bleiben, dann in Cadenabbia übernachten, dann, warum nicht, in der Villa übernachten, es sei ja ein Gastzimmer zur Verfügung. Die Angebote kamen allmählich, nicht alle auf einmal. Kurz nach sieben führte er mich auf mein Zimmer, wobei er sich als überaus höflicher, rücksichtsvoller Wirt erwies, mir einen Rasierapparat anbot, mir das Badezimmer zeigte und so weiter. Etwas später trafen wir uns wieder im Garten oder kleinen Park, in dem er mich herumführte. Die Villa, ziemlich hoch über dem See, gegenüber der Halbinsel, die hier den See in zwei Arme teilt, und gegenüber einem pittoresken Städtchen auf der Halbinsel, könnte schöner nicht liegen. Der Park ist steil, mit Bäumen und blühenden Büschen dicht bewachsen. Daß er diese sehr liebte, wurde deutlich. Wieder und wieder zeigte er auf ein

paar hohe Zypressen: »Welche Kraft in diesen Bäumen, wenn man bedenkt, wie der Saft von tief in der Erde in diese Höhen schießt.« Besonders eine Gruppe von vier Zypressen liebte er, aber auch Ölbäume und anderes, und genoß den Duft der blühenden Büsche. Als die Rede auf die Gärtnerei kam: »Gärtner, das ist ein schöner Beruf. Die Bäume und Blumen danken es einem doch wenigstens, was man für sie tut.« Worin wohl lag, daß gewisse andere Lebewesen weniger dankbar seien. – Die Villa gehöre einem französischen Grafen, der in Paris Margarine produziere oder vertrete, seine Mutter habe sie gebaut. Vorher, aber in einem alten abgerissenen Haus, das am selben Platz stand, habe Stendhal lange dort gewohnt. Was mir gewisse Landschaftsbeschreibungen in der ›Chartreuse‹ erklärte. In Como habe Galilei gewohnt, auch Volta. An der Geschichte von »Und sie bewegt sich doch«, sei übrigens kein wahres Wort. Er lese da eben ein amüsantes Buch ›Lügen der Weltgeschichte‹. Zum Beispiel sei auch keineswegs wahr, daß Tiberius ein solches Ungeheuer gewesen sei; was ich ihm bestätigen konnte. Auf den teilweise schwierigen und steilen Wegen des Parkes schritt er eilig, rüstig, in tadellos aufrechter Haltung.

Wir gingen zum Abendessen im selben Zimmer, wo für Fünf gedeckt war. Zu meiner Erleichterung standen auch Weingläser da. Er ließ mich zwischen Rhein und Mosel wählen und entschied sich dann nach einer Liste, die ihm gereicht wurde, für einen Mosel, der in der Tat vorzüglich war. Es gab aber für die vier Trinkenden nur eine Flasche, für die anderen ein Glas, für mich zwei. Es war das einzige alkoholische Getränk während des ganzen Abends, was diesen für mich entschieden erschwerte. Drei Damen waren bei Tisch, die Assistentin und zwei Untersekretärinnen, welch letztere nicht ein einziges Wort redeten. Fräulein P. nahm die Gelegenheit meiner Präsenz wahr, um ihren Sorgen betreffend den zweiten Band der ›Erinnerungen‹ Luft zu machen und mir allerlei zu sagen, was natürlich für ihn bestimmt war: Man müsse doch auch auf die Leser Rücksicht nehmen, nicht zuviel langweilige Dokumente bringen, etc. Ich versuchte den goldenen Mittelweg zu gehen, wie gewöhnlich: »Ein Werk wie dieses muß werden, was es werden will, und muß dem Charakter des Autors entsprechen.

Aber freilich, hin und wieder ein Portrait, eine Anekdote, ein wenig Spott und dergleichen könnte wohl nicht schaden. Jedoch Memoiren im Stil des Reichskanzlers Bülow kann der Herr Bundeskanzler nun einmal nicht schreiben und soll es auch nicht. Bülows Memoiren sind das eine Extrem; auf dem anderen gibt es Erinnerungen wie die des Prinzen Max von Baden, sehr asketische, überaus sachliche, ernste, die dafür aber von einer ganzen Epoche ein umfassendes Bild geben.« Ille: »Hört, hört!« Er schien sich über die freimütige Kritik der Assistentin zu amüsieren und lachte das stille, runzelige Lachen, das ich schon beschrieben habe. Später sagte er aber zu mir: »Fräulein P. hat sich bei mir entschuldigt«; er legte also doch Wert auf die Erhaltung seiner Würde. – Das Essen war sehr leicht und gut gekocht: ein schaumiger, cremiger Gemüseauflauf und danach eine leichte Creme, hauptsächlich wohl aus Eierschaum. Insgesamt hatte ich den Eindruck, daß wenigstens für seinen Komfort bestens gesorgt war.
Nach dem Essen war man wieder im Garten, dann wieder im Wohnzimmer an einem anderen Tisch. Es wurden mir die Inhaltsverzeichnisse des zweiten Bandes gezeigt, ein knappes und ein sehr ausführliches, welche ich zu begutachten hatte; ich fand aber nichts an ihnen auszusetzen. Er zeigte mir auch eine Stelle, die er sich zu streichen entschlossen hatte, weil sie zu prahlerisch sei. Etwa im Jahre 53 hatte Dulles ihm erzählt, Eisenhower halte ihn für den größten Staatsmann Europas, frage stets, was denkt der Bundeskanzler dazu etc. »Das muß raus. Ich kann doch nicht strunzen.« Nach einigem Hin und und Her gab ich ihm recht. Im dunklen Garten kam die Rede auf Gedichte. Er hatte sich eine Gedicht-Anthologie mitgebracht, die ›Der Wundergarten‹ oder so ähnlich hieß, also wohl eine ziemlich altmodische sein mußte; auch Heines ›Buch der Lieder‹ und anderes. Ich bemerkte, wie sehr wichtig mir in der Schule das Auswendiglernen von Gedichten scheine, eine Sache, die leider heute völlig vernachlässigt werde. Ille: »Sie lernen überhaupt nichts mehr auswendig, weil sie nicht können, weil sie dazu die Konzentration nicht mehr haben.« Er liebte Geibel und fing an, den ›Tod des Tiberius‹ zu rezitieren. Auf meine Bemerkung, meine Lieblingsballade sei die ›Lenore‹, gab er auch daraus ein paar Fragmente zum besten. Ille: »Wir scheinen

beide altmodische Leute zu sein.« Wieder im Zimmer, versuchte ich die Unterhaltung möglichst leicht zu machen, damit man sich nicht unter zu ernsten Gesprächen trennte. Als die Rede auf Eitelkeit kam, gab ich ein paar Lion Feuchtwanger-Anekdoten zum besten. Ille: »Ja, so Leute sind glücklich. Ihnen kann nichts passieren.« Um dreiviertel zehn entschuldigte ich mich, weil ich wirklich todmüde war (aber mit Wein hätte ich besser durchgehalten); er schien das zu bedauern und keineswegs müde zu sein. Gefragt, wann ich frühstücken wollte, antwortete ich: Gegen acht. Ille: »Sagen wir gegen neun.« Woraus ich schloß, daß er mit mir zu frühstücken wünschte. Er führte mich dann auf mein Zimmer oder erst noch in sein bescheidenes Arbeitszimmer, das er mir zeigte, die große Aktensammlung, die dort stand und die er für seine Arbeit brauchte, und bot mir ein Buch zur Bettlektüre an. Ich wählte ein paar große Bücher über Israel, die er sich angeschafft hatte, zur Vorbereitung für die im Mai geplante Israel-Reise.
Die Nacht verlief leidlich; das Bett war unbequem, das Zimmer karg und stilecht eingerichtet, mit Kamin und Blick auf den See. Am Morgen ging ich allein im Garten spazieren, sah durch das Fenster die beiden Untersekretärinnen alleine frühstücken, dann Fräulein P., mit der ich mich etwas unterhielt. Sie teilte mir wieder ihre Sorgen mit: Der Herr Bundeskanzler wolle sein Manuskript überhaupt niemandem zeigen, was doch ganz gegen die Gewohnheit ernster oder gar gelehrter Schriftstellerei sei, er sehe sich nichts wieder an, er wolle es nur fort und aus dem Weg haben. »Wahrhaft erschütternd ist ja auch, daß er offenbar fürchtet, nicht mehr fertig zu werden. Sie wissen, er ist gerade neunzig geworden.« Früher, mit den Regierungserklärungen, sei es aber ähnlich gegangen. »Abends fing er an, sie mir zu diktieren, dann diktierte er am frühen Morgen weiter, und oft mußten ihm die getippten Blätter der Reihe nach überreicht werden, während er schon im Bundestag sprach.«
Gegen neun, wie verabredet, erschien er zum Frühstück, etwas feierlicher und steifer als am Abend zuvor, da war er gegen Ende gemütlich aufgetaut. Er wolle mir noch ein paar ihm wichtige Dinge sagen. Was herauskam, waren einige der

Argumente, die ich schon erwähnt habe, zumal die Gefahr einer Neutralisierung Europas. Schließlich: »Ich will Ihnen noch etwas sagen, damit Sie mich nicht falsch beurteilen. Ich will Ihnen erklären, warum ich nicht Bundespräsident wurde.« Nun kam die mir im wesentlichen ja bekannte Geschichte: Er hatte beansprucht, seinen Nachfolger bestimmen zu dürfen. Die Fraktion hatte das aber abgelehnt und ihn wissen lassen, sie würde Erhard wählen. Als er das begriff, sei ihm nichts anderes übriggeblieben, als sein Angebot zurückzunehmen, seinen Entschluß zu revidieren. Denn Erhards Kanzlerschaft habe er um jeden Preis verhindern müssen. – Da er ununterbrochen sprach und Gewichtiges sprach oder sprechen wollte, kam ich zum essen fast gar nicht, obwohl er gelegentlich ein »Greifen Sie doch zu« hören ließ. Er aß einigen Toast mit Honig und trank Tee. Gegen elf deutete ich an, daß ich nun wirklich gehen müsse, was ich so formulierte: »Herr Bundeskanzler, gestatten Sie mir eine letzte Frage.« Ich fragte ihn nun, warum er, da er doch noch immer große Autorität besitze, nicht mehr tue, um die deutsche Politik in die von ihm gewünschte Bahn zu führen. Ille: »Wenn man vierzehn Jahre lang Bundeskanzler war, dann darf man seine Nachfolger nicht hindern, dann darf man ihnen keine Knüppel zwischen die Beine werfen.« Ego: »Aber Bismarck hat das im Ruhestand doch getan.« Ille: »Ja, aber darüber hat man ja dann auch nicht sehr freundlich geredet.« Ego: »Ich meine ja auch nicht, daß Sie etwa beständig Interviews geben oder in Kleinigkeiten eingreifen sollten. Aber wenn Sie Ihr Werk sehr ernsthaft gefährdet sehen, dann sollten Sie in aller Öffentlichkeit und mit aller Feierlichkeit warnen.« Dies schien ihm zu gefallen und das, meinte er, werde er auch tun müssen. Ich ging dann hinauf, um mein Köfferchen zu holen. Das Exemplar der »Erinnerungen«, das ich mitgebracht hatte, hatte er mir schon beim Frühstück inskribiert überreicht. Beim Abschied erzählte ich, ich würde an einem der nächsten Tage nach der Tschechoslowakei reisen. In diesem Zusammenhang kam er auf Benesch zu sprechen, der ihn einmal in Köln in der Oberbürgermeisterzeit besucht habe. »Benesch schwor mir und nahm seine Frau, die auch dabei war, zum Zeugen, er habe für Böhmen nie etwas anderes erstrebt als den Status von Ungarn.« Ich wollte unterbrechen, Benesch sei ein Lügner gewesen, aber er sagte das selber. Kokoschka, der ihn gerade malte, habe es ihm erzählt. Masaryk sei ein ehrlicher, integerer Mann gewesen, aber Benesch ein großer Lügner vor dem Herrn. Wir tauschten dann noch Bemerkungen über die Habsburger Monarchie aus, deren Verschwinden wir beide in gleicher Weise bedauerten. Es regnete etwas, und er ließ mir einen Schirm reichen, um die wenigen Schritte zu dem Auto zu machen. Er dankte mir für meinen Besuch; von jetzt ab sei ich ihm jederzeit willkommen. Als ich schon im Auto saß, kam er mir noch einmal nach, gleichfalls einen Schirm tragend, um sich noch einmal zu verabschieden. Der Wagen war der, in dem er in den Zeiten seiner Macht von Rhöndorf nach Bonn zu fahren pflegte, der Chauffeur war auch derselbe, ein Chauffeur von ältestem Schrot und Korn, und seinem Chef offenbar leidenschaftlich ergeben. Auch redete der zu ihm mit einer Herzenshöflichkeit, die noch aus voremanzipatorischen Zeiten stammte.

Ich kann nicht leugnen, daß ich während der langen Gespräche eine wachsende Sympathie für ihn empfand. Aus vielerlei Gründen: das hohe Alter, die Einsamkeit, die verhaltene Trauer; aber auch die Erfahrung, die schlichte Weisheit, das Fehlen jeder Prätention bei natürlichster Würde; der Ernst und der Humor; der Charme, der von ihm ausgeht. Von ein paar amüsanten Bemerkungen über Persönlichkeiten abgesehen hatte er wenig eigentlich Originelles gesagt, manches schlecht Unterrichtete, manches Vereinfachende; und doch hatte ich ihm mit dem allergrößten Interesse zugehört, weil der Reiz der Persönlichkeit immer da war. Ein paar nachzutragende Bemerkungen fallen mir noch ein. Das Problem des Trinkens beschäftigte ihn offenbar. Zu Strauß habe er einmal gesagt: »Herr Strauß, versprechen Sie mir, nach ein Uhr nachts nichts mehr zu trinken. Wenn man nach ein Uhr nachts trinkt, so sagt man Dinge, die sich herumsprechen und die man später bereut.« Strauß habe ihm dann versprochen, nach Mitternacht nichts mehr zu trinken. – Die Sozialdemokraten hält er noch immer für eine linke und den Kommunisten zuneigende Partei. Sehr scharf sprach er sich gegen die geplanten »Besprechungen« zwischen SPD und SED aus. Da komme doch alles ins Wanken. Die Sozialdemokraten täten das wahrscheinlich, um den linken Flügel ihrer eigenen Partei zu beschwichtigen; oder täten es wohl auch, um den wachsenden deutschen Nationalismus von rechts her zu überholen. – Rührend war das Folgende. Im Garten vor dem Abendessen sagte er plötzlich: »Geschichte schreiben, das muß schwer sein.« Ego: »Geschichte machen ist aber sicher viel schwerer.« Ille: »Tja, sie recht zu machen, mag schwerer sein.« Ego: Historische, vor allem aber politische Schriftsteller hätten im allgemeinen sehr wenig Wirkung, besonders in Deutschland, sie würden gar nicht ernst genommen. Er bestritt das. Beim Abschied am nächsten Vormittag mit einer gewissen Feierlichkeit: »Etwas möchte ich Ihnen noch sagen. Schriftsteller haben gerade in Deutschland eine sehr wichtige Aufgabe.« Er wollte mir etwas Ermutigendes auf den Weg geben.

1966

Im Herbst erschien der zweite Band der ›Erinnerungen‹, den ich wie den ersten in der ›Zeit‹ besprach. Darauf kam Anfang Dezember ein Brief Adenauers, drei Seiten in unverändert fester, klarer, »gotischer« Handschrift. Er habe meine Ausführungen mehrfach gelesen, sie riefen in ihm eine Fülle von Gedanken wach, teils zustimmende, teils kritische. Er könne sie aber hier nicht zu Papier bringen, zum Teil seien sie noch nicht ausgereift. »Aber es drängt mich, Ihnen von Herzen zu danken; zu danken für das, was Sie anerkennen, auch für das, was Sie in mir anregen. Aber ich weiß, daß Ihre Ausführungen nicht ohne Einfluß bleiben werden auf den dritten Band meiner Erinnerungen, den ich jetzt schreibe. Vielleicht darf ich Sie, wenn dieser 3. Band in mir Form annimmt, um einen Austausch unserer Ansichten über diesen oder jenen Punkt bitten ...« Nie hat ein Brief mich so ergriffen wie dieser. Der Einundneunzigjährige wollte noch warten, bis seine Gedanken ausgereift wären. Er wünschte Gedankenaustausch mit Einem, der alles das doch nur von ungefähr in den Zeitungen verfolgt hatte und nicht mehr, nicht weniger darüber wußte, als jeder halbwegs interessierte Zeitgenosse wissen konnte. Die Dankbarkeit, die ganz echt sein mußte, denn was hatte er von mir zu erwarten: Dankbarkeit für die freundlichen, wie man finden wird keineswegs *nur* freundlichen Worte eines Kritikers. Die tiefe Bescheidenheit eines Mannes, der ehedem Erfolge errungen hatte wie kein deutscher Politiker in Jahrhunderten! Was ich antwortete, weiß ich nicht mehr, außer, daß ich ihm jederzeit zur Verfügung stünde. Darüber wurde im Januar 1967 korrespondiert und noch wieder im März, diesmal mit Fräulein P.: Mein Besuch könnte jetzt gleich in Rhöndorf stattfinden, oder aber im Mai, in Cadenabbia. Der Comer See im Mai, dachte ich, sei schöner als Rhöndorf oder das Bonner Amtszimmer im März; und so ist es zu einer zweiten Begegnung nicht gekommen.

1967

Ein Staatsmann blickt zurück ›Erinnerungen‹, Band II

Konrad Adenauers zweiter Band – ›Erinnerungen‹, 1953–1955‹, – handelt von nur drei Jahren, der erste aber von acht; so daß jener noch genauer ins Detail der Konferenzen, der Notenwechsel, der einschlägigen, von ihm selber, von Bundesgenossen, Gegnern, Feinden gehaltenen Reden gehen müßte. Trotzdem hat man den Eindruck des Knapperen, Gestraffteren, manchmal des eigentlich Spannenden. Der späte Historiker hat beim Schreiben schöner schreiben gelernt.
Die Methode behielt er bei: das Vorgehen in kleinen, wenn auch festen Schritten, das Ernstnehmen jedes diplomatischen Aktes, der irgend auf Deutschland Bezug hatte, auch solcher, bei denen rein gar nichts herauskam; die Wiedergabe gegnerischer Argumente mit voller Objektivität, um sie dann ebenso gründlich zu widerlegen; die hin und wieder eingeschalteten, resümierenden Betrachtungen, »Grundsätzliches zur Wiedervereinigung Deutschlands«, »Grundsätzliche Betrachtungen zu Ost-West-Verhandlungen«, »Standort der deutschen Außenpolitik«, »Einiges zur Taktik der Sowjetunion« und so fort. Von diesen Einschaltungen glaube ich, daß sie aus im Augenblick selber verfertigten Arbeitspapieren stammen.
Der Staatsmann Adenauer ist systematisch vorgegangen. Sei-

nen Entscheidungen lagen saubere Gedankenoperationen zugrunde; die Eliminierung von Möglichkeiten, bis eine einzige als Notwendigkeit übrigblieb. Solche Systematik gab seiner außenpolitischen Führung die Festigkeit, und vielleicht war das der Hauptzweck dabei. Denn ungefähr kannte der Rechnende das Resultat seiner Rechnung ja doch im voraus, und im wesentlichen blieb es immer das gleiche Resultat.

Der Autor selber tritt, im Vergleich mit dem ersten Band, ein wenig zurück. Es ist mehr von dem die Rede, was andere taten, mehr von dem, was ohne sein Zutun geschah, es werden Blicke auf andere Länder, andere Kontinente geworfen. Das letztere aber immer von Deutschland aus und insoweit die Entwicklung Chinas oder der Vereinigten Staaten Adenauers Deutschland interessierte. Anderes nicht. Schon Österreich gehört nach diesem Geschichtsbild keineswegs zu »Deutschland«, und das Interesse des Staatsvertrages von 1955 liegt nicht in den Folgen, welche er für die Existenz der Österreicher hatte, sondern ausschließlich in der Frage, ob er eine Veränderung der russischen Politik Deutschland gegenüber bedeutete oder nicht bedeutete.

Von geschichtlichen Rückblicken kehrt nur einer immer wieder: das Erlebnis der deutschen Selbstüberschätzung, ihrer Isolierung und dann des Ruins, das der alte Herr in seiner Zeit so reichlich erfuhr. »Wir waren zweimal durch Selbstüberschätzung gescheitert, beide Male in einem Krieg. Ein drittes Mal dürfte das nicht geschehen.« »Wir laufen dann die Gefahr ..., daß sich Deutschland wie so oft in den letzten Jahrzehnten ohne Freunde zwischen sämtliche Stühle gesetzt hat ...«

Mitunter finden wir kernige Weisheiten eingestreut, Zitate aus Reden wie auch neu formulierte. Man könnte eine ganz hübsche Blütenlese aus ihnen zusammenstellen. Zum Beispiel:

> »Ich habe in meinem Leben viele Dinge zu verhandeln gehabt, ich habe mich aber nie in Verhandlungen eingelassen, von denen ich nicht vorher wenigstens mit einiger Wahrscheinlichkeit wußte, daß sie zu irgendeinem positiven Ergebnis führen könnten.«
>
> »Aber das Leben geht weiter. Um die Zukunft bestehen zu

können, muß man nach vorn blicken und sich nicht durch den Bann der Vergangenheit lähmen lassen.«

»Stetigkeit in der Politik ist die Grundlage des Vertrauens. Wir waren stetig in unserer politischen Arbeit. Wir haben nicht hin und her gefackelt, ob wir diesen Weg einschlagen sollten oder jenen.«

»Weittragende Entschlüsse müssen gut überlegt, aber dann auch zügig durchgeführt werden.«

»Verträge lassen sich nicht jahrelang auf Eis legen, dann sterben sie ab, in der öffentlichen Meinung und damit auch in der Politik.«

»Es ist am besten, man bleibt bei seiner Überzeugung und sagt, was man zu sagen hat.«

»Ich habe inzwischen mit Leuten an einem Tisch gesessen, die einmal für den Morgenthau-Plan eingetreten sind. In der Politik sollte man niemals sagen, mit dem Mann setze ich mich nicht zu Verhandlungen zusammen. Wenn die Verhandlungen das Wohl des Gebietes im Auge haben ... dann setze ich mich auch mit dem Teufel an einen Tisch.«

»Die Frage der Außenpolitik war für uns ... schlechthin entscheidend. Wir waren auf den Export angewiesen, sonst hätten wir nicht leben können. Und wir hatten nur dann Export, wenn wir nicht nur gute Ware lieferten, sondern auch eine kluge Außenpolitik trieben. Wenn wir in der Außenpolitik Dummheiten machten oder machen oder noch Schlimmeres, dann träte bei uns eine wirtschaftliche Katastrophe größten Ausmaßes ein.«

»Aber auf ein so gefährliches Gelände, wie es die Außenpolitik in unserer Situation war, sollte man sich nicht begeben, wenn man nur ein lauteres Herz hat. Es tut mir leid, sagen zu müssen, daß lautere Herzen allein auf diesem Gebiet nicht hoch diskontiert werden. Auf dem Gebiet der Außenpolitik muß man von den Dingen wissen, man muß arbeiten und studieren und aus den Vorgängen der Vergangenheit die nötigen Konsequenzen ziehen, sehr kühl, sehr nüchtern und sehr klar.«

Und so weiter. Das Interesse solcher in der Tat klaren, nüchternen Lehrsätze besteht darin, daß sie von einem höchst praktischen Manne stammen, der nach ihnen zu handeln glaubte. Wie denn dieser Band uns noch besser als der erste das Rätsel von Adenauers Autorität verstehen läßt. Nicht zwar, wie er in Deutschland das Machtspiel betrieb. Von Innenpolitik soll erst im dritten Band die Rede sein, und auch dann wird der Altmeister seine *arcana imperii* wohl nicht vor uns ausbreiten. Aber wie er die Macht ausübte: ein Hamlet war er nicht. Die Leute, wußte er, wollen geführt werden. Manchmal ist es ihnen nicht einmal so wichtig, wohin man sie führt, solange sie nur das Gefühl haben, daß der, der an der Spitze steht, weiß, was er will, und seinem Willen treu bleibt.

So erlaubten sie Adenauer seinen Israel-Vertrag, der ihnen doch sympathisch nicht sein konnte, zumal er viel Geld kostete; und ein wie großer Teil der Wählerschaft hat das, was der Kanzler wollte und wovon in seinen Erinnerungen eindrucksvoll die Rede ist, diese Verbindung von moralischen und politischen Motiven, wirklich begriffen? Welche Stellung hat Adenauer in seiner guten Zeit unter den Deutschen gehabt, daß er den Israel-Vertrag durchsetzen konnte, ohne auch nur ernsthaften Widerspruch zu erregen!

Wiederum wird karges, feierliches Lob gespendet; solchen, die eine bestimmte Sache gut machten: Hallstein, Blankenhorn; solchen, die ihre Sache überhaupt gut machten, Bischof Dibelius, Finanzminister Schäffer; solchen, die um Deutschland im großen verdient sind: »Ich möchte François-Poncet meinen ganz besonderen Dank und meine hohe Anerkennung aussprechen.« Schön, in seiner Kargheit nicht ohne Wissen, ist der kurze Nachruf auf den innerdeutschen Gegner, Kurt Schumacher. »Dr. Schumacher war infolge der harten Jahre, die er während der nationalsozialistischen Herrschaft in Konzentrationslagern verbracht hatte, ein schwerkranker Mann. Er mußte sicherlich viel Schmerzen aushalten. Vielleicht trug dies dazu bei, daß er verschlossen war und sich von den Menschen stets zurückhielt. Er war im Grund genommen ein sehr einsamer Mensch. Die Schmerzen, die er ausstehen mußte, die Einsamkeit, in der er lebte, schließlich auch gegenüber seinen eigenen Parteifreunden, ergaben eine Versteifung seiner Haltung ... Ich empfand seinen Verlust, trotz aller Gegensätze und aller Kämpfe, die wir miteinander austrugen, schmerzlich. Er hatte das Beste gewollt, das erkenne ich an.« Dergleichen hätte Bismarck über einen toten Gegner nie geschrieben.

Porträts, Schilderungen gibt es wenige. Der Autor scheint vorauszusetzen, daß man Figuren wie Eisenhower, Churchill, Eden, Mendès-France ohnehin kennt. Es wird mit ihnen gehandelt, aber sie werden nicht gezeigt; auch der mächtige amerikanische Freund, John Foster Dulles, erscheint wohl durch das, was er wirkt, sagt, schreibt, bleibt aber ein Abstractum. Die große Ausnahme bildet die »Reise nach Moskau«. Dort, in einer ihm total fremden Welt, mit der er nun schon so lang sich zu befassen gehabt hatte, ohne ihr in Fleisch und Blut zu begegnen, überwältigten den greisen Politiker Neugier und Schaulust.

Das Vorwort spricht von einer notwendigen »Einteilung in große Problemkreise«. Im ersten Band stand im Zentrum die Entstehung der Bundesrepublik und ihr Verhältnis zum »Westen«. Der zweite handelt von den Beziehungen zwischen Westen und Osten; Deutschland und Rußland, dem Osten und den Westalliierten überhaupt, Deutschland und dem Westen, insofern diese wandelreiche Bündnisbeziehung Deutschlands Verhältnis auch zum Osten bestimmt. Der Osten reicht von Moskau bis zur Elbe; die »Zone«, von Adenauer hundertundeinmal als »sogenannte Deutsche Demokratische Republik« sorgfältigst erwähnt, gehört dazu. Die Einteilung in Problemkreise bringt es mit sich, daß noch einmal am Anfang, 1945, angefangen wird. Aber erst mit dem Jahre 1952 geht die Erzählung ins Detail. Bald stehen wir wieder da, wo der erste Band endete; nun geht es Monat für Monat, Jahr für Jahr – »zögernd kommt die Zukunft hergezogen«.

Für sich steht das interessante und schöne Kapitel über den Israel-Vertrag, die »Ordnung unseres Verhältnisses zu den Juden«. Es behandelt den ganzen Komplex und nimmt noch des Autors Israel-Reise vom Mai 1966 mit hinein.

Von der Bundesrepublik schreibt Adenauer einmal, sie sei nicht, »wie behauptet wurde, ein Staatsfragment«. Sie sei ein Staat mit allen Hoheitsrechten und Organen eines Staates. Der Leser merkt auf, fragt, wie das gemeint sein könnte. Es ist

nicht so gemeint, wie er etwa erwartete. Für Adenauer ist die Bundesrepublik kein neuer Staat. Sie ist »mit dem Deutschen Reich nach dem Stand des Jahres 1937 identisch, darüber kann kein Zweifel bestehen«. Nur sei leider der territoriale Geltungsbereich des Grundgesetzes, das einer Vollverfassung gleichkomme, vorläufig eingeschränkt. In den gleichen Zusammenhang gehört, was auf einer anderen Seite über die wiedergewonnene deutsche Souveränität verzeichnet wird: die Alliierten hätten der Bundesrepublik keine Souveränität »verliehen« und keine verleihen können. Vielmehr sei die deutsche Souveränität von selber wieder aufgelebt in dem Moment, in dem die Sieger ihre Kontrollrechte aufgaben. Das ist mehr als nur völkerrechtliches Theoretisieren. Es ist auch mehr als Konzession an gewisse Stimmungen im Lande.
Sonst höflich in der Wahl seiner Worte, bezeichnet der Autor die These eines SPD-Abgeordneten, er sei »an der Aufrechterhaltung der deutschen Spaltung ebenso interessiert wie Grotewohl und sein Regime« als »unerhörte Frechheit«. »Die SPD mußte mir gestatten, daß ich für mich in Anspruch nahm, genausogut mit ganzem Herzen für die Wiedervereinigung Deutschlands in Frieden und Freiheit einzutreten, wie es auch zum Beispiel Herr Ollenhauer tat . . .«
Die unerhörte Frechheit jenes Sozialdemokraten hätte der Referent sich so nie herausgenommen. Daß er aber benachbarter Vermutungen sich nicht ganz erwehren konnte, hat er gelegentlich, und hat die ohnehin naheligenden Motive angedeutet: die unguten Erfahrungen, die Adenauer mit dem »Reich« gemacht hatte, Erwägungen über das europäische Gleichgewicht, Sympathien und Antipathien des Rheinländers, auch konfessionelle, auch parteipolitische Interessen. Nach der Lektüre des zweiten Bandes glaube ich das nicht mehr. Man kann nicht über 500 Seiten so konsequent lügen; eine Persönlichkeit vom Ernste Adenauers kann das nicht. Zudem finden sich in dem Band Briefe, die ursprünglich kaum für die Öffentlichkeit bestimmt waren, aber das, was für die Öffentlichkeit bestimmt war, erhärten.
Schließlich: wie kritisch auch Konrad Adenauer der Politik des Preußenreiches gegenüberstand, ein »guter Deutscher« war er doch, ein guter Bürger doch und nichts weniger als ein Rebell;

das »Reich«, in das er vor 90 Jahren geboren wurde, hat er nie bezweifelt. Gestehen wir also ein, daß auch er die Wiedervereinigung »wollte«, wie der beste Sozialdemokrat. Fragt sich, unter welchen Bedingungen.
Er wollte sie unter Bedingungen, unter denen sie in seiner Zeit nicht zu haben war und nach seiner Zeit erst recht nicht. Vielleicht war sie seit 1945 niemals zu haben, oder sehr bald nicht mehr oder nur unter Bedingungen, die uns allen – zum Beispiel dem freien Schriftsteller – unerträglich gewesen wären. Vielleicht, wahrscheinlich, waren Stalins Angebote verklausuliert und tückisch; zumal die Note vom 10. März 1952, die Adenauer wiedergibt und zerzaust. Vielleicht hat er recht mit seiner These, die russischen Vorschläge seien immer gerade dann gemacht worden, wenn es mit der westeuropäischen »Integrierung« zum Klappen zu kommen schien, also, um diese hintanzuhalten.
Aber: er lehnte die Wiedervereinigung auch unter Bedingungen ab, von denen er mitunter fürchtete, daß die Russen sie bieten *könnten,* die aber gar nicht geboten wurden. Er lehnte die Neutralisierung Gesamtdeutschlands ab: »Neutralisierung heißt Sowjetisierung.« Er lehnte sie dann und gerade dann ab, als ein von seinen Freunden Eisenhower und Dulles mitverursachtes Gerücht entstand, die Vereinigten Staaten könnten ein großes Tauschgeschäft, Neutralisierung Gesamtdeutschlands gegen Befreiung Osteuropas, erstreben. Es war eine der vielen folgenlosen Ideen der Zeit, ein Unternehmen, das ernsthaft nicht versucht wurde und kaum hätte glücken können. Aber sobald auch nur die ferne Möglichkeit dazu am Horizont erschien, schlug der Bundeskanzler Alarm, rief er ostentativ seine Botschafter zusammen; ein Steuermann, der unablässig nach zwei Gefahren ausschaute: blieb die Fregatte Bundesrepublik im Kielwasser der mächtigeren Schiffe Amerika, Westeuropa? Hielt die ganze Flotte den rechten Kurs?

Noch einmal, er wollte die Wiedervereinigung. Aber die Sicherheit *seines* Teiles von Deutschland, von dem er mehrfach betont, es sei doch der viel größere Teil gewesen, seine feste Eingliederung in die Machtkonstruktionen des Westens, anstatt der Neutralität, der Einsamkeit, des »Hin und Her-

fackelns«, die wollte er mehr. Wie ließ das leidenschaftlicher erstrebte Ziel sich mit dem anderen vereinen?
Wir erhalten die Antwort: sie mußten nicht erst vereint werden, sie waren es immer und je. Nur als Mitglied eines treuen, militärisch überlegenen, wirtschaftlich blühenden Allianzsystems konnte die Bundesrepublik ihren Anspruch verwirklichen, Gesamtdeutschland zu sein. Also, was ehedem »Politik der Stärke« genannt wurde. Jedoch will mir scheinen, als ob dieser Ausdruck in dem Buch nicht vorkäme und auch die Sache, die er benannte, ein wenig tief gespielt würde. Stärke, natürlich; aber im Zeichen der Stärke *Entspannung*. Wiedervereinigung, betont Adenauer, war nicht in Isolierung des deutsch-russischen Problemes, sondern nur in einem weltumfassenden Rahmen zu haben. »Überall, wo etwas zur Entspannung der Weltkonflikte geschah, da geschah auch etwas für Deutschland. Im Rahmen einer fortgesetzten Verhandlung über die Weltprobleme, die weltweiten Spannungen würde das Deutschlandproblem auch zu lösen sein.«
Nun bewegte sich hier der Bundeskanzler in einem Zirkel. Entspannung überhaupt, überall und irgendwo sollte die deutsche Lösung erst möglich machen. Aber Konrad Adenauer glaubte an keine Entspannung, nahm keine ernst, außer jener, die in der Lösung des deutschen Problems gelegen hätte: das Zusammenrasseln des Zonenregimes mit allem, was darin und daran war, die volle, durch nichts modifizierte Wiedervereinigung auf Grund freier Wahlen nicht nur, sondern freie Zustände in der sogenannten DDR schon vor den Wahlen, die volle Freiheit Gesamtdeutschlands, sich jedem beliebigen Bündnissystem anzuschließen und so fort. Darin sollten die Russen willigen; und worin immer sie sonst willigten, die Autonomie Finnlands, der österreichische Staatsvertrag, das war fast nichts, das war Entspannung in Anführungszeichen und bloßer Schein, um die Gegner zu betören oder eine Atempause zu gewinnen.
Die Bolschewisten, so Adenauers wieder und wieder vorgetragene Ansicht, änderten sich nicht. Ihr unverrückbares Ziel war die »Weltherrschaft des Kommunismus«. Sie denken, schreibt er aus seinen Schweizer Ferien einmal an Dulles, in langen Zeiträumen, das habe er eben wieder aus einem Studium der

russischen Geschichte seit 1900 ersehen. Folglich war das, was die deutsche Wiedervereinigung erst möglich machen sollte, in sich selber nicht möglich, weil es immer unwahr blieb. Adenauer wünschte »Entspannung«. Und doch warnte er seine Bundesgenossen davor, wo immer sie sich anzubahnen schien; das sei nur Trug, das seien nur Köder, das seien nur gefährliche Prestigegewinne Moskaus... Vielleicht wäre er, der Lernbereite, aus diesem Zirkel einmal herausgekommen, dafür gab es Andeutungen in den letzten Jahren. Als die »Brigade Erhard« ihn zum Rücktritt nötigte, war er noch darin.

Was er sehr klar sah: daß die Russen ihr Faustpfand der »Zone« als Frucht ihres hart errungenen Sieges nun einmal in der Hand hatten und sobald nicht herausgeben würden, weil vitale Macht- und Wirtschaftsinteressen für sie damit verbunden waren. Die einzige Konzession, die er zu machen bereit war, die Nichtvermehrung der deutschen Divisionen auch nach der Wiedervereinigung, kann er selber nicht ernst genommen haben. Um auf Grund eines so lächerlichen Versprechens eine solche Position aufzugeben, dazu hätten die russischen Politiker sehr »lauteren Herzens« sein müssen – und sonst nichts.

Hätte Konrad Adenauer ein großer Kaufmann werden können? Fast möchte ich es glauben, denn er ist ein Meisterunterhändler. Seine Berichte und Dokumente zeigen es: die Verbindung von Härte und Kompromißbereitschaft, von Offenheit und lauerndem Mißtrauen; die Präsenz des Geistes, der, während er sich äußert, immer auch überschlägt, was die anderen wohl denken und was sie verbergen; die Unverzagtheit angesichts von Enttäuschungen. Mit welch brennender Hoffnung hatte er auf die Europäische Verteidigungsgemeinschaft gesetzt und wie bitter enttäuschte ihn ihr Scheitern! »Jene schrecklichen Tage haben sich meinem Gedächtnis tief eingegraben, aber Trauer und Resignation helfen nichts ...« Der Weg von Adenauers Westpolitik war in seiner Richtung vorgezeichnet noch vor Gründung der Bundesrepublik. Ein gebahnter Weg, den man nur so hätte trotten können, war es trotzdem nicht. Ihn zu finden, ob das Ziel nun das rechte war oder nicht, bedurfte es eines überaus behutsamen Bergführers.

Der Kanzler traute niemandem blind, den Franzosen nicht,

den Amerikanern nicht, nicht einmal dem Freund Dulles. Tatsächlich erscheint Dulles in den ›Erinnerungen‹ weniger als der Mann des *roll-back,* denn als milder Optimist, beinahe als Beschwichtigungspolitiker, was ihm von seinem deutschen Partner mitunter verwiesen wurde. Auch erkannte Adenauer früh die amerikanische Neigung zur Groß-Asiaterei; und deren mögliche Folgen für Europa.

Wie zäh, ungemütlich, eigentlich unverschämt er sein konnte, dafür gibt das zweite Kapitel ein merkwürdiges Beispiel. Es ging da, im Juli 1952, um einen der unzähligen Notenwechsel zwischen den Westmächten und Russen, um die Auslegung eines Paragraphen des Deutschland-Vertrages durch die Westmächte, die den Schein erwecken konnte, als würde von fern in Betracht gezogen, später einmal unter den vier Siegern einen Friedensvertrag auszuhandeln und den Deutschen vorzulegen. Sofort reagierte Adenauer auf das schroffste, schriftlich zuerst, dann mündlich. Er erinnerte an den Vertrag von Versailles, der auf ähnlich fatale Weise zustande gekommen sei; er verlangte nicht nur die Streichung des betreffenden Satzes, die genüge ihm nicht, er wollte wissen, warum er denn in die Note hineingekommen sei. Die drei Hochkommissare waren noch verblüffter als verärgert. François-Poncet erklärte, der Verstand stehe ihm still. Der Herr Bundeskanzler – der das alles ganz trocken wiedergibt – kämpfe gegen Phantome, er leide an einem Versailles-Komplex, nur sein Eigensinn baue eine Schwierigkeit auf, wo keine sei und gar nichts sei etc. etc., Vorwürfe, in welche Amerikaner und Briten in milderem Ton einstimmten. Das Ergebnis war jedoch, daß Adenauer erhielt, was er wollte.

Die Episode hat ihre Erklärung. Er litt nicht am Versailles-Komplex, wohl aber, wie Bismarck, am *cauchemar des alliances,* nämlich der Sieger von 1945. Nie hörte er auf zu fürchten, Deutschland könnte wieder zu einem bloßen Gegenstand der Politik herabsinken, man könnte sich um seinen Kopf über seinen Kopf einigen. Dieser Alb hatte zwei ähnliche, aber nicht identische Fratzen: eine Rückkehr zu den Beschlüssen und der Situation von Potsdam; eine Teilung der Welt zwischen den beiden Größtmächten.

In einem müssen wir auch Konrad Adenauer »lauteren Herzens« nennen. Die immer wiederholte Verpflichtung seiner westlichen Freunde, die DDR nicht anzuerkennen, die Oder-Neiße-Grenze nicht anzuerkennen, die Wiedervereinigung in Frieden und Freiheit zu erstreben, nahm er völlig ernst und völlig praktisch. »War das kein großer Erfolg?« – Ein Erfolg, nun gut; aber was ist dabei herausgekommen? Mehr: was konnte dabei herauskommen? Vor der Spielart nationaler Selbstüberschätzung, die zur Isolierung führte, hat Adenauer emsig gewarnt. Aber vielleicht gibt es andere Spielarten der gleichen Sache.

Als Unterhändler hat Adenauer sich nie imposanter bewährt als während der »Reise nach Moskau«, September 1955. Hier waren keine Freunde oder solche, die es werden wollten; hier waren Feinde und, was schwerer ins Gewicht fällt, ihm gänzlich fremde, unheimliche Menschen. Es war ein Besuch in der Höhle des Löwen. Aber nie verbarg er den Punkt, auf dem er stand, nie blieb er die Antwort schuldig; sprang auf und hob die Fäuste, wenn Chruschtschow es ihm vormachte, sei es, weil ihm so zumute war, sei es, weil er glaubte, es dem Partner gleichtun zu müssen; gab die Verbrechen des Dritten Reiches unumwunden zu, aber erinnerte an den Stalin-Hitler-Pakt, an die Appeasement-Politik, die zu seiner und vieler Landsleute Verzweiflung Hitler erst erlaubt hatte, groß zu werden; focht wie ein Diplomat und wie ein Boxer.

Er erzählt es sachlich, ohne sich zu rühmen – das tut er nie – und indem er auch der Leistung seiner Gehilfen, zumal der geschickten und noblen Intervention Carlo Schmids, gebührend Raum gibt. Die Anknüpfung diplomatischer Beziehungen war nicht schwer, die Russen wollten sie dringender als die Deutschen. Die »Erörterung« der Wiedervereinigung war auch nicht schwer, weil sie irreal blieb und bleiben mußte. Die eigentliche Aufgabe war die Befreiung von über 20 000 in Rußland »zurückgehaltener« Personen, die er sich vorgesetzt hatte. Wie es ihm gelang, über Ausweichen, Leugnen, Verweigern, Wüten von der anderen Seite, über ostentatives Drohen mit dem Abbruch von der eigenen, das ist ein Meisterwerk und vielleicht Konrad Adenauers schönstes. Noten werden gewechselt und vergessen, Projekte scheitern, Allianzen werden aufgebaut, helfen etwas oder helfen nichts und zerbröckeln wieder. Aber die Erlösung von 20 000 Menschen aus der Qual russischer Gefangenschaft ist etwas Wirkliches.

Der Erzähler analysiert kaum; er beschreibt. Den gepflegten alten Herrn, Bulganin, hinter dessen soignierten Manieren sich eine harte, klare Intelligenz verbirgt; den schon seinem Sturze nahen, blaß gewordenen Molotow, der von seinen Chefs derb verhöhnt wird und ein steinernes Gesicht dazu macht; den temperamentgeladenen, zornwütigen, schlauen Chruschtschow, der mitunter spricht, wie man in einem russischen Roman spricht. »Ich bin ein einfacher Mensch. Ich bin kein erfahrener Mensch im Bereich der Diplomatie, obwohl es eine gute Wissenschaft ist.« – »Die DDR und ihre Grundlage, das ist die Zukunft. Das ist nicht nur die Zukunft des deutschen Volkes, sondern die Zukunft der gesamten Menschheit, und das habe nicht ich, sondern Karl Marx und Engels gesagt! – Verzeihen Sie, wenn ich Ihnen etwas Unangenehmes gesagt habe!« Adenauer verzeiht es ihm nicht, er hält den Ausspruch für entscheidend, worin der Referent ihm nicht folgen kann. Solch Pfeifen im dunklen, solch halb geglaubter Aberglaube, solche hinter kindlichem Stolz sich verbergende großmäulige Unsicherheit scheinen mir höchstens halb so tragisch zu nehmen.

Eines ist merkwürdig. Nie sonst hat Konrad Adenauer sich mit mündlichen Versprechungen begnügt, immer hat er es im präzisesten Schwarz auf Weiß haben wollen. Hier aber, im Gespräch mit den Feinden *par excellence,* den weltherrschaftslüsternen Fanatikern, den schlimmen Heiden, hat er sich, was die Freilassung der 20 000 betrifft, mit einem Ehrenwort begnügt; und war ganz sicher, es würde gehalten werden.

Merkwürdig ist das, aber aus seiner eigenen Beschreibung heraus kann man es verstehen. Denn die Atmosphäre des nachstalinschen Bolschewismus, diese unentwirrbare Mischung von Schlechtem und Gutem, von Brutalität und männlich-biederer Sentimentalität, von List und dem Geist edler Räuber, von Düsternis und Gastfreundschaftsfreude gegen den Hintergrund des goldenen Kreml und des grauen Moskau – man hat sie noch nie so überzeugend dargestellt gesehen: der Höhepunkt von Konrad Adenauers Erinnerungen, soweit wir sie bisher kennen; und, man darf es wohl sagen, ein Höhepunkt politischer Memoirenliteratur überhaupt.

1966

Zwei alte Herren. ›Erinnerungen‹, Band IV

Konrad Adenauer soll kurz vor dem Ende bemerkt haben, es werde bald still um ihn werden; das Zeitalter sei schnellebig und vergeßlich. Keine so ganz falsche Prophezeiung. Vergleichsweise still war es schon um den Alt-Bundeskanzler, zumal, seit er auch den Parteivorsitz aufgegeben hatte. Für den, der keine Macht mehr hat, haben die Politiker wenig Zeit. Dann kam sein Sterben, welches die Leute erregte und ergriff wie kaum ein anderes in Jahrhunderten; so sehr hatten sie sich an die Dauerhaftigkeit dieser menschlichen Institution, des greisen Monarchen, gewöhnt. Es kam die Totenfeier mit ihrem überorganisierten politisch-militärischen Pomp, den er sich keineswegs gewünscht hätte; die wochenlangen Anstrengungen der Television, die Gedächtnisartikel und Bildwerke. Damit hatte der Entschwundene seinen Teil. Für eine historische Würdigung war und ist es zu früh – wenn es dergleichen in Zukunft überhaupt geben wird. Der dritte Band der ›Erinnerungen‹ fand nicht die Aufmerksamkeit, welche die ersten Bände gefunden hatten.

Der vierte, fragmentarische sollte sie finden. Er enthält interessante Dinge in Fülle. Daß die verbindenden Texte zwischen den Berichten fehlen, macht ihn kürzer, aber in der Sache nicht ungewichtiger. Übrigens sorgen die von Anneliese Poppinga, Adenauers langjähriger Sekretärin, vorzüglich gemachten Zeittafeln dafür, daß der Leser die Zusammenhänge versteht, wenn er sie sucht.

Die Sprache ist die nun vertraute Sprache Konrad Adenauers, des Memorialisten: karg, trocken und sachtreu. Den Gegenstand bilden Unterredungen der Jahre 1959 bis 1963: eine mit Ben Gurion, dem israelischen Ministerpräsidenten; eine mit John F. Kennedy, dem neuen amerikanischen Präsidenten; ein paar »Viererbesprechungen« – Eisenhower, de Gaulle, Adenauer, Macmillan –, bei denen Platitüden gewechselt wurden;

elf Begegnungen mit de Gaulle, die sich, weil sie jeweils zu mehreren Tageszeiten oder an mehreren Tagen stattfanden, insgesamt zu etwa zwanzig Gesprächen summieren; ein Gespräch mit Debré, dem Mundstück de Gaulles; eines mit Antoine Pinay, über de Gaulle, so daß der General in diesem Bande durchaus dominiert. Man hätte ihn auch *»Gespräche mit de Gaulle«* nennen können. Statt dessen erhielt er den Untertitel *»Sorge um Europa«,* der auch passend ist; denn um Europa, Frankreich und Deutschland in Europa, ging es bei den Begegnungen der beiden greisen Magier zumeist. In einem Anhang ist Adenauers Schwanengesang gedruckt; die Madrider Rede vom Februar 1967. Ein schlichtes Stück Arbeit auch sie, aber ein sehr drängender, rührender, aus traurigem Herzen kommender Appell. Adenauer war es ernst mit seinem Europäertum. Fast könnte man sagen, er sei der erste europäische Politiker gewesen, den es je gegeben hat. War er der letzte?

Ist de Gaulle der letzte? Mindestens nicht so einfach der Zerstörer der »europäischen Idee«, wie man ihm nachsagt. So war in den Jahren, von denen der Band handelt, mein Verdacht; er wird durch Adenauers Notizen überreichlich bestätigt. Man könnte dagegen einwenden, was Pinay einmal gegen den Gesprächspartner de Gaulle warnend einwandte: *»Wenn der General rede, müsse man vorsichtig sein, denn er manövriere dabei.« »Er habe die Tendenz, die Dinge so zu sehen, wie er sie sich wünsche, und er sei überaus hochmütig.«* Sicher, de Gaulle gehört zu den Politikern, die für sich einnehmen wollen und aus dem unerschöpflichen Korb der Argumente gern die klauben, welche in das Gespräch passen – was ja wohl zum Wesen der Diplomatie gehört. Jedoch ist es nur eine Seite der Sache. Auf der anderen konnte er von intelligenter, überzeugend-brutaler Offenheit sein. De Gaulle, 1961, über Holland, Belgien und Luxemburg:

»Unter den Sechs gebe es drei, die instinktiv vor einer politischen Zusammenarbeit Angst hätten, und zwar vor der Zusammenarbeit des Potentials und der Macht sowie der Ziele dieser Mächte. Die drei befänden sich nicht in derselben Lage wie Frankreich und Deutschland, und deswegen wünschten sie

eigentlich diese Zusammenarbeit nicht. Natürlich sagten sie dies nicht laut, sondern würden es hinter Vorwänden verbergen. Sie sagten nicht, daß man Europa nicht schaffen solle, denn irgendwo wollten sie dieses Europa auch, aber sie wollten es, ohne es wirklich zu wollen. Wie sich aus den Gesprächen im Februar 1961 ergeben habe, glaubten diese Länder, daß eine Wirtschaftsgemeinschaft und eine Montanunion ausreichten, um Europa zu schaffen, und daß man lediglich diese Gemeinschaften zusammenzulegen brauche. Natürlich wüßten auch diese Länder, daß dies letztlich nicht stimme, daß ein Gemisch aus Hallstein und der Montanunion nicht Europa darstelle. Da sie aber diese Einstellung hätten und da andererseits Frankreich und Deutschland diese Länder dabei haben wollten, denn dies könne auch sehr nützlich sein, warte man ab und verliere Zeit. Dies sei sehr bedauerlich, zumal alles für eine politische Zusammenarbeit in Europa spreche: europäische Gründe und weltweite Gründe, und dennoch tue man nichts. Frankreich sei niemandem böse deswegen, aber es stelle eben die Tatbestände bedauernd fest.«

Über die Europäische Wirtschaftsgemeinschaft: *»Die EWG sei geschaffen worden. Ihre Entwicklung werde sogar beschleunigt werden, es werde aber noch zehn Jahre dauern, bis sie ihre volle Anwendung fände. Er frage sich aber, ob diese Wirtschaftsgemeinschaft lange leben werde, wenn gerade in der politischen Zusammenarbeit keine weiteren praktischen Schritte unternommen würden. Unter den Sechs und sogar in der deutschen Regierung machten sich Zentrifugalkräfte bemerkbar, die bislang nur deswegen noch nicht stark geworden seien, weil man davon ausgehe, daß die EWG auf einer politischen Grundlage beruhe. Wenn jedoch auf dem politischen Gebiet nichts weiter geschehe, fürchte er, daß die Zentrifugalkräfte die Wirtschaftsgemeinschaft zur Auflösung treiben würden. Rein wirtschaftlich könne sowohl Deutschland als auch Frankreich ohne weiteres ohne die Wirtschaftsgemeinschaft auskommen. Genauso wie die Zölle innerhalb der Sechs gesenkt worden seien, könnte dies morgen gegenüber England und Amerika geschehen, ohne daß dies zu einer Katastrophe führen würde. Wenn sich aber die Wirtschaftsgemeinschaft auflösen würde, weil sie keine politische Ergänzung erführe,* *wäre Europa wohl für immer zersplittert, und man hätte dann die historische Chance verpaßt.«*

Über den Präsidenten Kennedy: *»Er wolle in aller Bescheidenheit darauf hinweisen, daß Kennedy bisher noch niemals seinen Auffassungen beigepflichtet habe, wenn er sie ihm mündlich oder schriftlich in irgendeiner konkreten Frage vorgetragen habe, sei es zum Beispiel hinsichtlich Berlins, sei es hinsichtlich des Kongo. Dies sei eine Tatsache, aber Politik sei nun einmal Politik. Amerika sei nicht Europa. Man könne daher nicht erwarten, daß Kennedy sich seiner Meinung anschließe. Kennedy handele so, wie er es für sein Land für richtig halte. So mache es auch er, de Gaulle, und ich desgleichen.«* Und so weiter.

Das sind, für einen Politiker, überaus klare und energische Beobachtungen; ich könnte sie beliebig vermehren. Und ich würde die Frage, ob de Gaulle in jenen Jahren »Europa« wollte, mit einem qualifizierten Ja beantworten. Er wollte es: *»Die größte Gefahr, in der Europa jetzt schwebt, ist die Zersplitterung.«* Er wollte es nicht auf dem Umweg über »Gemeinschaften«, sondern direkt, durch Politik, von deren Primat er eisern überzeugt blieb. Er wollte keinen neuen Staat neben oder über den alten, historischen, sondern »organisierte Zusammenarbeit«, aus der eine Konföderation sich später ergeben mochte; diese hoffte er sogar durch eine europäische Volksabstimmung, so recht im de-Gaulle-Stil, zu krönen. Er wollte ein von den Vereinigten Staaten unabhängiges, auf seinen eigenen Füßen stehendes Europa, was nicht hieß, daß es gegen Amerika gerichtet sein würde. Als Kern »Europas« sah er die deutsch-französische »organisierte Zusammenarbeit« an, welche voraussetzte, daß beide Staaten dieselben außenpolitischen Ziele verfolgten. Dies seine Konzeption. Sie war in sich stimmig. Als er merkte, daß man, nicht nur im Haag und in Brüssel, sondern auch in Bonn, nicht so wollte wie er, verlor er das Interesse an der Sache und wandte sich anderen Zielen zu, die er, wie bekannt, ebensowenig erreichte.

Einen Widerspruch vermutete Adenauer früh: *»Ich zerbräche mir jedoch den Kopf über die Art des Generals zu denken. Ich nähme an, daß zwei Ideen in de Gaulle gegeneinander* *kämpften: Frankreich als große Nation und Europa.«* War das eigentlich ein Widerspruch? Hätte in dem »Europa«, das de Gaulle vorschwebte, die Führung nicht ihm, so lange er amtierte, großartig zufallen müssen?

Ein anderer Widerspruch, den er leicht durchschaute, hauste in Bonn, und zwar nicht nur bei den deutschnationalen »Atlantikern« vom Schlage Gerhard Schröders, sondern in Adenauers eigenem Streben. Er kam von der Psychologie der frühen fünfziger Jahre, von der engen, angstvollen Bindung an Washington durchaus nicht fort; nicht von der *»amerikanischen Führung«, »der ich so ungeheure Bedeutung beimesse«*. Die Furcht, der er auch de Gaulle gegenüber wieder und wieder Ausdruck gab, war die vor einem Aufleben des »amerikanischen Isolationismus«. Die veraltete Furcht eines Mannes, der aus dem 19. Jahrhundert stammte und die ihn prägenden Erfahrungen in den zwanziger Jahren gesammelt hatte. De Gaulle, alt auch er, aber jung vergleichsweise, hatte diese Furcht nicht. Die Weltmacht Amerika mochte die Höhe ihres Imperialismus noch nicht einmal erreicht haben; daß sie in die Isolierung des vorigen Jahrhunderts, auch nur in die Illusion der Isolierung zurückfallen könnte, war bare Unmöglichkeit. – Man erinnert sich an den letzten tragischen Briefwechsel zwischen den beiden, dem Präsidenten und dem sterbenden Adenauer. Dieser: Europa, Europa! De Gaulle: er habe das Schreiben seines Freundes mit dem Interesse gelesen, mit dem er alles von ihm Kommende lese; aber jetzt sei Bewahrung der nationalen Unabhängigkeit – gegenüber Amerika – das all und eine Gebot. Womit dieser lange und ergebnisarme Dialog endete.

Nicht immer war der Jüngere auch der Modernere. In Rhöndorf, Mai 1961, gab es ein Gespräch zwischen den beiden, in dem Adenauer sorgenvoll auf die sozialen Bedingungen Frankreichs hinwies. Tradition habe heute keine Macht mehr; was die Menschen interessiere, sei materieller Wohlstand. *»Er, de Gaulle, habe jetzt die große Aufgabe, Frankreich ein soziales Leben zu schaffen, das auch der jungen Generation dieses Leben sinnvoll und wertvoll mache. Nur dann werde sie gegen den Kommunismus immun bleiben. Soviel mir bekannt sei, habe Frankreich auf dem sozialen Gebiet sehr viel* *nachzuholen.«* Ließe, was es nachholen müßte, sich mit den ungeheuren Kosten der nuklearen Rüstung denn vereinbaren? ... Da sah der Alte etwas wie die Ereignisse des Mai 1968 voraus. Er berichtet nicht, wie de Gaulle reagierte, während er sonst seine Antworten genau wiedergibt oder doch mit einem *»de Gaulle stimmte dem zu«*, *»de Gaulle widersprach dem nicht«* ungefähr umschreibt. Vielleicht antwortete de Gaulle in diesem Fall gar nichts.

Das Niveau ihrer Unterhaltungen ist manchmal ein hohes; de Gaulle historisch inspiriert und klarsichtig; Adenauer mit großer Mühe zu verbinden strebend, was nicht verbunden werden kann, werbend, kummervoll enttäuscht, dann wieder sich zu Optimismus zwingend. Mitunter wird es komisch. De Gaulle über Chruschtschow: er sei keine kriegerische Natur. *»Erstens sei er aus dem Alter heraus, in dem man Kriege machen wolle, zweitens sei er zu dick, und drittens liege es überhaupt nicht in seiner Natur.«* Adenauer über Kennedy: In erster Linie Parteipolitiker, habe er *»die Paulskirche für seine Rede ausgewählt, um bei den bevorstehenden Präsidentschaftswahlen die Stimmen der Deutsch-Amerikaner zu bekommen«*. Das ist von 1910 her gedacht. Den heutigen »Deutsch-Amerikanern«, wenn es solche überhaupt noch gibt, sagt der Name »Paulskirche« nicht das mindeste. Nicht selten wird es wiederholsam, wie auch trivial. De Gaulle über Kennedy: Er mache zunächst keinen schlechten Eindruck, *»es bleibe abzuwarten, wie seine Taten aussehen würden«*. Im Jahre 2000 vor Christus wird man über einen neuen Pharao ganz ähnlich geurteilt haben.

Warum ist von diesen zwanzig mehrstündigen Gesprächen, zusamt der Referentenarbeit, die sie vorbereitete, zusamt den Staatsbesuchen, Festessen, Rundreisen so wenig Wirkliches übriggeblieben? Auf der Seite de Gaulles lag es nicht am Mangel persönlicher Macht. Er war nicht Herr über Frankreich, wie er sich's einbildete, wir haben es erfahren. Er war unbestreitbar Herr über die französische Außenpolitik, unabhängig von Kabinett, Parlament und öffentlicher Meinung; ist es selbst heute noch, im Niedergang und kurz vor dem glücklosen Abgang. Wenn er in seinen außenpolitischen Versuchen zweimal, dreimal scheiterte und außer der einen Meister-

leistung, dem algerischen Frieden, im Grunde nichts Solides gewann, so muß es an der stärkeren Umwelt gelegen haben. Dagegen war Adenauer niemals Herr seiner Außenpolitik. Er wurde behindert durch sein Kabinett und die »Atlantiker« im Kabinett; durch den Bundestag, der sein »Lebenswerk«, den deutsch-französischen Vertrag von 1963, mit jener berühmten Zusatzklausel in eben dem Moment nullifizierte, indem er ihn ratifizierte; durch die öffentliche Meinung, die ihm nicht erlaubte zu sagen, was die Konsequenzen seiner Politik waren oder hätten sein müssen, was er über »Wiedervereinigung«, »Ostgrenzen« heimlich dachte. Hätte er es gesagt, so wäre er nicht Kanzler geblieben und hätte gar nichts tun können. Jedenfalls sah er es so. Er war auch gebunden durch das Gesetz, nach dem er selber angetreten und das am Anfang und immer von Amerika her bestimmt war, so wenig er Amerika persönlich kannte und liebte.
Von solchen Bindungen abgesehen, glaube ich, daß Adenauer der rechte Mann für die Sache »Europa« hätte sein können. Er war bescheiden, er war zäh, durch keine Enttäuschung zu brechen, und es war kein Hauch von Nationalismus in ihm. Der andere, da weiß ich nicht. Ohne Zweifel war er der spektakulärere Staatsmann, der große Stilist und Historiker und Philosoph, der Visionär mit oft erstaunlich wahren Visionen. Aber grandiloquent, aber ungeduldig, aber politische Großpläne schmiedend, wie man ein Spielzeug aufgreift und wieder wegwirft. »Europa«, das sollte, ein paar Jahre lang, etwas Gewaltiges sein und ein Bild der eigenen Größe. Wie unvergleichlich bescheidener trat Adenauer hinter seinen Leistungen zurück, den wirklichen wie den ersehnten. Weil er hinter ihnen zurücktrat, so stand er darüber.
Spekulationen sind billig wie die Brombeeren. Zum Beispiel: Als die Begegnung der beiden Politiker stattfand, war es für »Europa« zu spät, weil die Nationen schon wieder zu Kräften gekommen waren und sich nicht mehr fürchteten wie zehn Jahre früher. Die Föderation hätte in einem Schwung gemacht werden müssen, der Montanunion folgend, in der Ära Adenauer-Schuman-de Gasperi; die Preisgabe der Verteidigungsgemeinschaft 1954 läutete das Ende ein. Oder: Die europäischen Nationen eignen sich für einen Bundesstaat nun ein-

mal nicht. Wer es versucht hat, von Leibniz bis Adenauer, ist regelmäßig gescheitert. Und da man noch nie so nahe daran war wie diesmal und die theoretischen Gründe dafür nie so mächtig gesprochen hatten wie diesmal und wieder nichts daraus wurde, so wird wohl auch nichts mehr daraus werden ... Die letztere Spekulation oder Wahrscheinlichkeit gibt den Gesprächen der beiden alten Herren im Rückblick etwas Melancholisches, fast Geisterhaftes. *»Fangen wir also an.« »Man muß nur wollen«* ... Aber man fing nicht an, und vielleicht wollte außer Konrad Adenauer niemand in vollem Ernst.

Mit seinen Beschränktheiten und den Tücken seines rauhen Handwerks und den Fehlern, die er gemacht hat, nicht ganz unvertraut, werde ich doch nie aufhören, ihn zu bewundern. Er war ein *Herr*; besinnlich bei aller Tätigkeit; überlegen bei allem Schein von Schlichtheit; heiter auf der Oberfläche, den kleinen Freuden des Lebens nicht abhold, aber in tiefster Seele gütig, fromm und traurig. Seine Art wird und kann nicht wiederkommen. Wenn ich dergleichen vor deutschen Studenten von 1969 sagte, so weiß ich, würden Lachsalven die Antwort sein. Das ist mir nun auch egal.

1969

Hermann Rauschning

Es muß im Jahre 1937 gewesen sein, daß ich in der Schweiz das Glück hatte, Hermann Rauschning kennenzulernen. Der ehemalige Präsident des Danziger Senates war damals kaum ein Jahr in der ›Emigration‹; auf der Suche nach Gesinnungsgenossen, nach einer Tätigkeit, die dem fernen Vaterland nützlich sein könnte; und sehr unglücklich. Als Verbannter zu leben, war gerade ihm nicht an der Wiege gesungen worden. Unter seinen neuen Schicksalsgenossen fand er wenige, die so dachten wie er, oder denen er seine Gedanken, Erkenntnisse, Ängste, Hoffnungen auch nur hätte kommunizieren können. Immerhin, ein Kreis, der ihm zuhörte, fand sich zusammen. Der große schwere Mann mit den Grübleraugen hatte etwas ungemein Gewinnendes, und was er sagte, war neu, erlebt und wahr, nicht doktrinär und abgegriffen, wie sonst die politischen Gespräche deutscher Auswanderer so oft waren. Auch mußte Rauschnings Vergangenheit imponieren. Gewiß war es an sich keine Empfehlung, Nationalsozialist gewesen zu sein. Dieser aber, Oberhaupt der Freien Stadt, hatte aufbegehrt gegen seine Parteigenossen, und zwar über Streitfragen, die für ihn Fragen moralischer, absoluter Natur waren, hatte seinen Posten verlassen, hatte versucht, eine wirksame Opposition gegen die Freunde von gestern zu sammeln und hatte schließlich fliehen müssen. Hut ab, empfand ich, vor einer solchen Haltung. Bei seinem ersten Besuch in unserem Küsnachter Hause fragte mein Vater ihn geradewegs, wie er, ein Mann von Niveau, wohl je habe *dieser* Partei beitreten können. Wenn die Frage in Verlegenheit bringen sollte, so erreichte sie ihren Zweck keinen Augenblick. Rauschning antwortete, er habe sich allerdings geirrt, aber schäme sich seines Irrtums nicht. Die Weimarer Republik habe die großen Aufgaben des Staates nicht lösen können, weder die inneren noch die äußeren, und dies nicht zufälligerweise, sondern weil Geist und Führung ungenügend waren. Auf einem deutschen Außenposten lebend, habe er die Gefährdung der Nation besonders scharf empfunden, andererseits aber vom Nationalsozialismus nur die ungefähren Konturen gesehen, gewisse Grundbestrebungen, mit denen er übereinstimmen zu müssen glaubte, ohne die menschliche Substanz, die hier am Werk war, noch erfassen zu können. Nach drei Jahren habe er Bescheid gewußt und die Konsequenz gezogen. – Was konnte man darauf erwidern?

Seiner Herkunft nach war Rauschning ein Konservativer. In der Jugend Kadett; Kriegsoffizier; dann Musik, Philosophie, Landwirtschaft, Kampf für das Deutschtum im polnisch gewordenen Ausland – Interessen und Tätigkeiten, deren Verbindung nicht deutscher, nach der alten Art, hätte sein können. Zum Schriftsteller machte ihn die Not der Zeit. Sein zweites, draußen geschriebenes Buch, die ›Gespräche mit Hitler‹, war eine Meisterleistung publizistischer Brillanz. Dem ersten, ungleich gewichtigeren, der ›Revolution des Nihilismus‹, spürte man die Arbeit an. Ein schweres Ringen mit bösem Stoff, ein qualvolles Mehrwissen, Mehrzusagenhaben, als überhaupt gesagt werden konnte, das Streben, sich einer oberflächlichen Politiker-Welt warnend mitzuteilen, vor allem aber die scharf gefühlte Pflicht, dem eigenen Volk zu helfen – aus solcher Seelenlage ging das Werk hervor, das eben, weil es nicht glänzen, nur der Sache dienen wollte, sich stellenweise zu den höchsten Höhen politischer Literatur erhob.

Es schlug ein. Nicht freilich bei jener Mehrzahl der deutschen Emigranten, die ›links‹ standen. Daß die Kommunisten Rauschning mit souveräner Verachtung behandelten, versteht sich von selbst. Auch den Sozialdemokraten, Rudolf Breitscheid, habe ich ohne Sympathie von »diesem ostpreußischen Musiklehrer« sprechen hören, der gewisse Äußerlichkeiten ganz hübsch beschrieben, am Kern der Sache aber vorbeigeredet habe. Hier glaubte man, neuer Belehrung nicht bedürftig zu sein. Andere waren es und fühlten es: Jene, die bisher schon die deutschen Machthaber instinktiv gehaßt hatten, ohne doch sich dem Lager des revolutionären Sozialismus zugehörig zu fühlen; die mit der Zweiteilung der Welt in ›kapitalistisch‹ und ›sozialistisch‹, ›reaktionär‹ und ›revolutionär‹ nichts anzufangen wußten. Eben diese Zweiteilung beherrschte ja damals einen Großteil der politischen Publizistik.

Es gab, wir lasen es hundertmal, die Konservativen, die Kapitalisten, und auf ihrem extremen Flügel die Faschisten samt Hitler und dem General Franco. Es gab auf der anderen Seite die Kommunisten, ihre gemäßigteren Brüder, die Sozialisten und, ungewiß ob in diesem Lager oder zwischen den Lagern, die bürgerlichen Demokraten, die schließlich doch würden Partei nehmen müssen oder ihrem Untergang entgegensahen. Wenn diese Zweiteilung zutraf, wie konnte man dann gegen Hitler sein, aber nicht für die Kommunisten in Moskau und in Barcelona? Wie konnte einer, der selber ›national‹ und ›konservativ‹ dachte – oder der in der Enteignung allen privaten Besitzes das Heil nicht sah – eigentlich gegen Hitler sein? Viele waren es trotzdem, sie schienen sich aber mehr einer persönlichen Antipathie hinzugeben, als eine konsequente politische Haltung einzunehmen.
Dies war die eine angebotene Erklärung des Nationalsozialismus: er war der letzte Wall der Kapitalisten gegen die soziale Revolution, war eine wesentlich internationale Sache, die überall ihre Bundesgenossen hatte, und so war auch Englands ›Beschwichtigungspolitik‹ im Nu erklärt. Die Minister Baldwin und Chamberlain fanden Hitler wohl ein wenig unmanierlich; aber da sie Kapitalisten waren und er auch, so mußten sie ihn gern oder ungern unterstützen. Eine Marionette war er an Fäden, die das deutsche Großkapital in sicheren Händen hielt.
Neben dieser allgemein beliebten soziologischen Auffassung der Sache gab es eine andere, die nicht so sehr auf internationale, wirtschaftliche Zusammenhänge ging wie auf nationale und geschichtliche. Hitler war das Produkt des preußischen Militarismus. Er war der treue Gedankenerbe König Friedrich Wilhelms des Ersten – »The Potsdam Führer«, wie ein albernes amerikanisches Buch den Hohenzollernfürsten nannte. Die Reichswehr hatte ihn gemacht und konnte ihn auch beseitigen, aber wußte gut, warum sie es nicht tat. Er war ihr nützlich. An unzerreißbaren Fäden hing er; aber sie wurden nicht von Bergwerksbesitzern, sondern von Generalen gelenkt, die hier das beste, weil heimliche Mittel gefunden hatten, ihre Herrschaft zu festigen, und nach neuen Kriegen und Eroberungen dürsteten.

So die herrschenden Theorien. Eine dritte gab es kaum; oder wenn es sie in Andeutungen gab, wenn einer, wie der Schreiber dieser Zeilen, beiden Auslegungen nicht glaubte, so besaß er nicht die geistige Reife, nicht die Tiefe der Kenntnis und Anschauung, um das Seine zu einer Überzeugung zu machen und andere zu überzeugen. Den vielen, die sich in diesem Falle befanden, kam Rauschnings Werk wie eine Erleuchtung und Erlösung. Amerikaner lasen es so gierig wie Europäer; ich möchte glauben, daß es, auf dem Umweg über die Publizistik Dorothy Thompsons oder Walter Lippmans, geradezu Einfluß auf die amerikanische Staatsführung gehabt hat. Mit diesem Erfolg konnte der Autor zufrieden sein; einem um so bemerkenswerteren, als er eben nicht durch ein Pamphlet, sondern durch ein Werk von germanischem Tiefsinn und germanischer Gründlichkeit errungen worden war. Ob er Rauschning glücklich machte, weiß ich nicht einmal.
Wohl hatte er die Welt vor Hitler warnen wollen. Aber Deutschland Feinde machen, das wollte er nicht. Vor allem aber wollte er Gesinnungsgenossen im Lande selbst, solche, die ihm bekannt waren und solche, deren Dasein und Leiden er erriet, zur Tat aufrufen. ›Die Revolution des Nihilismus‹ ist ein Werk nicht so sehr der deutschen Emigration wie des inneren deutschen Widerstandes, der hier nur gleichsam zufällig ins Ausland verlegt wurde, weil Rauschning vorher im Staate Danzig, nicht innerhalb der Reichsgrenzen gelebt hatte und mit offenen Fahnen hatte kämpfen können und eben darum zuletzt hatte fliehen können und müssen. Schon durch seine mit den Worten ›Nationale Kritik‹ überschriebene Vorrede hebt sein Buch sich ab als eines, das dem inneren Widerstand angehört. Ich möchte sogar sagen: Es ist das Grundbuch des deutschen Widerstandes. Und dies wieder aus einem einfachen Grunde: Rauschnings nähere und fernere Gesinnungsgenossen, die Goerdeler und Hassell, die Beck und Leber und alle die anderen konnten ja keine Bücher schreiben, sie hatten dazu die Distanz und Muße und Freiheit nicht. Denkschriften haben wir von ihnen, Fragmente, Briefe, überlieferte Worte, keine Bücher. Einer, den das Schicksal beizeiten in die Fremde verschlagen hatte, mußte es für sie besorgen, und er hat es getan. Weil er Möglichkeiten des Widerstandes, die er

kannte, fördern, nicht denunzieren und vereiteln wollte, gab er bestimmte Geheimnisse nicht preis. Und prophetisch klingt seine Warnung: Das, was man zu tun plane, müsse man bald tun, es würde sonst »ein Zeitpunkt eintreten, wo man die Gesamtheit des Volkes für die Aktionen seiner Regierung wird verantwortlich machen müssen. In der Konsequenz einer solchen Überlegung muß es alsdann liegen, daß eines Tages ... etwa spät auftauchende Versuche, das schuldige Regierungssystem zu beseitigen, achselzuckend dahin abgefertigt würden: Diese Dinge wären nun nicht mehr interessant ... Und es muß befürchtet werden, daß, wenn diese Entwicklung wirklich ausreift, kein Unterschied mehr zwischen dem nationalsozialistischen Imperialismus und dem deutschen Volk gemacht werden wird, sondern daß dieses deutsche Volk in seiner Gesamtheit die Zeche ... wird bezahlen müssen.« Sätze, die, 1938 niedergeschrieben, schon vom 20. Juli 1944, der alliierten Reaktion auf ihn und alledem, was danach kam, zu handeln scheinen.

›Die Revolution des Nihilismus‹ will heute auf doppelte Art gelesen sein. Einmal enthält das Werk eine Beschreibung und Analyse von Adolf Hitlers Herrschafts-System, der ihre endgültige Wahrheit bestätigt wurde, auch und gerade im Licht alles dessen, was später geschah – es ist ja *vor* dem Krieg geschrieben – und was die Forschung nachträglich in einem kaum noch übersehbaren Schwall von Dokumenten zutage förderte. Die häßliche Sphinx ist von Rauschning zum ersten Mal mit ihren rechten Namen benannt worden. Das ist die Hauptsache, und sie allein würde eine Neuauflage des Buches als dringend geboten erscheinen lassen. Dann aber ist es auch das Zeugnis einer Zeit, die schon historisch geworden ist. Wie hat man damals gedacht, geschwankt, gehofft, gefürchtet? Welche Möglichkeiten der Rettung gesehen? Welche zeitbedingten, standortbedingten Irrtümer und Widersprüche nicht vermeiden können? Auch für den, der so fragt und genügend Phantasie hat, um sich in Geist und Leiden einer vergangenen geschichtlichen Situation zu versetzen, ist das Buch Rauschnings eine erregende Lektüre. Dies gilt auch für Aussagen, von denen wir nachträglich leicht wissen können, daß sie irrig waren. Zum Beispiel mag heute die These befremden, daß »Hitlers Friedenswille« außer Zweifel stehe. Die Herren von der ›Deutschen National-Zeitung‹, die gläubigen Leser des Mr. Hoggan, mögen viel Freude an ihr haben. Aber Tatsache ist, daß wir damals, in den dreißiger Jahren, alle nicht wußten, ob Hitler Krieg machen würde; daß wir es einmal glaubten fast bis zur unbedingten Sicherheit, um es am nächsten Tag für unmöglich zu halten. Tatsache ist ja auch, daß er in dem Moment, in dem Rauschning sein Buch zu schreiben begann, Krieg in der Tat nicht wollte, sondern die unblutige Eroberung vorzog, diese neuartige Kombination von Erpressung, Staatsstreich, »Befreiungs-Aktion«, die Rauschning analysiert, und daß er recht gern noch eine Weile so fortgefahren hätte. 1939 wußte er, daß die Epoche unblutiger Eroberungen vorbei sei, und er war nun entschlossen, zu blutigen überzugehen. Die Dokumente, die es uns heute beweisen, waren Rauschning verborgen. Bekanntlich aber glaubte Hitler auch damals noch, den großen Krieg vermeiden, ihn in eine Reihe isolierter Feldzüge und Überfälle auflösen zu können. Den Weltkrieg, den er zum Schluß bekam, hat er nie gewollt. Er lag in seinem Wesen, er mußte es dahin bringen, was etwas anderes ist als bewußter Plan. Und eben von diesem Wesen, des Individuums und der Sache, handelt Rauschnings Buch, und darum muß es auch, wieder und wieder, vom kommenden Krieg handeln und von dem Untergang des Deutschen Reiches, mit dem er enden werde. Die oben zitierten befremdenden Worte stehen damit in Widerspruch nur, wenn man sie aus ihrem Zusammenhang reißt.

Wir finden andere merkwürdige Schwankungen in Rauschnings Denken. So wie er *weiß*, daß Hitler Krieg machen wird, und dennoch an seinen »Friedenswillen« glaubt, so weiß er auch, daß der Nationalsozialismus zum Schluß unterliegen wird, und fürchtet dennoch seine Überlegenheit. Sie beruht auf der Schwäche der anderen. Was immer die unheimlichen Fähigkeiten Hitlers sein mögen; seine Macht, seine Triumphe sind im Grunde doch nur Ausdruck und Folge alles dessen, was in Europa schwach, faul, sterbensreif war. Seine Gegner haben für ihn gearbeitet, zuerst in Deutschland, dann in Europa. Die staunend gestellte Frage, wie eine so ungeheure, die Welt bedrohende Macht in so kurzer Zeit »aus so geringen und verächtlichen Ursprüngen« aufgebaut werden konnte, beantwortet Rauschning damit, daß Hitler immer mit dem Strom schwamm, nicht (wie man glaubte) gegen ihn. Daß alles, ohne Willen, sich verband und zusammenfloß, um ihn zu fördern. Daß sein tiefstes Talent eben dieses war, überall Schwäche zu erspüren und dem den Vernichtungsstoß zu geben, was sich nicht wehren würde. Bis zu einem gewissen Grad ist das eine historisch richtige Erkenntnis. Denn natürlich war die deutsche Demokratie schwach und war das Frankreich der dreißiger Jahre schwach und zerrissen, war die Tschechoslowakei falsch aufgebaut, war das ganze Versailler Staatensystem unschöpferisch, heuchlerisch und brüchig. Daß andernfalls der »große Mann« nicht so lang hätte triumphieren, nicht so lange ungestraft hätte verachten können, wird man auch im Rückblick als wahr erkennen. Es kommen hier aber Stimmungen ins Spiel, die zeitgebunden waren. Unter dem Eindruck erst der großen Wirtschaftskrise, dann von Hitlers Triumphen haben wir alle damals dem Glauben zugeneigt, daß das Zeitalter der bürgerlichen Demokratie sich seinem Ende nähere. Auch: daß die Tage der kleinen Staaten gezählt seien und die Zukunft den Imperien und Machtblöcken gehöre. 1940 habe ich belgische Flüchtlinge dergleichen kühlen Mutes aussprechen hören. Wenn man die Haltung der deutschen politischen Parteien im Jahre 1933 beobachtet hatte, in den folgenden Jahren Frankreichs innere und äußere Politik, so konnte man schwer der Denkversuchung widerstehen: Hier war verdientes, historisch stimmiges Schicksal. Damit verband sich die qualvolle Frage: Ob der Sieger, Hitler, nicht vielleicht doch im Recht wäre, im dauerhaften Recht? Im Jahre 1940 hat die Gattin des Fliegers Lindbergh diese Frage bejaht in einem vielgelesenen Buch, welches ›The Wave of the Future‹ hieß: Die Welle der Zukunft sei nun einmal so. Rauschning verneint sie. Aber man mußte den Mut haben, sie zu stellen und durchzudenken, um sie gültig verneinen zu können. Was immer die Triumphe des Scheusals waren, wie weit sie noch reichen mochten, wie sehr seine Gegner – oder jene, die es hätten sein sollen – ihm dabei halfen: Das Ende würde furchtbar sein auch für Deutschland, sei

es durch Krieg, Niederlage und Rache, sei es durch eine moralische Erschöpfung und Verwüstung, deren Folgen jeder Voraussicht spotteten.
Was sind Hermann Rauschnings wichtigste Thesen, was war damals das entscheidend Neue seiner Darstellung? Der Nationalsozialismus ist nicht konservativ, ist, trotz des Bündnisses, das 1933 irregeleitete Konservative mit ihm schlossen, eine aus dem Grunde revolutionäre Bewegung. Er ist auch nicht national, in dem Sinn, daß er, wie in jenen Tagen noch allgemein angenommen wurde, die geschichtlich legitime Einigung aller Deutschen in einem Staat verwirklichen und so eine europäische Tendenz des neunzehnten Jahrhunderts weiterspinnen würde. Er *bedient* sich dieser Tendenz nur, wie er sich aller Ideen, aller ›Weltanschauungen‹, die er verkündet, nur bedient. Er *hat* sie, solange sie ihm nützlich sind, aber er ist nicht mit ihnen identisch; morgen wird er sie wegwerfen und andere haben und die auch wieder wegwerfen. Es ist eine Verschwörung mit dem Zweck, Macht zu begründen, Macht zu erweitern und alles zu zerstören, aufzulösen, zu entwurzeln, was der Macht und Machterweiterung im Wege steht. Er ist darum der Feind aller echten Bindungen, aller Traditionen, auch aller Staaten und eigentlich aller Menschen mit Ausnahme jener, die zur Elite der Verschwörung gehören; was nicht hindert, daß unter ihnen selbst Rivalitäten und Todfeindschaften wüten. Ein Feind auch des eigenen Volkes, das Hitler verachtet, wie er alles Volk verachtet, und dessen Stolz, Gier und Haß er nur aufstachelt, um sich zum Herrn über es zu machen und es als Instrument fernerer Machterweiterungen, fernerer Zerstörungen zu gebrauchen. – Das ist die eigentliche Dynamik. Der Rest gehört dem Tag an. An ihre »Ideen«, Nationalismus, Rassismus, Brauchtum, Volkstum, oder was es sei, glauben die Machthaber selber nicht.
Um wurzellose Macht zu sichern, müssen alle alten Bindungen zerstört oder paralysiert werden. An ihre Stelle tritt die *eine* Bindung an die neue Macht. Da sollen alle, wenn sie nicht ausgestoßen und zur Vernichtung verurteilt sind, mit dabei sein dürfen und müssen, alle die Illusion eines neuen Glaubens und Mitmachens und Mitverantwortlichseins haben. Aber dieser von der Machtmaschine verbreitete Fanatismus ist so

hohl, so künstlich und unecht, daß der »ganze riesenhafte Apparat durch ein einziges Ereignis über Nacht zur völligen Gestaltlosigkeit, zum Scherbenhaufen« zusammenbrechen könnte, »ohne daß auch nur eine Spur von selbständigem Leben in einer Teilgliederung übrig bleibt«. Hierzu, meint Rauschning auf einer prophetischen Seite, wäre nur eines notwendig: Das Verschwinden des bösen Zauberers selbst, des Mannes an der Spitze.

Folglich steht in den Zielen nichts fest, auch in den außenpolitischen nicht. Was will denn Hitler? fragt die besorgte Außenwelt, mit was würde er sich endlich zufrieden geben? Er will alles, was er bekommen kann, er wird jede Gelegenheit wahrnehmen, und Ruhe geben wird er nie. »Diese Bewegung ist in ihren treibenden und leitenden Kräften völlig voraussetzungslos, programmlos, aktionsbereit, in ihren besten Kerntruppen instinktiv, in ihrer leitenden Elite höchst überlegt, kalt und raffiniert. Es gab und gibt kein Ziel, das nicht der Nationalsozialismus um der Bewegung willen preiszugeben oder aufzustellen bereit wäre.« Und wieder: »Eine im tiefsten Sinn nihilistische Politik, zu allem bereit zu sein. Die Hitler'sche Politik ist auch hier viel simpler, als jeder Außenstehende vermutet und hineinzuinterpretieren versucht ist. Sie ist darauf aus, Zeit zu gewinnen und alles in Fluß zu halten, nichts definitiv zu erledigen. ... Wenn man dies Realpolitik nennen will, so mag man es tun, zweckmäßiger wäre es wohl, sie ›Gelegenheitspolitik‹ zu nennen, eine Politik, die jede Gelegenheit nutzt, sich in revolutionärem Sinne auszuwirken.« Zwanzig Jahre später hat ein amerikanischer Historiker von Hitlers »nihilistischem Opportunismus« gesprochen. Der Ausdruck ist gut; er könnte von Rauschning stammen, der als erster diesen Sachverhalt erkannte und beschrieb, zumal in dem Kapitel, welchem er den Titel ›Universale Beunruhigung‹ gab. Hitler hat dem Bolschewismus Kampf und Untergang geschworen. Er reitet auf der Welle des europäischen Antikommunismus, er nutzt bis zum Äußersten Europa-Amerikas Furcht vor Rußland aus. Er könnte aber auch, warnt Rauschning, jederzeit ein Bündnis mit dem Kreml schließen, er wird mit hoher Wahrscheinlichkeit die »russische Karte« eines Tages ausspielen; und dem steht wieder nicht im

Wege, daß er gleichwohl entschlossen ist, eines Tages Rußland aufzuteilen und sich den Löwenanteil anzueignen. – Das ist 1937 geschrieben, 1938 gedruckt. Aber noch im Juli 1939 hielt ein so erfahrener Diplomat wie Carl J. Burckhardt die Mitteilung eben dieses Bündnisplanes, die Hitler ihm persönlich machte, für so bodenlos und phantastisch, daß er es nicht der Mühe wert erachtete, sie an die Regierungen Englands und Frankreichs weiterzugeben. So wenigstens berichtet uns Burckhardt in seinen Erinnerungen.

Wer dergleichen las, wer die Seiten las, auf denen der Autor von Hitlers »Entvölkerungs«-Plänen spricht, von seiner neuen Strategie und revolutionären »psychologischen« Kriegführung, von seinem Entschluß, die Grenzen zwischen Krieg und Frieden, zwischen Krieg und Politik völlig aufzuheben und im Krieg sein eigener Feldherr zu sein, von der völligen Unfähigkeit, Unwilligkeit, sein umstürzendes Treiben abzubremsen, solange es noch *eine* ihm fremde selbständige Macht, in Deutschland, in Europa, auf Erden gäbe, von der »Neuverteilung der Welt« – wer dergleichen las, der mochte sich fragen, ob Rauschning den deutschen Politiker nicht dennoch überdämonisierte. Die Ereignisse der folgenden fünf Jahre haben gezeigt, daß es hier nichts zu überdämonisieren gab. Gewiß, niedere, nicht hohe Dämonen waren am Werk, Kleinbürger der Herkunft und dem Habitus nach. Das war eine der erstaunlichsten Seiten des erstaunlichen, der weiten Welt immer noch nicht begreiflichen Phänomens: »Die Verbindung von radikal nihilistischer Gesinnung mit offen zur Schau getragenen kleinbürgerlichen Allüren des Halbgebildeten.« Zu Teufeln gewordene Kleinbürger hatte noch kein Text vorgesehen. Aber die tolle Verbindung war wirklich. Übrigens, fügt Rauschning an, seien die Klügsten der »Elite« klug genug, um zu wissen, daß ihre Herrlichkeit, von der sie behaupten, sie werde tausend Jahre dauern, nicht viel länger mehr als tausend Tage wird dauern können; daher die Gier, mit der sie genießen, die Hast, mit der sie vorwärts stürmen. Sie könnten ihre Macht unbegrenzt lange erhalten – wenn sie sich mäßigten. Aber dann wären sie nicht, was sie sind und hätten sie die Macht nie erobert. Alle Hoffnungen auf eine »Selbstreinigung« der Bewegung sind eitel.

So der Gesamtbegriff. Wenn unsere Abkürzung vereinfacht, so vereinfacht Rauschnings breite Ausführung keineswegs. Funkelnde Porträts, dramatische Vergegenwärtigungen, feine Einschränkungen und Nuancen ziehen sich durch sein Werk und geben ihm seinen wirklichkeitstreuen, verwirrenden Charakter. Alle menschliche Wirklichkeit ist wirr und diese hier die allerwirrste. Zum Beispiel meint er, das konservative Getue der Machthaber am Anfang, der ›Tag von Potsdam‹, das Bündnis mit dem alten Preußen sei wohl Tarnung gewesen, aber nicht bloß Tarnung, auch Selbstmißverständnis; ihr eigentliches Wesen wurde ihnen selber erst in dem Maße deutlich, in dem es verwirklicht wurde. Eine Beobachtung, die durch den, viel später bekannt gewordenen, Ausspruch Hitlers bestätigt wird: Es gebe Dinge, die er vor anderen, und solche, die er zunächst auch vor sich selber verberge. Auch ist in voller Sachlichkeit von den positiven Leistungen des Regimes die Rede – welcher Tyrann hätte sie nicht aufzuweisen? Aller Wirrwarr aber ordnet sich wie von selber um Rauschnings zentrale These, die eben dadurch ihre Wahrheit erweist: Das Wesen dieses Herrschafts-Unternehmens ist Nihilismus. Alles wird ihm zum Schein, zur ›Kulisse‹, alle Zwecke haben nur *einen* Zweck. Sie vernichten das Judentum, ohne selber an die ›jüdische Gefahr‹ zu glauben. Und die totale ›Mobilmachung‹, die sie verwirklichen, und die den Generalen der alten Schule noch zu einer tüchtigen Außenpolitik oder notfalls zum Krieg gut sein soll, ist ihnen gut zur Erweiterung ihrer Macht.

Der Bestandsaufnahme, die den größten Teil des Buches ausmacht, fügen Rauschnings auffordernde Gedanken zur Rettung Deutschlands und Europas sich ein. Unvermeidlich sind sie nicht in dem Sinn zeitlos gültig, in dem die Erkenntnis des Phänomens Nationalsozialismus es ist. Es sind Gedanken von historischem, von persönlichem Interesse. Einiges wird hier dem heutigen Leser nicht mehr aktuell erscheinen; ähnlich etwa wie die konstruktiven Gedanken Karl Goerdelers, die Gerhard Ritter zusammengestellt hat und die vielfach an die Bemühungen Rauschnings erinnern. Sie müssen veraltet sein wie alles, was in der Geschichte einmal praktisch war oder

praktisch sein wollte. Die Dinge haben einen anderen Verlauf genommen.
Hinzu kommt, daß Rauschning, der praktische Politiker, häufig gegen Rauschning, den bloßen Beobachter der Wirklichkeit, argumentieren muß. Dieser sieht zu scharf, um nicht schwarz zu sehen. Er weiß, daß die deutschen Konservativen ihre eigenste Sache längst verraten haben; daß die Herren um den Geheimrat Hugenberg längst keine Konservativen mehr waren, sondern das Gegenteil davon, nämlich Nihilisten, wie die Nationalsozialisten selber, nur weniger konsequent. Er kennt die Typen im deutschen Offizierscorps: Die Älteren, die, selber noch streng traditionell denkend, sich in sachliche Arbeit zurückziehen und schwanken zwischen Widerwillen und Sekuritätsbedürfnis; die Jüngeren, denen als brutalen Söldnern die Politik Hekuba ist, solange sie lohnende Aufgaben erhalten und avancieren, oder denen der Geist der Machthaber schon zu ihrem eigenen Geist wurde. Und von ihnen soll die Rettung kommen? Ist es nicht auch so, daß der Wille der Nation schon ganz gebrochen wurde, daß sie zu einem seelischen, geschweige denn politischen Aufstande längst nicht mehr fähig ist? Daß alle großen Worte verbraucht, alle Werte entwertet sind? Und dies nicht nur kraft des Zerstörungswerkes der Machthaber, sondern weil sie ja nie hätten heraufkommen können, wäre nicht der Weg für sie schon bereitet gewesen? Eben davon handelt Rauschnings Buch. Und doch hofft er auf die Konservativen; und doch hofft er auf die Generale.
Darum, weil man ja etwas hoffen muß, weil Verzweiflung eine so unpraktische wie unmoralische Haltung ist. In jenen dunklen Tagen habe ich Rauschning in einem Brief einmal die Verse Hölderlins zitiert:

> Bei Nacht wenn alles gemischt
> Ist ordnungslos und wiederkehrt
> Uralte Verwirrung

Er antwortete mit dem anderen Hölderlin-Zitat:

> Wo aber Gefahr ist, wächst das Rettende auch.

So *wollte* er glauben; pflichtgemäß. Daß er aber trotz allem seine Hoffnung wesentlich auf Angehörige der alten Oberschicht setzte, auf solche, die, ohne zu Hitlers »Elite« zu gehören, immer noch Rang und Amt besaßen, erklärt sich aus einer treffenden Einsicht: Revolutionen im alten Stil, Volksaufstände, Barrikadenkämpfe, *konnte* es nicht mehr geben. Zu beseitigen war die Herrschaft Hitlers nur noch von innerhalb des Machtkreises oder von nirgendwoher. Die Geschichte der folgenden Jahre, bis zum 20. Juli 1944, hat diese Erkenntnis bestätigt. Hitlers ›Lagebesprechung‹ am 20. Juli im Bunker anstatt in der Holzbaracke – und der Versuch der Goerdeler und Stauffenberg wäre geglückt. Die Revolution ›von unten‹ aber war im buchstäblichen Sinne des Wortes unmöglich geworden.

Was nun Rauschnings Hoffnungen und Ziele betrifft, so gehören sie ganz in den Bannkreis eben der Bewegung des 20. Juli, sind aber großzügiger, man möchte sagen, ehrgeiziger, als sie 1944 im glücklichsten Fall noch sein konnten. Damals war Deutschlands Machtstellung schon gebrochen; in den späten Dreißigern noch nicht. Als Rauschning sein Buch schrieb, war die Nation im Begriff, ihre Aufgabe gründlich zu verfehlen und mit anderen sich selber zu ruinieren, aber noch war nichts Endgültiges geschehen. So konnte ein europäischer Föderalismus, der an die Stelle von Hitlers ›Zerteil und herrsche‹ ein besseres ›Verein und leite‹ setzte, der den Deutschen einen ihrer Volkskraft und Wirtschaftskraft entsprechenden Einfluß gab, ohne Europa zu knechten, noch als berechtigtes Ziel erscheinen. Nachdenklich stimmt es, daß Rauschning das deutsch-polnische Verhältnis für entscheidend ansieht, daß er Freundschaft zwischen Deutschland und Polen ersehnt, echte Freundschaft anstatt des trügerischen Paktes von 1934, und dabei die Frage der territorialen Grenzen zurückgestellt sehen will: sie müßte zuletzt angepackt werden, nicht zuerst, und wenn man alles andere richtig gemacht hätte, so wäre ihre Lösung zum Schluß gar nicht mehr notwendig.
Europäischer Föderalismus; soziale Gerechtigkeit; konservative Erneuerung aus christlichem Geist. Dergleichen liest sich ganz schön, und keiner meinte es ehrlicher damit als Rausch-

ning; es ist aber leichter gesagt als getan. Die Wahrheit so hoher Ideen muß von der Energie derer abhängen, die sich ihnen widmen – und die dennoch scheitern werden, weil der menschliche Stoff ihnen einen zuletzt immer überlegenen Widerstand leisten wird. Jedenfalls waren Rauschnings Ideen der Situation von 1938 gemäßer, als was sonst unter deutschen Emigranten gedacht wurde. Allgemein nahm man ja damals an, auf den Höhepunkt der ›Reaktion‹, nämlich der Hitler-Herrschaft, müsse in Deutschland endlich die ›linke‹ Revolution folgen, viel radikaler, als die von 1919 gewesen war. Dem widersprach er. Was selber schon Revolution war, und zwar die allerschlimmste, die Kompromittierung *jeder* Revolution, war nicht abzulösen durch eine andere, sondern durch Wiederherstellung. Nach Wiederherstellung des Menschenrechts, des Naturrechts, des göttlichen Rechts, sehnten sich in Deutschland alle, die noch einen Willen hatten. Der ultraliberalen Demokratie mißtrauend, weil er aus ihr den Nationalsozialismus hatte hervorgehen sehen, konnte Rauschning das Recht als bloß natürliches, ohne Religion, sich nicht gesichert denken. Und da er die Nation im Zeichen der totalen Politik für im Grunde entpolitisiert, für wetterwendisch, zynisch und gleichgültig geworden hielt, so fand er die Autorität, oder Quelle der Autorität, nach der er suchte, in der »christlichen Monarchie«. Die »unantastbare, im Übersinnlichen wurzelnde Autorität des Monarchen« würde wieder in der Flucht der Ereignisse der ruhende Punkt sein, wie in der guten alten Zeit. Das mag heute sonderbar klingen. 1938 klang es dem Schreiber dieser Zeilen nicht sonderbar. Ich schäme mich nicht zu gestehen, daß ich ähnliche Gedanken hatte.

Das Schlimmste, das Rauschning 1938 befürchtet hatte, hat sich erfüllt. Nach dem Bündnis mit dem Kreml, das er im Werden sah, kam der Krieg, von dem er voraussagte, er werde diesmal absolut sein und zum absoluten Ende geführt werden, und dies nicht nur, nicht vor allem, kraft der Verhärtung des gegnerischen Willens, sondern aus einem anderen Grunde. »Daß am Ende Deutschland zerstört am Boden liegen wird, ›in Ehren untergegangen‹, wie es nach dem Ehrencomment dieser Hasardeure lautet, kann in den Augen dieser Menschen nur ein Grund *für* das Weltkriegswagnis sein, nicht *gegen* es. Denn

sie werden lieber Deutschland zerstört sehen als in den Händen und unter Führung anderer Deutscher.«
Nun, der ›Untergang‹ einer großen europäischen Nation ist nichts Endgültiges, genauer gesagt, bisher war er es nicht. Deutschland, das nach 1919 eine Chance erhielt, sich auf neue Art zu bewähren und sie in den Wind schlug, erhielt sie abermals bald genug nach 1945. Rauschning fürchtet, daß es im Begriff ist, sie wieder zu vertun und eine dritte nicht erhalten wird.
Ist das der übertriebene Pessimismus eines Mannes, der zuviel Unglück erlebt hat, der sich zu scharf auf das Unglück versteht, um noch an Glück glauben zu können? Der übrigens Grund zu haben meint, mit Lauf und Ausgang des eigenen Lebens im Streit zu liegen? Von Rauschning hat Carl Jakob Burckhardt, der ihn kannte, geschrieben, er habe das Zeug zu einem echten Staatsmann gehabt. Als aber dieser ernste Patriot in den fünfziger Jahren noch einmal versuchte, in die deutsche Politik einzugreifen, wollte man ihn nicht haben. Dem Großteil der Nation war er ohnehin unbekannt, da er vorher nur am Rande, in Danzig, tätig gewesen war. Sein Schicksal ist dem Heinrich Brünings, in manchem sein Gesinnungsgenosse, zu vergleichen; mit dem Unterschied, daß Brüning doch einmal daran war und Entscheidendes falsch machte, während Rauschning sein Können im Großen nie hatte erproben können. Brüning, würde ein hartherziger Geschichtsbetrachter sagen, hat sich sein Schicksal selber bereitet; Rauschning nicht. Eine so unverschuldete Lebensniederlage wird bitteres Licht auch auf Dinge werfen, die andere in einem freundlicheren zu sehen berechtigt sind.
Mit manchem, was heute in Deutschland ist, könnte Hermann Rauschning, wären seine Augen noch lebensfroher, leidlich zufrieden sein; mit dem Geist des Grundgesetzes, der ja eben kein revolutionärer ist; mit dem europäischen Föderalismus, den Konrad Adenauer mit so leidenschaftlicher Geduld vorwärts trieb und der, wenn er endlich doch scheitern sollte, diesmal nicht an Deutschland scheitern wird. Was das Christentum der Bundesrepublik samt der ›Christlich-Demokratischen Union‹ betrifft, so ist Rauschning selber genug von einem echten Christen und echten Lutheraner, um zu wissen,

wie unvollkommen die Durchdringung staatlichen Lebens durch Religion im besten Fall bleiben muß; der beste Fall liegt hier allerdings nicht vor. Die »christliche Monarchie« ist nicht wiederhergestellt worden. Aber deren Aufgabe wäre ja wohl gewesen, uns vor den Greueln des Nationalsozialismus zu bewahren, nicht, nachdem dieser sich ausgewütet hatte, eine müßige Wiedererweckung zu erfahren. Und wenn die Klassen der deutschen Gesellschaft heute so entspannt und bereit zum Kompromiß zusammen leben, daß sie einer im Übersinnlichen wurzelnden Autorität nicht mehr bedürfen, wenn an die Stelle alter Hierarchien und hochfliegender Herrschaftsbegriffe eine kühle Praktizität amerikanischen Stils wie von selber getreten ist, so mag ein alter Mann sich ihr gegenüber wohl ein wenig entfremdet fühlen, und selbst ein mittelalter; aber am Ende ist sie besser als alles, was wir vorher in unseren Lebenstagen hatten. Verlaß ist auf gar nichts, auf die Praktizität amerikanischen Stiles nicht, auf die christliche Monarchie auch nicht.

So mag Hermann Rauschning das Befriedungswerk Konrad Adenauers, das innere wie das äußere, nicht ganz gerecht beurteilt haben. Etwas zu lernen wäre von seiner späten Publizistik trotzdem gewesen. Leider ist sie vom großen Publikum so wenig beachtet worden wie seinerzeit die ›Revolution des Nihilismus‹; diese, weil man sie nicht lesen durfte, jene, weil man's nicht wollte.

Was Rauschning der deutschen Staatsführung, dem offiziellen Deutschland überhaupt vorwirft, ist, daß die Nation abermals in Illusionen gewiegt und zu einem ›Durchhalten‹ ermuntert wird, wie im Ersten Krieg, wie unter Adolf Hitler. Es sei die gleiche Wirklichkeitsfremdheit, verbunden natürlich mit der gleichen Tüchtigkeit. Wieder soll nicht gesehen werden, was ist, und geglaubt werden, was nicht sein kann; wieder gelten die als Vaterlandsfeinde, die sich der aufgezwungenen Regel nicht fügen. Wieder ist man blind nicht nur gegenüber gewissen übermächtigen Tatsachen, sondern auch gegenüber der geschichtlichen, moralischen Herkunft dieser Tatsachen; man glaubt ein Recht auf Grenzen von 1937 zu haben, ohne die Frage, wer denn diese Grenzen gesprengt und wer dies Recht verwirkt habe, der Mühe des Nachdenkens für wert zu halten.

Wenn Amerika und Rußland die ersten unsicheren Schritte auf eine Verständigung hin machen, so rufen sie »appeasement!« und »München!« und wären, geht es um Wählerstimmen, doch jederzeit bereit, mit jenen Arm in Arm zu erscheinen, die noch heute das Sudetenland zurückfordern, weil der Münchner Vertrag in Gültigkeit sei ... Sollte aber einer fragen: Wer glaubt denn *im Ernst* noch an die Möglichkeit einer Rückgewinnung der verlorenen Ostgebiete, wer glaubt im Ernst an die verheißene Besiegung des Kommunismus – so wäre darauf zu antworten: Wer hat im Frühjahr 1918 wohl mit ganzem Ernst an den deutschen Endsieg geglaubt? Wer, irgendwann in der Hitlerzeit, daß es mit dem Manne ein gutes Ende nehmen würde? – Es gehört zur Geschichte der deutschen Illusionen, daß sie nie ganz wasserdicht waren, was ihre böse Wirkung eher noch steigerte. Nicht so war es, daß man die Wirklichkeit nicht sah, vielmehr, man sah von ihr weg. Zum Schluß war man »belogen und betrogen« worden ... Dies ist das Kernstück von Hermann Rauschnings deutscher Kritik heute. Und wenn auch Deutschland in dieser Zeit nicht die Kraft und Freiheit hat, seiner neuen Illusion wirkliche Folge zu geben, wenn es mehr Gerede ist als Tat, so ist doch in der Vergangenheit falsches Reden allzu oft die Mutter falscher Taten geworden. – Rauschnings Warnungen verdienten, noch einmal, gehört zu werden.

Aus der ›Revolution des Nihilismus‹ wird der Leser ersehen, wer Hermann Rauschning war, wer er hätte sein können, wer er ist. Ein Staatsmann hätte er unter günstigerem Stern sein können. Ein großer politischer Schriftsteller ist er. Wenn von Edmund Burke nichts übrigbliebe als seine ›Betrachtungen über die Französische Revolution‹, so gehörte doch sein Ruhm der englischen Geschichte an. Auf einen vergleichbaren Platz in der deutschen Geschichte kann Rauschnings ›Revolution des Nihilismus‹ Anspruch erheben.

1963

Helmuth James von Moltke

Als 1967 Gerrit van Roons großes Werk über Helmuth James von Moltke und den »Kreisauer Kreis« – »Neuordnung im Widerstand« – erschienen war, schrieb einer von des Kreises Überlebenden, Eugen Gerstenmaier: ». . . die Gestalt Helmuth von Moltkes verdient ihrem menschlichen Range wie ihrer geschichtlichen Bedeutung nach seit langem eine ihr angemessene große Biographie. Für eine solche bietet van Roons Buch eine . . . Fülle wichtigen Materials . . .« Die große Biographie ist nun da und ist so erschöpfend wie 379 eng gedruckte Seiten sie machen konnten. Es ist gut und ist gerecht, daß sie von zwei englischen Schriftstellern stammt, obgleich man auch wieder fragen könnte, warum kein deutscher Historiker ein Gleiches versuchte. Nun, auch die Biographien Adam von Trotts und Adolf Reichweins kamen uns aus England. Man hat dort dem deutschen »Widerstand« von jeher ein generöses Interesse entgegengebracht; wobei das Gefühl mitgesprochen haben mag, daß Englands großer Kriegspremier zur rechten Zeit nicht groß war gegenüber seinen heimlichen, tragischen deutschen Bundesgenossen.

Die Autoren waren Moltkes Freunde. Sogar während des Krieges schickte er ihnen kurze, persönliche Briefe – die politischen waren für andere, nie erreichte Adressaten bestimmt. Gelegentlich, selten, erscheinen sie in dem Buch mit ihren Initialen, MB, JF. Ihre Arbeit ist eine wissenschaftliche, zugleich ein letzter Freundschaftsdienst.

Sie waren in dem Vorteil, aus zahlreichen Werken schöpfen zu können, die nach van Roons Monographie erschienen: Bethges ›Dietrich Bonhoeffer‹, Steinert, ›Hitlers Krieg und die Deutschen‹, Paul Hoffman, ›Widerstand, Staatsstreich, Attentat‹, Scheurig, ›Deutscher Widerstand 1938–44, Fortschritt oder Reaktion‹, Sykes, ›Troubled Loyalty‹ und andere mehr. Besonders kam ihnen Eugen Gerstenmaiers knapper, nüchterner und meisterhafter Essay über van Roons Werk zustatten, wobei sie auch wieder einige von Gerstenmaiers Aussagen zu korrigieren oder zu nuancieren vermochten. Gerstenmaiers von ihm selber erlebte Thesen über den »Kreis«, was er war und nicht war, was Moltke in ihm war und nicht, Initiator und Inspirator wohl, aber kein Kommandant, durften Balfour und Frisby im wesentlichen übernehmen. Korrespondenzen mit Persönlichkeiten, Deutschen, auch Amerikanern, die über Moltkes Wesen und Tun authentische Botschaft geben konnten, besorgten den Rest.

Dann die Hauptsache: Die Mitarbeit der Gräfin Freya von Moltke: die 1600 Briefe ihres Gatten, geschrieben zwischen 1929 und 1945, welche sie, unglaublicherweise, in unsere Zeit hat hinüberretten können. Aus dieser Masse suchte sie selber 580 aus, von denen die Autoren Gebrauch machten. Bei aller unvermeidlichen Beschränkung einen zu reichlichen, wie sie fürchten; zu Unrecht fürchten. Moltkes Briefe, insgesamt eine Art Tagebuch, sind so charakteristisch, so gescheit, oft so schön formuliert, oft so ergreifend, sie werfen ein so helles Licht auf ihn selber, auf seine engste und weiteste Umwelt, auf Gang und Stimmung der Ereignisse, daß auch ein Dreifaches nicht zuviel gewesen wäre. Freilich würde der Biograph es sich leicht machen, der *nur* aus Briefen schöpfte. Ergebnisse eigener Forschung, Analyse, Kritik machen den größeren Teil des Buches aus; auch Kritik an den Gedanken und Plänen seines Helden. Der naiven Idealisierung Moltkes, wie sie kurz nach dem Krieg in England im Schwange war, wollten seine Freunde nicht stattgeben. Mitunter ist man fast erleichtert, zu erfahren, daß er dennoch kein Heiliger war, daß er schwanken und irren konnte; daß neben hochfliegenden Bestrebungen und Sorgen auch gewöhnlich-menschliche ihn bewegten. Um den Menschen in seiner Umwelt ging es den Autoren vor allem, und da haben sie das Menschenmögliche erreicht. Wenn ich morgen das Gut Kreisau besuchte – ich weiß nicht, welchen polnischen Namen es jetzt trägt – das Schloß, das »Berghaus«, ich würde glauben, schon dort gewesen zu sein, würde den letzten Schloßherrn mit seinen Bienen, seinen Kühen an der Arbeit sehen.

Er war zugleich Deutscher und Brite, darauf wird Gewicht gelegt. Eine Blutsmischung; eine zugleich starke und gebrochene oder verdoppelte Identität. Stimmig handelt das erste Kapitel von den Moltkes, den fernen nordischen Vorfahren, dem Feldmarschall, dem Vater, der des Feldmarschalls Großneffe und Erbe war; das dritte aber von Sir James Rose Innes, in Südafrika 1914 bis 1927 Oberster Bundesrichter, dessen Tochter Dorothy die Mutter von Helmuth James wurde. Dorothy von Moltke an Sir James: »Ich finde in ihm – Helmuth – viel von Dir ... oft, wenn von ethischen Fragen, von Recht gegen Opportunität die Rede ist, klingt es, als ob Du sprächest.« Was hier »Erbmasse« war, was der Einfluß des Lebenden auf den Lebenden, denn Helmuth James kannte seinen bedeutenden Großvater gut, was auf ihn wirkte aus liberaler englischer Tradition, in deren Umkreis er sich lang und intensiv bewegte, das ist wohl so unentscheidbar wie gleichgültig. Direkt von Sir James mag eine Neigung zur Melancholie gekommen sein, die mit moralischer Unbeugsamkeit zusammenging: die Dinge waren nicht so, wie sie sein sollten, aber der Oberste Bundesrichter wollte handeln, wie er mußte. Darum sagte man ihm nach, daß er für die Politik, für den Kampf um die Macht und für den Kompromiß, nicht tauge. Eben darum meinen die Autoren, Helmuth James habe viele Gaben des Staatsmannes besessen, aber nicht alle, jedenfalls im Moment seines Todes nicht. Da war er noch jung, keine achtunddreißig Jahre; er hätte dazulernen können.

Es gibt noch einiges in seinem Leben, was ihn von seinen Freunden, Standesgenossen, Mitstreitern in Deutschland unterschied, mehr oder weniger, und was man mit der englischen Schicht seiner Existenz in Verbindung bringen mag. Er war nicht nur kein Nationalist – das waren die Peter York, Adam von Trott, Theo Haubach auch nicht. Wenn er je »national dachte« – ein deutscher Ausdruck, für den es kein englisches Äquivalent gibt – so gab er diese Gewohnheit seit Hitlers »Machtergreifung« zusehends auf. Schon 1929 schrieb der Zweiundzwanzigjährige an den Großvater: »Meinem Gefühl nach bin ich erstens an Europa gebunden, zweitens an Deutschland, drittens an Ostdeutschland, viertens an das Land. ›Ich bin gebunden‹ heißt, daß ich mich verantwortlich fühle, wobei das Maß der Verantwortung sich in dem Maß verringert, in dem der Umkreis sich erweitert. Das, wohin mein Verantwortungsgefühl mich bei

weitem am stärksten zieht, ist der landwirtschaftliche Osten Europas.«
Zu ihm rechnete er nicht nur Ostdeutschland, auch Polen. Während der letzten Jahre des Krieges war er bereit, im Gegensatz zu praktisch allen seinen Freunden, die politische Einheit Deutschlands aufzugeben, wenn nur seine Stücke Schutz fänden unter dem Dach einer europäischen Konföderation. Mehr: er sah die Annexion Schlesiens durch die Polen – oder Tschechen – als unvermeidlich voraus und nahm sie mit Gleichmut an. Mit scheinbarem Gleichmut. Wenn je ein Mensch seine Heimat liebte, Kreisau und was darum lag, so war er es. Der vorweggenommene Verzicht darauf muß ihm bitter schwergefallen sein – eine der Selbstüberwindungen, zu denen er sich erzogen hatte. – Moltke notierte sich Ulrich von Hassell, denke angelsächsisch und pazifistisch. Das hieß, er dachte für den nationalkonservativen Hassell befremdlich oder als ein Fremder; eine Spur von Befremdlichem muß für Nur-Deutsche immer in ihm gewesen sein.
Der Schüler, in Schondorf am Ammersee, lehnte sich gegen die Forderungen und Einrichtungen des Landerziehungsheims auf; das sei alles Heuchelei und Künstelei ... Nach einer Weile ging er zurück auf ein staatliches Gymnasium. Der Schreibende, der zur selben Zeit eine Schule des Schondorfer Typs besuchte, sieht den hochgewachsenen, hochintelligenten, furchtlosen, herausfordernden Knaben vor Augen: er imponierte, er bildete einen kleinen Kreis von Anhängern, er stieß ab. Zu einem Teil mag er wohl recht gehabt haben; Kinder jenes Alters sind, neben anderem, ein verworrenes, gärendes, manchmal törichtes Pack; man kann sie nicht durch ein paar Lehren und Regeln zu jungen Rittern machen. Zu einem Teil hatte er unrecht, ja, widerlegte er sich durch sein eigenes Wesen. Denn, was man in deutschen Landerziehungsheimen der zwanziger Jahre eine »Führernatur« nannte, war er schon und blieb es. Er wäre der ideale Schüler Kurt Hahns gewesen, eines anderen Anglo-Germanen, der einen so idealen nie gehabt hat; der Mut, die Wahrheitsliebe, die selbstverständliche Bereitschaft, Verantwortung für andere und anderes; der Wille zu helfen – Kurt Hahns »Sama-

riterinstinkt«; – die Sicherheit des Auftretens, in früher Jugend offenbar mit ein wenig Arroganz verbunden. »Individualist«, paßte er nicht in die »Gemeinschaft« des Landerziehungsheims, hätte aber, bei geringer Korrektur, ausgezeichnet in sie gepaßt als »Wächter«, Ratsvorsitzender oder was noch. Wie deutlich wird das; wie deutlich werden etwas später die sehr zeit-typischen, sehr deutschen, idealistischen Bestrebungen und Sehnsüchte des jungen Menschen. Zusammen mit einem Lehrer, Professor Eugen Rosenstock, und ein paar Freunden organisierte der Jurastudent 1928 in seinem Schlesien Lager für Studenten, Arbeiter und Bauern. Begegnung der Klassen in rüstiger Gemeinsamkeit, Überwindung des Klassenkampfes. Überwindung der beruflichen Einseitigkeiten und Abstraktionen: vormittags harte körperliche Arbeit, nachmittags Vorträge und Diskussion, etwa über ein gesundes Leben in der Industriegesellschaft, abends Spiele, Singen, Theater. Man nahm dergleichen sehr ernst um 1930, man hätte darüber gelacht vorgestern, man wird morgen vielleicht schon wieder nicht darüber lachen. Ernst nahm sich auch Helmuth James. An die südafrikanischen Großeltern: »Ich werde die eine Abteilung übernehmen und mich von dem Rest befreien, denn ich kann nicht alles tun. Es ist schade, denn sicher wäre ich besser an der Spitze des Ganzen als nur einer Abteilung, und mein Nachfolger wird, fürchte ich, die Arbeit nicht leisten können, die ich am Anfang getan habe.« Man kann nicht sagen, daß der Einundzwanzigjährige sich unterschätzte.
Er hatte es leicht; begabt und gescheit, gut aussehend, weltläufig in einer Zeit, in der die Nur-Deutschen noch provinziell waren über alle heutige Vorstellung; ein klingender Name. Er besuchte den alten Kaiser Wilhelm in Doorn und erdreistete sich auf die Frage nach dem Regiment, in dem sein Vater gedient habe, zu antworten: »Keine Ahnung, Majestät.« Militär interessierte ihn nicht; die Hohenzollern interessierten ihn auch nicht. Menschen interessierten ihn, auch solche in hohen und höchsten Ämtern; weniger privilegierte Altersgenossen staunten über den Rang seiner Bekanntschaften. Glück half dem Verdienst nach. Er gelangte in die Nachbarschaft von kreisbildenden Persönlichkeiten, Eugenie Schwarzwald, die am Grundlsee die Schriftsteller, Künstler und Gelehrten Öster-

reichs um sich zu versammeln verstand, Dorothy Thompson und Edgar Anselm Mowrer, amerikanische Reporter in Berlin, frühe Kenner und Hasser des Nationalsozialismus. Mit »Hans«, dem fingierten Adressaten, dem Miss Thompson während des Krieges über eine Radiostation ihre politischen Botschaften zugehen ließ, war Helmuth James gemeint. Übrigens hätte kein anderer der mitunter etwas indiskreten Belehrungen Miss Thompsons so wenig bedurft wie gerade dieser ... In Grundlsee lernte er seine Frau kennen, Schwester eines Schondorfer Schulkameraden. Die Ehe, nach dem Zeugnis jener 1600 Briefe, war, was man vollkommen glücklich nennt; für den trotz aller Geselligkeit zur Vereinsamung Neigenden ein nie versagender Trost. Der Gang der Dinge brachte häufige lange Trennungen mit sich; sonst hätten die 1600 Briefe nicht sein müssen. Er hatte es schwer. Schwer, so wie er gemacht war; allzu unabhängig in seinem Denken, allzu radikal in seinen Forderungen an die Welt, grüblerisch mit einem Anflug von Poesie, jedoch, wie die Autoren betonen, ohne eigentlich »Intellektueller« zu sein. Schwer, mit einem Schlag, im Ökonomischen. Denn 1929 stellte sich heraus, daß der Kreisauer Gutskomplex, an sich vergleichsweise geringen, unfruchtbaren Boden umfassend, vor dem Bankrott stand. Der Vater, der aus der Fülle gewirtschaftet hatte, wo längst keine gewesen war, zog sich nach Berlin zurück, wo er Christian Science lehrte; zu retten, was zu retten war, oder die klägliche Auflösung durchzuführen, überließ er dem ältesten Sohn. Der Zweiundzwanzigjähre ging ans Werk. Hier zeigte er zum ersten Mal, was er konnte und später wohl auch im Großen gekonnt hätte, wenn er gewollt hätte oder das Glück ihm günstiger gewesen wäre. Er konnte administrieren. Er konnte seinen Stand nehmen, einer gegen viele; seine Gläubiger in qualvoll-geduldigen Verhandlungen davon überzeugen, daß es besser für sie war, auf ihn zu setzen, als das Gut weit unterm Wert zu verkaufen. Nach sieben Jahren, mit Sparsamkeit bis zum Äußersten, hatte er es dahin gebracht, daß die Hälfte der Schulden gedeckt, für den Rest der Zahlungsdienst gesichert war, dazu noch ein kleines Einkommen für die Familie erwirtschaftet werden konnte. Von ihm selber und den Seinen hieß es bis zum Schluß, daß sie einfacher lebten als die Bauern

ringsumher. Daran lag ihm nichts; an Kreisau lag ihm, am »Segen der Erde« – man muß und darf sich nicht scheuen, solchen Ausdruck zu gebrauchen, wenn man denn über Moltkes Biographie referiert. Um so zäher hing er an dem Ort, weil er den Zug von Heimatlosigkeit, der in ihm war, bannen oder bewältigen half. Auf die Dauer in Kreisau leben mochte er dennoch nicht. Ab und an, ja, aus der Ferne dafür sorgen, davon träumen, ja; nicht immer dort sein. Sein Tatendrang reichte weiter.
Er hielt sein Talent für ein sehr persönliches oder sehr allgemeines; nicht für ein spezielles, durch ein ausschließliches Fach zu bindendes. Das heißt, er hielt es für ein politisches. Politiker wollte er werden, ob aus angeborener Verantwortung für seine Mitmenschen oder zur Verwirklichung der eigenen Persönlichkeit, kommt auf das gleiche hinaus. Sein Studium der Rechte, verbunden mit Soziologie, politischer Wissenschaft und anderen solchen vage umgrenzten Disziplinen war Vorbereitung dafür. Wenn er schwankte, ob er etwa zum IG-Farbenkonzern gehen sollte, dem Chemie-Giganten, oder arbeiten als Assistent von Mr. Mowrer, oder als Reporter in New York – aber er tat keines davon – so war es nur die Frage, wie er, einstweilen, Erfahrungen sammeln und etwas Geld verdienen könnte. An den Großvater: »Politische Probleme kann man nur lösen lernen, indem man sich allem und jedem Studium ergibt ... Im Augenblick, in dem ich mich auf nur eine einzige Seite eines Problems konzentriere, werde ich zum ›Experten‹, und sobald man ein ›Expert‹ ist, ist man für die Politik verloren.« Also kein »Fach-Idiot«, wie man im heutigen deutschen Jargon sagen würde. Leider konnte er Politiker nicht werden. Vor 1933 war er zu jung; wäre übrigens als Mitglied der letzten wüsten Reichstage der Weimarer Republik schwer vorzustellen. Danach ging es nicht mehr. Aber erstaunlich gut war in jenen fürchterlichen Jahren, 1930 bis 1933, sein politisches Urteil. Er mißbilligte die »Notverordnungen« des Reichskanzlers Brüning, als in gleicher Weise ruinös für die Verfassung und die Ökonomie. Bei den Präsidentenwahlen von 1932 entschied er sich für den kommunistischen Kandidaten – heimlich übrigens und in der benachbarten Stadt, denn die Bauern von Kreisau hätten den einsamen Wäh-

ler erraten und wären entsetzt davon gewesen. Ein Akt spielerischen Trotzes; natürlich wußte er, daß Ernst Thälmann keine Chance hatte, vermutlich auch, daß er ein eher trübseliger Mensch war. Wir anderen alle, an der Spitze die Sozialdemokraten, glaubten damals an Hindenburg als den Retter vor der Nazi-Diktatur; Moltke nicht. Hinter dem Mythos sah er den egoistischen, treulosen Greis, der die Demokratie weder retten konnte noch wollte. Als dann, dreiviertel Jahre später, der Retter den anderen Retter an die Spitze der Regierung berief, als wieder wir alle anderen, wieder an der Spitze die Sozialdemokraten, das Ereignis als ein normal-konstitutionelles, flüchtiges, untragisches nahmen, war es wieder Moltke, der es erkannte: eine Katastrophe von unermeßlichen Folgen. – Viel Einsicht, viel Instinkt.

Es ging ihm, von außen gesehen, so schlecht nicht während der folgenden sechs Jahre, obwohl er dem neuen Regime nicht die mindesten Konzessionen machte, oder eben, weil er ihm keine machte. Darüber schrieb er im zweiten Jahr des Unheils einen soziologischen Aphorismus, souverän in seinem Scharfblick und Hohn, nämlich: es gibt in Deutschland jetzt eine Pyramide von sieben Stufen. Zuunterst bescheiden-wohlhabende Juden, die noch etwas zu verlieren haben. Darüber arme Juden, dann Parteimitglieder, die es erst 1932–33 wurden, dann Bürger, die zwar nicht Mitglieder wurden, aber jetzt der Partei sich anschmeißen, dann sehr reiche Juden, denen man nicht alles rauben kann, ohne eine wirtschaftliche Katastrophe anzurichten, dann Parteimitglieder mit Ausnahme der schon genannten unseligen Kategorie, dann, letztens und höchstens, Arier reinster Abstammung, deren Patriotismus über und deren sozialistische Neigung unter allem Verdacht steht. Zu dieser Klasse rechne er sich selber oder werde dazu gerechnet, und folglich genieße er alle möglichen Freiheiten, zum Beispiel, jene, sich um die Partei überhaupt nicht zu kümmern ... Es sollten später andere Analysen der deutschen Gesellschaft aus Moltkes Feder kommen, ernster, viel ernster, aber immer gleich klug und nie ohne die Anmut, die aus Überlegenheit stammt.

Stimmungen – er kannte schwärzere schon in jenen vergleichsweise noch harmlosen Zeiten. Gegenüber dem amerikanischen

Journalisten Wallace Deuel, Mowrers Nachfolger, der seinen Verkehr mied, um ihn nicht zu kompromittieren, erklärte er sich: »Neulich ging ich durch alte Familienpapiere und fand, was ich vermutete: die Moltkes waren auf der verlierenden Seite durch eine Anzahl von Generationen, praktisch in jeder großen Krise der Geschichte, und gewöhnlich hat einer von der Familie dabei seinen Kopf verloren. Das wird wahrscheinlich auch diesmal geschehen. Aber es gibt eine ganze Menge von uns, und ich habe dafür gesorgt, daß einige übrig bleiben werden. Einstweilen werde ich umgehen, mit wem ich will.« Eine Ahnung, eine Möglichkeit, kein Vorwissen. Die Gabe des Zweiten Gesichts besaß er nicht; die einzige Vision, die er je gehabt zu haben scheint, eine Art von Tagtraum, während dessen er sich, durch Kreisau wandelnd, plötzlich 40, 50 Jahre später sah als einsamer alter Mann – der Traum ist nicht Wahrheit geworden.

Die Autoren versuchen, zu erklären, warum Helmuth James nicht emigrierte: alle Nazi-Gegner, alle »guten Deutschen« hätten das ja, rein praktisch, unmöglich tun können. Der nächste Satz ist besser: freiwillige Emigration bedeutete, »das eigene Land und die eigenen Landsleute in einer Zeit der Not im Stich zu lassen«. Das war es. Momentweise hat er die Auswanderung erwogen, jedoch gemeint, die Möglichkeiten, sein und seiner Familie Brot in England zu verdienen, ständen 1 zu 99. Da, glaube ich, irrte er. Um von England abzusehen – wer das ruinierte väterliche Gut so wieder auf den Damm brachte, der hätte in den Vereinigten Staaten sich gewiß durchgesetzt, und an guten Beziehungen fehlte es weder hier noch dort. Er wollte nicht.

Entfremdung äußert sich in seinen Briefen während der folgenden zehn Jahre, Entfremdung und Ekel. Ekel vor den einzelnen; auch Ekel vor den Massen. Balfour und Frisby beeilen sich zu entschuldigen: nicht die Masse der Menschen als solche habe er gemeint, sondern die Tyrannei, die sie so gemacht hatte, wie sie jetzt erschien. Das kann belegt werden, zum Beispiel durch die Beschreibung des wimmelnden Breslauer Bahnhofs während des Krieges: »Aber alle diese Leute, die da vorbeizogen, waren Typen und keine Menschen. Es war Schlacht- und Arbeitsmaterial, es waren Maschinen, die eine bestimmte Funktion in einem Prozeß haben. Die Bewegung, in die alle diese Wesen gerissen worden sind, hat ihre menschlichen Verbindungen zerrissen. In Afrika nennt man das *detribalised* und knüpft daran die Vorstellung, daß damit die Neger unregierbar und regierungsunfähig werden. Aber bei uns ist es der gleiche Vorgang.« Wenn aber die Tyrannei die Massen so gemacht hatte, wie sie nun waren, so hatten schließlich auch die Massen die Tyrannei gemacht, wie sie war; ein Grad von Affinität mußte sein zwischen beiden, und er sah auch das. Gelegentlich der Olympischen Spiele 1936: »Berlin ist fürchterlich. Unter den Linden schiebt sich eine geschlossene Masse Menschen vorbei, um die Fahnen zu besehen. Und was für Menschen. Ich habe nie gewußt, daß es so etwas gibt. Wahrscheinlich sind das die Nationalsozialisten, die ich ja auch nicht kenne.« Wer war es? Arbeiter? Kaum. Überwiegend wohl, was die Autoren »lower middle-class« nennen; die sei durchweg »Nazi« gewesen. Ähnlich urteilte Moltke; freilich ist lower middle-class ein Sammelbegriff, der viel Differenziertes vage umfaßt. Während des Krieges über eine Schiffsreise nach Schweden: »Das Schiff war bequem, die Reisegefährten einfach peinlich und furchtbar. Ich hätte am liebsten nur englisch gesprochen, um mich von dieser Bande von Räubern und Knoten zu distanzieren. Abgesehen von ein oder zwei Leuten, die erträglich waren, und den Stewards und einigen deutschen Vorarbeitern, die dritter Klasse fuhren, war das Schiff nichts als Abschaum des deutschen Mittelstandes. Angestellte von Firmen, die in Oslo arbeiten und deren Unterhaltungsgegenstand in Schieber-Geschäften bestand und im Versuch, soviel wie möglich auf dem Schiff zu essen, zu trinken und zu rauchen und Vorräte zu kaufen. So bildeten sich vor dem Zigarettenverkaufsstand sofort Schlangen.«

Die Oberschicht? Die wohlerzogenen Leute? Über sie, hohe Offiziere, hohe Bureaukraten, schrieb Moltke nach langer Beobachtung einmal nieder, was ebenso erwähnenswert ist: sie oder doch ein großer Teil von ihnen seien wie ein Chamäleon; ohne moralische Substanz, im Sinn bloßer Opportunität handelnd; anständig in anständiger Umgebung, gemein in gemeiner.

Noch einmal, es ging ihm äußerlich vergleichsweise gut in jenen sechseinhalb Friedensjahren. Da war Kreisau, die geliebte Frau, Kinder kamen nach. Da war eine Anwaltskanzlei in Berlin, in der er seinen Beruf ausüben konnte. Überwiegend deprimierende Arbeit, Hilfe für Juden, die auswandern wollten und Ähnliches; aber nicht ohne Befriedigung für seinen »Samariter-Instinkt«. Da war, was Balfour und Frisby eine Rettungsleine nach England nennen, a Lifeline to England. 1937 konnte er schreiben, er habe jetzt mehr Freunde in London als in Berlin. Freunde, darunter die beiden Autoren und Lionel Curtis, Fellow von All Souls College, Moralist, Staatsphilosoph und Politiker auf eigene Faust, von bescheidener Stellung, aber weitverzweigter Aktivität. Durch Curtis lernte er einige große Herren des Landes kennen, die Lords Halifax, Astor, Lothian, den Bischof Headlam von Gloucester. Die drei letzteren gehörten dem sogenannten Clivetonset an, einer Gruppe von Politikern, die wir Emigranten wenig liebten, denn sie galten als geistige Väter der »Appeasement-Politik«. Gegen die war Helmuth James auch. Er bestritt, in einem Gespräch mit Lothian, was die wohlmeinenden, aber unwissenden Briten glaubten, was auch in Deutschland nur zu gern geglaubt wurde, daß Hitler, so wie er jetzt noch war, ein Produkt der »Schmach von Versailles« sei, und prompt sich bessern werde, wären nur die ungerechten Bedingungen des Vertrages beseitigt. Er warnte davor, ihn in dem Glauben zu wiegen, England könnte in einem europäischen Krieg den neutralen Schiedsrichter spielen. »Appeasement« schob den Krieg allenfalls auf, aber machte ihn um so sicherer, indem es ihn aufschob. Das war seine Ansicht – wenn je der nachmals erfundene Ausdruck »innere Emigration« zutraf, dann für ihn. Es war nicht die Ansicht eines anderen jungen Deutschen, den er zum ersten Mal in Oxford traf, Adam von Trott. Die Autoren machen hier eine Unterscheidung. Trott, Hasser der Nazis auch er, wollte trotzdem ein loyaler Patriot sein; Moltke nicht. Er war über die Schranken »nationalen Denkens«, wenn sie ihn je gehalten hatten, nun hinausgekommen. Trotzdem und immer sah er für die Verwirklichung seines politischen Dranges kein anderes Land als das, in dem er geboren war. Bekanntlich haben einige deutsche Emigranten, Professoren zumal, es in der amerikanischen Politik oder deren Umkreis ziemlich weit gebracht. Wer würde es ihnen vorwerfen? Nur, der Eine ist so und der Andere anders. Moltke war zu stolz und zu taktvoll dafür.

Auch in jenen sechseinhalb Friedensjahren, besser, Jahren ohne Krieg, bot das Dritte Reich seinen Untertanen eine Kette von Sensationen, Krisen, Triumphen, Rache-Freuden, eine Kette, deren Glieder enger und enger aneinanderrückten. Der Tyrann hatte Eile. Wer hoffte, trotz allem sich dauernd einzurichten, dauernd für ein paar Jahre, auf einer Insel in einem Meer von Kot, dem wurde die Illusion raschestens genommen, wieder und wieder. Eine solche Katastrophe war für Moltke der »Anschluß«, die Eroberung Österreichs von außen und von innen. Auseinanderstieben des Freundeskreises dort, Verhaftungen, Selbstmorde, Flucht. Las er damals, wie anzunehmen ist, die ›Times‹, so fand er keinen Trost darin; das majestätische Blatt, erinnere ich mich nur zu gut, hatte an dem Ereignis nur Schönheitsfehler milde zu tadeln. Warum, deutete der Kommentator an, sollte 1938 zwischen Deutschland und Österreich nicht geschehen, was 1707 geschehen war zwischen England und Schottland? Welchen Grund zum Streit gab es nun zwischen Great Britain und Great Germany, dem Vereinigten Königreich und dem Vereinigten Reich? ... Eugenie Schwarzwald, die Gastgeberin vom Grundlsee, hat der Schreibende damals in Zürich getroffen. Ausgeplündert und heimatlos, war sie hilfreich wie immer, voll ungebrochenen Lebensmutes.

Eine zwischen Deutschland und England geteilte, halbwegs internationale Existenz hoffte Helmuth James sich zu schaffen, indem er sich als britischer Barrister qualifizierte. Die Vorbereitung dafür brachte die Annehmlichkeit häufiger Reisen nach England mit sich – es werden wenigstens siebzehn gezählt; die Examina, kein leichtes Stück, bestand er in den Jahren 37 und 38. Er war in England während der Tage von »München«, die einmütige Bereitschaft der Nation freudig beobachtend, deprimiert von dem Ende. Es ist unbekannt, ob er irgend etwas von der deutschen Generalsverschwörung wußte, die damals bestand, und von der die Autoren treffend sagen, man könne nicht wissen, zu was sie geführt hätte, ohne die Kapitulation der Westmächte in München; nur, daß dann alles ganz anders gekommen wäre, als es wirklich kam. Helmuth James, überarbeiteter Student in Oxford und London, konnte so oder so keinen Einfluß darauf nehmen; noch immer ein bloßer Beobachter, manchmal verzweifelt, dann sehnte er sich aus Deutschland fort, es sei ja alles falsch, was man dort trieb, auch, was er selber trieb, sei nichts als Firnis der Zivilisation über Greueln und Verbrechen – manchmal hoffend. Auf Krieg? Ihn zu wünschen hätte in der Logik seiner Situation gelegen, aber es gibt kein Zeichen dafür. Wer es mit seinen Mitmenschen gut meinte, konnte ja wohl, in unserem Jahrhundert, Krieg unter keiner Bedingung wünschen. Aus »München« zog er die machtpolitischen Konsequenzen, die in dem Vertrag zu liegen *schienen*, nämlich, daß England Osteuropa praktisch abgeschrieben hatte. Also würde kein Krieg sein, und würde er das Ende der regierenden Infamie nicht erleben; viel wahrscheinlicher, daß Abarten des Faschismus sich breit machen würden auch in Frankreich, auch in England. Im Juni 39, während schon die letzte, die polnische Krise ihrem Höhepunkt zustrebte, war er noch einmal in London mit seiner Frau und mietete ein Zimmer dort für den kommenden Winter: Er sei nun doch so weit, einige gewinnbringende Arbeit in England verrichten zu können. – Wir irren in solchen Krisen; die Klarsichtigsten wie die Blindesten. Im Vorjahr hatte er Englands Entschlossenheit überschätzt; jetzt sah er Defaitismus, wo keiner war.

Anders im August. Um nicht Soldat werden zu müssen, wovor anfangs eine kränkliche Konstitution ihn ohnehin schützte, suchte und fand er einen Platz in der »Abwehr«, Amtsgruppe Ausland, Unterabteilung Völkerrecht; der ihm anvertraute Überwachungsdienst galt der wirtschaftlichen Kriegsführung. Von dem Barrister durfte man Kenntnisse des internationalen Rechts, auch der englischen Ökonomie erwarten; so daß, in gänzlich ungeplantem Sinn, seine englischen Studien sich doch gelohnt hatten. Die »Abwehr« stand direkt unter dem Oberkommando der Wehrmacht. Ohne Uniform zu tragen, erhielt Moltke das Maß von Schutz und Unabhängigkeit, das, trotz der Ereignisse vom Februar 1938 und späterer Ereignisse, die Armee noch immer geben konnte. Daß gerade die »Abwehr«

ein »Verschwörernest« war – Aussage des Generals Jodl – ahnte er noch nicht. Deutsche Verschwörer gegen Hitler hatten ein langes, vorsichtiges, immer gefährliches Spiel zu treiben, ehe sie einander erkannten.
Er blieb in Freiheit fünf Jahre und vier Monate lang. Diese Epoche seines Lebens ist die intensivste, reifste, reichste und nobelste; alles Frühere nur Vorspiel und unbewußtes Training für sie. Die Autoren haben sie unterteilt in nicht weniger als 13 Kapitel mit Titeln wie »Vertrauenskrise«, »Das Haupt über Wasser«, »Zwischenspiel«, »Neuer Impetus« und so fort. Kapitel mußten sein. Mehrfach nahm der Krieg tief veränderte Formen an, auf die auch der Held dieser Biographie reagierte. Im Grund bleibt es trotzdem eine monotone Geschichte. Der Zweite Weltkrieg bietet nicht das politische Interesse, das der Erste vergleichsweise noch immer bot: die verlorenen Möglichkeiten, Frieden zu schließen, die innere Entwicklung, in Deutschland zugleich hin zur Demokratie und hin zur Generalsdiktatur, der Wettlauf zwischen beiden. Nichts davon jetzt, dafür hatte Hitler gesorgt. Spätestens seit dem 7. Dezember 1941 war der Gang der Dinge mit Sicherheit vorauszusehen, wie grauenvoll lang es danach auch noch dauerte. Der deutsche Widerstand bildet eine Ausnahme. Die für ihn dachten und handelten, gebrauchten das Wort »Widerstand«, eine Übersetzung von »Résistance«, nicht; Balfour und Frisby gebrauchen es, weil sie kein anderes haben. »Opposition« klingt ihnen zu harmlos, zu konstitutionell. Wie man weiß, haben die Alliierten, oder späteren Alliierten, nämlich Churchill und Roosevelt, seit Sommer 1940 keinen deutschen Widerstand gekannt oder kennen wollen. Ein menschlich unschöner, vielleicht auch unpraktischer Irrtum.
Um von Moltkes Tätigkeiten und Schicksalen während des Krieges einen verkürzten Begriff zu gewinnen, wird man sie in vier unterschiedene Bereiche auseinanderlegen dürfen: Seine legale oder scheinbar legale Berufsausübung in der »Abwehr«; seine nichts weniger als legalen Kontakte mit dem so ganz anders gearteten Widerstand in den von den Deutschen besetzten Ländern; seine Gedanken-Arbeit an dem, was danach, nach der deutschen Niederlage, sein sollte; seine

Nähe- oder Nicht-Nähe zu Staatsstreich und Attentat. In Wirklichkeit verschwamm das natürlich alles ineinander. Weislich trennen die Autoren einer ausgewachsenen Biographie es nicht so scharf, wie es in einem bloßen Referat geschehen muß.
Der Völkerrechts-Spezialist tat, redete, kämpfte so, als ob Deutschland ein normales Subjekt des Völkerrechts wäre. Natürlich wußte er, daß es das nicht war und die Herrschenden an gar nichts glaubten als an das gnadenlos zu übende Recht des Stärkeren. Er spielte den Unwissenden: Wenn der »Führer« oder seine Lakaien die und die mörderischen Befehle hatten ausgehen lassen, so waren sie offenbar falsch beraten, falsch informiert, man mußte sie aufklären über die Rechtslage, oder das eigene Interesse, oder beides. Französische Kriegsgefangene, deren Gefangenen-Status an sich angefochten werden konnte, nach Deutschland zu verschleppen, war unpraktisch; die Franzosen würden bei sich zu Hause dem deutschen Krieg viel nützlichere Dienste leisten. Wenn ein neutraler Staat einige seiner Schiffe an England abtrat und das Auswärtige Amt folgerte, alle Schiffe des Unfreundes unterlägen nun deutscher Beschlagnahme, so entsprach das der völkerrechtlichen Praxis keineswegs. Der »Kommissars-Befehl« war gegen die Haager Landkriegsordnung und obendrein gefährlich, denn auch die Russen hatten nun deutsche Gefangene in ihrer Hand und konnten mit gleicher Münze zahlen. In solchen Redekämpfen stand Moltke manchmal als Einer gegen Vierundzwanzig, geistesgegenwärtig, unerschöpflich tapfer und zäh, wie ehedem gegen seine Gläubiger von Kreisau. Manchmal gewann er und war dann glücklich; aber der Gegner sei wie eine Hydra. Ich glaube, daß er seine Möglichkeiten überschätzte, und daß auch Balfour und Frisby sie überschätzen; ein einzelner in untergeordneter Stellung konnte Hitlers Kriegführung nicht wesentlich ändern. Er brauchte die Illusion. Wenn er später seine legale Aufgabe definierte durch den Zweck »im Detail Unglück zu verhüten«, so kam er der Wirklichkeit näher. Er focht wie ein Löwe um das Leben eines französischen Offiziers, der, wie zum Schluß sich herausstellte, niemals existiert hatte. Einem englischen, in Jugoslawien gefangen und nach Berlin gebracht, um dort exekutiert

zu werden, rettete er wirklich das Leben, indem er ihm den Status eines regulären Kriegsgefangenen erkämpfte; danach gab er ihm ein »englisches Frühstück« in seiner kleinen Berliner Wohnung. Im Detail Unheil verhüten. Auch im Großen. Auch für die Juden in Polen, für die Russen in den eroberten Gebieten glaubte er rettend wirken zu können, und es mag sein, daß ohne ihn einiges noch etwas früher noch etwas fürchterlicher gekommen wäre, aber seine Erfolge, wenn es sie gab, sind nicht greifbar. Dachte er in der Nacht an Juden und Russen, so konnte er nicht schlafen. Die Qual wuchs mit der Zeit: »Darf ich denn das erfahren und trotzdem in meiner geheizten Wohnung am Tisch sitzen und Tee trinken? Mach ich mich dadurch nicht mitschuldig? Was sage ich, wenn man mich fragt: Und was hast *Du* während dieser Zeit getan?« Die Frage hätte er beantworten können.

Was für seine offizielle oder durchschnittliche Umgebung gute Nachrichten von den Kriegsschauplätzen waren, waren schlechte für ihn und umgekehrt. Hier ist nur eine flüchtige Einschränkung zu machen, welche die ersten Wochen des russischen Feldzugs betrifft. Rasch erkannte er, daß Rußland militärisch viel stärker sei, als man in Berlin geglaubt hatte, war aber im Moment nicht froh darüber. Einmal, kurz, waren auch für ihn die guten Nachrichten die guten, die schlechten die schlechten. Es geht dies aus seinen Briefen deutlich hervor, obgleich Balfour und Frisby keine Erklärung dazu geben. Wäre sie schwer zu finden? In der Diktatur Stalins sah Moltke eine Gefahr, wenn nicht im besonderen für Deutschland, so doch im allgemeinen für Europa, und also für Deutschland auch. Konnte die Invasion zu einem Umsturz in Moskau, zu einer Art von russischer Regierung führen, die für Europa keine Bedrohung wäre? Das, so scheint es, hätte er im Moment begrüßt. Was die Deutschen in Rußland trieben, ließ die Hoffnung schnell versinken, sie war folgenlos. Aber es ist gut, daß Freya von Moltke ihre Zeugnisse keineswegs unterdrückte. Helmuth James Moltke kam dem Bild eines vollkommenen Menschen nahe. Aber, gottlob, ein vollkommener Mensch war er nicht; sein Urteil schwankte, seine Wünsche schwankten auch; manchmal wußte er nicht mehr, was er noch wünschen, hoffen, planen, tun sollte.

Dann und jetzt fand er Halt in der Religion. Unmöglich, zu sagen, wann seine religiöse Selbstbesinnung begann, was vorher war, welchen Einfluß neue Freunde, die er suchte und fand, katholische Bischöfe, Jesuiten, protestantische Theologen darauf hatten. So einer wie Moltke tut gründlich, was er tut, aus freiem Willen, frei erworbener Überzeugung. An Lionel Curtis, 1942: »Sie werden sich vielleicht daran erinnern, daß ich in Diskussionen vor dem Krieg die These verfocht, für die Resultate, zu denen Sie gelangten, sei der Glaube an Gott nicht notwendig. Heute weiß ich, daß ich unrecht hatte, völlig unrecht. Sie wissen, ich habe gegen die Nazis gekämpft vom ersten Tag an, aber für das Ausmaß von Selbstgefährdung und Bereitschaft zum Opfer, das heute von uns verlangt wird und morgen von uns verlangt werden mag, genügen die rechten ethischen Prinzipien nicht ...« Aus der Erfahrung eines militanten, mörderisch-destruktiven, pöbelhaften Atheismus und Nihilismus zog er den Schluß, das Deutschland wieder christlich werden müsse; gewohnt, ein Beispiel zu geben, fing er bei sich selber an. Und ging er selber ziemlich weit; so weit, daß er als Christ das Attentat, die Ermordung Hitlers, verneinte. Dürfe man die Wiederherstellung christlicher Sittlichkeit beginnen mit einem Verbrechen? Bischof Berggrav von Oslo, heimliches oder nicht heimliches Mitglied des norwegischen Widerstandes, nach dessen Meinung in dieser schwierigen Sache er sich erkundigte, antwortete ausweichend: Tyrannenmord könne unter gewissen Bedingungen allerdings erlaubt sein, aber – fügte der Geistliche politisch hinzu – für die Deutschen sei es jetzt, 1943, wohl leider zu spät dafür. Moltke, für sich allein und mit anderen, bereitete eine neue Regierung für Deutschland vor – danach, mit oder ohne Attentat. Der Norweger wußte es besser.

Die neue Regierung, die neue Verfassung, der Neuaufbau der Gesellschaft, von unten her, von grundauf. Das waren die Themen des »Kreisauer Kreises«. Der Name ist eine Erfindung der Gestapo. Die Sache – wann die begann, läßt sich nicht bestimmen, und ihre Umgrenzung auch nicht, der Kreis ging über in andere Kreise, berührte sich wenigstens mit ihnen, er hatte keine feste Identität. Fest steht nur, daß von seinen Inspiratoren Moltke der inspirierendste war und sich auch dafür hielt; für ein ordnendes Zentrum. In Kreisau fanden 1942–43 nur drei große Treffen statt; andere auf den Gütern des Grafen Peter York; andere, und unvergleichlich häufigere in Berlin. Nicht jedesmal waren alle da, manchmal nur wenige, oft fehlten die bedeutendsten Mitglieder, insofern man von Mitgliedschaft überhaupt reden kann. – Eine genaue Tafel belehrt über die Häufigkeit der Treffen, die Namen der Teilnehmer da und dort.

Den Autoren liegt daran, daß Moltke radikaler war als die anderen, seine engeren Bundesgenossen; viel radikaler als Goerdeler und General Beck, mit denen man sich einmal traf und die er »die Exzellenzen« nannte. Es könnte jedoch da etwas vom Hochmut der Jugend gegenüber dem Alter im Spiel gewesen sein. Denn wenn auch Goerdeler, nach dem Ausdruck seines Biographen Gerhard Ritter, »tiefes Heimweh nach der sonnigen bürgerlichen Welt des 19. Jahrhunderts« empfand, wenn er, scharfer Kritiker von Regierung und Gesellschaft unter Wilhelm II., seiner Sympathien für die fromme, christlich-anständige Obrigkeit im Stil Wilhelms I. sich nicht schämte, so gab er sich doch die redlichste Mühe, ein Mann seiner eigenen Zeit zu sein. Der Demokratie machten seine Verfassungsprojekte kaum weniger Konzessionen als Moltke; den politischen Parteien mehr als Moltke, den Gewerkschaften ebenso. Hier war ein Gegensatz, den Balfour und Frisby wohl etwas schärfer hätten herausarbeiten dürfen, ungefähr, wie Gerstenmaier es tat, ein Gegensatz der Generationen. Goerdeler, zur Zeit der »Machtergreifung« schon an die fünfzig Jahre alt, in der Weimarer Republik einer der erfolgreichsten Kommunalpolitiker, war die Republik und die politischen Parteien von Haus aus gewohnt; er konnte sie im Prinzip so schlecht nicht finden; er wünschte ihren Aufbau nur indirekter und damit, wie er meinte, solider gestaltet zu sehen. Moltke gehörte einer Generation an, die Parteien, Wahlkämpfe, Demokratie nur noch in einer heillos entarteten Form erfahren hatte. Daß »Alles« irgendwie ganz anders gemacht werden müsse, war sein Urteil und Gefühl schon vor 1933; darin gehörte er zu den »Jungen« und stand er dem wirren, schillernden, so sehr deutschen Komplex der »Konservativen Revolution« so ganz ferne nicht. Revolution sollte sein, aber keine marxistische; keine, die Konzentration und »Vermassung« der Gesellschaft noch weiter triebe, anstatt sie durch kunstvolle Erfindungen rückläufig zu machen. Aber gerade was die »Vermassung« und die aus ihr folgende Einsamkeit oder Atomisierung des Einzelnen betraf, artikulierten Moltke und Goerdeler recht ähnliche Gefühle. Vergleicht man Goerdelers Pläne mit den »Grundsätzen« der Kreisauer, so findet man Nuancen, keine schroff trennenden Konflikte, außer in der Ökonomie – da huldigte Goerdeler einem arg veralteten Laissez-Faire, in Verbindung mit einem mehr moralischen als wirtschaftlichen Prinzip eiserner Sparsamkeit. Da dachte er wie Herbert Hoover.

Was die Autoren, und sie nicht zum ersten Mal, betonen: der deutsche Widerstand, insofern er handeln konnte, oder handeln zu können glaubte, stammte jetzt unvermeidlicherweise aus der alten Oberschicht: Bureaukratie, Adel, Kirche, Militär. Er konnte seinen Ursprung nicht verleugnen, wenn schon Goerdeler ihn nach Kräften zu überwinden suchte. Andere, Popitz, Hassell, versuchten das nicht einmal; ihre Projekte charakterisiert Professor Ritter, selber nicht eben der Radikalste, als aufgeklärten Absolutismus, als eine »Diktatur volksfremder hoher Staatsbeamter«. Schließlich kam es darauf an, wie man die Tyrannei Hitlers verstand: als Pöbelherrschaft, als scheußlich entartete Demokratie, daran war etwas und auch Moltke fand, daß etwas daran war; oder als scheußlich entartete Form der alten Obrigkeit – woran auch etwas war. Das hieß: das widrige Phänomen war auf Begriffe der bisherigen politischen Geschichte überhaupt nicht zu bringen. Folglich konnten auch des Feindes Feinde nicht mehr in den klassischen politischen Kategorien denken. Ihre Gedankengebilde hatten etwas Verschwimmendes, im Sinne früherer Staatsphilosophie Neues und Widerspruchsvolles. Dies um so mehr, als es eben, bis zum Tage X, nur Gedankengebilde waren. Danach würden sie auf jeden Fall sich ändern durch Begegnung erstens, miteinander, und zweitens, mit der Wirklichkeit.

Entschiedener als die Mehrzahl seiner Standesgenossen war Moltke von früher Jugend an bereit, sich von seinem Ursprung zu trennen. Er sah, was die Anderen zumeist so nicht sahen: hatten die sozialen, moralischen Verhältnisse von vor 1933 den Diktator nicht direkt produziert, so hatten sie ihn doch möglich gemacht; also durfte man nicht zurück zu den sozialen, moralischen Verhältnissen von 1933, von 1914. Es mußte Abbruch und Neubeginn sein. Es mußten die Dinge so angelegt werden, daß sie das Heranwachsen eines »neuen Menschen« ermöglichten. Schwieriges Unterfangen, im Rückblick gesehen. Lebte man inmitten der »Massen« des Dritten Reiches und war man so fein organisiert wie Helmuth James, so werden Hoffnung, Forderung und wenigstens versuchte Planung verständlich. Anstatt der grausigen Plebiszite des Jahres 1932 Mitbestimmung in kleinem, übersehbarem Kreis, in der Gemeinde, in der Fabrik, in den untersten Verwaltungseinheiten; Sicherung der Familie und dessen, was sie brauchte, Arbeit und Eigentum, »Nahrung, Kleidung, Wohnung, Garten und Gesundheit«, der Garten als Symbol persönlicher Lebensgestaltung; Überwindung der alten Standes- und Klassenunterschiede, an deren Ausrottung, auf ihre Art, die Nazis jetzt ohnehin arbeiteten – so schlecht waren diese Grundsätze am Ende nicht, ob realisierbar oder nur halb realisierbar. Es könnte sein, daß sie, in anderer Verkleidung, heute wieder aufleben.

Gerstenmaier schreibt, die »Enteignung der Schlüsselbetriebe der Schwerindustrie ... als Grundlage der sozialistischen Ordnung der Wirtschaft« sei eine Forderung Mierendorffs, des Sozialdemokraten, gewesen; als Ganzes hätten die Kreisauer sich dergleichen nicht zu eigen gemacht. In den während Jahren erarbeiteten, im Herbst 43 vollendeten »Grundsätzen« steht immerhin, daß Schlüsselbetriebe im Bereich von Kohle, Stahl, Chemie und Energieerzeugung öffentliches Eigentum werden sollten. Vermutlich ging das Moltke noch nicht einmal weit genug; nur daß er wirtschaftliche Machtkonzentrationen im sozialistischen Stil ebensosehr fürchtete wie die anonyme Macht der großen Konzerne – oder des Nazistaates. Dezentralisierung und von dort, von der Gemeinde und Werk-Gemeinschaft her, »Integrierung« anstatt Vielparteienstaat und Klassenkampf. Die Autoren üben Kritik daran: so wünschbar Selbstbestimmung sei im überschaubaren Kreis, so müßten doch auch direkte Beziehungen zwischen Zentralregierung und allen Bürgern spielen. Und wie sollten Wahlen sein ohne Parteien? Ist ja doch, könnte man hinzufügen, das Prinzip der Wahl nicht aus dem Parteienprinzip entstanden, sondern umgekehrt die politische Partei aus der Wahl oder Delegation, und zwar auch dort, wo, wie in den Vereinigten Staaten, Parteien ursprünglich und ausgesprochen nicht sein sollten, nur Wahlen. Bedarf es hier einer profunden Untersuchung? Die Wiederkehr von Parteien hätten die Kreisauer nicht verhindern können; jene von ihnen, die überlebten, haben auch keinen Versuch dazu gemacht, sie wurden wackere Parteipolitiker. Schön aber wird der Kern von Moltkes Staatsphilosophie resumiert: »Er besaß Ansichten, die nicht überall populär sind: Das Leben hat einen Sinn, Pflichten sind so wichtig wie Rechte, Freiheit ist so wichtig wie Gleichheit. Er weigerte sich, die Gesellschaft auf den Kampf der Klassen zu reduzieren oder in materieller Bereicherung und technologischem Fortschritt das all und eine Ziel zu sehen. Unorthodoxie, was immer die Orthodoxen reden mögen, ist nicht dasselbe wie Obskurantismus.«

In der nationalen Frage hielt Moltke manchmal dafür, daß die Deutschen in ihrer Gesamtheit eine harte Lektion verdienten. In Brüssel zu dem General von Falkenhausen: »Ich glaube, das deutsche Volk muß einmal erst ganz herunter.« Das meinte er, und nur er; dann sah er Deutschland nicht als Patriot, sondern mit den Augen seiner englischen Freunde, seiner norwegischen und holländischen Gesprächspartner. Seine deutschen Bundesgenossen befremdete er damit. Es waren Stimmungen, echte, auch wohl begründete Gefühle, die momentan über ihn kamen. Zum Prinzip erhoben, hätten sie seine und seines »Kreises« Arbeit sinnlos gemacht. Was die Kreisauer, ebenso wie Goerdeler und Beck, und zuletzt Stauffenberg, voraussetzten, war und mußte sein, daß die Deutschen nach Kriegsende irgendwie imstande bleiben würden, ihr Schicksal selber zu bestimmen. Politisch ausgedrückt: daß sie sich selber regieren würden. Das war unmöglich, wenn, nach einer bedingungslosen Kapitulation, Russen und Amerikaner sich in Berlin träfen. Also kämpfte auch Moltke für eine »gesteuerte Niederlage«; begrenzt im Osten, irgendwie modifiziert im Westen. Wenn er trotzdem den Verlust der deutschen Ostprovinzen voraussah, mit ständig zu überwindendem Kummer, wenn er gelegentlich den Zusammenbruch des deutschen Staates geradezu wünschte, so standen diese Gefühlsanwandlungen im Widerspruch zu seiner ernsten, gefährlichen Tätigkeit. Man darf nicht jedes seiner überlieferten Worte auf die Goldwaage legen. Er war ein Mensch, kein Lehrbuch. Wo für *solche* Situation das Lehrbuch hernehmen?

Man hat gegen die Kreisauer und besonders gegen Moltke den Vorwurf erhoben, sie seien zu sehr nur Theoretiker gewesen. Der Vorwurf ist so alt wie der Kreis selber, er stammt aus dem historischen Augenblick. Später wurde er auch ins Positive idealisiert, zumal von dem englischen väterlichen Freund, Lionel Curtis, der Moltkes Verteidigung vor dem Volksgerichtshof und dann die letzten Briefe an seine Frau – er und seine Freunde müßten sterben, weil sie »zusammen gedacht« hätten – allzu buchstäblich nahm. Sein Lieblingsgedicht, erfahren wir aus dem Buch, war Kiplings ›If‹, und in dem heißt es ja nun:

If you can think – and not make thoughts your aim ...

Was hätte alle Theorie für einen Sinn gehabt ohne den Willen zu ihrer Verwirklichung? Wie war ihre Verwirklichung möglich ohne ein Ende des Krieges *vor* der totalen Niederlage? Wie war ein Ende vor der totalen Niederlage zu erreichen ohne Beseitigung des Tyrannen? Wie war die zu haben ohne Staatsstreich? Von den Kreisauern spielten über York, Mierendorff, Fritz von der Schulenburg, enge Verbindungen zu den Zivilisten und Militärs, die den Staatsstreich aktiv vorbereiteten. Schon im Sommer 1941 erkundigte Moltke sich nach Claus von Stauffenberg: »Sie* haben einen Vetter im Führerhauptquartier? Wäre der zu etwas brauchbar?« So früh ahnte er, daß Graf Stauffenberg der Rechte sein könnte. Daß nur noch die Armee es machen könnte, wußte er längst; was nicht hinderte, daß er, mit nur zu viel Recht, auch wieder an »den Generalen« zweifelte, und dann war er verzweifelt. Seine geistige Stärke und politische Schwäche: er spürte, wußte zu viel. Zum Beispiel auch: daß ein freundliches Arrangement mit den »Angelsachsen« nicht so leicht zu haben wäre, wie der sanguinische Goerdeler es sich einbildete. Daß er statt des

* Hans Christoph von Stauffenberg.

Attentates zur Verhaftung und regulären Aburteilung Hitlers riet, war unpraktisch. Der Tyrann mußte zuallererst tot sein, dann erst kam alles andere. Die Verneinung des Mordes verstehen Balfour und Frisby aus dem religiösen Motiv. Gerstenmaier bestreitet das: Moltkes Haltung sei theologisch falsch und auch nicht eigentlich christlich gewesen, sondern »puritanisch-angelsächsisches Erbe«. Man wird das auf sich beruhen lassen können; die Frage ist unbeantwortbar und ohne Gewicht.

Zuletzt wird man die ganze Frage nach Moltkes theoretischem oder praktischem Charakter in der Schwebe lassen müssen. Zu sagen, wie ich eben sagte, konsequenterweise hätte er zum Staatsstreich drängen müssen, setzt voraus, daß er konsequent dachte, konsequent war. Aber er war es nicht immer; wohl könnte sein, daß sowohl Gerstenmaier, der ihn so gut kannte, wie Balfour und Frisby, die ihn so gut kannten, das Ding etwas vereinfachen. Der Wille zur Tat war in ihm, die Versuchung der Resignation auch; im Kampf gegen sie mögen Kiplings prunkende Verse ihm etwas geholfen haben. Mit der Idee der »gesteuerten Niederlage« stand das Gefühl, wonach das Dritte Reich seinen natürlichen Tod sterben, der deutsche Staat seinen siegreichen Feinden gänzlich überlassen werden sollte, im direkten Widerspruch. Wenn er *nur* dachte, *nur* fühlte, dann im letzteren Sinn, und daraus war keinerlei Aktivität abzuleiten. Auf das unvermeidliche bittere Ende warten, das konnte jeder, das taten viele. Ihm genügte es nicht. Also mußte er die Gebrochenheit seines Wesens überwinden, nicht einmal, sondern wieder und wieder, und als aktives Mitglied seines »Kreises« den Staatsstreich vorbereiten helfen, direkt oder indirekt, trotz seines traurigeren Wissens.

Nach dem 20. Juli 1944 hat er, nun schon seit sieben Monaten im Gefängnis, zu seiner Frau bemerkt: »Wenn ich frei gewesen wäre, wäre das nicht passiert.« Es ist auch wieder so ein Wort, das man nicht auf die Goldwaage legen darf. Hätte er es gesprochen, wenn der Staatsstreich gelungen wäre? Und das, wissen wir, hing ja an einem Haar; hing daran, ob die »Lagebesprechung« im Bunker stattfand oder in der Baracke; hing ausschließlich am Leben oder Nichtleben des Scheusals.

Nach dessen Tod wären, Mord hin oder her, Moltkes Energien zu stärkstem Leben erwacht, hätte er sich mit allem, was er konnte und wußte, in die neue Situation geworfen, hätte er seine englischen Beziehungen ins Spiel gebracht, wäre er einer der überzeugendsten Repräsentanten Deutschlands geworden; eines Deutschland, das, was immer aus ihm wurde, doch anders ausgesehen, doch anders dagestanden hätte als im Mai 1945.

Seine englischen Beziehungen; seine internationalen Kontakte überhaupt. Als Mitglied der »Abwehr« mußte oder durfte er häufige, durch offizielle Schein-Aufträge gerechtfertigte Reisen machen; nach Belgien, Holland, Norwegen, Polen, auch zu den Neutralen, den Schweden und Türken. In den Ländern, welche die Deutschen erobert hatten, suchte und fand er Kontakt mit Führern der Résistance, nicht, um etwas Bestimmtes mit ihnen auszumachen, sondern eben nur der menschlichen Begegnung halber; um sie zu ermutigen, um ihnen zu erzählen, wie es in Deutschland jetzt wirklich aussah, und daß es auch dort »Widerstand« gebe, wenn auch von tief und traurig unterschiedener Art. Stockholm und Konstantinopel dienten ihm zu etwas anderem. In Stockholm schrieb er Briefe, eigentliche Memoranden, an Lionel Curtis; den ersten im April 1942, der erreichte sein Ziel ungefähr, den zweiten im März 1943. Dieser, ungleich ausführlichere, inhaltsschwerere, erreichte sein Ziel nie. Der schwedische Philantrop, Dr. Harry Johansson, dem er anvertraut wurde, wollte ihn nicht expedieren, sei es, um Moltke nicht zu gefährden, sei es der schwedischen Neutralität zuliebe, oder aus beiden Motiven. 27 Jahre danach wurde er im englischen Originaltext ans Licht gebracht.*

Balfour und Frisby drucken ihn nach; woran sie gut taten. Denn es ist etwas Klügeres, Wahreres, Stolzeres und Demütigeres, Traurigeres und Hoffenderes von einem politischen Deutschen nie geschrieben worden; früher, damals, später nicht. Das beherrschte Leiden, die Leidenschaft, der brennde Drang, sich und die Dinge verständlich zu machen; eine Nacht lang vielleicht, in einem Stockholmer Hotelzimmer, die Zeit war knapp. Der ganze Helmuth James Moltke ist darin; der

* In der Vierteljahrsschrift für Zeitgeschichte.

ganze Jammer des Dritten Reiches und dann der Jammer aller Politik im Kriege.
Daß man doch, schreibt er, die secret services, die Geheimdienste aus dem Spiel lasse. Ihnen ist wohl alles recht, was die deutsche Opposition tun kann, um dem Gegner zu schaden, aber nichts darüber hinaus; sie gieren nach militärischen Geheimnissen; sie sind allen Sinnes für das Eigentliche, das Politische bar; auch arbeiten sie oft mit denselben Agenten, so daß, was ein Geheimdienst weiß, dem anderen auf die Dauer nicht verborgen bleibt. Die Beziehung muß eine *politische* werden, und dazu gehört, daß die westlichen Diplomaten von den wirklichen Zuständen in Deutschland eine Ahnung gewinnen, die sie nicht haben. (Moltke, regelmäßiger Leser der ›Times‹, wußte das nur zu genau.) Will man ein Regime stürzen, vollends ein Regime, wie das Hitler'sche es ist, so muß man seine Nachfolge vorbereiten. Anders geht es nicht. In England soll man wissen, wer die Menschen sind, die an beidem arbeiten, dem Sturz und der Nachfolge; und unter welchen Bedingungen. Sie sind härter als jene, unter denen Mitglieder der Résistance in Holland oder Norwegen leben. Dort kann jeder jedem trauen. In Deutschland ist die langwierigste Vorsicht geboten, ehe man auch nur einem einzigen Mitbürger seine Gedanken eröffnen kann. Dort besteht die natürlichste Einheit zwischen den nationalen und den politisch-moralischen Zielen. In Deutschland wird der Feind Hitlers unvermeidlich zum Feind seines Staates, dessen militärische Niederlage zu wünschen er nicht umhin kann. Dort wird der von den Nazis Gemordete zum Märtyrer, geehrt von seinem Volk, noch sein Tod hat Wirkung; in Deutschland stirbt man als gemeiner Verbrecher, in Schande – »The worst is, that this death is ignominious« – und eben darum vergeblich. Es arbeiten im Reich jetzt 19 Guillotinen, es sterben etwa 50 Menschen am Tag, zu schweigen von den in den Konzentrationslagern Ermordeten, deren ungeheure Zahl man nur ahnen kann. Eben wird in Oberschlesien ein Lager gebaut, in dem monatlich 4000 bis 5000 getötet werden sollen.* Das ist

* Ist Auschwitz gemeint? Der Schreibende weiß es selber nicht: »Aber alle diese Nachrichten erreichen mich, selbst mich, der so scharf nach ihnen Ausschau hält, in vager, unbestimmter, ungenauer Form.«

die Wirklichkeit, um welche die Schicksalsmacher im Westen sich nicht kümmern. Ihre Radiosendungen, die Sendungen der BBC, könnten um so hilfreicher wirken, weil in Deutschland jeder isoliert ist, vereinsamt und unwissend, selbst »Flüstercampagnen« nicht über den Ort hinausdringen, an dem sie entstanden. Leider, schreibt Moltke, arbeiten die britische und die Goebbels-Propaganda praktisch zusammen. Womit er vermutlich die herzlose Unwissenheit jener Sendungen meint, insbesondere die immer wiederholte Forderung nach »bedingungsloser Kapitulation«.* Jedoch möchte er sich selber keineswegs in die Politik der Alliierten einmischen. »Ich will dies – eine ständige Verbindung zwischen der deutschen Opposition und England – nicht, um Friedensbedingungen oder eine mögliche Nachkriegswelt zu diskutieren. Ich will diese Verbindung, um unseren Krieg gegen Hitler, unseren inneren Krieg zu unterstützen ... Weil wir solche Verbindung nicht haben, tappen wir im Dunklen, hoffend, daß die Informationen, die wir Ihnen zukommen lassen, nicht derart gebraucht werden, daß sie uns diskreditieren und vielleicht gefährden ...« Gefährden – gefährdet ist der ohnehin, der nach England so schreibt, solches beschreibt, aber das erwähnte er nicht.

Er versucht, dem fernen, durch den furchtbarsten Abgrund von ihm getrennten Freund einen Begriff von der deutschen Opposition zu geben. Sie ist nicht die einer Klasse. Sie geht durch alle Klassen, wie auch verblendete oder opportunistische Anhänger der Tyrannei in allen Klassen zu finden sind. Man mag das nuancieren. Die Mehrheit der älteren, gelernten Fabrikarbeiter sind oppositionell; die Mehrheit des preußischen Adels, insoweit er noch Land besitzt, ist es. Das Bürgertum (the middle classes) ist überwiegend Nazi, aus den und

* Schreiber dieser Zeilen war 1944 in London an der »American Broadcasting Station in Europe« tätig. In seiner geringen Stellung hat er versucht, ungefähr im Sinn Moltkes zu wirken. Wenn er selbst bei seinen unmittelbaren Vorgesetzten auf Verständnis traf, so standen sie doch unter Direktiven, von denen sie nicht abweichen zu dürfen glaubten. Charakteristisch war eine mir gegebene Antwort: »Wenn wir den Deutschen sagten, was wir wirklich mit ihnen vorhaben, so wäre das noch schlimmer. Besser also, wir halten uns an die wenigstens inhaltsleere ›bedingungslose Kapitulation‹.« – Damit war keine Propaganda zu machen.

jenen Gründen. Viele junge Arbeiter sind es auch, und die könnten morgen ebensogut Kommunisten sein. »Die ›Gefahr des Kommunismus‹ ist in unserer Lage eine reale.« Die am stärksten ausstrahlenden Zentren der Opposition sind die Kirchen, beide Kirchen. Man weiß in England vielleicht etwas von den Predigten des Bischofs von Berlin; man kennt nicht die Hunderte von tapferen Pfarrern, die allsonntäglich in überfüllten Häusern predigen, ohne dem Regime und dem Krieg die geringsten Konzessionen zu machen. Auf sie ist Verlaß und auf die Massen der Gläubigen, die ihnen zuhören. Auf die Generale nicht. Es war, schreibt Moltke, ein Fehler der Opposition, auf sie zu setzen; und da trennt er sich, für den Augenblick, nun wieder von jenen, die den Staatsstreich vorbereiten. »Der stärkste soziologische Grund dafür – die Haltung der Generale – ist der, daß wir eine Revolution brauchen, keinen bloßen Staatsstreich; keine Revolution von der Art, wie wir sie brauchen, kann den Generalen die Bedeutung und Stellung geben, wie die Nazis sie ihnen gegeben haben und heute noch geben.« Eine Revolution. Gemeint ist eine soziale, ebensosehr eine moralische oder geistige. In dem früheren Brief an Curtis hieß es: »Für uns ist Europa nach dem Krieg weniger ein Problem von Grenzen und Soldaten, von gewaltigen Organisationen oder großspurigen Plänen; Europa nach dem Krieg ist für uns die Frage, wie das Bild des Menschen in den Herzen unserer Mitbürger wieder hergestellt werden kann.« Keine großspurigen Pläne. Was die Opposition tut, um eine neue Gestalt Deutschlands vorzubereiten, vor allem: seine Dezentralisierung fast bis zur Auflösung, wird trotzdem erwähnt. Auch, was sie jetzt praktisch wirkt und was, gewollt oder nicht, der Koalition zugute kommt. »Sie wirft Sand in die Maschine. In welchem Maße sie damit den Alliierten geholfen hat, wird vermutlich nie bekannt werden. Es geht aber sehr weit, besonders in der hohen Bureaukratie. Kaum eine Woche vergeht, ohne daß ich nicht bemerke, daß irgendwo etwas geschehen sein muß, um die Ausführung eines Befehls zu verhindern oder wenigstens seine Wirkung abzuschwächen.« Der Brief endet mit der Bitte, einen Vertrauensmann, am besten »Michael« (Balfour) nach Stockholm zu schicken. Im gleichen Sinn hatte er im Vorjahr an Balfour direkt geschrieben. Die

Sache ging bis zu dem Premierminister; der sprach sein Veto. Als Moltke im Januar 1944 verhaftet wurde, wußten seine Verfolger von alledem nichts; wußten nichts von seinen Gesprächen mit Führern der Resistance in Norwegen und Holland; wußten nichts von den Kreisauer »Grundsätzen«; wußten nicht, daß er, Dezember 1943, in Istanbul geradewegs in das Bureau des »Office of Strategic Services« gegangen war, um dort mit dem amerikanischen Militärattaché zu reden. Ein schweres Wagnis in der Stadt, in der Spione zu Hunderten ihr unnützes Handwerk übten, und wieder ein vergebliches; der General war nur an militärischen Informationen interessiert, die Moltke nicht liefern wollte, insoweit er sie besaß. Nichts von alledem war den Herren des Sicherheitsdienstes auch nur ahnungsweise bekannt. Moltkes Verhaftung war eine Sache am Rande. Der Katastrophe des »Solf-Kreises« oder »Thadden-Kreises«, eines bloßen politischen Gesprächszirkels in der Tat, derart, wie Kreisau es nicht war, gingen Warnungen an die Gefährdeten voraus, die offenbar aus der »Abwehr«, die vielleicht von Helmuth James kamen. Ein vager Verdacht. Die folgenden acht Monate lebte er in einer Gefangenschaft, die kaum ärger war als »Festung«; kühn forderte er seine Freiheit zurück, da, wo keine Anklage sei; im Sommer schien die Entlassung bevorzustehen. Die Lage änderte sich aus dem Grund nach dem 20. Juli; dieser schrecklichsten Tragödie in Deutschlands moderner Geschichte, schrecklich, weil hier die Besten, und in welcher Zahl, an dem Schlechtesten zugrunde gingen. Der Ehrenhäftling wurde zum Sträfling, dessen Prozeß auf Tod und Leben früher oder später kommen würde; ziemlich spät, denn es gab Andere in Menge, mit denen zu verfahren dringender schien. Was nun stückweise über ihn zutage kam, war immer noch soviel nicht: daß er von Staatsstreich und Attentat *gewußt* hatte, ohne geradezu dafür zu sein; daß in Kreisau geredet und »gedacht« worden war, man wußte nicht im Detail, über was, jedenfalls über das »Danach«. Es genügte. Pessimist von Haus, Kenner seiner Feinde von Haus, hielt Moltke seinen Tod von Anfang an für wahrscheinlich. Für ihn hatte er sich erzogen und vorbereitet auf eine Weise, angesichts derer wir gewöhnlichen Menschen verstummen. Aber gelebt hätte er gern, zumal jetzt, da das Ende der Tyrannei so unmittelbar nahe sein *mußte.* Er verteidigte sich mit Geschick, als die Reihe an ihn und an seine nächsten Freunde kam. Er verbarg nicht, wer er war, ein Christ, kein Götzendiener des heidnischen Staates. Er bestritt nicht, was man wußte, und legte es aus im Sinn bloßen »Denkens«, was von den Anklägern ungefähr akzeptiert wurde. Keinen Augenblick verlor er die Gegenwart seines klaren und beruhigten Geistes, womit er den Blutrichter teils reizte, teils wohl auch beeindruckte; das letztere ein Grund mehr, ein Ende mit ihm zu machen. Noch vor dem Prozeß hatte ein Herr von der Gestapo zu Freya von Moltke bemerkt: »Wir werden nicht den Fehler von 1918 wiederholen und unsere inneren Feinde leben lassen.« Moltke war ein innerer Feind, das wußten sie, und ein überragend bedeutender innerer Feind, das erfuhren die Klügeren von ihnen während der Verhandlung. Er selber sah es so. In der Abschiedsbotschaft an seine Söhne heißt es, von ihrem Standpunkt täten die Nationalsozialisten ganz recht daran, ihn umzubringen.

Es könnte sein, daß er die Talente seines Richters überschätzte, weil er in seiner schrecklichen Einsamkeit doch wenigstens einen intellektuell halbwegs ebenbürtigen Gegner suchte; daß er überhaupt das Gewicht seiner Gegner überschätzte. Gewicht, freilich, sie hatten es, denn sie konnten die Menschen zu Hunderttausenden umbringen. Sie hatten es trotzdem nicht. Sie, die allermeisten von ihnen, *spielten* nur den ehern Konsequenten, den Fanatiker, ohne es doch zu sein; daß es Spiel war, schlechte Literatur, dagegen beweist leider die Zahl der Opfer nichts. Von Heinrich Himmler ist bekannt, daß er die »Endlösung der Judenfrage« abbrach, als ihm schwindlig zu werden begann wegen des zu erwartenden Kriegsausgangs. »Ich habe die Überzeugung«, schrieb er nun, »daß unter Ausschaltung von Demagogie und Äußerlichkeiten über alle Gegensätze hinweg und ungeachtet blutigster Wunden auf allen Seiten Weisheit und Logik ebensosehr zur Herrschaft kommen müssen wie gleichzeitig damit das menschliche Herz und das Wollen zum Helfen.« Himmler; den Juden helfen; das menschliche Herz. War Freisler anders? Oder würde er, ohne den Kriegszufall, der ihn tötete, heute irgendwo in der Bundesrepublik friedlich und gesetzestreu seine

Pension verzehren, kein Fanatiker mehr, nur ein Schauspieler im Ruhestand? Andere seinesgleichen haben das jedenfalls getan und tun es heute noch. Daß die Besten an den Schlechtesten zugrunde gingen, ist traurig genug. Trauriger wäre es, wenn die Guten zugrundegegangen wären an Schmierenschauspielern und Literaten der untersten Stufe. Lohnte solch Opfer sich denn? – Dagegen, tröstlich, steht die These van Roons: »Der deutsche Widerstand machte es nach dem Kriege möglich, wieder mit Deutschland zusammenzuarbeiten.«

Moltkes letzte, nach dem Urteil geschriebene Briefe an seine Frau hat man schon lesen können. Sie in einer Biographie in extenso einzufügen, war erlaubt und notwendig; im Zusammenhang eines ganzen Lebens bedeuten sie, nach einem Ausdruck der Autoren, dessen höchste Reife und Krönung. Derart, daß sie zu Zwecken eines bloßen Referates oder Essays literarisch ausgemünzt werden dürften, sind sie nicht; obgleich sie, neben anderem, selber literarische Meisterstücke sind. Der Gang der Gerichtsverhandlung und die an ihr beteiligten Charaktere werden mit einer Plastizität, einer Kunst der Nuancierung, ja einer Heiterkeit dargestellt, als ob der Schreibende nichts als ein bloßer, sehr genauer Zuhörer gewesen wäre. – Ein Nebenaspekt.

Während der Jahre 40–41 hat George Kennan, amerikanischer Diplomat in Berlin, einige Gespräche mit Moltke geführt, das letzte fünf Tage vor »Pearl Harbour«. Ich weiß nicht, ob er jene Dokumente des Abschieds kannte, Zeugnisse einer liebenden und gereinigten, im Glauben starken Seele, als er in seinen Memoiren über Moltke schrieb: »Ich sehe ihn im Moralischen als den größten Menschen an, im Geistigen als den am weitesten sehenden, erleuchtetsten, der mir, auf beiden Seiten der Front, während des Zweiten Weltkrieges begegnete. Schon damals – 1940 und 1941 – ging sein Blick über alle die schmutzige Anmaßung, über alle die Schein-Triumphe des Hitler-Regimes hinaus; er erriet die kommende Katastrophe und gewann in schwerem innerem Kampfe es über sich, sie anzunehmen, auf sie sich vorzubereiten, wie er später seinen Mitbürgern dabei helfen wollte. Die Notwendigkeit verstand er: Es mußte alles von Anfang an wieder getan werden, sei es inmitten von Niederlage und Demütigung, um der Nation ein neues Gebäude auf besseren Fundamenten zu errichten ... Das Bild dieses einsamen, ringenden Mannes, einer der wenigen protestantisch-christlichen Märtyrer unserer Zeit, blieb mir über all die Jahre hinweg eine Säule des Gewissens, ein steter Quell politischer und geistiger Inspiration.« Kennan war Moltkes Generationsgenosse, von ferne ein Geistesverwandter, und mehr als Zufall, daß beide sich trafen; ihre Beurteilungen der deutschen Situation stimmten schon vorher überein in wahrhaft verblüffendem Maße.

Welche Wandlungen seither. Dies habe ich erzählen hören. Junge Leute, kämen sie selbst aus Familien, die den Moltkes nahestanden, kämen sie selbst aus den Familien der Helden des 20. Juli, und gibt man ihnen jene Abschiedsbriefe zu lesen, so erklären sie sich: Das mag für Sie, der Sie alt sind, ganz ergreifend sein. Für uns nicht. Es interessiert uns nicht mehr ... Die Trennung der Deutschen von ihrer Vergangenheit ist endlich so radikal geworden, wie Moltke sie gefordert hatte; obgleich anders, ganz anders.

1973

Bertrand Russell

Vor seinen ausgewachsenen Memoiren, deren erster Teil nun erscheint, hatten wir von Bertrand Russell schon zahlreiche autobiographische Essays. Am reizendsten ist mir immer ein Nachruf erschienen, den er 1937 über sich selber verfaßte, und zwar für das Jahr 1962; nicht als er selber, versteht sich, sondern als Nekrologist der ›Times‹ von London. Wahres oder halbwegs Richtiges, auch onkelhaft herablassendes Lob wird hier mit gravitätisch-patriotischen Platitüden im Stil der ›Times‹ verbunden, so daß eine herzbelustigende Mischung entsteht. Gleich am Anfang frappiert ein historischer Rückblick. Russels Großvater, Lord John, den der Philosoph noch kannte, war eben der, der 1814 Napoleon auf Elba besuchte und 1831 die erste große Parlamentsreform durchsetzen half; seine Großmutter mütterlicherseits, die er noch besser kannte, war eine »Freundin der Witwe des jüngeren Prätendenten« – wobei man wissen muß, daß der jüngere Prätendent der im Jahre 1746 bei Culloden besiegte Charlie Stuart ist. Seine Witwe, eine geborene Stolberg, lebte bis 1824; lange Zeit nicht als Witwe, sondern als heimliche Gattin Alfieris, des Dramatikers ... Unglaublich tiefe Vergangenheit in der Gegenwart! Russell hat gern den Schein erweckt, als machte er sich nicht viel aus solchen Hintergründen; sicher aber flossen aus der Tradition einer alten und großen, einer geistvollen, unabhängigen und tätigen Familie ihm unschätzbare Kräfte zu. – In dem Nachruf der ›Times‹ heißt es dann weiter, zwar habe Russell in seiner Jugend bedeutende Werke auf dem Gebiet der mathematischen Logik geschaffen, habe aber nur zu bald ein exzentrisches und unausgeglichenes Urteil, einen Mangel an geistiger Tiefe bewiesen, wofür seine Haltung im Ersten Weltkrieg das tadelnswerteste Beispiel sei. Ging er doch damals so weit, bei völliger Unkenntnis der moralischen Werte, um die gefochten wurde, zuerst die englische Neutralität, dann einen Verständigungsfrieden um jeden Preis zu wünschen! Verdientermaßen verlor er seine Professur in Cambridge, verdientermaßen mußte er sogar für ein halbes Jahr ins Gefängnis. »In den folgenden Jahren verzettelte er seine Arbeitskraft mit Schriften, in denen er für Sozialismus, Erziehungsreform und einen weniger strengen Moralcodex hinsichtlich der Ehe eintrat. Von Zeit zu Zeit jedoch kehrte er zu weniger aktuellen Themen zurück. In seinen historischen Schriften täuschten Stil und Geist über einen seichten, veralteten Rationalismus hinweg, zu dem er sich bis zu seinem Ende bekannte ... Sein Leben war trotz seiner Unberechenbarkeit von einer anachronistischen Folgerichtigkeit, ähnlich der der aristokratischen Rebellen des frühen neunzehnten Jahrhunderts ... Er war der letzte Überlebende einer versunkenen Epoche.« Der Nachruf, man sieht es, enthält einige ganz wahre Sachen, mehr von ihnen, als ich zitieren darf, bleibt aber in die Farbe spöttischer Kondeszendenz getaucht und betont über und über die selbstverschuldete Verlorenheit der Russellschen Positionen.

In zwei Punkten irrt er. Russell ist nicht in seinem neunzigsten Jahr 1962 gestorben. Im Moment, indem dies niedergeschrieben wird, ist er so aktiv wie je und im Begriff, zu einer der großen Bataillen seines Lebens anzutreten. Wenn es ferner heißt, kurz vor Ausbruch des Zweiten Weltkrieges sei er in ein neutrales Land entkommen, seinem Grundsatze gemäß, wonach mordgierige Verrückte ganz recht daran täten, einander umzubringen, vernünftige Leute ihnen aber dabei besser aus dem Weg gingen, so war das wirkliche Leben anders. Russell floh nicht im August 1939 aus England. Er war seit 1938 in den Vereinigten Staaten, aus Gründen, die mit Politik nichts zu tun hatten. Aber er war tief unglücklich im September 1939 und danach, schämte sich seiner Sicherheit in Amerika, *bejahte* den Krieg gegen Hitler, nachdem er einmal begonnen hatte, und kehrte 1944 auf einem Frachtschiff in die von V-Waffen belästigte Heimat zurück. Kritiker haben nicht verfehlt, auf den Unterschied zwischen seinen Haltungen im Ersten und Zweiten Krieg zu verweisen, und Russell ist gegenüber *diesen* Vorwürfen nicht ganz unempfindlich gewesen. Daß der Philosoph sich wandelte, verstand sich ihm von selbst, Philosophen, die sich nicht wandeln, sind schon tot. Daß der Politiker nicht immer gleich dachte unter ungleichen Umständen, glaubte er eigens rechtfertigen zu müssen.

Unser ›Times‹-Nekrolog, hätte Russell ihn später geschrieben, würde noch einige andere erwähnenswerte Details enthalten haben. Russell schrieb sein erstes Buch im Jahre 1895; 72 Jahre später kamen – wenn ich richtig zähle – sein 71. und 72. Buch heraus. Er wurde von einer Freundin als »frühzeitig gealtert« geschildert, als er fünfzig war; von dem 95jährigen kann man das nicht sagen. Er heiratete zum ersten Mal mit 21; zum vierten und vorläufig letzten Mal mit achtzig. Er war in seiner Jugend leidlich wohlhabend dank eines ererbten Vermögens, das er aber bald verschenkte; danach während vieler Jahrzehnte von Geldsorgen bedrückt; heute ist er reich, oder könnte es sein, wenn seine Einnahmen nicht der von ihm gegründeten Peace Foundation zuflössen. Im Jahre 1940 mußte die New York University ihren eben ernannten Professor wieder entlassen infolge des Prozesses, den eine fromme Dame gegen ihn, oder gegen das städtische Institut, angestrengt hatte. In der Anklage, welcher der Richter sich anschloß, wurden Russells Schriften als »geil, lüstern, venerisch, erotomanisch, wollüstig, aphrodisiakisch, atheistisch, blasphemisch, engherzig, unwahrhaftig und bar jeden moralischen Sinnes« bezeichnet. (Dieser Prozeß ist einer der Flecken auf dem amerikanischen Ehrenschild, wie nur ganz große Nationen sie sich ohne Reue leisten können. Hätte er in Berlin stattgefunden, wir würden ihn noch heute zu unserer unbewältigten Vergangenheit rechnen.) Russell war Abstinenzler bis 1914. Kaum aber ließ Georg V. sein Volk wissen, er werde während der Dauer des Krieges auf die Freuden des Alkohols verzichten, so ging er zu Whisky über – eine Russellsche Geste der Abneigung gegenüber dem Krieg und gegenüber der Monarchie. Mit achtundsiebzig erlebte er einen schweren Unfall. In der Nähe von Oslo ging sein Flugzeug auf der See nieder und begann alsbald zu sinken. Die Fahrgäste, die im vorderen Teil der Kabine saßen, ertranken. Russell, der kurz vorher sich in das hintere Abteil zurückgezogen hatte, wo geraucht werden durfte, konnte eben darum sich retten; in seinem Wintermantel schwamm er durch das eisige Wasser zu einem Boot. Er selber sagt, eine Minute lang, die Herausgeber seiner ausgewählten Werke sagen zehn; da ich unlängst viel Russell gelesen habe, so glaube ich, die Wahrheit wird sich nie feststellen lassen. – Den Titel, Earl Russell, erbte er 1931 von seinem Bruder. Obwohl er über das House of Lords sich gern lustig machte, hielt er doch seit 1937 gelegentlich Reden dort; man möchte sich vorstellen, mit was für Gesichtern seine erhabenen Standesgenossen ihm zuhörten. Man möchte sich auch vorstellen, mit welchem Gesicht er 1950 nach dem Buckingham Palace fuhr, um Englands höchste Auszeichnung, den Order of Merit, aus den Händen des Königs entgegenzunehmen. »Man sagt mir«, äußerte der Monarch, »Sie haben ein abenteuerliches Leben geführt. Aber, nicht wahr, es wäre doch nicht gut, wenn alle Leute das täten?« Russell verbiß sich eine Bemerkung, die mit dem Herzog von Windsor zu tun gehabt hätte, und antwortete statt dessen: »Die Postboten läuten an allen Türen, aber es wäre nicht gut, wenn alle Leute an allen Türen läuteten.«

In den angelsächsischen Ländern ist er zu einem Mythos geworden; unter Amerikanern zumal, die ihn ehedem so schnöde behandelten. Auch in Deutschland soll er, laut seinem Biographen, der einflußreichste und am meisten gelesene englische Philosoph sein. Das sagt aber am Ende noch nicht viel; denn welcher andere englische Philosoph wird bei uns viel gelesen? Ein Erfolg war vor einigen Jahren die Essaysammlung ›Warum ich kein Christ bin‹; sie gefiel jenen, denen die offizielle Atmosphäre der Bundesrepublik nicht gefällt. Das erste Buch Russells in deutscher Übersetzung, das ich las, ›Die Kultur des Industrialismus‹ (›Prospects of Industrial Society‹) erschien in den späten zwanziger Jahren. Noch erinnere ich mich des Entzückens, das ich bei der Lektüre empfand; wie kontrastierte Russells kaustischer Humor mit den schweren, blutigen Hirngespinsten Lenins und seiner deutschen Nachbeter, wie sein Sozialismus ohne Tränen mit den grimmigen Voraussagen der Dialektik! Bald folgten zwei popularisierende wissenschaftliche Schriften, ›ABC der Atomtheorie‹, ›ABC der Relativitätstheorie‹; Darlegungen, die, so schien es mir wenigstens, Allgemeinverständlichkeit mit Gediegenheit verbanden. Die enorme Vielseitigkeit von Russells Wirken ist *eine* Hauptursache des Mythos. Daß er eine philosophische Grundlegung der Mathematik schuf, daß er, wie es heißt, der größte Logiker seit Aristoteles ist, müssen die Allermeisten

nur glauben, da sie die Leistung zu verstehen ja gar nicht versuchen können.
Es ist wohl auch so, daß Russells mathematisch-logische und erkenntniskritische Arbeiten die Wissenschaft mehr theoretisch unterbauten als praktisch förderten. So hat auch der Philosoph kein fertiges System – »Phänomenologie des Geistes«, »Welt als Wille und Vorstellung«, »Untergang des Abendlandes« – oder sonst irgendeine weithin schallende These geboten. Er ist überhaupt nie fertig geworden, hat immer wieder anders befunden oder anders nuanciert. Daß aber derselbe Autor, dessen dickste und schwerste Bücher – die ›Principia Mathematica‹ – kaum mehr als zwanzig Menschen ganz durchstudiert haben sollen, auch solche schrieb, und zu Dutzenden, die jeder halbwegs intelligente Jüngling lesen konnte, und in allen Gebieten, Erziehung, Wirtschaft, Moral, Religion, Gott und Welt oder Nicht-Gott und Nicht-Welt, Politik, Krieg und Frieden, und dann auch wieder die Resultate seiner subtilsten Forschungen in kurzen, vergleichsweise verständlichen Aufsätzen bot; daß er Weltreisen machte, als das Weltreisen noch nicht Mode war, Rußland, China, Australien, und nie ohne neugierig treffende, balancierte, manchmal prophetische Berichte nach Hause kam; daß er sich nicht mit der Theorie begnügte, sondern, berühmter Philosoph, der er schon war, seine Erziehungsgrundsätze in der Praxis versuchte und als Schulleiter sich mit kleinen Kindern plagte; daß er überhaupt seine Grundsätze *lebte* und, weil es provozierende Grundsätze waren, durch acht Jahrzehnte die Obrigkeiten und Großen der Welt provozierte, da er doch von Geburt zu ihnen gehörte und unter ihnen es sich hätte bequem machen können – das macht ihn unvergleichlich; legendenumwoben, oft mißverstanden und plump verleumdet, und zur mythischen Gestalt zuletzt.

Er begann als Philosoph und Mathematiker. Genauer, er begann als Journalist, Reporter, politischer Theoretiker, denn sein erstes Buch handelte vom Marxismus und dessen mächtigster Organisation, der Sozialdemokratischen Partei im Deutschen Kaiserreich. Ein ausschließliches Interesse also genügte ihm von Anfang an nicht. Auch während der langen Jahre, in denen er über den Principia Mathematica saß, überarbeitet, so sich konzentrierend, daß er, wie erzählt wird, manchmal fast das Atmen vergaß, trieb er nebenher Allotria; Kritik, oft beißende, verwandter Versuche nicht nur, auch Sozialismus oder ›Fabianismus‹, Freihandel, einen Versuch, ins Unterhaus zu gelangen und anderes mehr. Die Principia kosteten ihn mehr als ein Jahrzehnt und einige hundert Seiten, bis er zur Definition der Zahl Eins gelangte. Später diktierte er mitunter ein Buch in zwanzig Tagen und im Durchschnitt zehn Seiten am Tag. Schriftsteller, die je mit dem Diktaphon zu tun gehabt haben, wissen, welch harter Anstrengung diese Art des Arbeitens bedarf. Das gilt für sie, aber kaum für Russell. Er hatte in der Jugend seinen Geist so trainiert, daß er, mit wem oder was er sich befaßte, den springenden Punkt alsbald erkannte, und daß schriftstellerische Produktion ihm leichtfiel. Eisern fleißig blieb er sein Leben lang, und nie äußerte er sich über einen Gegenstand, ohne vorher eine Masse von Literatur darüber, primäre wie sekundäre, bewältigt zu haben. Es ist sein Stil, was darüber hinwegtäuscht. In einem Vortrag über Geschichtsschreibung meint er einmal, der Historiker sollte erst forschen, dann erzählen, ohne den Fluß der Erzählung durch Forschung zu unterbrechen, zum Schluß noch einmal prüfen. Ich denke, damit hat er ein Geheimnis seiner eigenen Schriftstellerei verraten.

Rückblickend meint er, er sei zur Philosophie übergegangen, als er für die Mathematik zu dumm wurde, zur Geschichte und Politik, als er für die Philosophie zu dumm wurde. Da ich selber für die Mathematik von Anfang an zu dumm war und nur zu bald für die Philosophie, so kann ich gar nichts über Russells Grundlegung der Mathematik, über seine Philosophie das Wenigste berichten.* Er fing als Adept Hegels an, kam aber, als er vom bloßen Hörensagen zum Studium der eigensten Werke des Meisters überging, zu dem Schluß, daß Hegels Philosophie falsch sei. Worin er sicher ganz recht hatte. Für seinen klaren Geist waren die Werke der Philosophen nicht Schöpfungen, von ferne der Musik vergleichbar; Versuche, das Unsagbare zu sagen, Gleichnisse, erhabene Gedankenspiele.

* Es sei hier angemerkt, daß das Wörtlein »ich« in diesem Versuch häufiger vorkommt, als sonst mein Brauch ist. Zweifellos kommt das daher, daß ich

Es imponierten ihm nicht die Fülle der Anschauung in den Hegelschen Schriften, die verdrehten Schönheiten, Gewalttätigkeiten und Verrücktheiten der Dialektik. Die eine blanke Frage, mit der er an Hegel, und fortan an alle Philosophen heranging, war: richtig oder falsch? Man errät, wie die Antwort regelmäßig lautete. Und dann: warum falsch? Abgeleitet aus welchen falschen Prämissen, die, wenn man sie einmal gemacht hatte, das falsche philosophische System korrekt ergab? Im Falle Hegels ergab es sich aus diesem Irrtum: »Hegel glaubte, alle Eigenschaften eines Dinges könnten logisch gefolgert werden, wenn man über dieses Ding genug wüßte, um es von allen anderen Dingen unterscheiden zu können.« – Die Bemerkung ist überaus scharfsinnig, dürfte aber das philosophische Urerlebnis, aus welchem der Reichtum der Hegelschen Metaphysik sich bildete, die Sehnsucht, die Anschauungskraft, den ungeheuren Ehrgeiz doch nicht *ganz* verstehen lassen.

Mit anderen, logisch reineren und dürreren Systemen war die Methode erfolgreicher; am erfolgreichsten bei Leibniz, dem Russell mit 27 Jahren ein eigenes Buch widmete. Natürlich ist die Monadologie ›falsch‹; so falsch, daß man kaum begreifen kann, wie ein so gescheiter Mann wie Leibniz eine so künstlich-närrische Welt-Erklärung ersinnen konnte. Sie wäre aber, zeigt Russell, richtig, wenn fünf Thesen richtig wären, aus denen alles Übrige mit zwingender Logik fließt. Es sind die folgenden: 1. Jeder Satz hat ein Subjekt und ein Prädikat. 2. Ein Subjekt kann Prädikate haben, die zu verschiedenen Zeiten existierende Qualitäten sind. (Ein solches Subjekt wird Substanz genannt.) 3. Wahre Sätze, die nicht von Existierendem zu bestimmten Zeiten handeln, sind notwendig und

unlängst viel Russell gelesen habe, der sehr häufig »ich« sagt; daß es aber unmöglich ist, Russell zu lesen, ohne dem Einfluß seines Stiles zu erliegen. Übrigens kann ich keineswegs behaupten, *alles* von Russell gelesen zu haben. Wenn ich sage, ein Viertel seiner Werke, so komme ich der Wahrheit nahe, und das müßten immerhin schon fünfzehn bis zwanzig Bücher sein: dazu die ausgezeichnete Biographie von Alan Wood ›Bertrand Russell, the passionate Sceptic‹. Wood, der selber das Gesamtwerk aus dem Grunde studiert hat, gibt ein Beispiel für die Macht von Russells Stil; denn er denkt wie Russell, schreibt wie Russell, übt Kritik an Russell in Russells Sinn, und wenn er sich einen Scherz erlaubt, so ist es einer, der von Russell stammen könnte.

analytisch; Sätze, die von Existierendem zu bestimmten Zeiten handeln, sind bedingt (contingent) und synthetisch. Sie handeln von Ursachen.* 4. Das Ich ist eine Substanz. 5. Perception gibt Wissen von einer äußeren Welt, das heißt von Existierendem, das etwas anderes ist als ich und meine inneren Zustände. – Und nun ist es ein hoher Genuß, zu verfolgen, wie eine Intelligenz, die der Leibnizschen verwandt und ebenbürtig ist, den Denkprozeß des Philosophen durchschaut, die Grundbegriffe auseinander entwickelt, Identität des Ununterscheidbaren, Kontinuität, Unmöglichkeit einer Interaktion zwischen Substanzen, imaginärer Charakter des Raumes und so fort, woraus zum Schluß die Lehre von den Monaden sich ergibt; die richtig wäre – wenn der erste jener fünf Sätze nicht im Widerspruch stünde zum vierten und fünften. Hier, wo es sich um eine Philosophie auf schmaler, eminent logischer Basis handelt, feiert Russells Analyse ihren schönsten Triumph. Sie entdeckt die Grundlage und zeigt die gefährliche Konsequenz, nämlich die des Determinismus, welche Leibniz vor seinen fürstlichen Lesern hatte verbergen wollen.

Von den Motiven des Philosophen hat Russell oft gesprochen, und er fand vor allem zwei: den Drang nach absolut sicherem Wissen und das religiöse oder mystische Bedürfnis. Die Verbindung beider Motive tat, so meint er, der Philosophie eher schlecht als gut; besser hätte sie sich beizeiten aufs Wissen konzentriert. Jedoch seien beide anfangs auch in ihm selber wirksam gewesen. Dürfen wir ihm trauen, und das dürfen wir sicher, so war er ein melancholischer, einsamer Jüngling, der über Gott und Welt grübelte und sich nur darum nicht das Leben nahm, weil er in der Mathematik weiterzukommen wünschte. Psychologen werden einwenden, das könnte kein sehr mächtiger Todeswunsch gewesen sein, der durch ein so braves Studium neutralisiert wurde. Auch währte er nicht lang. Mit 21 finden wir Russell glücklich verheiratet, überaus tätig, neugierig und wanderfroh.

Müßte ich sein Denken und Leben mit einem einzigen Begriff bezeichnen, so würde ich nicht die »leidenschaftliche Skepsis« nennen, wie sein Biograph; ich würde die Furchtlosigkeit nennen. Davon ist eine Seite, daß es ihm im genauen Sinn des

* Russell schreibt »final causes«, was ich nicht verstehe.

Wortes an ›Gottesfurcht‹ fehlte; sein Leben lang fürchtete er Gott nicht (»most certainly not«), die Menschen und Mächte nicht, die Elemente nicht, den Tod nicht. Als er, Anfang der fünfzig, in Peking von den Ärzten aufgegeben war, soll er der ungewohnten Situation mit völliger Heiterkeit begegnet sein. Camus spricht irgendwo von »philosophes froussards«, philosophischen Feiglingen. Hier ist ein furchtloser Philosoph – eine Rasse, die nie sehr zahlreich vertreten sein konnte. Denn schließlich gehört zur Philosophie das Staunen; vom Staunen zur Angst ist der Schritt nicht groß. Übrigens könnte ich, was ich meine, auch mit dem Wort ›gesund‹ umschreiben. Russells Werk und Leben zeugen von enormer Gesundheit.

Von seiner Grundlegung der Mathematik – ich schäme mich, sie auch nur zu erwähnen – sind wir berichtet, daß er sie auf Logik zurückführte; mathematische Untersuchungen sind erweiterte logische Denkprozesse. Das hatte, sehr nebenher, zur Folge, daß die Kantische Frage nach der Möglichkeit von synthetischen Urteilen a priori sinnlos wurde; mathematische Urteile sind a priori, aber nicht synthetisch und sagen über die Wirklichkeit nichts aus. Es ist hier aber hinzuzufügen, daß Russell zur Unmöglichkeit aprioristischer Aussagen über die Wirklichkeit erst später gelangte, nicht schon in den Jugendjahren, in denen er an den Principia Mathematica arbeitete. In seinem Essay ›Über die wissenschaftliche Methode in der Philosophie‹ (1914) meinte er noch, eine philosophische These müsse »allgemein«, das heißt jederzeit und überall gültig sein; Philosophie sei die Wissenschaft nicht des Wirklichen, sondern des Möglichen (welches das Wirkliche einschließt) und sei also eigentlich von Logik nicht verschieden. Damals glaubte er, Logik noch zu einer Art von Wissenschaft vom Sein erheben zu können. Später nicht mehr; nun warnte er davor, bloße Syntax mit Metaphysik zu verwechseln, und unterschied zwischen der Erfahrung als einziger Erkenntnisquelle und der logischen Analyse, die richtig ist, aber uns keine Erkenntnis des Wirklichen gibt. Wie denn überhaupt Russells Philosophie immer unterwegs war. Sie läßt sich nicht resümieren. Man kann, oder könnte, nur über die Stationen des Weges berichten.

Auch war es eine wesentlich polemische Philosophie. Das sind, nach Benedetto Croce, alle Philosophien; aber doch wohl mit Gradunterschieden. Russell begann damit, daß er an Hegel glaubte und sich von Hegel befreite; diese negative Erfahrung hat lang nachgewirkt. Er zerstörte, noch einmal, solche Begriffe wie ›Einheit‹ oder ›Ganzheit‹ der Welt, ›Welt‹, ›Universum‹ überhaupt, ›Substanz‹, ›Ursache‹. Dabei ging er auch im einzelnen gern polemisch vor. Sein Essay über den Begriff der Ursache (1912) beginnt mit den Definitionen, die er in ›Baldwin's Dictionary‹ fand: kläglich ungenügenden Definitionen, mit Worten arbeitend, die schon enthalten, was definiert werden soll. Die Auflösung des Begriffes geschieht dann durch Gedankengänge, die man seither (aber kaum vorher) auch anderswo gelesen hat: die ins Endlose wachsende Vielheit der Ursachen, je weiter man sie zurückverfolgt; die zeitliche Trennung zwischen Ursache und Wirkung, so daß die Ursache nur dann wirken soll, wenn sie gar nicht mehr ist; die Verwechslung zwischen der Kausalrelation und dem menschlichen ›Operieren‹ oder Wollen und so fort. Zum Schluß rückt an die Stelle von Ursache und Wirkung der umfassendere Begriff der Determination. Dieser widerlegt das subjektive Bewußtsein menschlicher Freiheit nicht. Wir haben das Gefühl, die Vergangenheit nicht ändern zu können, wohl aber, durch unser Wollen und Tun, die Zukunft. Unleugbar; aber unser Wollen und Tun kann nur das sein, was es ist. Wäre es anders, was es logisch nicht sein kann, so wäre die Zukunft anders, aber die Vergangenheit auch. – Es läuft auf den Satz vom Widerspruch hinaus, den Russell bestehen ließ, so sehr er sonst gegen die Weisheit der Schulen war: es gebe »zwei Arten von Meinungen: solche, die auf Tradition beruhen, und solche, zu deren Gunsten etwas spricht«.

Seine Zerstörung des Begriffs der Ursache hat Russell nicht gehindert, als Psycholog, Gesellschaftskritiker, Historiker ganz wacker damit zu hantieren. Von den ›Ursachen‹ des Krieges von 1914 handelt er gescheiter als andere Historiker, aber davon handeln tut er, das Wort selbst nicht scheuend, und sogar kräftiger, als etwa ein ungeschulter Geist wie der meine es tun würde. Die subtilsten Untersuchungen sickern ja allmählich ins Untere und Breite; in unseren Jahren haben Geschichtsschreiber sich daran gewöhnt, verständliche Zusammenhänge zu suchen, nicht ›Notwendigkeit‹. Wieviel Ursachen des Ersten Weltkrieges man auch feststellte, nie hat man eine, oder ein Bündel davon gefunden, woraus der Krieg sich *unvermeidlich* ergeben hätte; was man doch müßte zeigen können, solange man sich auf das klassische Ursache-Wirkung-Verhältnis bezieht. Unvermeidlich wurde der Krieg erst in dem Moment, in dem er anfing, so daß sein Anfang seine Ursache, er also Ursache seiner selbst wäre, was dem Begriff widerspricht.

Einen ähnlichen Unterschied bemerken wir zwischen den Analysen des Erkenntnistheoretikers und der Praxis des Schriftstellers, der über menschliche Dinge schreibt. Russell ging aus vom klassischen Gegensatz Geist-Materie, von der logischen Subjekt-Objekt-Spaltung. Allmählich näherte er sich einer Schule, oder gründete er sie mit, die ›neutraler Monismus‹ getauft wurde. Der Name hat nichts mit metaphysischem Monismus zu tun, den Russell perhorresziert. Nur dies wird befunden: Materie ist weniger materiell als man glaubte, das lehrt die neue Physik, Geist weniger geistig als man glaubte, das lehren Psychologen-Logiker wie William James und Bertrand Russell, und letzthin sind beide, Geist und Materie, dasselbe, nämlich logische Konstruktionen, die auf Sensationen beruhen. Der Irrglaube an Geist, an Selbst, an Ich hat zwei Quellen. Die eine ist verbal und syntaktisch. Da wir so oft ›Ich‹ sagen, so glauben wir, daß es eines gibt. Da so viele Sätze ein Subjekt haben und so vielen Subjekten im Satz Prädikate bestimmter Art, nämlich Qualitäten, zugesprochen werden, so schloß man auf Substanzen: es muß Sokrates geben, damit Sokrates die und die Eigenschaften, die und die Erlebnisse haben kann. Aber Sokrates hat immer irgendwelche Eigenschaften, irgendwelche Erlebnisse und ohne die wäre er gar nichts. Was uns zu der anderen Quelle des Irrglaubens führt: aus Sensationen wird auf ihren Träger, das Selbst, das Ich geschlossen. Diese aber sind nichts als logische Konstruktionen, ebenso wie die Materie; so wenig wie die Materie ist das Selbst greifbar, beweisbar, erfahrbar. Im Vorwort zu einer späten Auswahl seiner Werke schreibt Russell scherzhaft: »Die Dauer persönlicher Identität, wie sie im Strafrecht und auch im entgegengesetzten Prozeß dankbar beschlossener Ehrungen angenommen wird, erscheint dem, der mein Alter erreicht hat, als das sonderbarste Paradox ...«

Ich glaube, daß Russell das Rätsel der persönlichen Identität nicht gelöst hat; dessen Lösung, oder Formulierung, Leibniz immerhin näher war. Gedanken finden nicht einfach irgendwo statt; einer muß denken, und es macht einen großen Unterschied, wer denkt, ob Lord Russell, ob der arme Schreiber dieser Zeilen. Schmerzen finden nicht bloß irgendwo statt; es macht, für mich, einen Unterschied, ob ich Zahnschmerzen habe oder jemand anderes. Wäre Schmerz nicht eine so sehr ärgerliche Erfahrung des Ego, er würde nicht so egoistisch machen –

> Es kehrt an das, was Kranke quält,
> Sich ewig der Gesunde nichts ...

In seiner Kritik des aristotelischen Substanzbegriffes vergleicht Russell Sokrates – nein, diesmal ist es ›Mr. Smith‹ – mit der angeblichen Substanz ›Frankreich‹. Man tut so, als ob es ›Frankreich‹ gäbe, aber das trifft nicht zu; es gibt nur ein Sammelsurium von Städten, Wiesen, Flüssen, Zollbeamten, Schriftstellern, Finanzinstituten und so fort, die zusammen abkürzungsweise ›Frankreich‹ genannt werden. »Das Gleiche gilt für ›Mr. Smith‹. Es ist ein Kollektivname für eine Zahl von Ereignissen. Nehmen wir den Namen für mehr als das, so bedeutet er etwas absolut Unwißbares und daher für den Ausdruck von etwas, das wir wissen, nicht Benötigtes.« – Der Vergleich ist dem Kritiker willkommen, weil er die Konfusion deutlich macht. ›Frankreich‹ ist in der Tat nur ein Sammelbegriff. Es war eine der teils fruchtbaren, teils und besonders zum Schluß überaus schädlichen Fiktionen in der europäischen Geschichte, Staaten zu personifizieren und darum in dem Frankreich von 1871 einen edlen, an der elsaß-lothringischen Amputation gräßlich leidenden Frauenkörper zu sehen. ›Frankreich‹ litt nicht im mindesten; allenfalls gelang es dem jungen Raymond Poincaré sich einzureden, daß er litte. Dagegen tut es Mr. Smith wirklich weh, wenn man ihm ein Bein amputiert (mir aber nicht).

Was die persönliche Identität zum Mysterium macht, ist dies: Jeder Mensch ist Ich, erfährt sein eigenes Ich unmittelbar und kann auf die Existenz anderer Ichs in der Tat nur schließen;

kann sich aber unmöglich vorstellen, daß er selber ein anderes Ich wäre, und weiß doch nicht, warum er das ist, welches er ist. Frank Wedekind hat dies Rätsel in einem Gedicht ›Der Gefangene‹ unübertrefflich beschrieben:

Oftmals hab' ich nachts im Bette
Schon gegrübelt hin und her,
Was es denn geschadet hätte,
Wenn mein Ich ein Andrer wär'.

Höhnisch raunten meine Zweifel
Mir die volle Antwort zu:
Nichts geschadet, dummer Teufel,
Denn der Andre wärest du!

Hilflos wälzt ich mich im Bette
Und entrang mir dies Gedicht,
Rasselnd mit der Slavenkette,
Die kein Denker je zerbricht.

Bertrand Russell hat diese Kette nicht zerbrochen; er tat sogar so, als ob er sie nicht einmal bemerkte.
Schließlich, um von der bloßen Form des Selbst auf das Wesen der Individualität zu kommen: Es hat doch etwas Merkwürdiges, gerade *den* Substanz, Wesen, Persönlichkeit bezweifeln zu sehen, der selber eine so sehr starke, so sehr charakteristische Persönlichkeit ist, der als 95jähriger in den lebendigsten Farben von dem erzählen kann, was er mit fünfen erlebte. Sollte es am Ende so liegen, daß hier ein König ohne Land, ein Souverän des Geistes, sich ein Reich baute, in dem er Herr war, aber nur spielerischerweise, ein Gebilde, das zum wirklichen Leben, auch und gerade zu seinem eigenen, nur dünne Beziehungen hatte? Es fehlt nicht an Andeutungen des Sinnes, daß Russell im Alter es selber so empfindet.

Anders steht es mit dem, was man Russells Metaphysik, oder besser deren Verneinung, nennen mag. Er gehört zu den Denkern, und sehr viele sind das nicht, die mit der Entdeckung des Copernicus philosophischen Ernst machten. Wieder aber muß man hier das Auf-dem-Weg-Sein dieser Philosophie bedenken. Der Dreißigjährige schrieb über Gott und Welt anders als der Achtzigjährige. Auch ist der Geist Russells ein überaus reizbarer; er liebte es, zu chockieren, besonders solche, die er geringachtete, und verfehlte selten, den, der ihn ärgerte, seine Überlegenheit elbisch spüren zu lassen.

Der Essay ›A Free Man's Worship‹ (1902) gehört zu seinen berühmtesten und am höchsten bewunderten Schriften. Er ist sehr anders als der spätere Russell, im Stil sowohl, der etwas Pathetisch-Schwellendes hat, wie in der Aussage. Die furchtbare Sinnlosigkeit des menschlichen Abenteuers wird durch ein Geschichtchen illustriert, das Mephisto dem Dr. Faust erzählt. Einmal machte Gott sich den Spaß, aus dem und dem Nebel unser Sonnensystem entstehen zu lassen, die Erde, das Leben, den Menschen. »Es entstand der Mensch, mit der Kraft zu denken, mit dem Wissen um Gut und Böse und dem grausamen Drang, etwas anzubeten. Und der Mensch sah, wie es in dieser wahnsinnigen, monströsen Welt herging, wie alles sich abkämpfte, damit es, um jeden Preis, ein paar kurze Augenblicke gewänne vor dem erbarmungslosen Ratschluß des Todes. Und der Mensch sagte: ›Da ist ein verborgener Sinn, könnten wir ihn nur ergründen, und der Sinn ist gut; wir müssen etwas verehren, aber in der sichtbaren Welt ist nichts, was wir verehren könnten.‹ Und der Mensch sah dem Kampfe zu und beschloß, es sei Gottes Absicht, aus dem Chaos Harmonie zu schaffen durch menschliche Anstrengungen. Und wenn er seinen Instinkten folgte, die Gott ihn von seinen Ahnen, den Raubtieren, hatte ererben lassen, so nannte er es Sünde und bat Gott um Verzeihung ... Und als er sah, daß das Gegenwärtige schlecht war, machte er es noch schlechter, damit die Zukunft besser würde. Und er dankte Gott für die Kraft, die ihn befähigte, sogar auf die geringen Freuden zu verzichten, die er haben konnte. Und Gott lächelte; und als er sah, daß der Mensch vollkommen geworden war im Verzicht und in frommer Verehrung, schickte er aus dem Himmel eine andere Sonne, die in die Sonne des Menschen stürzte; und alles wurde Urnebel wie zuvor. ›Ja‹, murmelte er, ›es war ein hübsches Spiel; ich werde es wiederholen lassen.‹« ... »So«, fährt Russell fort, »aber noch zweckloser, noch barer jeden Sinnes ist die Welt, welche die Wissenschaft unserem Glauben bietet.

Inmitten einer solchen Welt, oder nirgendwo, müssen fortan unsere Ideale ihr Heim finden.«

Wirklich *inmitten* einer solchen Welt? Der Versuch des jungen Russell geht eher dahin, sie *gegen* die Welt zu behaupten. Denn die Welt ist nicht gut, und weder tut es gut, zu dem zu beten, der sie so gemacht hat, noch haben die recht, die die Welt selber, die Gewalt, die grausame Natur und das Überleben des Stärkeren vergotten, wie neuerdings die Mode ist. Heil findet der Mensch nur in seinem eigenen Inneren, in der eigenen Würde. »Im Handeln, in der Begier müssen wir uns beständig der Tyrannei äußerer Gewalten fügen; aber im Denken, im inneren Aufschwung sind wir frei, frei von unseren Mitmenschen, frei von dem geringen Planeten, auf dem unsere Körper hilflos kriechen, frei selbst, solange wir leben, von der Tyrannei des Todes ...« Es ist merkwürdig, wie genau diese Sätze an Friedrich Schiller erinnern, von dem ich nicht weiß, ob Russell ihn je las; zumal an das Gedicht ›Das Ideal und das Leben‹. Die Tragödie bezeichnet Russell als die »stolzeste, triumphierendste aller Künste«; – »ernst ist das Leben, heiter ist die Kunst«; und den magischen Reiz der Vergangenheit sieht er darin, daß sie still geworden ist und eben darum schön, daß die Toten versöhnt sind. Humanismus, ohne Zweifel; aber klassischer Art, mit einem Akzent auf dem Tragischen.

Ein Humanist ist Russell immer geblieben. Ein freier Mann auch, sehr frei von der Tyrannei seiner Mitmenschen; seine Würde erhielt er sich im Gefängnis, in welchem er den Tag in drei Drittel einteilte: vier Stunden Schreiben, vier Stunden Studium, vier Stunden leichte Lektüre. Vergleichen wir aber ›A Free Man's Worship‹ mit entsprechenden Schriften der Spätzeit, ›Why I am not a Christian‹ (1927), ›What is an Agnostic?‹ (1953), ›What I believe‹ (1957) und anderen mehr, so sind Stimmungsunterschiede zu bemerken, die auch im Stil, dem nun ganz nüchternen, entspannten Stil, in der Ironie, in der Kühle des Urteils sich auswirken. Nichts mehr von Tragödie. Viel von Verachtung, gemildert durch Sympathie.

Korrekt unterscheidet Russell zwischen dem Agnostiker und dem Atheisten. Der Atheist glaubt zu *wissen*, daß es keinen Gott gibt, obgleich die absolut sicheren Beweise für dies Wissen fehlen; der Agnostiker hält, solange sie fehlen, sein Urteil zurück. Allerdings mag er die Existenz Gottes für so unwahrscheinlich halten, daß die Möglichkeit praktisch keiner Beachtung wert ist; »in diesem Fall kommt er dem Atheismus nahe«. – In Russells Fall.

Er argumentierte, mit negativem Vorzeichen, wie die Gläubigen des Hochmittelalters taten: aus dem Gedanken und aus der Wirklichkeit. Die gedanklichen, aprioristischen Gottesbeweise sind falsch. Das hatte er schon in seinem Buch über Leibniz gezeigt, der seinerseits die Beweise der Hochscholastik ein wenig verfeinert noch einmal geboten hatte. Auf eben diese im Jahre 1899 vollzogene Widerlegung beruft er sich 58 Jahre später in ›What I believe‹ – »vergleiche meine ›Philosophie des Leibniz‹, Kapitel XV«; da sei die Sache mit Gott schon erledigt worden. Ich erwähne das, weil es mir für Russells starken und naiven Geist charakteristisch scheint; er glaubt allen Ernstes, mit der Entdeckung von Denkfehlern der Hochscholastik sei für jetzt und hier Entscheidendes geleistet. Die Argumente aus der Wirklichkeit erinnern an ›Candide‹; auch etwa an Schopenhauer. Ein allmächtiger, allgütiger Gott hätte die Welt anders gemacht – dafür spricht vieles. Selbst wenn sie allmählich besser wird, so hätte er sie ebensowohl gleich von Anfang an gut machen können. Auch wird sie gar nicht besser; Evolution hat nichts mit Wert zu tun. Zudem findet Evolution, die der Darwinisten wie die der Hegelianer und Marxisten, nur auf der Erde statt, die ein Stern von infinitesimaler Bedeutung ist. Die baren Tatsachen der Astronomie lehren, daß, was auf Erden geschieht, religiöse, kosmische Bedeutung nicht haben kann. Astronomie, die eine Wissenschaft ist, steht eindeutig gegen Theologie, die keine ist, aber eine sein könnte und müßte, wenn es das gäbe, wovon sie handelt. »Gott und Unsterblichkeit ... finden in der Wissenschaft keine Stütze.« Tatsachen, wenn sie welche sind, müssen investigiert werden können. Bei Gott ist nichts zu investigieren; Unsterblichkeit wird durch die physiologische Evidenz widerlegt. Allerdings gibt es ›parapsychische‹ Phänomene; und diese, urteilt unser vorsichtiger Empiriker, könnten in Zukunft ein Nachleben nach dem physiologischen Tod erweisen. Einstweilen jedoch haben wir plausiblere Erklärungen für sie. Darin, daß das Leben ein Zufall ist, daß Mensch und Menschheit ephemere Parasiten auf einem unter Trillionen von Planeten sind, findet Russell nichts Grauenvolles. Im Gegenteil; es sollte uns ein Trost und eine Quelle des Glücks sein. Von alledem, was der Mensch getan hat, wird mit absoluter Sicherheit einmal gar nichts übrig sein; nichts von seinen Schöpfungen, nichts von seinen Leiden. Und darüber sollte man sich grämen? »Das ist ja alles Unsinn. Niemand sorgt sich im Ernst über das, was in einer Million Jahre vielleicht sein wird . . .«

Ich muß hier einen Einwand machen; mir selber eher als Bertrand Russell. Die zu metaphysischen Spekulationen Geneigten mögen heute anachronistische oder krankhaft veranlagte Leute sein, der Geist Russells der zeitgemäße und gesunde – ich weiß es nicht. Ob es aber so ist oder anders, in jedem Fall ist zwischen beiden Denktypen kein Gespräch möglich. Es kann sich der eine nicht vorstellen, was in dem anderen vorgeht. Der altmodisch oder krankhaft Denkende findet wenig Trost darin, daß er ein ephemeres Nichts ist irgendwo im Unendlichen; ihm ist es im Gegenteil kein Spaß, zugleich ein Nichts und ein Ganzes zu sein im Wirbel des All, dessen er sich bewußt ist. (Pascal: »Wenn ich die kurze Dauer meines Lebens bedenke, zwischen der vorhergehenden und der folgenden Ewigkeit, die kleine Strecke, welche die meine ist, wenn ich die ungeheuren, unendlichen Räume sehe, die ich nicht kenne, und die mich nicht kennen, so erschrecke ich und staune, daß ich hier bin und nicht dort, denn es ist kein Grund, warum ich nicht anderswo sein sollte anstatt hier, nicht zu anderer Zeit leben sollte anstatt jetzt. Wer hat mich hierhergestellt? . . . Das ewige Schweigen dieser unendlichen Räume schaudert mich.«) Und wenn er sich nicht über sein eigenes Schicksal oder das seiner Nachkommen in einer Million Jahre sorgt, so kann er doch den Gedanken, daß einmal ein Zustand sein wird, in dem *niemand* weiß, daß es die Erde und den Menschen und des Menschen Schicksale je gegeben hat, in dem es also genau so sein wird, als ob es Mensch und Erde nie gegeben hätte, nicht fassen. Es ist eine der Spekulationen, die auch den von keinem Pfaffentrug Umgaukelten zu dem Gottesbegriff drängen, als einem, den es unmöglich ist zu denken, und unmöglich ist nicht zu denken. Woraus allerlei Spannungen sich ergeben, die nicht zu kennen gewiß seine Vorzüge hat. Es mag sehr wohl sein, daß sie später einmal niemand mehr kennen wird, daß man sie unter kommunistisch erzogener Jugend schon heute nicht mehr kennt, und daß Russell zu den Bahnbrechern für Stimmungen gehört, welche nach einer Zeit herrschend sein werden. Es könnte aber auch sein, daß er ein Ausnahmefall von Gesundheit ist, von Charakterfestigkeit und Güte, welcher einer überlieferten Religion nicht bedarf. In diesem Fall hätte er besser daran getan, weniger großartig veranlagte Menschen bei ihrem Glauben zu lassen. Spinoza, der Philosoph, der Russell unter allen der liebste, und dessen Gottesbegriff ein der Auflösung sehr naher ist, antwortete gleichwohl einer braven Christin, die ihn um Rat fragte: Ihr Glaube sei gut, sie sollte sich an ihn halten. –

Ich sagte schon, daß Russells Positionen oft polemischer Art sind. Wo er über Religion spricht, hat er auch ihre Repräsentanten, die Kirchen und ihre Priester, die Frommen und Frömmler und Heuchler im Sinn. *Immer* seien die Kirchen gegen den Fortschritt von Wissenschaft, Moral, Humanität, immer seien sie Helfershelfer der Privilegierten und Mächtigen gewesen. Darüber schreibt er sehr ähnlich wie Voltaire; mit demselben Zorn, demselben Witz, mit derselben Treffsicherheit das Obskurantistische und Groteske in den Mittelpunkt rückend. Und da fand er nur allzu viel, da wurde das Spiel ihm leichtgemacht. Wahr ist, daß er auch ganz anderes hätte finden können, zum Beispiel die aufbauenden, die zivilisatorischen, die humanisierenden Leistungen des Christentums. Aber Einseitigkeit war immer das Recht der Polemik, zumal der witzigen.

Die katholische Kirche kannte er aus der Historie; protestantische Sekten aus seiner eigenen Kindheit und dann aus amerikanischen Erfahrungen, die überwiegend abscheulich waren. In einem Essay ›Über den Schaden, den gute Menschen anrichten‹ hat er den Typ des frommen amerikanischen Plutokraten – auch des englischen – mit beißendem Hohn beschrieben: den einen Rechtgläubigen, der 99 andere zur Intoleranz, zur Heuchelei und zum Verbergen ihrer eigenen Lebensgewohnheiten zwingt. »Niemand kann den Respekt der gewichtigsten Bürger am Ort gewinnen, wenn er fette Dinners für die Reichen nicht für eine dringendere Sache ansieht als Leben für die Kinder der Armen. Dasselbe gilt für jeden Teil der Welt, mit dem ich bekannt wurde ... Ein guter Mensch ist einer, dessen Meinungen und Handeln jenen gefallen, die die Macht haben.« – Der Satz ließe sich, mutatis mutandis, wohl auch auf kommunistische Gesellschaften übertragen.

An dem Studenten Bertrand Russell hatten ehedem die Professoren getadelt, daß seine Referate zu kurz seien. Der Grund dafür war, daß er umständliche, überflüssige Redereien nicht leiden konnte und die Gabe besaß, was immer er zu sagen hatte, mit unüberbietbarer Klarheit und Konzision zu sagen. Sein Essay ›Warum ich kein Kommunist bin‹ (1956) ist ein Beispiel dafür. Das Ding ist kaum länger als zwei Seiten, enthält aber in nuce *alles,* was gegen Marx, den Marxismus und dessen Weiterentwicklung unter Lenin und Stalin zu sagen ist: gegen die erschlichenen, willkürlich aus der klassischen Nationalökonomie übernommenen, willkürlich angewandten ökonomischen Thesen (Mehrwert, ehernes Lohngesetz); die schiere Mythologie des dialektischen Materialismus; den Haß als Quelle des Marxschen Ehrgeizes, dem nur an der Bestrafung des Feindes gelegen war, ohne daß ihm das mitunterlaufende Schicksal der Freunde wichtig gewesen wäre; dann weiter die Identifizierung von ›Proletariat‹ und ›Volk‹, von ›Partei‹ mit ›Proletariat‹, von Parteiführung und von einem einzigen Tyrannen mit Partei, Proletariat und Volk, so daß am Ende ein naturwissenschaftlich völlig ungebildeter Parteiführer kraft seiner Macht über Leben und Tod selbst der Naturwissenschaft vorschreiben konnte, wie sie zu befinden hätte. – Russells tiefes Mißtrauen gegenüber der Macht, sein Abscheu vor allem Dogma, sein Wahrheitssinn und Freiheitssinn mußten gegen Philosophie und Praxis des Marxismus sich aufbäumen.

Das heißt nicht, daß die Geschichte seines Verhältnisses zum Kommunismus, dessen Entwicklung er selber von Engels bis Kossygin miterlebte, eine ganz einsträngige gewesen wäre. Sein Urteil schwankte in der sich wandelnden, immer facettenreichen Wirklichkeit. Der Pazifist des Ersten Weltkrieges konnte nicht umhin, Lenins Friedensangebot in seiner großen

Einfachheit erlösend zu finden. Dagegen war er von Lenins Persönlichkeit angewidert, als er ihn 1920 in Moskau traf. Es gibt darüber einen seiner lesenswertesten Essays – hätte er nur nicht so zahllose lesenswerte geschrieben! –: ›Große Männer, die ich kannte‹. Hier vergleicht er Lenin mit einem anderen großen Mann, den er kannte, mit Gladstone. Die beiden Politiker seien überaus verschieden gewesen: »Lenin war grausam, Gladstone nicht; Lenin hatte keine Achtung vor der Tradition, Gladstone sehr viel; Lenin waren alle Mittel recht, den Sieg seiner Partei herbeizuführen, während für Gladstone die Politik ein Spiel mit bestimmten Regeln war, die man einhalten mußte. Alle diese Unterschiede sprechen meines Erachtens für Gladstone, und daher hatte Gladstones Politik im allgemeinen wohltätige, die Lenins katastrophale Folgen. Trotz dieser Unterschiede jedoch gibt es eine Reihe ebenso schlagender Ähnlichkeiten. Lenin hielt sich für einen Atheisten; darin täuschte er sich aber. Er glaubte, die Welt werde von der Dialektik beherrscht, und er sei ihr Werkzeug; genauso wie Gladstone sah er sich als das menschliche Werkzeug einer übermenschlichen Macht ... Beide schöpften ihre persönliche Kraft aus dieser unerschütterlichen Überzeugung von ihrer eigenen Redlichkeit. Beide wagten sich zur Unterstützung ihrer Weltanschauung auf Gebiete, auf denen sie sich nur durch ihre Unwissenheit lächerlich machen konnten – Gladstone an die Bibelkritik, Lenin an die Philosophie.« Menschlich, fährt Russell fort, habe Gladstone ihm den ungleich stärkeren Eindruck gemacht, Lenin aber vor allem den von engstirnigem Fanatismus und »mongolischer Grausamkeit«.
Russells Buch ›Die Praxis und Theorie des Bolschewismus‹, eine Frucht seiner Reise von 1920, könnte man mit André Gides ›Retour de l'U. R. S. S.‹ und den nachfolgenden ›Retouches‹ vergleichen: kritische Eindrücke aus dem Grunde unabhängiger Geister, die ausgezogen waren, etwas wirklich Gutes zu finden, mit dem sie sich identifizieren könnten – von Gide hat René Schickele mit grausamem Witz bemerkt, er habe den »roten Schleier nehmen« wollen –, die aber enttäuscht wurden, weil sie die Gabe, sich etwas vorzumachen oder vormachen zu lassen, nicht besaßen. Auch Russells Bericht ist ambivalent; weder der eines blind Hassenden, noch der

eines Bejahenden. Er sah die konstruktive Vitalität, den Drang ins Technisch-Zeitgemäße. Er sah die Diktatur, die immer eine ist, wenn sie eine ist, gleichgültig wie gut oder ungut der Zweck, die mit zaristischen oder schlimmer als zaristischen Mitteln ausgeübte Tyrannei; die Überschätzung des Technologisch-Utilitaristischen, die Enge des geistigen Horizonts, die graue Häßlichkeit des Alltags. Er kam zurück als einer, der da nicht mitmachen konnte, der auf die Dauer überhaupt nie mitmachen konnte, außer in einer Gruppe, über die er selber der Herr wäre; wobei noch zweifelhaft ist, ob er eine solche Gruppe sich je wünschte. Er blieb zur Unabhängigkeit verdammt und mit ihr, trotz vieler Freundschaften, zu einer Art von Einsamkeit.

Er tat auch nicht mit, als in den dreißiger Jahren, unter dem Eindruck der Wirtschaftskrise und der Fünfjahrespläne, der Hitler-Regierung und der ›Volksfronten‹ eine neue prokommunistische Welle über die Intelligentsia Westeuropas ging. Er hatte begriffen, was er begriffen hatte, die Theorie, die menschliche Wirklichkeit und was daraus folgen müßte, und dabei blieb er. 1936 sagte er das Schicksal Polens und den Stalin-Hitler-Pakt voraus. Nach Hitlers Krieg, im November 1945, meinte er, die Kommunisten hätten in Osteuropa Greuel begangen, »ziemlich derselben Art und in denselben Dimensionen wie die Greuel der Nazis«. – Man tut gut daran, an dies Wort zu erinnern, heute, da der Fünfundneunzigjährige gegen die Dummheit und die Schande von Vietnam kämpft. Parteiisch mit zweierlei Maß messend ist Lord Russell nie gewesen.

Hier will ich einen kurzen Blick auf die politischen Haltungen des Philosophen während seines langen Lebens werfen.

Schon sein erstes politisches Studium hatte mit dem Marxismus, im besonderen mit der deutschen Sozialdemokratie und dem Deutschen Reich zu tun. Er ging systematisch vor, wie es seine Art war, studierte das Kommunistische Manifest und fand seine literarische Brillanz erstaunlich, studierte das ›Kapital‹ und fand es voller gedanklicher Falschheiten, in die einige wahre Intuitionen verwoben waren. Er studierte die Sozialdemokraten am Werk, fand ihre Versammlungen eher langweilig und dem theoretischen Anspruch nicht gewachsen. Er erkannte den Vorteil der Theorie: Sie gab der Partei eine Standfestigkeit und Kohärenz, die unter den politischen Parteien Europas einzigartig waren. Er erkannte ebenso genau die Nachteile der Theorie, welche darin lagen, daß sie erstens zum großen Teil falsch war, daß sie aber zweitens wahr gemacht wurde eben durch ihre eigene kämpferische Propaganda, daß sie drittens wahr gemacht wurde zuungunsten der Arbeiter: Das Bürgertum, dem man den ›Klassenkampf‹ so nachdrücklich erklärt hatte, wurde erst dadurch im Ernst klassenkämpferisch und weit überlegen in dieser Kunst, weil die Mächte von Staat und Geld hinter ihm standen. So durfte man es nicht machen. Anstatt den jüngsten Tag des ›großen Kladderadatsches‹ zu prophezeien, hätte man sollen nüchtern und empirisch vorgehen, sich im Rahmen der bestehenden Ordnung halten und, zur Macht gelangt, einzelne Industrien verstaatlichen, Stück für Stück, je nach Konzentration und Reife. Der dogmatische Radikalismus der Sozialdemokraten sei schuld an der Polarisierung der deutschen Politik: Er habe die liberalen Bürger in die Arme der Reaktion getrieben, weil sie »das rote Gespenst mehr fürchteten als eine militärische Diktatur«. Es war die gleiche Einsicht, die gleiche Warnung, die, im gleichen Jahr, Max Weber in seiner Freiburger Inauguralrede aussprach.

Russells Besuch bei der Sozialdemokratie brachte nebenher ihm Eindrücke von der Art des Hohenzollernreiches, der oppressiven Maschinerie des preußischen Staates, der Arroganz der Armee; Tendenzen, sagte er voraus, die auf die Dauer den »unvermeidlichen Untergang des Deutschen Reiches« bedeuten müßten, wenn man sie nicht rechtzeitig korrigierte. Sechs Jahrzehnte später schrieb er jedoch ganz anders über seine frühen deutschen Erfahrungen. »Des Kaisers Deutschland, das unsere Kriegspropaganda als ein Nest von Greueln darstellte, war in Wahrheit nur säbelrasselnd und etwas komisch. Ich lebte in des Kaisers Deutschland, ich kannte die fortschrittlichen Kräfte dort, die sehr stark waren und die beste Aussicht auf endgültigen Erfolg hatten. Es gab mehr Freiheit in des Kaisers Deutschland als es heute, außerhalb von England und Skandinavien, irgendwo auf Erden gibt.« Natürlich waren beide Beobachtungen richtig, die von 1895 und die von 1956. Es hat keinen Sinn, einem Schriftsteller widersprüchliche Vielfalt des Urteils vorzuwerfen dort, wo die Wirklichkeit selber vielfältig und widersprüchlich ist. Daß aber Russell nun die andere Seite der Sache so stark betonte, erklärt sich, wie so oft in seinem Leben, aus der polemischen Situation. Nun rechtfertigte er rückblickend seine Haltung während des Ersten Weltkrieges. Und wie war die gewesen?

Er hielt den Krieg für Irrsinn vom ersten bis zum letzten Tag. Er wünschte die englische Neutralität, weil ein schneller deutscher Waffensieg auf dem Kontinent *keine* weltumstürzende Katastrophe bedeutet hätte; wünschte dann vier Jahre lang einen Verständigungsfrieden um praktisch jeden Preis, was ihn zum Bundesgenossen einer kleinen Gruppe, vornehmlich aber einsam und bitter machte. Daß die Mehrzahl seiner Mitbürger den Krieg ganz offenbar genoß, mindestens in der ersten Zeit, führte ihn zu Einblicken in die Seele des Menschen ähnlich jenen, die Freud in seinen »Gedanken im Kriege« formulierte. Er sah, daß die angeblichen Ziele des Krieges, Recht, Freiheit, Demokratie und so fort, nicht übereinstimmten mit seiner Wirklichkeit, welche die Menschen brutalisierte und verblödete. Er sah auch voraus, daß ein ganzer Sieg der Entente, und ein ihm entsprechender Friedensschluß, einen zweiten Krieg in seiner Folge haben würde. Gegen Ende fürchtete er den aufsteigenden amerikanischen Imperialismus – »illiberal und überaus grausam« – mehr als den untergehenden deutschen.

Seine Parteinahme für Kriegsdienstverweigerer brachte ihm eine Geldstrafe und die Entlassung aus dem Trinity College cum contumacia ein. Danach war er so arm, daß er mitunter das Geld für den Omnibus nicht hatte, ohne deswegen seine Ansichten zu ändern. Hungersnot überall in Europa, schrieb er 1917, ein verzweifelter Lebenskampf aller gegen alle werde am Ende des Krieges wüten, wenn er noch lange weiterginge; aber die amerikanische Armee, was immer sie sonst könnte, werde wohl bereit sein, in England und Frankreich Ordnung zu schaffen und Arbeitskämpfe zu unterdrücken – »das ist sie zu Hause gewöhnt. Ich sage nicht, daß unsere Regierung solche Gedanken hätte. Alle Evidenz lehrt, daß sie überhaupt keine

Gedanken hat ...« Es war dieser Artikel, zumal »die bewußte und geplante Beleidigung des Heeres einer mit uns verbündeten großen Nation«, die Russell für ein halbes Jahr ins Gefängnis brachte. »Mr. Russell«, hieß es in der Verurteilung, »scheint jeden Sinn für Anstand und Fairness verloren zu haben ... Sein Vergehen ist ein durch und durch verächtliches.«

Nie hat Russell seine Haltung während des Ersten Krieges widerrufen. Nie auch sah er einen Widerspruch zwischen seinen Gefühlen und Urteilen im Ersten Krieg und im Zweiten. Hitler, nachdem er es einmal so weit gebracht hatte, *mußte* aus der Welt geschafft werden; der Kaiser nicht. Der Erste Krieg aber habe unser Jahrhundert in Unordnung gebracht bis 1945 und darüber hinaus; aus ihm sei der Zweite »mit der Notwendigkeit einer griechischen Tragödie« hervorgegangen. – Die eine dieser beiden Thesen würde ich für ganz wahr halten, die andere ein wenig nuancieren; schon allein darum, weil ich die Worte »Hitler« und »griechische Tragödie« ungern nebeneinander sehe.

Russells akademische Ehren wurden ihm nach dem Ersten Weltkrieg restituiert, da lehnte er sie ab, weil er in Ehescheidung lag; und wurden ihm 1944 endgültig restituiert. Vielleicht war es gut, daß er sie 1916 verlor. Hätte er immer fortgefahren, principia mathematica zu dozieren, so hätte er der weltreisende Abenteurer, der ungeheuer produktive, vielseitige Schriftsteller nicht werden können, jedenfalls nicht werden müssen.

Nach dem Krieg machte er einen neuen vergeblichen Versuch, ins Unterhaus zu kommen, diesmal für Labour. Die Kriegserfahrung hatte ihn vom Radikal-Liberalen zum Sozialisten gemacht – insoweit Parteinamen je für ihn passen konnten. ›Sozialismus‹ war für ihn ungefähr dies: eine rationalere, wissenschaftlichere Verwaltung der öffentlichen Dinge, zu denen nun auch die Wirtschaft gehören mußte, zum Zwecke des inneren und äußeren Friedens und des vermehrten Glükkes für die größte Zahl. Während des Krieges hatte es im Lager der Alliierten de facto schon eine Art von Sozialismus auf nationaler wie auf internationaler Ebene gegeben, Planwirtschaft, Preiskontrolle und eine ungeahnte Steigerung der

Produktivität. Das hatte die ›Kapitalisten‹ nicht beleidigt, im Gegenteil, sie hatten herzhaft mitgemacht. Warum? Weil der Zweck des Unternehmens war, möglichst viele Deutsche zu töten, nicht das Wohlsein der Vielen; wenn sie trotzdem und trotz des ungeheuren Mord-Verschleißes materiell besser daran gewesen waren als vor dem Krieg und danach, so war es ein Nebenprodukt der Hauptsache. Warum aber jetzt nicht das Nebenprodukt zur Hauptsache machen? – In Deutschland zog Walther Rathenau aus der gleichen Erfahrung den gleichen Schluß. Verfrühte Hoffnungen.

Wer den Politikern nicht traut, traut konsequenterweise auch dem ›Volk‹ nicht, weil ja das Volk, jedenfalls in der Demokratie, keine anderen Politiker haben kann, als zu ihm passen. In der Jugend hatte Russell einmal gescherzt, der Vorzug der demokratischen Regierungsform sei die gesicherte Entsprechung zwischen Wählern und Gewählten: Je dümmer der Abgeordnete, desto dümmer seine Wähler. Im Grunde blieb er bei diesem Lehrsatz. Er verzieh den Politikern, daß sie mehr an irrationale Leidenschaften der Wähler appellierten als an deren wissenschaftlich aufgeklärtes Selbstinteresse; durch die Erregung von Furcht, Stolz, Haß gewann man Wahlen, Lloyd Georges ›Khaki-Wahlen‹ vom November 1918 gaben ein Beispiel dafür; und schließlich mußten Politiker Wahlen gewinnen wollen, so wie Presse-Lords ihre Zeitungen verkaufen wollen mußten. In Russells Nobelpreisrede von 1950 lesen wir: »Schulen lehren Patriotismus; Zeitungen produzieren aufregende Sensationen; Politiker kämpfen für ihre Wiederwahl. Darum können alle drei für die Rettung der menschlichen Rasse nichts tun.« Der Skeptizismus, welcher direkt sich hier gegen die Zeitungen und die Politiker richtet, richtet indirekt und tiefer sich gegen die Zeitungsleser und die Regierten; denn warum müssen Zeitungen in dummen Sensationen machen, um sich zu verkaufen, warum müssen Politiker gefährliche Leidenschaften aufpeitschen, um gewählt zu werden?

Folglich war Russell als ›Demokrat‹ sein Leben lang ein unsicherer Kantonist. Was ihn im Meer des Zweifels stets gegen die Ufer und Klippen der Demokratie zurückwarf, war, daß er unkontrollierte Macht, die unersättliche Machtgier der

Mächtigen noch mehr fürchtet als das irrationale Verhalten der Regierten. Demokratie war unabdingbar zur Kontrolle der Machthaber und zu deren möglichem Auswechsel, wenn auch einstweilen zu wenig Besserem. Churchills Beschreibung der Demokratie als der am »wenigsten absurden Regierungsform« (aber, implicite, einer immer noch reichlich absurden) hätte er wohl angenommen. Insgeheim, auch nicht so insgeheim, sympathisierte er mit dem, was man in einer späten Phase seines Lebens ›Technokratie‹ zu nennen anfing. Aber auch da gab es Haken. Denn erstens fehlte es gelehrten Spezialisten an politischem Sinn, den sie doch hätten haben müssen, um sich Einfluß oder gar Teilnahme an der Macht zu sichern. Zweitens, wenn sie ihn hatten und ausgeprägt hatten, wer verbürgte dann, daß sie nicht zu einer Art von Politbüro werden würden?

Er mußte auf *Erziehung* setzen; das müssen alle, die ungefähr in seinem Fall sind. Daher seine pädagogischen, moralischen Schriften; daher der Versuch, in diesem versuche-reichen Leben, als Schulmeister seine Prinzipien in die Praxis umzusetzen, wobei denn der berühmte Philosoph es nicht verschmähte, verdauungs-unwillige kleine Mädchen durch allerlei anspornende, befreiende Tricks zu »bowel-movement« anzureizen. Daß er ein entschieden fortgeschrittener Pädagoge war, immer darauf aus, Autorität zu entautorisieren, Tabus zu enttabuisieren, Mysterien zu entmysterisieren und Kinder in diskret beobachteter, quasi totaler Freiheit gerade, furchtlos und glücklich wachsen zu lassen, wird man aus dem Bisherigen wohl erraten haben: Erziehung nicht zu Selbstkontrolle und Zwang, sondern zu guten Gewohnheiten, durch freie Erfahrungen, wenn auch auf holprigem Weg erworbenen. Die Resultate waren dann freilich nicht immer so. Reformer neigen zur Übertreibung, weil sie gegen etwas angehen, was seinerseits übertrieben worden war. John Dewey übertrieb auch; aber ohne seine Übertreibungen sind bedeutende Verbesserungen und Erfolge im amerikanischen Schulwesen nicht zu denken. Noch witziger, noch aggressiver, steht Russells Pädagogik doch in Deweys Nachbarschaft. Beide gehören in den Bereich einer in der ersten Hälfte des Jahrhunderts allmählich ins Breite wirkenden Tendenz, gegen die es dann einen Rückschlag gab, ohne daß sie deswegen ›falsch‹ gewesen wäre oder je wieder ganz verschüttet werden könnte: den Heranwachsenden die ererbten Dualismen und die aus ihnen sich ergebenden Spannungen, Befehl und Gehorsam, Ernst und Spiel, Pflicht und Wunsch, Schuld und Strafe, Sadismus, Angst, Heuchelei möglichst zu ersparen. Solche zu überwindenden Dualismen gab es noch mehr, sehr heterogener Art und doch für den Blick des reformfreudigen Philosophen alle zusammenhängend: zum Beispiel den sexuellen; den der Herrschenden und Beherrschten; den von Glauben und Wissen.

Ob die menschliche Situation eine solche ist, daß sie je ganz harmonisch und frei von Zweiheiten und Widersprüchen, frei von Furcht werden könnte, wie Russell das in seinen hoffnungsvolleren Momenten erstrebte, weiß ich nicht. Ich bezweifle es. Bedingungslos aber muß ich ihm recht geben, wenn er Demokratie für unmöglich hielt ohne eine ihr, und nicht älteren Gesellschaftsformen, entsprechende Erziehung, und wenn er die engste Beziehung sah zwischen Pädagogik und Politik. Seine erzieherischen Gedanken kamen ihm aus der Kriegserfahrung, vor allem aus der Beobachtung, daß die Menschen sich über den Krieg gefreut hatten, obgleich er doch eine Quelle von viel Kummer für sie gewesen war. Man hätte pessimistische Schlüsse daraus ziehen können; was Russell auch tat. Wenn der ein Rationalist ist, der die Menschen für rationale, soll heißen, stets von erleuchtetem Selbstinteresse geleitete Wesen hält, so war er ein Rationalist nie zur Gänze gewesen und wurde es weniger und weniger; bis zu dem Punkt, an dem er, in seiner Nobelrede von 1950, fragen konnte, ob das Fortleben des Menschengeschlechts eigentlich wünschenswert sei. Es wäre wünschenswert, wenn die Menschen ihrem vernünftigen Interesse folgten; wozu allerwenigstens der Selbsterhaltungstrieb gehörte samt allem, was aus ihm hätte folgen müssen. Aber es gab einstweilen Triebe, die mit ihm nichts oder nur sehr indirekt zu tun hatten: den Erwerbstrieb, weit über seine vernünftigen Grenzen hinaus; den Macht- und Herrschtrieb, der gar keine Grenzen hatte; den Rivalitätstrieb, die Eitelkeit; das Vergnügen an Haß und Stolz; die Furcht, welche die Gefahr steigerte, anstatt ihr den Stachel zu nehmen; den Trieb, Langeweile los zu werden durch feindliche und auf die Dauer ruinöse Sensationen. Tausendmal hat Russell über diese Dinge, ungefähr wie Schopenhauer, ungefähr wie Freud, mit bitterer Einsicht gesprochen; beinahe mit Verachtung, wenn diese nicht durch Mitleid und guten Willen neutralisiert worden wäre. Ein ›seichter Optimist‹ ist er jedenfalls nicht. Es ist auch nicht so, daß er Probleme der Außenpolitik und Machtpolitik so behandelt wissen wollte, wie sie es dürften, wenn sie so lägen, wie sie liegen sollten, aber einstweilen nicht liegen. Daß er je einseitige nukleare Abrüstung empfohlen hätte, gehört zu den Legenden, die über ihn im Schwange sind. Dazu hatte er zuviel gesunden Menschenverstand. In den zwanziger Jahren forderte dieser Pazifist eine starke englische Flotte, damit England und die englische Sozialpolitik sich nicht von den Vereinigten Staaten müßten diktieren lassen.

Eine von seinem Biographen mit Fug getadelte Ausnahme bilden die dreißiger Jahre. Wir haben gesehen, daß er damals den blinden Köhlerglauben an die Tugenden der Sowjetunion nicht teilte. Wohl aber gab er sich einem mit ihm historisch verwandten, damals die englische Intelligenz beherrschenden Doppelirrtum hin: er unterschätzte die Schlechtigkeit Hitlers, und er überschätzte um ein Geringes die zivilisationszerstörenden Wirkungen des ›nächsten Krieges‹. Darum, wie jene Oxford-Studenten, die einander feierlich gelobten, nie wieder für König und Vaterland zu kämpfen, glaubte er nicht an die Notwendigkeit einer Aufrüstung Englands, die doch im Rückblick sich als so bitter notwendig erweisen sollte. Hier, meint Alan Wood, behielt der gescheiteste Philosoph unrecht und behielten die stursten Tories recht. – Fügen wir hinzu, daß sie dieses Mal recht behielten und daß Russells Ansichten vom ›nächsten Krieg‹ knapp zwei Jahrzehnte zu früh kamen; sie wurden von der Wirklichkeit eingeholt.

Nach 1945 nahm er eine scharfe Wendung gegen Stalins Rußland. Nicht, daß die amerikanische Offizialität ihm besonders sympathisch gewesen wäre; er hatte selber ungute Erfahrungen mit ihr gemacht, und er fürchtete (zu Unrecht) die »Peitsche Trumans«, nach welcher die neue Labour-Regierung würde tanzen müssen. Aber in dem nun sich entwickelnden

›Kalten Krieg‹ war die Frage nicht, ob Amerika gut, sondern wer besser sei, die Amerikaner oder die Bolschewisten Stalinscher Observanz. Russell nahm die Alternativen, wie sie waren. Sie wurden am dringendsten durch die neue Waffe, die, so dachte er mit vielen anderen, ein Monopol bleiben mußte. Nachdem die Russen sich dem Projekt einer einzigen, internationalen Verwaltung der entfesselten Nuklear-Energie – dem ›Baruchplan‹ – entzogen hatten, gehörte er zu denen, die den Gegner zur Vernunft *zwingen* wollten und ging ziemlich weit darin; wie denn um 1950 Moskauer Zeitungen über »diesen philosophierenden Wolf, dessen Smoking die brutalen Instinkte eines Raubtiers verbirgt«, nicht so freundlich schrieben wie später. – Merkwürdig, daß er sogar die deutsche Wiederaufrüstung bejahte. Er machte eine neue Wendung im Zeichen der Wasserstoffbombe, die er vorausgesagt hatte, und im Zeichen des russischen Besitzes der Wasserstoffbombe, die er gleichfalls vorausgesagt hatte: solche Verwirklichungen blieben nie lange nur einer Seite vorbehalten. Nun sein berühmter Brief an Eisenhower und Chruschtschow (1957), aus Moskau sehr respektvoll beantwortet; Beschwörungen zu Mut und Einsicht, zum Kompromiß, zur ›Koexistenz‹, zum Verzicht auf von jeher unsinnige, nun aber tödlich gewordene Glaubensansprüche. Der ›Sperrvertrag‹, über den gegenwärtig diskutiert wird, wäre ungefähr im Sinn von Russells Brief; was, fragte er, würde geschehen, wenn demnächst China die absolute Waffe hätte, dann Deutschland, dann Ägypten und Israel, Indonesien, Argentinien, wenn alle möglichen neuerdings befreiten und befreiungswilligen, feindfreudigen Staatsgebilde einander mit einem ›preemptive strike‹ bedrohen könnten? ... Russell forderte keine ›nukleare Abrüstung‹, jedenfalls nicht als ersten Schritt, weder damals noch später. Sie würde nicht helfen, weil, sobald ›Krieg‹ da wäre, die großen Mächte ja doch wieder zur eiligsten Herstellung der ihnen nun vertrauten Waffen schreiten würden. Nur ein Gesinnungswandel würde helfen, diktiert von vernünftigem Selbsterhaltungstrieb. Wenn Sieg und Niederlage, Krieg und Kollektivselbstmord dasselbe geworden waren, so gab es die ultima ratio der Könige nicht mehr, und damit auch nicht mehr die ratio der Könige überhaupt, Machtpolitik, Politik der

Drohung; an ihre Stelle mußten neue wissenschaftliche Methoden zur Lösung von Konflikten treten. Russell nannte diese Forderung common sense; wer würde ihm den Ausdruck bestreiten? – Ein klein wenig neuer common sense ist in der Entwicklung der amerikanisch-russischen Beziehungen seither ja auch wohl gewesen.

Eine abermalige Wendung gegen die Vereinigten Staaten vollzog er nicht; die vollzogen die Vereinigten Staaten leider gegen sich selber. Alle Freunde Amerikas und auch viele gute Amerikaner, alle, die an die im Jahre 1945 von Amerika proklamierten Völkerrechtsgrundsätze glaubten, stehen tief blamiert vor den Brandstätten von Vietnam und verfolgen mit Scham jenen angeblichen Rechtsvorgang, in dem der Ankläger zugleich der Richter ist, in dem er anklagt, verurteilt und exekutiert, wo er überhaupt nichts zu suchen hat, rechtlich nicht und nicht einmal machtpolitisch, in dem er mit Riesenüberlegenheit, Riesenstolz und Riesendummheit ein armes Bauernland Schritt für Schritt zur Wüste macht; und sich noch Wunder was für seine Erfindung des beschränkten Krieges, die Monat für Monat zu verschärfende Folter einbildet, da doch nur die größere Vernunft und Vorsicht des russischen Partners ihm dies Brandspiel einstweilen gestattet. Amerika wurde seiner besten Tradition untreu. Der 95jährige Russell blieb ihr und sich treu, wenn er daran festhielt, daß Verbrechen gegen die Menschlichkeit Verbrechen gegen die Menschlichkeit sind, gleichgültig, wer sie begeht, gleichgültig, zu welchem selbsterkorenen, erhabenen Zweck er sie begeht. –

Warum Russells heller Zorn über den Krieg in Vietnam? Warum ähnliche Gefühle und Proteste schon 1917? – Diese Frage führt uns ein letztes Mal zurück zur Philosophie; zum Zusammenhang zwischen seinen philosophischen und seinen moralisch-politischen Positionen. Es ist kein sehr dichter Zusammenhang.

Wollte man Russells Philosophie mit einem Terminus aus dem Spätmittelalter bezeichnen, so müßte man sie extremen Nominalismus nennen: es gibt nur einzelne wirkliche Sachen und sonst nichts, allgemeine Begriffe aber sind nur Namen. Bekanntlich hat diese Schule auflösend oder ›fortschrittlich‹ gewirkt; weltliche Fürsten bedienten sich ihrer gegen die Katholizität, zu verweltlichenden Zwecken. In seiner ›Geschichte der Philosophie des Abendlandes‹ lobt Russell den Gründer der nominalistischen Schule, William von Occam, als einen, der die wissenschaftliche Forschung gefördert habe.

Sein im Zeitlichen und Geistigen näherer Freund ist Locke. Wenn im Intellekt nichts sein kann, was nicht vorher in den Sinnen war, so gibt es die großen vorgegebenen Einheiten nicht, denen der Mensch untertan sein müßte: Staat, Nation, Kirche, Ewige Wahrheit, Weltgeist, Dialektik und so fort. Der Staat wird zum Kontrakt zwischen Einzelnen, für deren Wohlfahrt er da ist und je nach Umständen reorganisiert werden darf. Schuljungen sollen nicht geprügelt werden, um aus uralten Büchern desto pünktlicher ewige Wahrheiten zu memorieren, sondern sollen unterwiesen werden in der Kunst, Erfahrungen zu sammeln und zu ordnen. – Hier, bei Locke, ist der Zusammenhang zwischen der Erkenntnistheorie, der liberalen Politik und der fortschrittlichen Pädagogik sehr deutlich, und Russell hat nicht verfehlt, darauf zu verweisen, weil es *sein* Zusammenhang ist. Auf dem anderen Pol stehen die ›Universalisten‹, die Feinde der ›offenen Gesellschaft‹, Plato, einige Kirchenväter, Hegel, Marx; Gestalten, mit denen, wie wir sahen, unser Philosoph ohne Sympathie umging. Trotzdem konnte er gelegentlich wohl auch Plato, den Philosophen der Gemeinschaft, gegen das Christentum ausspielen, welches zu großes Gewicht auf die Rettung der individuellen Seele gelegt und so den Egozentrismus gefördert habe. – Es ist unmöglich, in 72 Büchern nur Sätze zu schreiben, von denen jeder mit jedem übereinstimmt.

Was im 14. Jahrhundert der Nominalismus, im 17. der Empirizismus, war im 20. der ›logische Positivismus‹, der die alte Tradition zeitgemäß verschärfte, ohne ihr im Kern etwas Neues hinzuzufügen. Indem Russell sich dieser Sekte näherte, neigte er dazu, auch Begriffe wie Gut und Schlecht, Schön und Häßlich für sinnleere Laute zu halten. Da er aber ein ernster Schriftsteller ist und solche Wortkritik ganz unernst, genügte sie ihm nicht. Etwa versuchte er sich in der folgenden Definition des Schlechten und, implicite, des Guten. »›Schlechte‹ Wünsche (Begierden) sind, vom sozialen Standpunkt aus, solche, welche die Erfüllung von Wünschen anderer Menschen unmöglich machen, genauer, welche die Erfüllung von *mehr* Wünschen unmöglich machen als sie fördern ... In Isolierung betrachtet wäre ein einzelner Wunsch nicht besser oder schlechter als ein anderer ...« Ich habe versucht, mir diese Definition an Beispielen klar zu machen. Etwa erstens: Jemand begeht einen Lustmord, befriedigt damit einen ephemeren Wunsch und macht die Erfüllung von tausend Wünschen für immer unmöglich. Die Definition stimmt. Jedoch zweitens: Ein armer, lebenshungriger Neffe beschleunigt den Tod eines alten Erbonkels; er setzt sich dadurch in den Stand, tausend vitale Wünsche zu erfüllen, während er nur wenige kümmerliche Wünsche, die dem Greis geblieben waren, erstickt. Die Definition stimmt nicht, oder aber wir müßten die Vergiftung des Onkels zum Guten rechnen. Prompt habe ich denn auch in einem anderen Band Russells den Satz gefunden: »Wären wir sicher, die Welt würde ohne Juden zum Paradies, ließe sich gegen Auschwitz nichts mehr einwenden.« – Natürlich ist das an sich falsch und auch praktisch falsch; denn die Welt ist so eingerichtet, daß aus Verbrechen wie Auschwitz gar nichts Gutes folgen kann. Russell weiß das auch. Denn er fügt dem eben zitierten Satz hinzu: »Aber es ist viel wahrscheinlicher, daß die mit Hilfe derartiger Methoden geschaffene Welt zur Hölle würde, und daher dürfen wir unserer natürlichen menschlichen Abneigung gegen alle Grausamkeit freies Spiel lassen.«

Unsere *natürliche* menschliche Abneigung gegen alle Grausamkeit. Da haben wir Bertrand Russell, wo wir ihn haben wollten. Wenn er sich in seinem Leben so oft empörte, so bewegten ihn nicht unschlüssige Mathematiker-Definitionen des Moralischen dazu. Seine Natur tat es, sein Mitleid mit den Menschen, sein angeborener Sinn für Gut und Schlecht. Zwischen dem skeptischen Empirizismus und dem Kampf des Humanisten besteht ein loser Zusammenhang, aber auch nicht mehr; nicht die tiefe Übereinstimmung, die wir zwischen Kants menschheitsgeschichtlichen Spekulationen und seiner Erkenntniskritik finden. Der Logiker ist eines, der Kämpfer für gute Sachen ist ein anderes, und man könnte den zweiten bewundern, ohne den ersten zu verstehen.

Von Kant schreibt Russell einmal, er habe in der ›Kritik der

reinen Vernunft‹ die klassischen Gottesbeweise widerlegt, an ihrer Stelle aber alsbald einen neuen, moralischen Beweis erfunden. »Er war wie die meisten Leute; in intellektuellen Fragen war er ein Skeptiker, aber in moralischen Fragen hielt er an den Grundsätzen fest, die er auf den Knien seiner Mutter gelernt hatte.« Genau so ist es; genau so sind die meisten Leute; und Lord Russell auch. Der Unterschied zwischen ihm und Kant ist, wenigstens in dieser Beziehung, längst nicht so radikal, wie er glaubt. Von Kants »Notwendigen Ideen« schienen zwei, Gott und Unsterblichkeit, ihm unnötig, die dritte, Freiheit, nicht; er fügte zwei Dinge hinzu, die zum guten Leben gehören, Liebe und Wissen, und zwar zusammen, weil eines nicht genüge ohne das andere. Einmal konnte er schreiben, was die Welt brauchte, sei »Liebe, christliche Liebe und Caritas«. Zwar korrigierte er sich alsbald: man könnte »christlich« ebensowohl weglassen, oder wenn man darauf bestünde, so gäbe es wohl mehr »Christen« unter Agnostikern als unter Orthodoxen. – Das kann schon sein; Christen sind allezeit Menschen gewesen, und oft von der am wenigsten erfreulichen Art. Im Endergebnis dürfte es nicht darauf ankommen, zu welcher Glaubensgemeinschaft einer sich rechnet, sondern wie er fühlt, denkt und handelt. Bischof Niemöller protestiert gegen den Wahnsinn von Vietnam, und so tut Bertrand Russell; der eine als Christ, der andere als Agnostiker; beide, weil sie das Herz auf dem rechten Fleck haben.
Wer fast ein Jahrhundert lang ein treuer Freund und Begleiter der Menschheit war, wer noch im fünfundneunzigsten Jahr an dem, was die Zukunft bringen wird, leidenschaftlichen Anteil nimmt, da sie ihm doch nun so gleichgültig sein könnte wie Menschheitsschicksale nach einer Million Jahre, der müßte sich wohl ein Beiwort gefallen lassen, welches ich nur darum nicht gebrauche, weil ich weiß, daß es ihm nicht gefällt. Übrigens hat Russell es selber einmal gebraucht, wenn auch negativ, gegen einen anderen. In seiner Geschichte der Philosophie tadelte er an John Dewey und dem amerikanischen ›Instrumentalismus‹ einen Mangel an ›kosmischer Frömmigkeit‹, *cosmic impiety*. Er schrieb das, wieder einmal, polemisch, weil er sich über einen Angriff Deweys geärgert hatte. Aber der Ärger erfindet's nicht; er schwatzt's nur aus.

In dem ›Nachruf‹ von 1937, mit dem unser Versuch begann, läßt Russell seinen Nekrologisten sagen, sein Leben sei nicht unähnlich dem gewisser aristokratischer Rebellen des frühen 19. Jahrhunderts gewesen. Andere gingen noch weiter zurück und meinten, im tiefsten sei er ein Whig-Aristokrat aus dem 18. Dem Jahrhundert des Deismus. Dem Jahrhundert Voltaires. – Würde ich Russell einen Deisten wider Willen und Wissen nennen, so könnten Kritiker dagegen viele Worte des Meisters zitieren. Also tue ich es nicht. Aber den Voltaire unseres Jahrhunderts will ich ihn nennen. Beide Figuren sind nicht kongruent, natürlich nicht; aber ähnlich.
Was die Nicht-Kongruenz betrifft, so ist sie billig zu zeigen. Voltaire begann damit, sich einen Adelstitel beizulegen, der ihm nicht zukam. Russell verzichtete, praktisch, auf den Titel, den er ererbt hatte. Voltaire war klug genug, zunächst einmal ein großes Vermögen zu machen. Russell war nobel genug, sein bescheidenes Vermögen Stück für Stück zu verschenken. Voltaire buhlte um die Gunst von Königen und Herzoginnen; Russell, sich mit Leibniz vergleichend, schreibt einmal: »Wir, die wir es nicht nötig haben, uns um das freundliche Lächeln von Fürsten zu bemühen ...« Voltaire war edler Taten fähig, aber auch eigentlicher Schurkereien; ein Bereich, in den Russells elbische Scherze zu geraten nie in Gefahr waren. Und dann, unnötig zu erinnern, war Voltaires Hauptberufung ja das Theater, die Epik, die Erzählung; Russells Hauptberufung die Wissenschaft. Unterschiede des Ehrgeizes, des Talentes und Charakters; Zeit-Unterschiede. Erwähnenswert nur, wenn man sie gegen die Ähnlichkeiten hält.
Beide waren beherrscht von einer unersättlichen Neugier und Wissensgier, der kein spezielles Gebiet genügte. Sie trieb Voltaire in die Naturwissenschaft, in die englische Philosophie, die Universalgeschichte; Russell in die Geschichte, die Nationalökonomie, die Pädagogik, oder auf seine Weltreisen, die Voltaire nur im Geiste machen konnte. Beiden fiel das Schreiben leicht, das zeigt ihr Oeuvre. Das zeigt ihr Stil, der trotzdem, oder eben darum, höchste Kunst ist in seiner Entspanntheit, Knappheit, Klarheit. Beide brauchten sie wenig Worte, um zu sagen, was sie sagen wollten. Von Voltaire gibt es einen Artikel: ›Kurze Antwort auf das lange Geschwätz eines deut-

schen Doktors‹. Solche kurze Antworten hat Russell viele geschrieben.

Beide waren sie gewaltige Humoristen und ganz außerstand, einen Witz zu unterdrücken; weswegen sie fälschlicherweise in den Ruf des Zynismus gerieten. Für die Engländer, schreibt Russell einmal, und historisch nicht inkorrekt, habe es die Hölle gegeben, bis der Privy Council sie abschaffte. Das könnte von Voltaire stammen, wie etwa auch die folgende Anekdote. Einem englischen Philosophen, ich will seinen Namen nicht nennen, zeitweise sehr populär und von der BBC sehr nachgefragt, geschah es, daß er in der Eisenbahn bei einem kleinen Schwindel ertappt wurde. Worüber er seine Radiostellung verlor, auch einen Teil seiner Popularität; wonach er fromm wurde. Russell: »Er verlor sein Bahnbillett und fand seinen Gott.« – Es sind Scherze im Stil des 18. Jahrhunderts; uns durch Friedrich den Großen vertraut.

Beiden war dunkles, prätentiöses Wortemachen verhaßt und komisch. Was für Voltaire die Metaphysico-theolo-cosmolonigologie des Doktor Pangloss, war für Russell die Hegelei; wobei er, um die Wahrheit zu sagen, gegen Hegel kaum weniger ungerecht war als Voltaire gegen Leibniz. Sie hätten beide bessere Zielscheiben für ihren Spott finden können. – Im Positiven fanden sie sich in Locke, den Voltaire unter den Franzosen populär machte.

Gegen die beschönigenden Phrasen der Pfarrer verwiesen beide auf die Grausamkeit der Natur – die menschliche miteingeschlossen. Sie hatten das mit Schopenhauer gemeinsam, in dem viel mehr von einem Voltairianer steckte, als Russell sehen wollte. Beide haben sie gegen ›das Infame‹ gekämpft, wobei die Repräsentanz des Erzfeindes in den Jahrhunderten schwanken mußte. Für Voltaire war es die Dummheit und Grausamkeit der Orthodoxie und des mit ihr verbündeten Staates, die Affairen Calas, de la Barre und so fort. Für Russell war es Heuchelei und Intoleranz in ihren alten wie auch in ihren neuen Formen: der totale Staat; das ›Comité für unamerikanische Aktivitäten‹. Zum Infamen gehörte für beide auch der Krieg; man lese ›Candide‹ nach. Hier freilich war Russell um zwei Jahrhunderte kriegerischer Entwicklung weiter. Über den Krieg des 18. konnte man noch fürchterlich spotten; an den des 20. kam kein Spott mehr heran.

Beide waren zugleich Freunde und bittere Kenner ihrer Mitmenschen, denen sie helfen wollten, ohne sich Illusionen über sie zu machen. Voltaire setzte seine Hoffnung auf einen aufgeklärten, von Philosophen informierten Absolutismus; Russell auf eine erzogene, von Technokraten informierte Demokratie.

Da sie ihren Geist vor keiner Macht beugen konnten und zum Provozieren neigten, war ihr Leben unruhig und oft bedrängt; die Bastille und das Londoner Gefängnis; die Vertreibungen aus Paris, Potsdam und Genf, aus Cambridge und New York. Ungeheuer lebenszäh, erreichten beide erst im hohen Alter eine Stellung, der keine Macht mehr etwas anzuhaben wagte. Beiden war das ›ich verstehe die Welt nicht mehr‹ alter Leute völlig fremd; sie hielten sich bis zum Ende mit äußerster Wachsamkeit auf dem laufenden. Der alte Voltaire sah die Revolution kommen. Dem alten Russell kann kein Dreißigjähriger über diese unsere Zeit etwas sagen, was er nicht wüßte; während er den Dreißigjährigen noch immer manches zu sagen hat.

Beide, Meister Arouet und Lord Russell, waren keine sehr ›tiefen‹ Geister; darin hat jener ›Times‹-Nekrolog ungefähr recht. Meinerseits sage ich das nicht, um mich über den Begriff des Tiefen lustig zu machen. Es ist schon etwas daran, und was daran ist, hat Russell gefehlt. Richtiger, es war nicht da, ohne zu fehlen. Denn dieser geistige Charakter war komplett und hätte ein ganz anderer sein müssen, um eigentlich metaphysisches Fragen und Schaudern zu kennen. Was auch für Voltaire gilt. Beide, trotz ihrer speziellen Kenntnisse und Künste, waren alles in allem Literaten; Universal-Literaten westeuropäischen Stiles; und waren es mit so überwältigender Intelligenz und Intensität, mit so unbeugsamer Charakterstärke, daß sie zu großen Herren wurden im geistigen und zum Schluß auch im weltlichen Sinn, zu persönlichen Weltmächten, zu mythischen Gestalten. Solcher Dank, solche Ehren wurden unter Männern ihres Schlages kaum einem anderen zuteil.

1967

Napoleon und die Deutschen

Königsdramen, Kaiserdramen haben wir die Menge. Warum keines, ich meine, kein halbwegs adäquates, rings um Napoleon? Warum haben jene, die nach ihm kamen und allenfalls das Zeug dafür gehabt hätten, Hebbel, Grillparzer, Ibsen, sich nie an dem Stoffe versucht? Er war wohl zu komplett in sich selber. Man konnte ihn nicht anheben, nur ihn geringer machen, wie es in Komödien geschah.

Es ist nicht nur, daß Geschichte selber hier großes Schauspiel arrangiert hat, mit einer beispiellosen Fülle von Szenen und Charakteren. Der Hauptcharakter hatte nicht umsonst Unterricht genommen bei Talma; er war sein eigener Regisseur. Daß der Rußlandfeldzug der vierte Akt war, ahnte er und bangte, ob er gut in ihm gespielt hätte – »Vom Erhabenen zum Lächerlichen ist nur ein Schritt«. Aus dem Nachspiel, Sankt Helena, hat er das Äußerste an Wirkung herauszuholen verstanden, wissend trotz aller Bitternis, daß er ein klassischeres Ende nicht hätte finden können. Sein letztes Gespräch mit Metternich, Juni 1813, liest sich wie eine Szene von Schiller. Ein Dichter hätte da nichts anderes tun können, als abschreiben.

Worauf Metternichs Überlegenheit beruhte: daß er im Grunde nicht mitspielte; daß er – »Nur kein Pathos!« – das Drama verneinte, den Dämon entdämonisierte und in dem ganzen Grand Empire nur einen Unfug sah, welcher ganz gewiß nicht lange dauern würde. Darum auch ist das Napoleon-Porträt seiner Memoiren das feinste unter allen, die von Zeitgenossen stammen. Andere, William Pitt, Stein, Zar Alexander, Chateaubriand, Madame de Staël, Goethe, Hegel, Kleist, Gentz, Görres, spielten allerdings mit. Gentz, ziemlich spät; er habe einen Fehler gemacht, Europa habe einen Fehler gemacht, mitzuspielen; hätte man sich dessen heiter-gelassen geweigert, so wäre der Hauptakteur nie dermaßen weit gelangt. Nun, leider, müßte man »ganz Europa in Bewegung setzen, um einen einzigen Menschen auf seine Stellung zurückzuführen«; eine Schande nicht für ihn, sondern für Europa.

Man könnte einwenden, das 19. Jahrhundert sei die Epoche des Romans, und dann der Geschichtsschreibung gewesen, nicht des Dramas. Gescheitert sind aber an Napoleon auch die großen Erzähler, solange sie ihn direkt auftreten ließen. Wenn Tolstoj es nicht vermochte, wenn er eine billige, allenfalls im Rahmen seiner Geschichtsphilosophie verzeihliche Karikatur lieferte, wer hätte es vermocht? Die gelungenste Napoleon-Prosa bleibt die, in der er als ein Licht aus der Ferne erscheint: Stendhals ›Rot und Schwarz‹ und die ›Kartause von Parma‹, ein paar Seiten von Balzac, von Heine. Übrigens hat Stendhal, der doch als gewesener kaiserlicher Kriegskommissar Bescheid wissen mußte, das Bild des italienischen Bonaparte stark verschönert; Bild des Befreiers, der er wohl war, aber nicht des brutalen Ausbeuters, des Plünderers in ungeheuren Dimensionen, der er auch war, und zwar besonders in den frühen Italienjahren.
Jede geschichtliche Leistung, formuliert Raymond Aron, ist vieldeutig und unausschöpfbar – équivoque et inépuisable. In neuen Zeiten gibt es keinen einprägsameren geschichtlichen Lehrgang. Alle Nationen sind von ihm berührt worden, alle haben von ihm gelernt. Jedoch sei die These gewagt, daß die Deutschen im Guten und Schlechten am nachhaltigsten von ihm beeinflußt wurden: von seiner Vieldeutigkeit, seiner Dialektik, vom Drama, welches des Helden kaltes Ich beisteuerte.
Mit wenigen Ausnahmen fanden sie um 1806 historisch berechtigt, was er tat. Ein Weimarer Gymnasialdirektor, nach Jena: »Bein Sternenklang wog Gott am 14. Oktober die alten und die neuen Formen; des Nordens Schale stieg hoch! Nun müssen wir das Ordal verehren.« Es folgt ein »Hoch auf den Frieden und den, der ihn gab«, den »mit Feuer und Geist getauften Zertrümmerer der alten, wurmstichigen, morschen Formen«, das »erwählte Instrument Gottes«. Ähnlich hundert Gymnasialdirektoren: ähnlich hunderttausend gebildete Menschen. Auch die wenigen, die dem Erfolg nicht recht geben wollten, hielten seine Endgültigkeit mindestens für möglich. Stein: »Äußere Kriege werden alsdann nicht mehr entstehen, statt dessen wird ... alle Nationalität zerstört oder verkrüppelt, und die Leitung aller großen Angelegenheiten des Menschengeschlechts einer Bürokratie, die von einem entfern-

ten, fremden Regenten die Richtung erhält, anvertraut werden. Ein solcher Zustand der Dinge kann lange andauern, wie uns die Geschichte des Römischen Reiches beweist.« Görres: »Jener alte französische Gartengeschmack, der aus Bäumen Menschen schnitt, schneidet jetzt Menschen zu Bäumen und Hecken. Alle, Inder und Perser, Türken und Neuseeländer, werden Präfekten und Unterpräfekten bekommen und den Code und die Zensur ...« Der Publizist sah eine buchstäbliche Weltherrschaft voraus; womit es auch auf dem Höhepunkt des Empire gute Weile hatte.

Dieselben, die 1806 des Kaisers Triumph gut fanden, fanden acht Jahre später gut auch seinen Sturz. Sagt man, damals sei die Einheit von Ereignis, Wahrheit und Recht, die Idolisierung von Macht und Erfolg, sei der »Historismus« eigentlich geboren worden, so hat dies Verbum die Kraft der Analogie. Denn es fiel Hegel, dem Philosophen, furchtbar schwer, einzugestehen, daß der Kaiser mit historischer Notwendigkeit erlegen sei; der Untergang eines solchen Genius sei ein Tragikotaton. Aber: Er habe der Masse des Mittelmäßigen, die gnadenlos sich über ihn wälzte, ein Recht dazu geben müssen durch seine Schuld; das habe er getan; und so sei alles in tragisch großartiger Ordnung. In den späteren geschichtsphilosophischen Vorlesungen ist der Begriff von den »Geschäftsführern des Weltgeistes«, die tun, was ihre Zeit verlangt, und auf dem Kehrichthaufen der Geschichte landen, nachdem sie ihr Werk getan haben, dann noch verfeinert worden. – Man tut sehr falsch daran, Hegel den »preußischen Staatsphilosophen« zu nennen. Der Philosoph der Revolution und der napoleonischen Kriege war er, ungefähr wie Spengler der Philosoph des Ersten Weltkrieges. Als er für Preußen sich auch nur zu interessieren anfing, war seine Philosophie längst fix und fertig.

Was Hegel im Universalen tat, tat Clausewitz als Spezialist. Sein Buch ›Vom Kriege‹ hätte ebensoviel »Von den Kriegen Napoleons« heißen können. Sie liefern dem Autor seine Parade-Beispiele; aus ihnen hat er seinen Begriff vom »absoluten Krieg« geschöpft, der den des »totalen« antizipierte. Aber Hegel und Clausewitz zusammen, das ist in Deutschlands intellektueller Geschichte ein Herzstück, und in seiner politischen auch. Kein anderes Land hat diese Erfahrung mit so prägend konsequentem Tiefsinn durchdacht; Frankreich selber gewiß nicht.

Dagegen trat Nietzsche auf: Hasser der Gleichsetzung von Geschichte, Staat, Krieg, Kultur, Sittlichkeit, Recht, Vernunft und Erfolg; Hasser Hegels. Zwar, den Kaiser bewunderte er so sehr wie Hegel, aber in anderem Stil; als den, der Recht hatte gegen den Erfolg; und daran, daß er keinen dauernden gehabt hatte, waren, wieder einmal, die Deutschen schuld. »Die Deutschen haben endlich, als auf der Brücke zwischen zwei décadence-Jahrhunderten eine force majeure von Genie und Willen sichtbar wurde, stark genug, aus Europa eine Einheit, eine politische und *wirtschaftliche* Einheit zum Zweck der Erdregierung zu schaffen, mit ihren ›Freiheitskriegen‹ Europa um den Sinn, um das Wunder von Sinn in der Existenz Napoleons gebracht ...« Streng historisch geurteilt ist das nicht einmal richtig, obgleich die Geographie es so erscheinen lassen mag. Leipzig liegt in Deutschland; in Deutschland aufgelöst, war das Empire in Illyrien, in Italien, in den Niederlanden nicht zu halten. Anders, wenn man nach Geist und Waffen fragt. Da, in der Reihe derer, die zum Fall des Tyrannen beitrugen, kam Preußen spät, lange nach England, Spanien, Rußland, ungefähr auf einer Linie mit Schweden; Süddeutschland noch später, als alles bereits entschieden war und, was Fürsten und Minister betraf, höchst ungern. Man muß den letzten Brief lesen, den Napoleon von dem dicken Württemberger empfing: »Ich sehe mich genötigt, Sie dringend zu bitten, mir meine Truppen zurückzuschicken; diese Handvoll Männer kann Eurer Majestät ohnehin nicht helfen ... Möchten glückliche Umstände eine Ordnung herbeiführen, in deren Zeichen ich Eurer Majestät beweisen kann, daß meine Gefühle für Sie unveränderlich bleiben ...« Die Deutschen waren die Docilsten gewesen, nicht die Rebellischsten. Görres, in einem Artikel seines ›Merkur‹, hat es ihnen mit furchtbarem Spott vorgeworfen.

Eben darum war der Kaiser von dem Abfall Süddeutschlands am schmerzlichsten überrascht. »Alle Welt hat mich betrogen, ein Fieber hat sich Deutschlands bemächtigt, aber es wird ausbrausen ...« Auf die Nachricht vom Übergang Bayerns ins

Lager der Alliierten: »Da sieht man, was die Menschen sind, da sieht man, wie man sich auf sie verlassen kann.« Für die Deutschen glaubte er am meisten getan zu haben, wenn auch nicht eigentlich auf seine Kosten; was er ihnen Leides antat, schlug er gering an. Seine dynastischen Heiraten verbanden die Bonapartes durchaus nur mit deutschen Familien: Bayern, Baden, Sigmaringen, Württemberg, zuletzt Habsburg. Sein Hof kopierte weniger den alten Versailler als die deutschen Höfe. Die Nation, so gab er auf St. Helena zu wissen, schätzte er besonders hoch. Da behauptete er auch, sie sei überreif zur nationalen Einheit: »Die Versammlung aller Deutschen in einem Staat forderte ein langsames Procedieren; so habe ich die ungeheure Verwirrung ihrer staatlichen Verhältnisse zunächst nur bedeutend vereinfacht. Und dies nicht, weil sie für vollständige Zentralisierung nicht reif gewesen wären; im Gegenteil, sie waren nur allzu bereit dazu und hätten so gegen uns reagieren können, ohne uns zu verstehen. Wie war es möglich, daß kein Deutscher die Bereitschaft seiner Nation erfaßte oder zu realisieren wußte? Hätte mich der Himmel zum deutschen Fürsten geschaffen, so hätte ich sicher im Laufe der großen Krise 30 Millionen Deutsche um mich geeint und regiert . . .«

Das ist gut gesehen, aber der Verdacht drängt sich auf, daß es nachträglich gesehen ist. Im Exil mag er einiges von jener plötzlich laut gewordenen »Teutomanie« gehört haben, über die Talleyrand an Ludwig XVIII. berichtete: »Wer kann die Folgen berechnen, wenn eine Masse wie die deutsche, zu einem Ganzen gemischt, aggressiv würde? Wer kann sagen, wo eine solche Bewegung haltmachen würde?«

Wie denn zwischen dem Napoleon der Tuilerien und dem von St. Helena sorgfältigst zu unterscheiden ist. Er war der geriebenste Propagandist, den es je gab, seine persönliche Propaganda nie effektvoller als in der Spätzeit, da andere Mittel ihm nicht mehr zur Verfügung standen. Der gescheiterte Friedensbringer, der Philantrop, der selbstlose Europäer, der Freund der Völker und besonders der Nationen – das sind Phantasien von Longwood. Auf das 19. Jahrhundert haben sie so stark gewirkt wie des Kaisers schöpferische Leistungen: die Gleichheit vor dem Gesetz, der Code, das rational, zentralistisch, bürokratisch durchorganisierte Staatswesen.

Er galt als Neuerer, er gab sich nachmals als solchen. Er war es nur zum Teil. Schüler Voltaires, Schüler Rousseaus, hatte er seinerseits zum Schüler den Fürsten Metternich; ein Netz von Beziehungen, das jeder politischen Ideenlehre Hohn spricht. Das macht, es fehlte ihm jede Transparenz auf die Ideen hin; dem Manne der harten Tatsachen, wie man sagte, dem Improvisator, dem Opportunisten. Ideologien können arge Verwirrung in die Welt bringen, er haßte sie darum; ein allzusehr entwickelter Tatsachensinn aber auch, wenn man heute dies tut, morgen das, und die Widersprüche sich anhäufen läßt, bis sie explodieren. Im Politischen autoritär, ein Ordnungsfanatiker, skeptisch über die Menschen im allgemeinen und besonders über die »Massen«, die »classe ouvrière« denkend; im Moralischen ein strenger Hüter der Sittlichkeit; im Wirtschaftlichen Protektionist und Gralshüter der goldsichersten Währung – ein solcher konnte sich ebensowohl als Töter der revolutionären Hydra empfehlen wie als Revolutions-Vollender. Seine deutsche Politik basierte zuerst auf Freundschaft mit Preußen, was Bourbonentradition des frühen 18. Jahrhunderts war. Dann wurde sie antipreußisch, während sie einstweilen antiösterreichisch blieb; an die Stelle Preußens trat Süddeutschland, Bayern vor allem. Von der Popularität, die er 1806, noch 1809 in München genoß, kann man sich im Lichte späterer Verfälschungen kaum noch den rechten Begriff machen. Das wieder war älteste französische Staatsräson: Richelieu und Maximilian I., Ludwig XIV. und Max Emanuel; der Name »Rheinbund« selber stammte aus dem Wortschatz des Kardinals Mazarin. 1810 schlug er wieder um und wandte sich Österreich zu, während die Plagen der Kontinentalsperre die Freuden der neuen Ordnung in Süddeutschland zu überschatten begannen.
Trotzdem war der »Befreiungskrieg« nahezu ausschließlich preußisch, insofern er überhaupt deutsch war und nicht ein europäischer Koalitionskrieg alten Stiles. Noch immer gab es erstaunlich wenig Haß gegen den Tyrannen in Bayern, Württemberg, Baden, Hessen; noch immer gab es sehr viele Menschen, sozial hochstehende zumal, die stolz darauf waren, unter ihm oder doch in seinem Sinn gedient zu haben.
So daß die Frohe Botschaft von St. Helena auf guten Boden

fiel. Man denkt hier gemeinhin an ›Die beiden Grenadiere‹; Nationalgesinnte verstanden Heines Napoleonkult aus entwurzeltem Judentum. Tatsache ist aber, daß der Freiherr von Zedlitz, der Freiherr von Gaudy es viel bunter getrieben haben; so der biederste unter den Schwaben, Hauff; nicht zu reden von zahllosen Poeten, deren Name unterging. Ein gewisser Otto von Deppen beginnt sein Gedicht auf Napoleons Tod:

> Was steht das Volk so tief bewegt,
> Was fliegt von Mund zu Munde?
> Was hat so Weib, als Greis erregt,
> Was gibt's für ernste Kunde?
> Er, neuer Zeiten Morgenrot,
> Napoleon! – ach! – er ist tot!

Heine hätte das besser gemacht, enthusiastischer nicht machen können.

Indem der Nationalismus neuen Generationen zum Religionsersatz wurde, wandten sie sich gegen den, der doch nun längst tot und harmlos war. Der erste Ausbruch – »Es braust ein Ruf wie Donnerhall« – geschah 1840; der andre, mit böseren Folgen, in den letzten Jahren Napoleons III. Dieser hatte mit Napoleon nichts außer dem Namen gemein; er war der deutschfreundlichste Machthaber, der je über Frankreich regierte; er war zudem höchst ungeschickt von dem Evangelium von St. Helena behext und glaubte daher, Europa in freie Nationalstaaten ordnen zu müssen, ein Programm, das vielen Völkern zugute kommen konnte, nur Frankreich nicht. Aber gerade er mußte mit sechzigjähriger Verspätung büßen. Leipzig war preußische Rache gewesen, Sedan war deutsche, nun auch süddeutsche; und zwar ausgesprochen Rache an Napoleon I., zumal ja der Dritte den Deutschen überhaupt nichts getan hatte. Noch weiter zurück ging Leopold von Ranke, als er, Winter 1871, sich in Wien gegenüber dem alten Thiers erklärte: Deutschland führte jetzt Krieg gegen Ludwig XIV....

Allmählich detachierte höhere Intelligenz sich von der Glorie des Hohenzollernreiches, und so auch vom neuen Napoleonhaß. An die Stelle der nationalgeschichtlichen Interpretation trat die ästhetizistische, steile, die auf Stendhal zurückgreifen konnte, Nietzsche, Spengler, der George-Kreis; gefolgt von der psychologischen. In meiner Kindheit las man Emil Ludwig, wie man den spannendsten Roman liest.

Heute? Heute ist wohl nicht mehr viel. Das hängt auf den ersten Blick mit dem Verblassen aller ferneren Vergangenheit zusammen. Die beiden Bonaparte – Vorläufer des Faschismus: der eine indirekt, der andere schon ziemlich nahe – darauf möchte die Durchschnittskenntnis hinauslaufen. Unvorstellbar, daß träumerische Jugend sich noch mit Napoleon identifizierte, wie sie es hundert Jahre lang tat. Romantiker und Rebellen suchen sich andere Vorbilder.

Es kommt hinzu, daß wir unlängst so viele große Männer hatten, meistens abscheulichen Charakters. Allen Volksführern, Cäsaren, Tyrannen ist aber von Berufs wegen unvermeidlich etwas gemeinsam. So mußte der Eindruck, den jene hinterließen, abfärben auf den frühesten. Man ist heute empfindlicher gegen das »Faites fusiller«, das in seinen Befehlsschreiben so häßlich vorkommt; gegen die Tricks der Macht, Zensur, Geheimpolizei, Propaganda; gegen das Aufwiegeln, Fürchten und Verachten der Massen in einem; gegen das Sich-in-Szene-Setzen; gegen Maßlosigkeit, die sich selber schlägt. Die Parallele zwischen Napoleon und jenem, den man so ungern nennt, war nie völlig von der Hand zu weisen, am wenigsten 1940, 1941. Sie betraf die Machtmechanik, nicht die Personen; die improvisierte, erschwindelte »neue Ordnung« des Kontinents mit ihren »Collaborateuren«, der Pakt mit Rußland, die Unfähigkeit, den Kanal zu überqueren, welche zum Zug nach Moskau zwang, zuletzt die Große Koalition, »um einen einzigen Menschen auf seine Stellung zurückzuführen«. Außerhalb Deutschlands hat dieser Vergleich allerlei lesenswerte Bücher inspiriert, Ferreros ›Abenteurer Bonaparte in Italien‹, Harold Nicolsons ›Wiener Kongreß‹ und andere mehr. Diese Autoren waren dem Kaiser entschieden ungünstig gesinnt, weil sie in ihrer Gegenwart schrieben und den Vergleich im Kopf hatten. Es ist ja auch so, daß die machtlogische Situation von den Menschen, welche sie doch schufen, nicht völlig getrennt werden kann. George Kennan erzählt, wie er während der Juni-Juli-Wochen von 1941 die Fortschritte der deutschen Heere mit den französischen von 1812 täglich auf der Karte verglich; Churchill lebte in derselben Wiederholung, für die er, was ihre menschliche Seite betraf, sich ausdrücklich entschuldigte; und wenn es nicht scheint, daß Hitler sich viel mit Napoleon abgegeben hat – sein Held war ein anderer –, so ist doch seine Strategie während des ersten russischen Winters ganz ohne Zweifel von der Napoleonischen Erfahrung mitbestimmt gewesen; er hat auch darauf angespielt. Einer aus seinem Kreis, namens Bouhler, veröffentlichte 1941 eine Napoleon-Biographie mit dem klingenden Untertitel »Kometenlaufbahn eines Genies«. Das Ding ist nicht einmal so ganz schlecht, wie man erwarten könnte, charakteristisch in seiner These: Napoleon scheiterte, weil er von seiner kümmerlichen französischen Basis aus sich anmaßte, mit Europa und für Europa zu tun, was nur den Deutschen zukam.

Ein Jahr später geschah es dem Schreiber dieser Zeilen, daß er mit einer Gruppe amerikanischer Soldaten durch den Invalidendom geschleust wurde. Den Erklärer, der von den Taten des in seinem Prunksarkophag Ruhenden sprach, Schlachten, Eroberungen, wieder Eroberungen, unterbrach einer der Zuhörer: »What's the difference between him and Hitler?« Kurze Pause der Verwirrung, sichtlicher Ärger, dann Fortsingen des Heldenliedes. – Die Antwort, die Umschreibung der Unterschiede, hätte wohl gegeben werden können; hätte jedoch ausführlich und schwierig sein müssen.

1969

Schloß Arenenberg

Schön ist der Blick durch die Spiegelfenster des Schlosses Arenenberg, am schönsten im Herbst: der weitgegliederte See mit seiner Insel, die Waldberge des deutschen Ufers, die Hegau-Kegel; Dörfer und Klostertümer; Fruchtbäume und Wein. Uralte, mit der Landschaft vermählte Zivilisation; nordisches Italien. Wenn schon Exil, habe ich mir, auf der Terrasse zwischen Schloß und Kapelle stehend, oft gedacht, dann würde ich mir Arenenberg als Exil gefallen lassen.

Wie verschieden übrigens der Eindruck sein mag, den eine Landschaft auf verschiedene Augen macht, dafür gibt Chateaubriand ein Beispiel: er fand den Blick von Arenenberg »weit, aber traurig. Dieser Blick beherrscht den Konstanzer Untersee, der nichts ist als eine Erweiterung des Rheines auf überschwemmten Wiesen. Auf der anderen Seite des Sees erblickt man düstere Wälder, Überbleibsel des Schwarzwaldes, und weiße Vögel im Fluge unter grauem Himmel, von eisigen Winden getrieben.« Und das war Ende August, für Arenenberg die schönste Zeit!

Die Entdeckung machte Hortense Beauharnais, Stieftochter, Adoptivtochter und Schwägerin Napoleons, von Konstanz aus, wo sie die ersten Jahre nach Waterloo verbrachte. »Le château d'Arenenberg, bien petit, bien délabré, mais placé dans une position pittoresque, me plût.« Sie war eine Romantikerin, die Königin Hortense, sehr im Stile der Zeit; begabt zum Harfeschlagen, Klavierspielen, Komponieren, Dichten, Lesen; zu ernster Unterhaltung und zu geselligen Spielen. Die gute Stadt Konstanz beschreibt sie, als sei sie das verrottetste, verzaubertste Nest in der Provence, das Sturmheulen des Bodensees, als sei es der Ozean. Als sie einmal, geistlichen Zuspruches halber, das Kloster Einsiedeln besuchte, fand sie es »sur un des points le plus sauvages de la Suisse«. »Das Land, durch das wir den Zürich-See entlang fuhren, ist entzückend, und da die Bewegung, welche die Natur in ihrer Schönheit mich fühlen läßt, sich stets mit den Gedanken meiner Seele vermischt, so genoß ich während dieser Reise die Ruhe einer süßen Melancholie. Als aber die Berge sich zu erheben begannen, als sie an mich heranrückten, als Sturzbäche neben mir rauschten und die Vegetation dürr und wüst wurde, da packte mich Entsetzen bei dem Gedanken, auf das Interesse meines Lebens verzichten zu müssen, auf den einzigen Freund, der mir blieb.« ... War es die Sihl, die so furchtbar neben ihr rauschte, waren es die ewigen Gletscher des Gottschalkenberges, welche die Fürstin erdrückten? – In der Arenenberger Bibliothek nimmt Rousseau einen bedeutenden Platz ein.

Beide Beauharnais hatten 1814 sich mit dem siegreichen Europa so gut gestellt, wie es ging, dem König Ludwig XVIII. ihre Aufwartung gemacht und besonders den Zaren Alexander zum schützenden Freund gewonnen. Ihren neuen Namen einer Herzogin von Saint-Leu führte Hortense mit Erlaubnis des Königs von Frankreich. Bei seiner Rückkehr von Elba hatte Napoleon der Tochter einen entsprechend eisigen Empfang bereitet. Aber dann machte sie seine Sache entschieden zu der ihren und hielt bis zur zweiten tragischen Abreise bei ihm aus. »Nur mit Schmerz«, schreibt Zar Alexander im Juli 1815 an Eugène Beauharnais, »spreche ich Ihnen von Ihrer Schwester. Es gibt nur eine Stimme über die Art, in der sie an den jüngsten unseligen Ereignissen teilgenommen hat ... So geht es den bestmeinenden Frauen: wenn sie sich in die Politik mischen, wählen sie meistens das Falsche und kommen aus ihren Irrtümern nicht mehr heraus.« Also genoß Hortense nicht mehr die Vergünstigung des Vorjahres. Das Gesetz, das, zusammen mit den »Königsmördern«, alle Mitglieder ihrer Familie aus Frankreich verbannte, traf auch sie; aus Konstanz sah der Großherzog von Baden sich gezwungen, sie ausweisen zu lassen. Ungern nahm die Eidgenossenschaft, vertreten durch ihren Vorort Zürich, die »ränkevolle Frau« in ihr Gebiet auf. »Alle Äußerungen der löblichen Stände, die bereits in Vollständigkeit angelangt sind, gehen dahin, daß besagter Frau Gräfin, besonders mit ihrem zahlreichen Gefolge, der Aufenthalt in der Schweiz, einem an Frankreich angränzenden Lande, nicht gestattet werden könne ...« Aber der Kanton Thurgau selber war dafür; und nachdem der König von Bayern der irrenden Dame in Augsburg Asyl gewährt hatte, durfte sie ihre Sommerwohnung auf Arenenberg dennoch beziehen.

Eugène folgte nach und baute oberhalb von Arenenberg das Schlößchen, das er Eugensberg nannte. Bewohnt hat er es kaum; es war, wie seine Gattin es ausdrückte, als »eine Zufluchtsstätte, falls sich etwas ereignen sollte«, gedacht. Diese Niederlassung ließ der Kleine Rat des Kantons überaus glatt und ehrenvoll vonstatten gehen. Eugène war reich und stand sich weiterhin gut mit den Mächten, mindestens mit seinem Schwiegervater, dem König von Bayern, und mit dem Zaren. Ungleich nüchterner als seine Schwester, die er bewunderte, fester im Leben verankert, im Fett seines deutschen Fürstentums, gibt er das nicht ganz uninteressante Beispiel eines Menschen, der in schwierigster Situation eine simple Geradheit der Haltung mit ritterlichem Egoismus zu gutem Erfolg verband. Der Katastrophe der Hundert Tage ging er ganz aus dem Wege, loyal gegenüber seinem neuen Vaterland, loyal auch gegenüber dem alten, gegen das zu fechten er sich weigerte. Danach gab er einem in Paris zum Tod verurteilten, unter abenteuerlichen Umständen geflohenen Verwandten, La Valette, am Starnbergersee Unterschlupf, unterstützte andere Opfer mit Geld, schickte auch heimlich und regelmäßig Geld (nicht sehr viel) nach St. Helena, indes er gleichzeitig nicht aufhörte, auf das freundschaftlichste mit dem Zaren zu korrespondieren. Gelegentlich hat er ihn auch um eine mildere Behandlung dessen, »der der Gatte meiner Mutter war und mich die Kunst des Krieges und der Verwaltung lehrte« – ein würdiges Minimum des Ausdrucks.

Die Geschwister, verwöhnte Stiefkinder des Glücks, besuchten sich häufig, wobei Eugène, wie der österreichische Vertreter in München ärgerlich vermerkte, es so einrichtete, daß er auf seiner Reise nur bayerischen Boden berührte. Er fuhr nach Lindau und von da mit dem Schiff nach Ermatingen, »auf welche Weise er in längstens drei mal vier und zwanzig Stunden, den Aufenthalt mit eingerechnet, den Weg hin und her zurücklegen« könne und es »beinahe unmöglich« sei, »etwas von seinen Kursen zu erfahren und ihn in Augen zu behalten«. Auf einer Barke kam Hortense dem Bruder über die hüpfenden Wellen entgegen.

Arenenberg wurde zu einem Treffpunkt und Zentrum der verbannten, halb revolutionären, halb monarchischen Familie, wie Rom einer war, Triest, zeitweise auch Wien oder die Umge-

gend von Wien. Die Familie blieb, was sie immer gewesen war, zugleich überaus zänkisch und überaus dicht zusammenhaltend in Korespondenzen, Treffen, auch Heiraten untereinander.
Die tapferste Pflegerin der gemeinsamen Interessen war eine, die von Geburt nichts weniger als eine Bonaparte war, Katharina von Württemberg, die Gattin Jérômes und treue Freundin der Hortense. Unentwegt schrieb sie an Mutter und Onkel, an Brüder und Schwestern des Kaisers, suchte sie Frieden zu stiften: »Ist unsere Lage, ist das Unglück, das wir täglich erfahren, nicht danach gemacht, unsere verwandtschaftlichen Bande enger zu knüpfen, sollte es uns nicht zur Herzenspflicht machen, wenigstens die Öffentlichkeit von der Kälte, die zwischen uns herrscht, auszuschließen?«
Den Ministerien, Botschaften, Polizeidirektionen gaben die Exilierten viel zu tun, vielleicht mangels besserer Sorgen, wie es der Polizei Brauch ist. Es grenzt ans Unglaubliche, was da Direktiven und Berichte geschrieben, was da beobachtet, spioniert und geplagt, erlaubt und verboten wurde: Einreisen und Ausreisen, Käufe, Umsiedlungen, Besuche. Es sollte, wenigstens nach dem Wunsch des Kaisers von Österreich, auf taktvolle Art geschehen: »4. Sind die Glieder der bonapartischen Familie einer eigenen strengen, jedoch in der Form so viel als thunlich schonenden Beobachtung zu unterordnen.« Die schonende Art mag damit zu erklären sein, daß die Versippung der Gefürchteten mit den europäischen Dynastien nicht wohl hatte rückgängig gemacht werden können. Die Kaiserin Marie Louise zählte freilich nicht mehr, so herzlos und hirnlos, wie sie mit ihrer Vergangenheit gebrochen hatte. Ihr in Wien heranwachsender Sohn aber, Bonaparte und Habsburger schon in seinem Namen, Napoléon Franz Joseph, dieser blasse Vorwurf, diese Peinlichkeit, diese Hoffnung, zählte. Dann waren die Söhne Jérômes Enkel, später Neffen des Königs von Württemberg und durften in der württembergischen Armee dienen. Königs-Enkel waren auch die Kinder Eugènes. »Eine Tagesreise« von Arenenberg, nämlich in Sigmaringen, residierte die Fürstin von Hohenzollern, eine geborene Murat; wieder einen Tag weiter die Großherzogin von Baden, Stephanie Beauharnais, »die einzige von uns, die souverän geblieben war«, wie Hortense sie nicht ohne Neid

charakterisierte. Schließlich gab es in Stockholm den Schwedenkönig, den Gründer der Dynastie Bernadotte, der mit ungleich großartigerem Erfolg operiert hatte als Eugène, aber doch seine Herkunft nicht ganz verleugnen konnte, wie er denn seinen Erben, wohl weil nichts Besseres zu finden war, mit einer Beauharnais vermählte. – »Madame Hortense« – so wird sie in den Polizeiberichten bezeichnet – war nicht ohne Beziehungen zu Mächten, welche die Polizei wohl oder übel respektieren mußte.

Gleichzeitig kam sie von der Welt der Konspirationen nie ganz frei. Wer von einer Veränderung in Frankreich oder in Italien träumte, suchte sie auf, und es wurde dann das heitere Arenenberger Leben, Konzerte, Vorlesungen und Charaden, Volkssingen und Schützenfeste, Kahn- und Schlittenfahrten auf dem See, durch ernsteres Getuschel unterbrochen. Nach dem Tode Eugènes gab sie ihr Augsburger Haus auf und verbrachte von da ab den Winter in Italien. Hier gerieten ihre Söhne, Napoléon Louis und Louis Napoléon, in die revolutionären Wirren von 1831. Der Ältere starb auf der Flucht an den Masern; den Jüngeren rettete Hortense, indem sie ihn als ihren Diener verkleidet bis zur französischen Grenze brachte. In Frankreich waren seit der Juli-Revolution die Exil-Gesetze nicht mehr in Geltung.

Sind Louis Napoléons italienische Abenteuer aus seiner Biographie nicht wegzudenken, weil sie seine spätere verhängnisvolle italienische Politik bestimmten, so formten seine Bildungs- und Lebensgewohnheiten sich in den Arenenberger Jahren und auf der Artillerieschule zu Thun – Kommandeur Oberst Dufour –, deren Absolvierung ihn zum bernischen Offizier machte. »Mein Sohn«, schrieb Hortense nicht ohne Stolz im September 1830, »ist noch bei den Schülern in Thun, mit militärischen Reconnaissancen in den Bergen beschäftigt. Sie legen zehn bis zwölf Meilen den Tag zu Fuß zurück, den Tornister auf dem Rücken. Geschlafen haben sie im Zelt, am Fuße eines Gletschers.«

Chateaubriand, der Hortense im Sommer nach der schlimmen Italienzeit, 1832, besuchte, beschreibt in den ›Mémoires d'Outre-Tombe‹ die Arenenberger Geselligkeit: »Die Begleiter und Begleiterinnen der Herzogin von Saint-Leu waren ihr Sohn,

Madame Salvage, Madame***. Von fremden Gästen waren anwesend Madame Récamier, Monsieur Vieillard und ich. Die Herzogin von Saint-Leu spielte ihre schwierige Rolle als Königin und Fräulein von Beauharnais vorzüglich. Nach dem Diner setzte sie sich ans Piano zusammen mit M. Cottrau, schönem, großem jungem Maler mit Schnurrbart, mit Strohhut, mit Bluse, mit offenem Kragen, in bizarrer Tracht, halb Mignon Heinrichs III., halb calabresischer Hirte, mit Manieren ohne Manier, mit jenem schlechten Atelier-Ton zwischen dem Familiären, dem Drolligen, dem Genialischen, dem Affektierten. Er jagte, er malte, er sang, er liebte, er lachte, geistreich und lärmend. Prinz Louis bewohnte ein Pavillon für sich, wo ich Waffen, topographische und strategische Karten sah; kleine Handwerkssymbole, die, so wie zufällig, an die Rasse des Eroberers erinnerten, ohne ihn zu nennen; Prinz Louis ist ein kenntnisreicher junger Mann, voll von Ehrgefühl und ernst von Natur.«
Louis Napoléon war arm in den Arenenberger Jahren. Und das ist ein Grund dafür, warum er so viel Zeit auf dem Schlößchen verbrachte. Übrigens wohnte er nicht in dem Zimmer, das heute gezeigt wird und das seine Bibliothek enthält – Militärisches, Geographisches, lateinische, französische, deutsche Historie –, sondern in einem Nebengebäude. Hier schrieb er seine ›Betrachtung der Schweizer Politik und des Militärwesens‹, hier sein ›Handbuch der Artillerie‹; von dort brach er auf zu Dienstperioden als Schweizer Offizier, zu kurzen Eskapaden. Prinz Louis war ein wackerer Sportsmann, Reiter, Schlittschuhläufer und Tänzer. Die Leute in der Umgegend hatten ihn gern, und mancher Ball in Konstanz wurde zu seinen Ehren gegeben, vielleicht in der Hoffnung, er würde sich eine der Thurgauer oder badischen Schönen erwählen. Auf die Dauer war die biedere Schweizer Soldaten-Existenz dem in großen Träumen Lebenden unerträglich. Eines Oktobertages im Jahre 1836 brach er sie ab und ritt nach Straßburg, wo er seinen ersten, kläglich scheiternden Staatsstreich versuchte. Eine Reise, welche die vielgeprüfte Hortense alsbald nach Paris unternahm, um den Gefangenen zu retten, erwies sich als nicht einmal notwendig; König Louis-Philippe, der selber die Härten des Exils so lange hatte studieren müssen, übte Gnade und schickte den jungen Brausekopf für ein Jahr nach New York. Schon nach einem halben

kehrte Louis Napoléon mit dem amerikanischen Paß eines Mr. Robinson nach England zurück. Dem Präsidenten in Washington ließ er ausrichten, wie sehr er bedauerte, daß er ihn nicht mehr habe besuchen können, obgleich Präsident Polk ihn nicht eigentlich eingeladen hatte. Von London reiste er, die ihn überwachenden französischen Detektive täuschend, nach Rotterdam und auf dem Rhein bis Mannheim, von wo eine Postkutsche ihn nach Arenenberg brachte. Er traf noch eben zurecht ein, um Hortense in ihrem schweren Sterben zu trösten.

Die Königin wurde neben ihrer Mutter Joséphine in Rueil bei Malmaison beigesetzt. In der Schloßkapelle von Arenenberg ließ Louis Napoléon 1858 das marmorne Denkmal errichten, das heute noch dort zu sehen ist: »A la Reine Hortense, son Fils Napoléon III.« Die andere Inschrift, welche der Kaiser sich gönnte: »Fortuna, Infortuna, Fortuna«, mag wie eine Herausforderung an das Schicksal klingen: hatte es sich dreimal gedreht, warum sollte es nun bleiben, wo es stand?

Das Jahr, das der Prinz noch in der Arenenberger Gegend, nämlich in dem gleichfalls von der Mutter ererbten Schloß Gottlieben verbrachte, stand im Zeichen eines bedrohlichen Streites zwischen Frankreich und der Schweiz, der eben sein Leben und Treiben auf Schweizer Boden zum Gegenstand hatte, des sogenannten Napoleonhandels. Die französische Regierung verlangte die Auslieferung des Flüchtlings; sie wurde von der Tagsatzung und von dem Kantonsrat nach erregten Debatten verweigert, da der Prinz neben seiner französischen Bürgerschaft auch die thurgauische besaß, wozu kam, daß er als tätiger, zahlreiche Ehrenämter bekleidender Mitbürger sehr beliebt war. Die Sache geriet bis zu Teilmobilmachungen auf beiden Seiten; gewichtig nahmen die deutschen Mächte für Frankreich Partei. Da entschloß sich der Prinz zu dem unter diesen Umständen Gebotenen: um nicht zur Helena eines neuen trojanischen Krieges zu werden, verließ er den Thurgau freiwillig und begab sich nach London. Seither nannte er sich mitunter »Graf von Arenenberg«, und zwar zu einer Zeit, als das Schlößchen ihm gar nicht mehr gehörte; denn 1843 sah er sich genötigt, es an einen sächsischen Geschäftsmann zu verkaufen. Graf von Arenenberg – unter den wunderlichen Namen, welche die Bonapartes sich beilegten, um den einen, welcher doch ihr Hauptbesitz war, zu vermeiden, de Saint-Leu, de Lipona, de Montfort, de Harz, ist dieser wohl der wunderlichste.

In London hatte der zierliche Fremde die Gewohnheit, jedem, den er nach dem Weg fragte, gleich ein Geldstück anzubieten: Dienste seiner Mitmenschen ohne Geld konnte er sich nicht vorstellen.

Nun wurde es still auf Arenenberg; blieb still, auch als Louis Napoléon nach so vielen Abenteuern, galanten und politischen, nach so mannigfachen harten Erfahrungen, Staatsstreich, Verbannung, Gefängnis, Flucht, nach so langen, nie zu entmutigenden Geistes- und Willensanstrengungen endlich sein Ziel erreicht hatte und Präsident und Kaiser geworden war, und auch als er das Schlößchen zurückkaufte. Es wurde zu seinem vormaligen Zustand, so genau es ging, wieder hergestellt, aber blieb im Schlaf; die Pracht des Zweiten Kaiserreiches aufzunehmen, war es nicht geeignet.

Einmal nur erschien der Kaiser an der Stätte seiner Jugend-Vergnügungen, Arbeiten, Träume und Leiden; inkognito, nach der schönen Fiktion, die aber natürlich weder hielt noch halten sollte. Es muß ein süßer Moment gewesen sein: so stattlich wiederzukehren, da er sich einst, vor nun achtundzwanzig Jahren, unter so melancholischen Umständen verabschiedet hatte. Napoléon III. übertrumpfte hier noch bei weitem jenen Bürger von Stein am Rhein, der als Minister des römischen Kaisers, von Vorreitern angekündigt und von Mohren bedient, in seiner Vaterstadt Einzug hielt und dessen feierliche Begrüßung und leutseliges Zurückgrüßen das Gemälde an einem der bunten Häuser des Städtchens verewigt. Nach drei Tagen, gefüllt mit Empfängen, Seefahrten, Ständchen und Feuerwerk wurde es auf Arenenberg wieder still.

Die in den Zwanziger-, Dreißigerjahren auf Arenenberg gealtert hatten, die erste Bonaparte-Generation, waren nun tot, mit Ausnahme von Onkel Jérôme, der nach schuldengeplagter Verbannten-Existenz die Herrlichkeit des Zweiten Kaiserreiches noch erlebte und herzhaft genoß. Vom schönen Fett der Jugend, vom goldnen Königsornat, in dem er auf einem in Arenenberg hängenden Gemälde gleißt, zeigen seine späten Photographien freilich nichts mehr. Da wird sein Runzelgesicht von einem bürgerlichen Zylinder gekrönt, und er scheint Mühe zu haben, sich auf den Füßen zu halten. 1814 hatte er sich bitter darüber beklagt, daß der große Bruder sich nicht das Leben nehmen wollte: »Der Kaiser, nachdem er uns alle ruiniert hat, überlebt sich selbst; er ist nicht mehr derselbe Mensch... Was für ein Schmerz, einen so großen Mann sich so überleben zu sehen!« ... Wie lange war das her! Alternd waren jetzt jene, die auf dem Arenenberg Kinder und junge Leute gewesen waren. So Louis Napoléon selber, der Kränkelnde, früh Verbrauchte, mit den Augen, die als »erloschen« beschrieben wurden; ein Vetter, Jérômes Sohn Napoléon – Plon-Plon –, nannte ihn »Le Vieux« und sprach von ihm mit einer Mischung von herablassender Sympathie und Verachtung. Einst hatte Louis dem Jüngeren auf dem Untersee das Schlittschuhlaufen beigebracht. Prinz Napoléon, dessen gelbliches, gedunsenes Gesicht auf Arenenberger Porträts erscheint, war eine der merkwürdigsten Figuren des Zweiten Kaiserreiches. Von seinem Großvater, Friedrich von Württemberg, hatte er die Intelligenz, auch wohl die Neigung zur Brutalität und zu allerlei Lastern und die riesige Gestalt, auf der der Kopf Napoléons steckte. Der frappanten Ähnlichkeit mit dem großen Oheim war er sich wohl bewußt und liebte es, sie durch seine Haltung zu unterstreichen. Hatte er wieder einmal durch sein loses Treiben den Polizeiminister beunruhigt, und ließ der Kaiser ihn kommen, um ihn abzukanzeln, so geriet »Le Vieux« schnell aus dem Konzept seiner Strafpredigt; zu unheimlich erinnerte, der da vor ihm stand an den Gründer der Dynastie, von dem der Kaiser selber in Aussehen und Wesen so gar nichts hatte. Sohn einer deutschen, Gatte einer italienischen Prinzessin, Cousin des Zaren und der Königin von Holland, war Plon-Plon der Bonaparte, dessen illegitimes Fürstentum dem legitimen am nächsten kam, eine Stellung, von der man ihn auch vermittelnden Gebrauch machen ließ, wo es praktisch schien. Trotzdem gefiel er sich als Kritiker der kaiserlichen Regierung und jakobinischer Freidenker; über seinen Umgang schüttelten seine besten Freunde die Köpfe. Sein ganzer Haß galt der Kaiserin Eugénie, in deren der französischen Art fremdem, bigotten Wesen er eine Gefahr für das System erkannte. Dessen Ende sah er früh kommen und baute vor, indem er Geld aufhäufte und sich in Prangins am Genfersee das zweite Arenenberg schuf, das heute seinem Enkel gehört.

Eine glänzende Rolle im Zweiten Kaiserreich spielte auch seine Schwester Mathilde, die einst in Arenenberg ihre üppige Jungmädchengestalt nicht ohne Erfolg vor Louis Napoléon hatte spielen lassen. Grenzte die Existenz Plon-Plons an den Demi-Monde, so stand Mathilde im engen Bund mit der Pariser literarischen Welt, mit George Sand, Sainte-Beuve, Maxime du Camp und Gustave Flaubert, den auch Plon-Plon schätzte und der schließlich, trotz des Bovary-Prozesses, sogar zu Hof gebeten wurde. Der Spötter und Hasser der Macht ist auf diese Einladung nicht wenig stolz gewesen.

Nie auf dem Arenenberg war, soviel wir wissen, ein anderer großer Herr des Zweiten Kaiserreiches: Charles Demorny, oder wie er jetzt genannt wurde, Duc de Morny, Sohn der Hortense von dem Grafen Flahaut; vorher nicht und nachher nicht, zumal er das Nachher nicht erlebte.

Das Nachher kam. Zu einem Höfling, der ihm nach der Kaiserkrönung glückliche Fahrt wünschte, hatte Napoleon III. geantwortet: »Mais gâre aux accidents!« Wie gern hätte er alle Unfälle vermieden, um das Erworbene zu genießen und seine Dynastie zu sichern; aber ach, er, der dennoch immer etwas wagen und Großes tun zu müssen glaubte, vermied sie nicht, und schließlich brach sein morscher Thron unter ihnen zusammen. Der Kriegsgefangene von Wilhelmshöhe mußte sein Haus in Rom verkaufen, so wie der Strafgefangene von Ham einst Arenenberg verkauft hatte, das er diesmal unverkauft ließ, vielleicht, weil der Posten zu unbedeutend schien. Als die Dinge sich beruhigt und geordnet hatten, stellte sich heraus, daß er gleichwohl ein reicher Mann war; reich blieb auch seine Witwe Eugénie, nachdem er 1873, bis zuletzt sich verteidigend, bis zuletzt von neuer triumphaler, seine ermatteten Kräfte jammervoll übersteigender Rückkehr träumend, gestorben war. Zur furchtbaren Wut Plon-Plons, der sich nun für den Chef des Hauses und gegebenen Vormund des kaiserlichen Prinzen hielt, bediente die Kaiserin sich eines alten, für die veränderte Situation nicht gemeinten Testamentes des Verstorbenen und setzte, klug und energisch, ihre Sache durch. Schon im Sommer des Sterbejahres, 1873, erschien sie zum erstenmal wieder auf Arenenberg, mit Lou-Lou, dem Sohn, mit Vorleserinnen und Sekretärinnen, mit Arzt, Kaplan, Hauslehrer, um neue An- und Umbauten zu

veranlassen – Eugénie war überaus baufreudig. Von da ab gab es allsommerlich das eleganteste Leben auf dem Napoleon-Schlößchen am Untersee.
Eine Wiederholung der Zwanziger- und Dreißigerjahre, so wie das Zweite Kaiserreich eine Wiederholung des Ersten gewesen war – und, so wie jenes die Zeit des großen Napoleon auch *nicht* wiederholte, dennoch ganz anders. Eugénie, die spanische Edelfrau, hatte nichts von den romantischen Talenten der Hortense, nichts von ihrem Geschmack am Illegitimen, Konspirativen. Auf eine bonapartische Restauration wurde freilich noch einmal gehofft; aber diese, kam sie, sollte ohne gefährliche und dunkle Mühen kommen, weil, so glaubte man, die Franzosen sie wollten, weil Marschall Mac-Mahon Präsident war und keine Bourbonen das in seiner neuen Staatlichkeit völlig ungesicherte Frankreich bedrückten. Die Besucher, die sich im Arenenberger Gästehaus, im Ermatinger Gasthof »Zum Adler« drängten, waren keine Flüchtlinge und Verschwörer, sondern Herrschaften, die mit stattlichen Pässen und stattlicher Bedienung reisten. Die Bonapartes der Siebzigerjahre waren nicht die der Zwanziger, und das Europa, in dem sie lebten, war es nicht mehr. Damals hatte man es einem Großherzog von Baden glatt verboten, die verfemte Hortense zu besuchen. Der jetzige, Großherzog Friedrich, kam gern von seiner Mainau herüber. Es kamen der Botschafter Metternich, dessen Vater das Arenenberger Treiben der Beauharnais einst so scharf und mißtrauisch hatte beobachten lassen, die Königin von Holland, der Prinz von Asturien, die Herren von Talleyrand und von Montmorency, anderer Träger sehr wohlklingender Namen nicht zu gedenken; es kamen auch die Herren vom napoleonischen Adel, die Murats und Neys, und die uralten Kinder, Mathilde und Plon-Plon, jene Mischung von Zank und Zusammenhalt erneuernd, die wir kennen. Geld floß reichlicher als zu Hortenses Zeiten; nicht so romantisch und musikalisch und an die Bohème streifend dürften die Unterhaltungen gewesen sein. Eugenie besaß mehr Klugheit als Geist; ein stark auf Erhaltung des Bestehenden gerichtetes Urteil; gegen Ende ihres Lebens einen Schatz von Erfahrungen, den man sich kaum vorzustellen vermag. Die Freundin Stendhals war sie gewesen und die Freundin Jean Cocteaus; hatte 1859 gegen dies neue, falsche Kunstgebilde

gewettert, das Königreich Italien, und 1919 gegen dies neue, falsche Kunstgebilde, die Tschechoslowakei; hatte den Pariser Friedensvertrag von 1856 studiert und den Versailler Friedensvertrag von 1919 und ihn unbillig gefunden. »In jedem Artikel dieses Vertrages sehe ich eine Keimzelle neuer Kriege ... Die Alliierten erlegen unmögliche Bedingungen auf. Damit nicht zufrieden, gehen sie daran, die deutsche Seefahrt, den deutschen Handel, alles zu vernichten. Wie kann Deutschland jemals das Geld aufbringen, um seine gerechten Schulden zu bezahlen? Narreteien! Wahnsinn!« ... Kurz vor ihrem Tod, 1920, nannte die ›Berliner Illustrirte Zeitung‹ sie einen »weiblichen Ahasver«, ohne zu wissen, daß sie selber sechzig Jahre früher geschrieben hatte: »Wir, die wir zur Ruhelosigkeit verurteilt sind, wie der Ewige Jude ...« In den Arenenberger Tagen war so nicht ihr Gefühl, noch wollte sie leben, der verlorenen Herrlichkeit zum Trotz, und kämpfte um den Rest ihrer Schönheit, Einige sagen, mit Erfolg, Andere sind anderer Meinung. »Man sah«, so schildert sie Maxime du Camp, »daß sie schön gewesen war, aber jetzt, da sie es noch scheinen wollte, wurde sie häßlich. Ihre Korpulenz, die ungeheuren Dimensionen ihres Busens, von denen man die Augen wandte, um sie nicht zu bemerken zu scheinen, die übertrieben mageren Hände, die mehr heisere als verschleierte Stimme machten sie älter als ihre 52 Jahre; die gelbliche Farbe ihrer Haare, von denen sie aus Koketterie eine weiße Locke über die Stirne flattern ließ, der Puder, der ihr Gesicht bedeckte und dessen Falten noch vertiefte, die schwarz untermalten, künstlich vergrößerten Augen, all dieser geborgte Glanz ... gab ihr das Aussehen einer überalterten Schauspielerin, die noch immer die junge Liebhaberin spielen möchte ...« Du Camp, ein Freund Plons-Plons, war keiner der Kaiserin.

Dann gab es das neue Kind, das auch kein Kind mehr war, den kaiserlichen Prinzen, den armen Lou-Lou. Er spielte ein wenig die Rolle, die ehedem Louis Napoléon gespielt hatte. Er vergötterte des Vaters Andenken, wie dieser das des großen Oheims vergöttert hatte. Er diente in der englischen Armee, wie der Vater in der schweizerischen. Er war arm oder, bei 500 Franken Taschengeld, doch in seiner prinzlichen Existenz arg beschränkt, wie Louis Napoléon es gewesen war; freilich nicht wie dieser, weil die Mutter nicht mehr geben konnte, sondern weil sie ihn kontrollieren und von sich abhängig halten wollte. Er hatte des Vaters kurze Gestalt und feine, träumerische Züge, auch seinen Willen, sich durch allerlei ritterliche Übungen zu stählen, des Vaters Ernst und freundliche Heiterkeit. Aber er war wohl schlichteren Geistes, fühlte die Last einer großen Sendung, die er früher oder später würde übernehmen müssen, und glaubte an Tugend und Pflicht. Den lasterhaften alten Plon-Plon soll er gehaßt haben, wie er ihn denn in seinem Testament ausdrücklich enterbte. »Es ist nichts als ein Lebemann«, rief er aus, »etwas Gefährlicheres als einen prinzlichen Lebemann gibt es nicht!« Auf den Einwand, daß doch nicht jedermann tugendhaft sein könnte: »Dann darf man nicht Prinz und nicht Prätendent sein!« – Seine Freunde ahnten, daß Lou-Lou nicht glücklich war in seinem goldenen Käfig, daß die Mutter ihn bedrückte, und schließlich ahnte auch sie es und suchte ihn zu zerstreuen mit edlen Pferden und allerlei repräsentativen Scheinpflichten und Reisen an befreundete Höfe und bequemte sich am Ende sogar, ihr Vermögen mit ihm zu teilen, so daß er nun wie ein großer Herr hätte leben können. Aber da war es zu spät und Prinz Louis schon auf dem Weg, der ihn in seine frühe Gruft brachte. Er wollte, hatte er einmal gesagt, sich nicht zu Tode langweilen, wie der Herzog von Reichstatt, der Sohn des Gründers, sein Schicksalsbruder. Es gab andere Arten traurigen Sterbens ohne Sinn. Solange noch ein Offizier seiner Batterie nicht im Zululand war, folgte er den Beschwörungen seiner Mutter. Als Letzter *mußte* er gehen, bei seiner Offiziersehre, und kam nicht wieder.

Eugénies Schmerz war von der Art, die Menschen nicht zugemutet werden sollte und es dennoch wird, und die auch, weil nichts anderes übrigbleibt, ertragen wird – und hier noch volle vier Jahrzehnte einer unstet irrenden, zum Schluß wie geisterhaften Existenz ertragen wurde. Mit den Träumen von Restauration, mit dem stattlichen Hof, der sie umgeben hatte, war es vorbei. Arenenberg sah sie, bis 1890, noch ein paarmal, flüchtig, mit bitterer Wehmut. 1906 schenkte sie das Schlößchen dem Kanton Thurgau; ein Lohn für die Tapferkeit, mit welcher der Stand einst die Sache seines Bürgers Louis Napoléon durchgefochten hatte, und ein Vermächtnis, das er bis zum heutigen Tag nobel verwaltet.

Von der Familie Hugentobler, auch schon in der zweiten Generation, so gelehrt wie liebevoll behütet, breitet Schloß Arenenberg seine Erinnerungen vor uns aus. Es ist die Geschichte der Bonapartes, dieser für das 19. Jahrhundert so sehr charakteristischen und in ihm so einzigartigen Familie, zu unsolide und kurzfristig, um eine echte Dynastie zu sein, zu reich an Talenten und Käuzen, zeitweise zu gewaltig wirkend, um bloße Operette zu sein; Militärs und Politiker, Träumer, Menschenfreunde und Hasardeure, Salonlöwen, Ehebrecher, Schuldenmacher, Gestalten Balzacs, Gestalten Stendhals, Gestalten Zolas – Fortuna, Infortuna, Fortuna. Da hängen ihre Porträts an den Wänden, offizielle Prunkgemälde, private Skizzen, Selbstbildnisse, Photographien. Da stehen die Tische, an denen sie speisten, spielten, schrieben, die Fauteuils, in denen sie saßen, erekt und fein wie die Kaiserin, hingerekelt und Zigarren rauchend wie Plon-Plon, Möbel im Stil des Ersten Empire, in dem des Zweiten, im Viktorianischen. Da sieht man die Geschenke, welche die echten Gekrönten den falschen übersandten, die Bücher, in denen sie blätterten, beim Schein der Kerzen, dann der Petroleumlampen, Piano und Harfe, Malinstrumente und Stickrahmen der Hortense, Louis Napoléons bernischen Säbel, Lou-Lous englische Schreibgarnitur. Der das Schloß nie sah, ohne den aber all die Herrlichkeit nie möglich gewesen wäre, dominiert in ihm, so wie er über Geschwister und Adoptivkinder, Neffen und Großneffen dominierte. Man sieht ihn in allen Phasen seines Lebens, als fahnenschwingenden, hager romantischen Revolutionsgeneral, im roten Staatskleid des Ersten Konsuls, im Kaiserschmuck, und die Totenmaske. Von da geht die Kette über die schönen, eitlen, pfauenhaft geschmückten Brüder und Schwestern zum jungen Louis Napoleon, wie er sein Pferd den winterlichen Arenenberg hinaufführt oder als Hauptmann seiner bernischen Kompanie voransprengt, zum alternden, bürgerlich dunkel gekleideten Kaiser am Arm seiner Frau, zum armen Lou-Lou als Kind, Knabe, Jüngling, auf den Photographien ein ernster spanischer Aristokrat aus der Zeit der Jahrhundertwende. Weil er so früh starb, so realisieren wir kaum, daß er der Generation Wilhelms II. angehörte. Wir haben Leute gekannt, die viel älter waren als er.

Von Conrad Ferdinand Meyer gibt es das Gedicht über die

»Alte Brücke«, die einst so buntes Treiben sah, Landsknechte und Kaiser auf ihren Romzügen und fahrende Schüler, und die nun, manch Jahrhundert außer Amt, vergessen, moosüberwachsen und wellenstaubumwoben, der Vergangenheit nachträumt, von welcher der Reisende auf dem neuen Bau nichts ahnen kann.

Vorbei! Vorüber ohne Spur!
Du fielest heim an die Natur ...

Von Arenenberg gilt das genaue Gegenteil. Hier ist es, als hätte ein Dornröschenschloß sich aufgetan, so wie es war, als der böse Zauber es traf. Im intimsten, persönlichsten Rahmen wandelt man auf den Spuren vergangenen Lebens, mit einem Gefühl von Feierlichkeit und fast von Indiskretion.

1963

Heine, wem gehört er?

Man ist zusammengekommen aus vieler Herren Länder, um einen Dichter, nicht rhetorisch zu feiern, woran ihm wenig gelegen gewesen wäre, sondern um zu gewinnen aus einem Vergleich zwischen uns selber und seiner großen, beziehungsreichen, vieldeutigen Hinterlassenschaft. Es ist gut, daß dieser Kongreß sich versammelt hat in Heines Vaterland und Vaterstadt. Wir wissen, wie töricht sein Gedächtnis allzu lang, allzu oft von den Deutschen gepflegt wurde, wie die immense Popularität einiger seiner Gedichte zusammenging mit Mißachtung von der Seite der Herren Gelehrten, mit kondeszendierendem Lob, dem alsbald der hochnäsig patriotische oder moralische Tadel folgte, mit lauter oder schweigender Verwerfung.
Das war anders anderswo. Ein englischer Politiker unseres Jahrhunderts erzählt in seinen Memoiren, wie seine Eltern ihn früh nach der Stadt Hannover schickten, damit er dort das reinste Deutsch lerne, wie aber die harte Mühe vergeblich gewesen sei; denn außer Heine habe er in der deutschen Literatur nichts Lesenswertes gefunden. Ein ganz gerechtes Urteil war das kaum, vielleicht als Vorurteil schon von zu Hause mitgebracht; gerade dann würde es Heines Weltruhm bezeichnen. Weltruhm besaß er, wie kein anderer deutscher Dichter; wie Schiller ihn besaß in Osteuropa, aber nicht im Westen, wie Goethe ihn zuerst besaß als Autor des ›Werther‹, dann als ein Mythos, mit dem man einige Titel verband, ohne Genaueres über sie zu wissen. Gelesen wurde Heine. Tolstojs Moskauer Aristokraten zitieren ihn in ihren Salons. Gedichte aus dem ›Buch der Lieder‹ gab und gibt es in japanischer Übersetzung. General de Gaulle zitierte ihn; Sie mögen erraten, welches Heine'sche Gedicht er auswendig herzusagen liebte. Der europäische Ruhm Heines, Weltruhm durch das Medium Europas, ist ein in sich stimmiger. Stimmig nicht nur durch die äußeren Daten der Biographie: daß Heine in Paris lebte durch zwei Drittel seiner Künstlerexistenz, daß die Großen der französi-

schen Literatur seine Freunde waren, daß er Henri Heine war und blieb, so gut wie Heinrich Heine. In Europa erhielt Heine ehrendes Hausrecht, weil er ein deutscher Europäer war, durchaus in europäischer Dialektik denkend; weil er, wie später Nietzsche von sich selber sagte, Europas Zukunft auf seinen Schultern trug. Es ist wieder Nietzsche, der, angewidert von der geistigen Öde des neuen ›Reiches‹, dessen Bürger von Einem draußen befragen läßt: »Habt ihr auch nur einen für Europa *mitzählenden* Geist aufzuweisen? wie euer Goethe, euer Hegel, euer Heinrich Heine, euer Schopenhauer mitzählte?« – Nietzsche, so streng er auch mit seinen Landsleuten ins Gericht ging, verzieh man im Vaterlande sein Europäertum aus den bekannten, etwas peinlichen Gründen; Heine nicht.

Was man ihm ferner nicht verzieh, solange Deutschland sich weigerte, zu sein wie andere europäische Völker, solange es im dumpfen Protest gegen die fortschreitende Zeit verharrte: daß in Heines Geist und Sprache das Deutsche mit einem Schlag modern geworden war. Da geschah binnen eines einzigen Jahrzehnts ein Durchbruch, über den ich nie aufhören werde zu staunen. Das große, freie, das politische, philosophische, literarische Feuilleton war da mit einem Schlag; besser würde man es inskünftig nicht machen können. Das politisch-satirische Zeitgedicht war da mit einem Schlag; ein Nonplusultra. Frank Wedekind, 50, 60 Jahre später, in seinen Verspottungen Wilhelms II., Tucholsky in seinen gereimten Attacken gegen die Weimarer Republik, Brecht in seinen sozialistischen Gesängen, die kamen, wo sie ihr Höchstes erreichten, an Heine heran; über ihn hinaus nie. Nein, sie kamen nicht wirklich an ihn heran. Ein Lied von so düsterer, unheilverkündender, tönender Anklage wie das ›Lied der Schlesischen Weber‹; eine Vision des kommenden Ansturms der vielen Armen gegen die wenigen Reichen wie ›Die Wanderratten‹; ein Gedicht zum trüben historischen Moment, zur erstickten Revolution wie ›Im Oktober 1849‹; eine so abgründig witzige Persiflage des deutschen Gemütes wie der Vergleich zwischen dem Ende Karls I., Ludwigs XVI. und des deutschen Fürsten, der einmal dasselbe, doch nicht dasselbe Schicksal erleiden wird:

In einer sechsspännigen Hofkarrosse
Schwarz panaschiert und beflort die Rosse
Hoch auf dem Bock mit der Trauerpeitsche
Der weinende Kutscher – so wird der deutsche
Monarch einst nach dem Richtplatz kutschiert
Und untertänigst guillotiniert

– das konnte nur einer, es war nicht wiederholbar. Freilich aber hatte es Einfluß, wohl ein Jahrhundert lang. Selbst der österreichische Schriftsteller, der darüber ein feindliches Pamphlet ›Heine und die Folgen‹ schrieb, stand unter ihm; auch Karl Kraus wäre ohne Heine gar nicht möglich gewesen.

Wäre Heines Leistung nur diese, die moderne Auflockerung der Sprache sozusagen über Nacht, die Schöpfung und alsbald die Krone des zeitkritischen, satirischen, humoristisch-tragischen Gedichts, er verdiente ein Denkmal und verdiente, daß die Universität seiner Vaterstadt seinen Namen trüge. Aber sie ist ja seine einzige Leistung bei weitem nicht. Sie ist nur ein Splitter vom Werk dieses »göttlichen Talents«, um ihn so zu benennen, wie Richard Wagner es in einem generösen Augenblick tat. Der Mönch kommt von seinem Mönchtum nicht so einfach los, auch wenn er die Kutte abgeworfen hat, und weiß es. Heine, der *Romantique défroqué* – für einen Romantiker hielt er sich bis zuletzt, wenn auch für den letzten. Und wenn man sich in Gedichte vertieft, spätere noch, sogar späteste, wie ›König Harald Harfagar‹, ›Frühlingsfeier‹, ›Schelm von Bergen‹, ›Kleines Volk‹, der ›Asra‹, die ›Beschwörung‹, wie ›Morphine‹ und ›Für die Mouche‹: dann ist man wohl versucht, ihm recht zu geben, ist man versucht, in solchen poetischen Höhenflügen sein bleibendstes Geschenk zu sehen, sein, mit Verlaub gesagt, der Zeit enthobenes Geschenk. Der Zeit enthoben: ›Im Oktober 1849‹ ist ja nur zu verstehen, wenn man weiß, wie und von wem der Aufstand der Ungarn besiegt wurde; aber »Der junge Franziskaner sitzt / Einsam in der Klosterzelle . . .«, das bewegt jeden, der ein Herz im Leibe hat, das könnte, wenn wir unverdientes Glück haben, auch noch nach Jahrhunderten bewegen.

Ich will mich in acht nehmen, damit man mir nicht vorwirft, ich ginge, wie Professor Heidegger, mit »Was aber bleibet, stiften die Dichter« gegen die Zeit hausieren. An das der Zeit ›Enthobene‹ glaube ich. Horaz, in seinen schönsten Oden, ist der Zeit enthoben, *aere perennius,* wie er sich selber prophezeit hatte; und war doch nur ein quälend abhängiger, freier Schriftsteller wie Heine, als Günstling der Plutokratie und der neuen Diktatur nur etwas glücklicher. So Heine, gegen den toten Börne: »Ob das, was ich überhaupt schuf in diesem Leben, gut oder schlecht war, darüber wollen wir nicht streiten. Genug, es war groß; ich merkte es an der schmerzlichen Erweiterung der Seele, woraus diese Schöpfungen hervorgingen ...« Monumente habe er in der Literatur Europas aufgepflanzt, »zum ewigen Ruhme des deutschen Geistes«. So schrieb er, so ließ er es drucken, des Wortes ›ewig‹ in bezug auf sein Werk sich erkühnend. Andererseits kannte er seinen historischen Platz gut, allzu gut. Mit schärfstem Gewissen wußte er, oder glaubte er zu wissen, was jetzt nicht mehr ging, oder gerade noch ging und demnächst nicht mehr gehen würde; was wohl noch gegangen war in seiner frühen Jugend, aber jetzt, da er nur 35 war, schon nicht mehr ging; zum Beispiel die holden Romanzen von Königstöchtern und Schäfern. In Einem erlebte er sein eigenes Fortschreiten in der Zeit und das Fortschreiten der Zeit überhaupt. Dies bewußte, überbewußte Partizipieren am historischen Fortschreiten war neu, neu auch im Vergleich mit den Intellektuellen des späten 18. Jahrhunderts, in deren Denken das mit einem Schlage kommende Glück der Zukunft stärker ausgebildet blieb als der nie zur Ruhe kommende geschichtliche Prozeß.

Natürlich war Heine bei weitem nicht der einzige deutsche Schriftsteller, der so dachte, beobachtete, voraussah, aber sein Blick war intuitiver, nervöser als der seiner ungefähren Gesinnungsfreunde. Hielt er sich für einen Späten oder für einen Frühen? Offenbar für Beides. Insofern er sich für einen Letzten hielt, beginnt mit ihm eine pessimistische Linie, die über Nietzsche zu dem späten Thomas Mann führt; der, im Alter, meinte, seine späte Hochkunst könne schon gar nicht mehr verstanden werden, kurz vor Anbruch von Barbarei und langer Nacht. Persönlich halte ich die Frage nach früh oder spät subjektiv für sinnvoll, wenn sie nämlich dem Gefühl des Künstlers gilt, aber objektiv für sinnlos. Man ist weder früh noch spät. Heine, in Einem romantischer Balladendichter und Pionier politisch-radikaler Schriftstellerei, gibt ein Beispiel dafür. Man ist identisch mit der Zeit und dem Augenblick und muß mit ihnen zu Rande kommen, wie mit sich selber. Das gelingt den guten Dichtern allemal gut und gelingt den schlechten allemal schlecht; und das ist alles.

Von Heines Verstrickung in die geistigen, politischen, sozialen Kämpfe seiner Zeit, nein, von seiner aktiven Teilnahme an ihnen, wird auf unserem Kongreß zweifellos viel die Rede sein. Es ist ja die aktuellste Seite der Sache oder scheint es; zumal wir in Europa jenen, die Heine die »Doktoren der Revolution« nannte, seinen Freunden für eine Zeit, Marx und Engels, wieder so strenggläubig huldigen. Heine und seine Zeit, Heine und unsere Zeit, Heine und die Zeit zwischen der seinen und der unseren, Heine und unsere Zukunft – von alledem wird reichlich gesprochen werden. Ich darf das eigentlich nicht, zumal ich kein Literaturgelehrter bin, oder darf es nur in der Form von Bekenntnis und persönlichstem Urteil.

Ich liebe Heine seit meiner Kindheit, will sagen, seit rund 50 Jahren, da bekam ich zum ersten Mal seine sämtlichen Werke geschenkt, die Ausgabe habe ich noch, neben vielen anderen Ausgaben, darunter der vorbildlich gestalteten, die der Ostberliner Aufbau-Verlag in den sechziger Jahren herausbrachte und die nur der Vorbote von ungleich Umfassenderem ist. Ich liebte das ›Buch der Lieder‹ als Kind, als Student die ›Neuen Gedichte‹, zumal die politischen und die Balladen, als junger Emigrant in Frankreich den ›Romanzero‹ und die ›Letzten Gedichte‹. In allem war jederzeit Entzücken und Trost, und ist es heute noch: in der Flucht nach einem paradiesisch erträumten Indien, nach der Fabelpracht des Orients, so früh schon, ›Auf Flügeln des Gesanges‹, so spät noch, ›Der Dichter Firdusi‹, ›Der weiße Elefant‹; in der Erinnerung an den ertrunkenen kleinen Schulfreund:

> Seit langen Jahren, wie oft, o Kleiner,
> Mit Neid und Wehmut gedenk ich Deiner,
> Doch die Katze, die Katz ist gerettet . . .

in der Schar der Engel, Flammenschwerter tragend, die um Salomos Lager stehen; in ›Jetzt wohin?‹, der Frage des Alternden, Heimatlosen:

Manchmal kommt mir in den Sinn,
Nach Amerika zu segeln,
Nach dem großen Freiheitsstall,
Der bewohnt von Gleichheitsflegeln ...

– im Mitleid und fürchterlichen, in der Folge der Strophen sich noch steigernden Haß von »Nicht gedacht soll seiner werden«; in der nächtlich-grauen Sterbe-Öde von ›Sie erlischt‹; in den blasphemischen, unsagbar gedrängten, drängenden, ohne Reim abbrechenden Frage-Reimen »Laß die heil'gen Parabolen ...«; und in sechs Dutzend anderen. Nicht daß Heine der einzige Dichter gewesen wäre, den man liebte; er war der einzige, mit dem man sich identifizieren konnte. Mit dem Olympier, dem verwöhnten Jüngling, dem zeremoniösen Alten ging das offenbar nicht. Es ging nicht mit Hölderlin, nicht mit Eichendorffs frommem Zauber, nicht mit Brentano, nicht mit dem seherischen Burgfräulein, Annette von Droste. Mit Heine, ja. Warum? Vielleicht, weil er sich offener, natürlicher, schamloser gab als die anderen, nichts verbarg, keine Schwäche, keine Antipathie, vor allem keinen Scherz unterdrücken konnte; kurz, weil hier die Beziehung zwischen Dichter und Gedicht oft die allerdirekteste war. Das gehört nun wieder zu dem, was die Deutschen ihm verübelten; die im Dichter so gern den verborgenen König, den *Vates* suchten, nicht den lächelnden Bekenner. Geldsorgen haben auch andere deutsche Dichter gekannt, nur zu viele von ihnen; aber sie behielten das für sich, ließen es in ihr Werk nicht eindringen. Heine tat es. In seiner Prosa, wie im Gedicht, begegnet man, wie oft, dem Wagnis, dem bitteren Opfer, das es bedeutete, ein freier Schriftsteller zu sein.

Ich ward bedrängt von schwarzen Sorgen,
Ich mußte lügen, ich mußte borgen
Bei reichen Buben und alten Vetteln –
Ich glaube sogar, ich mußte betteln ...

Nie machte er sich edler, als er war, unedler wohl; was ihn jenen auf den ersten Blick näher bringen mag, die nicht, wie er, aus Genieland stammen. Daß seine Gestalt auch ganz andere Aspekte bietet, daß er scheu war, *auch* scheu, trotz aller Bekenntnis-Neigung, während der unvorstellbar langen Jahre seiner Krankheit ein Held, aber einer, der es beileibe nicht sein wollte, darüber gibt es einen einzigen so klugen wie schönen Satz Arthur Schopenhauers: »Als wirklicher Humorist tritt Heinrich Heine auf, in seinem ›Romanzero‹: hinter allen seinen Scherzen und Possen merken wir einen tiefen Ernst, der sich schämt unverschleiert hervorzutreten.«

Soviel über mein Verhältnis zu dem Dichter. Der Schriftsteller, der Zeitkritiker, der Journalist, der Politiker, der Philosoph, der Prophet?

In der erwähnten Ostberliner Heine-Ausgabe findet am Ende sich ein überaus kenntnisreicher, klug abwägender Essay: ›Heinrich Heine, Poesie, Vaterland und Menschheit‹. Der erste Satz des Essays lautet: »Freunde Heines unter den bürgerlichen Philologen sprechen heute wie früher im Tone der Betrübnis davon, daß das Urteil über den Dichter immer wieder vom weltanschaulich-politischen Tageskampf bestimmt sei.« Im weiteren handelt der Gelehrte von einem »Zitatenduell« zwischen Bürgerlichen und Marxisten, das zwar die letzteren nicht zu fürchten bräuchten, das aber in keinem Fall etwas beweise, denn Heine schrieb einmal so, einmal ganz anders, je nach dem polemisch bestimmten Moment. Die Kernfrage sei: »Wen legitimiert die Vergangenheit?«, was nur ein anderer Wortlaut sei für die Frage: »Wem gehört die Zukunft?« – Nur leicht vergröbert würde die Frage dieses Kommentators lauten: In welchem Lager steht Heine heute? Oder: Wem gehört er? Oder: Was beweist sein Dichtertum für den zukünftigen ganzen Sieg der einen oder anderen Partei? – Die Antworten liegen schon in den Fragen.

Ich könnte, meine Herren Professoren im Saal, mir denken, daß sich einige mehr oder weniger marxistisch Gesinnte unter Ihnen finden. Wo, zumal in diesem deutschen Bundesstaat, eigentlich noch bürgerliche Philologen herkommen sollten, ist mir schwierig vorzustellen; es müßten stark überalterte Menschen sein. Was mich betrifft, so bin ich in aller Bescheidenheit weder ein bürgerlicher noch ein marxistischer Schriftsteller, sondern ein freier; könnte ich dichten wie Heine, so dürfte ich vielleicht auch mit ihm sagen:

Die Apfelsinen, lieb Mütterlein,
Sind gut, und mit wahrem Vergnügen
Verschlucke ich den süßen Saft,
Und ich lasse die Schalen liegen.

Man sucht sich seine Wahrheiten oder Halbwahrheiten, wo man sie finden kann, und läßt die Doktrinen liegen; man nimmt die abergläubischen Alternativen nicht an.
In diesem Fall war Heinrich Heine. Müßte man sein Wesen auf einen Nenner bringen, so mag der immerhin »Kämpferischer Humanist«, Freund aller Ausgebeuteten und Unterdrückten, Soldat der Freiheit lauten, zumal er sich selber gern als einen solchen stilisierte:

Verlorner Posten in dem Freiheitskriege
Hielt ich seit dreißig Jahren treulich aus . . .

Und wenn, wiederum von marxistischer Seite, betont wird, daß es keinen Sinn habe, den Dichter vom Politiker zu trennen, den Geist zu zerstückeln, den einen Teil zu loben, den anderen zu bedauern, so ist das ganz wahr, obgleich banal. Es war in der Tat nur *ein* Geist, der an die vierzig Jahre sein erhellendes, erheiterndes Feuerwerk spielen ließ. Aber in diesem einen Geist, dieser einen Seele, ging es mannigfaltig zu. Heine, heißt es in der Betrachtung aus dem Nachbarland, sei nicht in dem gefährlichen Sinn Dichter gewesen, daß der Stil ihm mehr gegolten hätte als die Wahrheit. Die These würde ich nuancieren: Wahrheit und Stil waren ihm eines. Das schlecht Geschriebene stieß ihn allemal ab; nicht zuletzt darum zog Karl Marx ihn an, weil der mit glanzvoller Bosheit schreiben konnte; was er auf Heinrich Laubes Einwände gegen die Verfänglichkeiten des Buches über Börne erwiderte: »Aber ist's nicht schön ausgedrückt«, bleibt seine gültige Antwort, jenseits allen Zitatenduells. Dann auch: Heine wußte von der Vielfalt des Wahren. Darum war er kein Bundesgenosse, sondern Freibeuter; Repräsentant seiner Epoche wohl, aber ganz auf sich gestellt und einsam trotz seiner Erfolge und Wirkungen. Griff man ihn an, so reagierte er mit der Hysterie des Künstlers und übersteigerte eben das, was man ihm vorwarf; so, gegen Börne, die apolitischen, die konservativen, die antidemokratischen Instinkte, die in ihm waren. Ebenso reagierte er, wenn man ihn binden, festlegen, zur Partei machen wollte; in Angst um seine Freiheit, mit der Sensitivität und dem Hochmut des Künstlers. Er schrieb nieder, was ihm gerade einfiel, und ihm fiel so manches ein. Unnütz, hier nach Widersprüchen zu kramen; es gibt sie zu Hunderten, und sie, diese Teilwahrheiten, die er ohne Skrupel aneinander oder gegeneinander reihte, widerlegen die Wahrheit seines Werkes und Lebens nicht. In seiner Prosa ist mir die Sammlung, die ›Gedanken und Einfälle‹ genannt wird, fast das Liebste. Hier steht ein Juwel neben dem andern, und das eine kümmert sich um das andere nicht im mindesten. »Ist die Mission der Juden geendigt? Ich glaube: wenn der weltliche Heiland kommt: Industrie, Arbeit, Freude. Der weltliche Heiland kommt auf der Eisenbahn, Michel bahnt ihm den Weg, Rosen werden gestreut auf seinen Pfaden.« Und ein paar Seiten später: »Demokratischer Haß gegen die Poesie – der Parnass soll geebnet werden, nivelliert, makadamisiert, und wo einst der müßige Dichter geklettert und die Nachtigallen belauscht, wird bald eine platte Landstraße sein, eine Eisenbahn, wo der Dampfkessel wiehert und der geschäftigen Gesellschaft vorübereilt.« Einmal ist Deutschland das Land der Nachtmützen und der sechsunddreißig Monarchen, die unbesorgt schlafen dürfen, der gesundesten Eichen und Linden, der Knödel und des Bieres, das gutmütigste Land unter der Sonne. Dann wieder ein radikal anderes:

Aber wir verstehen uns baß,
Wir Germanen auf den Haß.
Aus Gemütes Tiefen quillt er,
Deutscher Haß! Doch riesig schwillt er,
Und mit seinem Gifte füllt er
Schier das Heidelberger Faß.

Dann wieder wird Deutschland die allerschrecklichste Revolution machen, die es je gab, und obendrein eine für den welschen Nachbarn hochgefährliche. Einmal ist Hoffnung auf die Einigung des Vaterlandes, auf deutsche Großmacht; demnächst kommen die Deutschen mit der Ausbildung ihrer Nationalität zu spät, weil, hätten sie ihr Ziel endlich erreicht, das ganze Nationalitätenwesen schon am Ende sein wird. Oft, sehr oft liebt er die alten Sagen, die Volksballaden, die ehernwilden Kämpenlieder; weiß aber recht wohl, welch potentiell mörderische Sehnsüchte in solchen Erdichtungen nisten. Und so weiter, immerzu. Hier findet kein Zitatenduell statt. Es soll nur angedeutet werden, wie Heines genialer Spürsinn funktionierte; wie er der schwankenden, unerschöpflichen Wirklichkeit im Werden von den unterschiedlichsten Seiten sich annäherte; wiedergab, was er gehört oder erspürt hatte; keiner Augenblicksstimmung widerstand; kämpferisch sich einsetzte; den bloßen Zuschauer des historischen Dramas spielte; bejahte, verneinte, hoffte, fürchtete – in einem. Eben, vom Politiker ist der Philosoph, vom Philosophen der Dichter nicht zu trennen. Ein Element wirkte auf das andere und das künstlerische blieb das stärkste.
Es ist darum, daß es nur begrenzten Sinn hat, nach Heines theoretischer Botschaft zu fragen. Zur Theorie der Revolution braucht man keine Dichter; wissenschaftliche Schriftsteller braucht man dazu, einige gute, viele mittelmäßige.
Wir haben eine Studie erhalten, von der reiche Nachrichten zu erwarten sind über die eine Konzeption, die sich in der Tat durch Heines Werk zieht an die dreißig Jahre lang: die Welt ohne Sünde, die Partei der Rosen und Nachtigallen, der Griechen Lustsinn gegen den Gottgedanken Judäas. Ein Aperçu, zäh durchgehalten, vielfach abgewandelt, auch ins Politische, in das es sich nicht recht fügen wollte, noch auch heute fügt; es wäre denn, wir verständen das Versprechen einer ›besseren Lebensqualität‹ in seinem Sinn. Aber auch ›bessere Lebensqualität‹ kann nicht Nachtigallen und Rosen meinen. Hier werden prosaischere Dinge erstrebt. Heines Aktualität ist nicht die, welche rebellische Jugend, welche anderswo die Autorität erstarrter Revolutions-Orthodoxie ihm beilegt.

Nur zum dürftigsten Teil ist sie in jenen nun wieder allenthalben zitierten Versen aus dem ›Wintermärchen‹:

Ein neues Lied, ein besseres Lied,
O Freunde, will ich euch dichten!
Wir wollen hier auf Erden schon
Das Himmelreich errichten ...
Es wächst hienieden Brot genug
Für alle Menschenkinder,
Auch Rosen und Myrthen, Schönheit und Lust,
Und Zuckererbsen nicht minder ...

Nein, das ist Heines allundeine Botschaft nicht. Wie kann man einen so freien, reichen Geist so arm machen, und damit sich selber? Was nun wieder nicht einmal heißt, daß von Heines Versprechen sich in der Zeit gar nichts erfüllt hätte. In unseren Weltgegenden wenigstens haben wir ja heute Brot genug für alle Menschenkinder, und Zuckererbsen auch, wenn darunter etwa die Fülle nützlicher oder unnützlicher Kaufhausware verstanden werden soll. Wir haben den Himmel den Engeln und den Spatzen überlassen. An die Welt ohne Sünde, die Lustgesellschaft, die *permissive society* – auch an sie sind wir unglaublich nahe herangekommen. Aber Rosen und Myrthen sind ausgeblieben. An ihrer Stelle plagen uns viele graue Schlacken.

Soll heißen: was vor hundertdreißig Jahren in der Luft lag, was von hochangeregten Geistern wie Heine ergriffen und formuliert wurde, ist nicht gleich mit hundertdreißig Jahre späterer Wirklichkeit, obgleich es in einer verdrehten Beziehung zu ihr steht, halb gleich und halb nicht.

Heine, meint Dolf Sternberger treffend, konnte das Prophezeien nicht lassen. Manches, was er voraussagte, ist von der Wirklichkeit nie auch nur angespielt worden. Jene fürchterliche teutonische Revolution, altheidnisch und neuprotestantisch-radikal, äußerst wild zwar, aber doch wohl schöpferisch, die kam nie; man wird ja die Wahnsinnslumperei, die 1933 begann, mit ihr nicht assoziieren wollen. Anderes kam wohl, vor allem jener ›Kommunismus‹, von dem er neugierig-eingeweiht und angstvoll-sachlich zu reden wußte; aber er kam auf so unvorhersagbar gewundenen Umwegen und so sehr viel später, als erwartet wurde, daß er, was erwartet worden war, in seiner Verwirklichung durchaus nicht mehr sein konnte. So pflegt es zu gehen. Die großen Gegenstände seiner Zeit, die Heines intuitiver Blick erfaßte, ließen sich durch des Künstlers Einfälle so wenig für alle Zukunft binden wie durch die Gelehrsamkeit der Revolutionsdoktoren. Gedachte Zukunft versank langsam in der Wirklichkeit, die den Gedanken zugleich bestätigte und widerlegte. Ideen und Parteiungen von 1832 oder 1848 sind mit nichts mehr zu identifizieren, was heute ist.

Strenge Wissenschaft, Ökonomie, politische Theorie, Geschichtsphilosophie, grimmiger Ernst überhaupt, das veraltet. Wie soll gedichtetes Leben veralten? Wie soll veralten, worin Schiller das den Menschen Charakterisierende, zu seiner eigensten Würde Erhebende begriff, Spiel; Spiel der Formen, Spiel der Gedanken? Einen Philosophen kannte ich, der nahm's mit der Wahrheit gewaltig ernst; so ernst, daß er auf bloße Literatur wohl herabsah, besonders strafend aber auf jene, für die Ideen nur Wahrheit haben sollten im Getriebe des Kunstwerks. Es wird, fürchte ich, von dieses Mannes Schrifttum allzuviel nicht bleiben, und allzuviel hat er uns auch zu seinen Lebzeiten nicht geholfen. Die sind der Wahrheit näher, die heiter mit ihr umgehen, weil sie von ihrer Unerschöpflichkeit wissen. Die trösten uns am verläßlichsten, die ihren tiefen Ernst hinter Scherzen verbergen; die den Zweifeln und Leiden ihrer Seele Rhythmen, Farbe, schönen Klang verleihen.

Heine gehört niemandem. Besser: Er gehört allen, die ihn lieben.

1972

Georg Büchner und die Revolution

1968 gehaltene Rede

Es gebührt sich daß am Anfang meiner Rede Dank steht; Dank an den Kreis der Akademie, der mir den Georg-Büchner-Preis verliehen hat. Natürlich hat mich diese Ehrung gefreut. Überrascht hat sie mich auch, denn es geschieht ja wohl zum ersten Mal, daß kein Poet, sondern ein trocken historisierender Schriftsteller erwählt wurde. Sind ferner der Träger eines literarischen Preises und die große Gestalt, nach welcher der Preis benannt ist, im allgemeinen inkommensurabel, so scheint mir diesmal der Unterschied, der Abgrund zwischen beiden noch tiefer als gewöhnlich. Büchner war ein Dichtergenie, ich bin nichts weniger als das. Er war ein Kämpfer, ich bin das nicht. Er starb jung, sein Leben war ein kurzer Feuerbrand; ich bin alt. Ich habe viel Theorie gelesen, alte und neue, welches ein indirekter Weg zu den Sachen ist, und oft ein ungeschickter; Büchners Adlerblick richtete sich auf die Sachen selber, direkt und ungelehrt. Er war ein Rebell, setzte das französische »Friede den Hütten! Krieg den Palästen!« als Motto über sein Pamphlet; ich kann ehrlich nicht sagen, daß ich die wenigen Paläste, alten Stils, die uns einstweilen noch übriggeblieben sind, hasse oder sie als schadenstiftend ansehe. Das mag freilich an den veränderten Zeiten liegen. Büchner meinte die Macht, wenn er »Paläste« sagte, und in unseren alten Schlössern wohnt keine Macht mehr. Jedenfalls ist die Sympathie für die schönen Überreste vergangener Lebensstile keine revolutionäre. Büchner, sagt man uns, war ein Revolutionär.

War er das wirklich? Mit dem ersten Blick, mit dem Blick auf den ›Hessischen Landboten‹, auf ein paar Briefe und überlieferte Gesprächsfetzen, ja. Mit dem zweiten, längeren, nein. Büchner war zu reich in seiner Seele, zu sensitiv, zu spöttisch, zu wissend, zu pessimistisch, zu neurotisch, auch zu lebensfreudig, natur-, berg- und waldfreudig, zu sehr dem Metaphysischen geneigt, als daß er zum Berufsrevolutionär auf die Dauer getaugt hätte. Ein Revolutionär resigniert nicht so schnell, wie er es tat. Ein Revolutionär von Beruf gibt auch in der Verbannung nicht auf, webt an seinen Plänen und Verschwörungen ungebrochen, jahrzehntelang. Nicht so Büchner. Was er blieb, was er wohl auch geblieben wäre, hätte er lang gelebt, war nur dies: ein Rebell. Damit meine ich einen, der keine Achtung vor der Autorität hat, keine vor den Traditionen, keine vor den Anführern der Weltläufte, den »Paradegäulen und Eckstehern der Geschichte«, wie er sie nennt. Da wäre nun wieder ein Unterschied zwischen Büchner und dem Redner von heute nachmittag. Denn im Gegensatz zu Büchner glaube ich, daß die Paradegäule der Geschichte, zum Guten und Bösen, sehr wohl etwas tun können. Einige von ihnen sind mir lieb, andere nicht, weil in dem Compositum von Nutzen und Schaden, welches die Leistung aller dieser Ecksteher der Geschichte charakterisiert, bei ihnen der Schade, das Schlechte und Menschenfeindliche den Nutzen offenbar überwog. Und nicht zuletzt mag ich die, die durch den Charakter ihrer Sprache, also ihren Charakter schlechthin, den Ereignissen einen Stil gaben. Für Büchner war der Stil der Politik und der Politiker höchst gleichgültig.

Er begann im Zorn, im Ekel vor den sozialen Zuständen seiner Heimat. Das war schon in ihm, ehe er 18jährig nach Straßburg ging, wuchs dort im weiten Raum, in der freieren Luft Frankreichs; kam zum Durchbruch und zur versuchten Tat, als er nach Hessen zurückkehrte. Die Erkenntnis, die er nun entwickelte, und zwar völlig aus sich selbst heraus, ohne theoretisches Rüstzeug, hat er bis zuletzt festgehalten. Idee, Gedanke, Literatur können die Gesellschaft nicht verändern, selbst dann nicht, wenn die Schriftsteller zu Terroristen würden. Gewalt ist gut; ist recht und notwendig gegenüber einem Herrschaftssystem, das selber auf Gewalt beruht. Aber die Massen, nicht die Schriftsteller, müssen sie wollen und müssen die Veränderung wollen, weil der Hunger sie dazu zwingt. Es gibt kein anderes Motiv, stark genug, einen Umsturz der bestehenden Ordnung zu verwirklichen. Diese ihm eigenste These hat er jahrelang wiederholt. 1833: »Ich werde zwar immer meinen Grundsätzen gemäß handeln, habe aber in neuerer Zeit gelernt, daß nur das notwendige Bedürfnis der großen Masse Umänderungen herbeiführen kann, daß alles Bewegen und

Schreien des Einzelnen vergebliches Torenwerk ist. Sie schreiben – man liest sie nicht; sie schreien – man hört sie nicht ...« Zwei oder drei Jahre später: »Das Verhältnis zwischen Armen und Reichen ist das einzige revolutionäre Element in der Welt; der Hunger allein kann die Freiheitsgöttin, und nur ein Moses, der uns die sieben ägyptischen Plagen auf den Hals schickte, könnte ein Messias werden. Mästen Sie die Bauern und die Revolution bekommt die Apoplexie. Ein Huhn im Topf jedes Bauern macht den gallischen Hahn verenden.« Fragmentarisch oder nur annäherungsweise richtig, wie alle Erkenntnisse, welche sich auf die menschliche Situation beziehen, war diese doch neu, zumal in Deutschland, durchbrechend und bahnbrechend. In seinem kommunistischen Manifest hat Büchner sie in die Praxis umzusetzen versucht.

Der ›Hessische Landbote‹ ist in der Geschichte der politischen Schriftstellerei Deutschlands zu einer Art von Legende geworden. Mit gutem Grund. Dies aufwiegelnde Zerpflücken des hessischen Sechs-Millionen-Budgets, dies den Bauern Zeigen, wohin ihre Steuern gingen, wer sie verpraßte oder brauchte, um die Zahlenden desto sicherer unterdrücken zu können, es war ein geniales Stück Demagogie, vollbracht von einem, der nicht etwa herabstieg, um bei seinen schlichten Lesern sich anzubiedern, sondern beim Schreiben seine ganze literarische Urkraft aufbot. Ich würde mir erlauben, hinzuzufügen, daß sechs Millionen vergleichsweise keine sehr hohe Summe für die Verwaltung des Ländchens war, obgleich sie zweifellos besser hätte verwendet werden können als etwa für eine Armee von 6000 Mann, mit 25 Generalen. Jedoch schreibt der deutsche Historiker jener Jahre, Veit Valentin, dessen Herz entschieden links schlug, über die Verwaltung des Großherzogtums im ganzen: »Der rheinische Kleinstaat setzte sich durch mittels einer nüchternen, anständig temperierten, am französischen politischen Rationalismus wohl geschulten Staatsregierung ... So hatte der preußische Gesandte recht, wenn er das Großherzogtum ›eines der bestverwalteten Länder Deutschlands‹ nannte.« Merkwürdigerweise hat Büchner im Gespräch Ähnliches gesagt. Er hat auch, während er noch alle Fürsten verjagt und ein einiges Reich gegründet sehen wollte, plötzlich Zweifel darüber geäußert, ob ein solches Ein-

Reich eigentlich die Menschen glücklicher machen würde. Das heißt, er schwankte, selbst in dieser kurzen, fiebrigen Hoch-Zeit seines politischen Treibens. Er dachte, sah, wußte zu vielerlei. Als die Bauern auf sein Manifest nicht so reagierten, wie er gehofft hatte, verlor er das Interesse an der Sache.
In Deutschland konnte er sich nichts vorstellen als einen Krieg der vielen Armen gegen die wenigen Reichen, einen eigentlichen Bauernkrieg, geführt von ein paar Studenten, Handwerksburschen, rebellischen Bürgersöhnen, wie er selber einer war; gegen den Adel, gegen das mit dem Adel verbündete oder ihm dienende, vorwiegend bürokratische, akademische Bürgertum. So entsprach es den engen, ländlichen Verhältnissen der frühen dreißiger Jahre. Daß er in einer im Grunde harmlosen, unkriegerisch-zivilisierten Epoche der deutschen Geschichte lebte, konnte Büchner nicht wissen. Keine Generation vergleicht sich im Ernst mit der Vergangenheit; mit der Zukunft kann sie es ohnehin nicht.
Das Erstaunlichste im politischen wie im künstlerisch produktiven Leben Büchners scheint mir, was folgte. Als er in jenen Wintermonaten des Jahres 1835 in Darmstadt saß, ein Privatgefangener im Haus seines Vaters, ständig gewärtig der Verhaftung, von der er wußte, daß er sie nicht aushalten würde, daß sie ihn in Verzweiflung und Wahnsinn treiben würde, und als er nun in seiner Not zu dichten begann, war es kein Gedicht sozialen Protestes, was zustande kam; keine ›Räuber‹, keine ›Luise Millerin‹, zu welch letzterem Sujet der Hof zu Darmstadt sich wohl auch wenig eignete. ›Dantons Tod‹ ist ja nicht eine Verherrlichung der Revolution, nichts weniger als das, und ist auch keine Verneinung. Es ist ein Drama vom Wirklichen, vom Unvermeidlichen, und unvermeidlich Düsteren, Blutigen, Gemeinen, Verrückten. Für Georg Büchner, in der höchsten Angst seiner schon gebrochenen Aufwiegler-Existenz, stellten die Alternativen, revolutionär und konservativ, sich nicht mehr. Ebenso sinnlos war ihm die Frage, ob die Revolution gut war oder ungut, ob sie sich hätte vermeiden lassen, ob sie dann und dann hätte anders gelenkt, gemäßigt, beendet werden können oder sollen. Das ist kein Tendenzstück. Den gültigen Kommentar gab der Dichter selber, lange ehe er an die Arbeit ging. »Ich studierte

die Geschichte der Revolution. Ich fühlte mich wie zernichtet unter dem gräßlichen Fatalismus der Geschichte. Ich finde in der Menschennatur eine entsetzliche Gleichheit, in den menschlichen Verhältnissen eine unabwendbare Gewalt, allen und keinem verliehen. Der einzelne nur Schaum auf der Welle, die Größe ein bloßer Zufall, die Herrschaft des Genius ein Puppenspiel, ein lächerliches Ringen gegen ein ehernes Gesetz, es zu erkennen das Höchste, es zu beherrschen unmöglich.« Das ist die Lehre des Dramas, insofern es etwas lehren will.

Hat es aber keine Tendenz, so hat es doch Wirkung. Auf *den* Leser, der heute zu Ihnen sprechen darf, hat es von jeher eine dem Prinzip der Revolution nicht vorteilhafte Wirkung gehabt. Wie anders? Der Held ist ja der revolutionsmüde Danton, der vollblütige, korrupte, ganz menschliche Danton, der nicht mehr glaubt, daß die Welt durch irgendein Mittel besser gemacht werden könnte als sie ist, weil sie fehlerhaft angelegt wurde von Anfang. Danton hat unsere Sympathie, weil der Dichter ihn so meint. Die Gegenhelden stoßen ab: der sadistische, das Volk und sich selbst belügende, in seinen hellsten Momenten aber sich selber nicht belügende Tugend-Schulmeister Robespierre, Saint-Just, der den Massenmord als bloßes Naturgeschehen mit grausamem Sophismus rechtfertigt. Büchner antwortet, daß sie durchaus nicht abstoßen *sollten,* daß er sie nur so auf die Bühne stellte, wie sie waren, und treu sich an die Dokumente hielt. Es kommt aber darauf an, wie man die Dokumente arrangiert.

Wir wissen nicht, was Büchner geworden wäre, wenn er gelebt hätte, ein bedeutender Naturforscher, ein Mehrer seines literarischen Werkes oder beides. Eines aber wage ich zu behaupten: für die Revolution, für die Politik überhaupt war der Dichter von ›Dantons Tod‹ verloren. Wer das »Volk« so sah, in seiner wetterwendischen Narretei, seiner Leichtgläubigkeit, seiner Dummheit und Obszönität, wer die Handelnden so sah, konnte selbst kein Handelnder mehr sein. Praktisch hat Büchner in seinen kurzen zwei Straßburger und Zürcher Emigrationsjahren auf alle Politik verzichtet, ein Entschluß, in dem das Treiben seiner Schicksalsgenossen ihn bestärkte. Er hatte sich geirrt und gestand es ein: in Deutschland war eine Revolution für wenige denkende, hochfliegende Menschen wohl wünschbar, die Situation dafür, die reale Möglichkeit aber nicht gegeben, kein Sinn darin, sich für ein Phantom zu opfern, und nur tiefes Mitleid am Platze für jene, die es trotzdem taten.

Er starb so jung, seine bleibenden Schöpfungen drängen sich in so unglaublich kurzer Zeit zusammen, daß er elf Jahre nach seinem Entschwinden, 1848, immer noch ein junger Mann gewesen wäre. Hätte er da wieder mitgemacht? Ich glaube es nicht, und zwar aus folgenden Gründen. Er hatte einen scharfen Sinn für Macht; ihn hatte er sich dank seines einzigen, gescheiterten politischen Experiments erworben. Darum hätte er schnell verstanden, daß die Unternehmen der Herwegh und Hecker so unpraktisch waren, wie sein eigenes gewesen war; daß die alten Monarchien mit ihren Beamten und Bauernsoldaten stärker sein würden als die Rhetoren der Paulskirche. Und für eben die, für die liberale Bourgeoisie, für politisierende Schriftsteller und Professoren ohne Schwert fühlte er geringe Hochachtung. Es ist also plausibel, daß er ruhig in seiner republikanischen Schweiz geblieben wäre, die er in wenigen Monaten lieben gelernt hatte. Man mag dergleichen Spekulationen als müßig verwerfen. Immerhin könnte ich mich auf seinen Bruder Wilhelm berufen, der, wieder dreißig Jahre später, 1878, von Georg schrieb: »Er würde kein Nationalliberaler geworden sein, so wenig wie ich es heute bin.« Sicher, er wäre kein Nationalliberaler geworden. Von dem neuesten Paradegaul der Geschichte, Bismarck, hätte er sich so wenig imponieren lassen wie von älteren; er hätte den Lug des Hohenzollern-Glanzes durchschaut, wie er die liberale Komödie des französischen Bürgerkönigtums durchschaute. Der keinen Respekt vor der Autorität hatte, hatte auch keinen vor der Autorität des Erfolges, und wenn es unter deutschen Dichtern einen gab, der sich nichts vormachen ließ, so war es Büchner.

Ist sein Leben exemplarisch in dem Sinn, daß man den jungen Leuten von heute empfehlen sollte, es nachzuahmen? Kaum. Ich kann ja jungen Revolutionären nicht raten, sich aufs Dichten zu verlegen; ich kann ihnen auch nicht raten, im politischen Kampf so schnell zu resignieren wie er. Ihn zu lesen würde ich

ihnen allerdings raten. Aus einer Erfahrung, so intensiv und aus dem Grunde redlich wie der Erfahrung Büchners, lernt man, obgleich nicht genau zu sagen ist, was. Man lernt, sich menschlicher Wirklichkeit näher zu denken.
Von einem tschechischen Philosophen unserer Tage geht das Wort um, man müsse entweder Aufklärer oder Hegelianer sein. Büchner war ein Aufklärer; so warf er sich auf die Wissenschaft, welche vor ihm und in seiner Zeit die par excellence aufklärerische war. Wie er zu Hegel stand, darüber berichtete ein Freund: »Das Bewußtsein des erworbenen geistigen Fonds drängte ihn fortwährend zu einer unerbittlichen Kritik dessen, was in der menschlichen Gesellschaft oder Philosophie oder Kunst Alleinberechtigung beanspruchte oder erlistete. Daher sein vernichtender, manchmal übermütiger Hohn über Taschenspielerkünste Hegelischer Dialektik und Begriffsformulationen . . .«
Nun kann man Revolution aus zwei Ursprüngen heraus machen wollen, dem aufklärerischen oder dem hegelianischen. Revolution aus Aufklärung wäre dies: Menschliche Zustände besser machen zu wollen als sie sind, zumal da, wo sie schmachvoll und unerträglich sind, und sie besser machen zu wollen durch Gewalt, wenn kein anderes Mittel mehr taugt. Die Gewalt ist hier Nebensache: das Ziel nicht nur materielle Wohlfahrt, soziale Gerechtigkeit, sondern Autonomie des Menschen, Freiheit von Herrschaft, Furcht, Aberglauben. Was an diesem Ziel Illusion, was Möglichkeit ist, will ich nicht zu ermessen versuchen: Ohne Illusionen, hat ein harter Realist, Max Weber, geschrieben, werde auf Erden gar nichts Großes erreicht.
Revolution im Hegelschen Geist, will sagen, im Geist seiner revolutionären Schüler und Schülersschüler, wäre dies: den Umsturz der Gesellschaft überall herbeizuführen aus Kenntnis des einzigen weltgeschichtlichen Gesetzes heraus, damit es sich erfülle. Zwischen beiden revolutionären Motiven, dem aufklärerischen und dem hegelianischen, besteht ein unüberbrückbarer Gegensatz. Der größte, treueste Aufklärer unseres Jahrhunderts, und ein Revolutionär auf seine Art, Bertrand Russell, hat über Lenin geschrieben: »Lenin hielt sich für einen Atheisten; darin täuschte er sich aber. Er glaubte, die

Welt werde von der Dialektik beherrscht und er sei ihr Werkzeug; genau wie Gladstone sah er sich als das menschliche Werkzeug einer übermenschlichen Macht.« – So der Aufklärer über den Hegelianer.

Der Begriff der Revolution, wie wir ihn seit bald 200 Jahren haben, stammt aus dem Frankreich der 1790er Jahre. Vorher hatte es dergleichen niemals gegeben. »Revolutionen« in der Mehrzahl wohl; aber jeder Sturz eines Günstlings wurde so genannt. Auch Büchner stand unter dem Eindruck des ungeheuren französischen Lehrgangs, wobei er, untheoretisch wie er war, den Widerspruch zwischen Frankreichs radikaler Bürger-Revolution, den republikanischen Verfassungen, den Menschenrechten auf der einen Seite, dem primitiven Bauernsozialismus seines ›Landboten‹ nicht durchschaute. Es mußten geschultere Denker kommen, um ihn zu durchschauen; es mußte dafür auch, und das geschah ja schon zehn Jahre nach Büchners Tod, eine Ökonomie am Horizont erscheinen, die nicht mehr ländlich war. Seither hat es mit der Sache der Revolution eine sonderbare Entwicklung genommen.

Politische und soziale Ideen sind an sich alles und gar nichts. Etwas werden sie nur, indem sie sich mit einem anderen verbinden, das nicht aus Ideenstoff gemacht ist: mit Individuen, Völkern, Staaten, gesellschaftlichen Mächten, die ihrerseits geschichtlich sind, die geronnene Vergangenheit sind und von sich selber, von ihrer Vergangenheit nicht loskommen, sie mögen es so radikal anstellen, wie sie wollen. In dieser Verbindung wird die ursprüngliche Idee sich bis zur Unkenntlichkeit verändern. Aus der Geschichte geboren, wird sie von ihr wieder eingeholt und eingeschlungen.

Die radikale französische Demokratie wurde binnen wenigen Jahren zum Imperium, das andere Völker dreist beherrschte und ausbeutete; das wurde sie lange, bevor Napoleon die Zügel ergriff. »Die Grundsätze sind für die Schulen, das Interesse ist für den Staat«, wie ein geistiges Oberhaupt der Jakobiner formulierte. Was in Deutschland nach langen Irrungen herauskam, war die tiefstehende Wirklichkeit des Hohenzollernreiches und der Nationalliberalen. Man besaß nun die wesentlichsten bürgerlich-revolutionären Errungenschaften, aber besaß sie ohne Kampf, durch einen Vergleich mit der alten monarchisch-feudalen Obrigkeit. Im Zeichen dieses Paktes wurde selbst die am stärksten emanzipatorische Kraft, die Wissenschaft, zum Lakaien der Macht degradiert. Im späten 19., im frühen 20. Jahrhundert hat nicht die Revolution Europas Schicksale bestimmt, sondern die Welt der nationalen Machtstaaten. Sie standen im Zeichen, nicht der Revolution, sondern des Krieges. Die Kriege, die sie gegeneinander führten und die ökonomisch völlig sinnlos waren, haben uns dahin gebracht, wo wir heute sind. Ohne sie, ohne den militärischen Zusammenbruch von 1917, wäre auch die russische Revolution nicht gekommen, jedenfalls nicht damals und in dieser Form. Der deutsche Machtstaat hat sie ermöglicht, durch seine militärischen Siege wie auch durch seine Geheimdiplomatie, die sich bewußt in den Dienst der Revolution stellte. Der Glaube, wonach Macht und Machthaber einer untrüglichen Vernunft folgen, der Glaube an die sogenannte Staatsraison ist ein Aberglaube wie ein anderer. Meistens handeln Machthaber irrig, überschlau, nervös, dumm und blind, selbst vom Standpunkt ihres eigenen Interesses aus geurteilt. Büchner: »Die Dummheit gehört zu den allgemeinen Eigenschaften der menschlichen Dinge ...«

Das gedankliche Vermächtnis der Revolution wurde zunächst monopolisiert von einem, der noch im Reich der Ideen hauste, einem Philosophen, Marx. Das war an sich schon eine nicht vorgesehene, irrationale Entwicklung; das Testament der Aufklärung geriet in das Gefängnis eines dogmatischen Lehrgebäudes, in welchem einige für ihre Zeit, selbst noch für unsere Zeit treffende und tiefe Gedanken nisteten, das aber als Ganzes genommen abergläubische Wirkung tat. Durch dies scharfe Gedankenbad muß gegangen sein, wer über Geschichte und menschliche Situation mitreden will; man ignoriert es zu seinem Schaden; Schaden nimmt meiner Überzeugung nach auch, wer nicht wieder herauskommt. Was folgte, war noch sonderbarer und unvorhersehbarer. Marx wurde seinerseits monopolisiert von Lenin, der eine Philosophie in ein Instrument zur Machteroberung, zum Ausmanövrieren der Konkurrenten verwandelte. Seitdem hört sie auf den unschönen Namen Marxismus-Leninismus.

Lenin war Russe, viel mehr als er es sein wollte, denn er

wollte ja wohl ehrlicherweise Kosmopolit sein. Es kam hier auf seinen Willen nicht an. Als Russe, und nachdem er seine Revolution in Rußland gemacht hatte, mußte er sich russischen Wirklichkeiten anbequemen. Seine Nachfolger haben das dann unvergleichlich kräftiger getan; so gerade heraus wie jener jakobinische Philosoph, den ich eben zitierte.
Durch das 19. Jahrhundert hindurch war Rußland für die europäische Linke ein Hauptgegenstand des Hasses. Büchner: »Wenn aber die Russen über die Oder gehen, dann nehm ich den Schießprügel ...« Ganz ähnlich haben Marx, Engels, Bebel geschrieben; ähnlich hat Thomas Masaryk gedacht.
Der müßte blinder und dümmer als gewöhnlich sein, der die Leistung der bolschewistischen Parteiherrschaft, der die tiefen Veränderungen bestritte. Trotz allem ist in dem russischen Imperium manches übriggeblieben oder wieder auferstanden von dem, was es vor hundert Jahren zum Gegenstand des Hasses der europäischen Linken, zum Hort der Könige machte. Die Gleichsetzung von »Proletariat« und »Volk«, von »Partei« und »Proletariat«, von »Partei« und »Parteiführung«, von Volk, Proletariat, Partei und Parteiführung mit einem einzigen Tyrannen oder, seit dessen Tod, mit einem Kreis von Machthabern, hat in einer neuen, ungleich zeitgemäßeren und wirkungsvolleren Form des Zarismus geendet. Eine kleine Gruppe von Geheimnisträgern entscheidet nach ihrem Belieben, was Marxismus-Leninismus denn jeweils sei, entscheidet über das Schicksal ganzer Nationen und folgt dabei dem, was man Staatsraison nennt. In solcher Anordnung die »Herrschaft der Arbeiterklasse« zu sehen, ist unter den vielen Tragikomödien der Irrungen, welche die Geschichte bietet, eine der wunderlichsten; ein ungeheurer Betrug.
Den Betrug zu durchschauen wäre von Nutzen für jene, die sich an ihrem Ort in einer ernsthaft revolutionären Situation befinden. Im übrigen werden die großen Mächte in absehbarer Zeit bleiben, was sie sind, sie haben die Macht dazu. Daß wir in einer gefährlichen Welt leben, ohne jeden Vergleich gefährlicher, als die Welt Georg Büchners war, daß unsere Bequemlichkeiten und Freiheiten unter dem unsicheren Schutz des Schreckensgleichgewichtes existieren, unter dem Schutz »dieser krankhaften Angst vor den Nuklearwaffen«, wie ein

Kandidat für die amerikanische Vizepräsidentschaft es unlängst taufte, in einem toten, von den Hauptkampfhähnen einstweilen ausgesparten Winkel, diese Tatsache hat etwas tief Beschämendes; es gehört aber zur intellektuellen Redlichkeit, sie zu sehen, wie sie ist.

In den Gegenden, in denen und für die der Begriff der Revolution zuerst geprägt wurde, in Westeuropa, in Deutschland und dann in Amerika, haben die Dinge wieder einen anderen, unvorhersehbaren Verlauf genommen. Vereinfachend nach dem Worte Büchners könnte man sagen, daß es das Huhn im Topf jedes Bauern war, durch welches die Revolution die Apoplexie bekam. Das wäre an sich durchaus kein Unglück. Es ist aber die Wirklichkeit mit Schlacken behaftet, welche die Utopie nicht kennt. Wie konservativ nicht nur die amerikanische Arbeiterschaft geworden ist, auch wie geneigt zur Brutalität gegen Minderheiten, die noch im Elend sind, wie versucht von einer amerikanischen Spielart des Faschismus, dafür erleben wir jetzt melancholische Zeichen. Über der Wohlstandsgesellschaft, gegen die Inseln der Not, die im Meer des Wohlstandes schwimmen, steht auch dort der militärische Machtstaat und Polizeistaat in Dimensionen, die jeden geschichtlichen Vergleiches spotten.

Es gibt Rebellen drüben in Amerika; es gibt gesellschaftskritische, auch eigentlich revolutionäre Zeitschriften, und sie scheinen mir besser geschrieben als die bei uns. Sie haben von Marx gelernt, was von ihm zu lernen ist, aber erheben nicht den Anspruch dogmatischer Allwissenheit, sie befassen sich viel genauer mit der Realität am Orte selber. *Ein* bescheidener Erfolg ist ihnen, ist ihren Anhängern kürzlich zuteil geworden. Sie waren es, die den gegenwärtigen Präsidenten zwangen, sich vorzeitig in den wohlverdienten Ruhestand zurückzuziehen; aber dieser Erfolg scheint ein Pyrrhus-Sieg gewesen zu sein. Im Großen gilt für die amerikanischen Rebellen das Wort Büchners: »Sie schreiben – aber man liest sie nicht; sie schreien – aber man hört sie nicht ...« Sie haben die ungeheure Masse nicht nur des Staates, sondern der Gesellschaft gegen sich. Der demokratische Prozeß – wenn man dies Wort auf eine so tief heruntergekommene Sache anwenden darf – der demokratische Prozeß findet eben jetzt so statt, als ob es

sie nicht gäbe. Wie sehr ich meine Augen anstrenge, ich kann eine revolutionäre Möglichkeit in den Vereinigten Staaten nicht erkennen. Verfall könnte ich mir mit einiger Phantasie vorstellen, ja selbst Zerfall in ein Bündel von Tyranneien, nicht im nächsten Jahr, aber in den nächsten Jahrzehnten. Revolution im klassischen Sinn des Wortes nie mehr.
Trotz alle dem eben Berührten geht das Wort wieder um, ist Revolution in den Köpfen unserer Jugend, ungefähr wie 1834, wenn auch unter gründlich verschiedenen Bedingungen. Damals war die deutsche Gesellschaft zu ländlich, zu arm, zu undicht für eine Revolution französischen Stils; heute ist sie zu produktiv. Damals wurden aus einem fortgeschritteneren Lande, Frankreich, Begriffe hereingetragen, die nicht paßten. Das ging bei den jungen Leuten bis zur Kleidung:

Ein schlanker, großer junger Mann
Geziert mit roter Jakobiner-Mütze
Im Polen-Rock, schritt stolz er durch die Straßen . . .

wie Wilhelm Büchner später über seinen Bruder dichtete. Heute kommen die revolutionären Begriffe, auch wohl Moden, aus Ländern, die aus genau entgegengesetztem Grunde einen Vergleich mit Deutschland nicht erlauben. Solche Übertragungen aus der Fremde können fruchtbar sein; es kommt darauf an, wie man es macht. Ich würde mich über den rebellischen Geist in der deutschen Jugend freuen, obgleich von weitem, und tatsächlich freue ich mich über sehr vieles, was ich sehe und erfahre. Von den in den vierziger Jahren Geborenen könnte man, wie von Georg Büchner, sagen, daß sie sich nichts vormachen lassen. Ihr Lebens-, Zeit- und Zukunftsgefühl muß völlig anders sein als das meiner Generation. Sie haben keine Achtung mehr vor falscher, nur formaler Autorität und lieben die großen Gesten nicht, bis zum Zynismus; Zynismus ist besser als Heuchelei. Wenn aber die Staatsraison der Mächtigen arrogant, dumm und blind ist, so gilt Ähnliches mitunter auch für das Wesen der Rebellen und Ohnmächtigen. Es ist zum Beispiel ein hochmütiges, volksfremdes Ziel, die sogenannte Konsumgesellschaft als solche zerstören zu wollen. 100, 150 Jahre lang war es die große Anklage der europäischen Linken, daß die Leute nicht genug zu konsumieren hätten. Büchner: »Der materielle Druck, unter welchem ein großer Teil Deutschlands liegt, ist ebenso traurig und schimpflich als der geistige; und es ist in meinen Augen bei weitem nicht so betrübend, daß dieser oder jener Liberale seine Gedanken nicht drucken lassen darf, als daß viele tausend Familien nicht imstande sind, ihre Kartoffeln zu schmälzen.« Heute sind sie dazu imstand, bildlich gesprochen. Wenn ich aber an dem kleinen Ort am Bodensee, wo ich manchmal wohne, die jungen Handwerker und Arbeiter samstags und sonntags mit ihren schmucken Segelbooten auf See gehen sehe, so kann ich mit dem besten Willen nichts Schändliches darin finden; auch dann nicht, wenn der Nachbar, oder wenn Reklame sie zu dem Sport angeregt haben sollte. Die Frage, wo Anreiz zum Konsum sich überschlägt, wo er gemein wird, wo mehr gesellschaftlicher Reichtum für das Allgemeinwohl abgezweigt werden muß, ist eine unendlich vielschichtige und dringende, eine Zentralfrage unserer Zeit; kaum ein Gegenstand revolutionären Protestes. Revolution aus ihren klassischen Ursachen heraus ist eine Sache. Revolution aus schierem Ärger darüber, daß die klassischen Ursachen fehlen, wäre eine andere, in den Geschichtsbüchern bisher nicht zu findende. Was die Übertragung von Techniken des Widerstandes aus den Vereinigten Staaten betrifft, so ist zu sagen, daß aus den und den Gründen die Brutalisierung der Gesellschaft in Deutschland das Ausmaß, das in Amerika gilt, bei weitem nicht erreicht hat. Allerdings könnte man es mit der Zeit bekommen, wenn man es unbedingt haben will, dergleichen ist potentiell immer da. Ich würde den Vorteil nicht einsehen. Sollte der Zweck nur sein, die Bundesrepublik zu »entlarven«, dann würde ich meinen, sie bleibt besser unentlarvt.

Unter den Äußerungen radikaler deutscher Jugend, die ich kürzlich hörte, hat mich am tiefsten die betroffen, die sich auf die Tschechoslowakei bezog und die ungefähr so lautete: »Ein paar sozialdemokratische Idioten, die vielleicht etwas für ihre idiotischen Bundesgenossen, die Schriftsteller, tun wollten, aber nichts für die Arbeiter und Bauern.« Vor soviel Arroganz und Ignoranz graust mir. Übrigens war der junge Mann, der jene Bemerkung machte, natürlich weder Arbeiter noch

Bauer. Ein Intellektueller war er, und ein schlechter Intellektueller, der, ehe er etwas gelernt hat, schon alles zu wissen glaubt.

Ich habe erwähnt, daß Büchner nicht an die revolutionäre Macht der Literatur glaubte, sondern sich Bewegung allein von den elementaren Bedürfnissen der Massen erwartete. Die Geschichte der Tschechen und Slowaken in jenen acht denkwürdigen Monaten, Januar bis August 1968, könnte seine Ansicht zu widerlegen scheinen. Schriftsteller und Professoren haben, wie wir wissen, den Prager Frühling vorbereiten helfen; die deutlichsten Eindrücke, die wir auf seiner Höhe hier draußen empfingen, kamen von der Publizistik. Je mehr man sich aber nachträglich in diese glorreiche Geschichte vertieft, desto klarer sieht man, wie hier, für einmal, protestierende und wollende Literatur sich im Einklang mit dem Großteil der Nation, der beiden Nationen befand, wie sie aufgestaute Bitternisse und Wünsche artikulierte, so daß ihre Wirkung uns keine Rätsel aufgibt. Es scheint auch, daß die neue Parteileitung den Schriftstellern bewußt freies Spiel gab, die Schleusen, hinter denen Kritik und Wahrheit eingedämmt gewesen waren, bewußt öffnete, um so den Widerstand des alten Regimes loszuwerden. Ferner ist in der Geschichte der tschechoslowakischen Erneuerung das wirtschaftliche Problem ein mitentscheidendes gewesen. Daß die Ökonomie stalinscher Prägung am Ende war, wußte man längst; Reformversuche wurden längst gemacht; sie scheiterten am alten Zentralismus und Bürokratismus. Die Parteileitung gab im Frühling volle Gedankenfreiheit, um ihren eigenen reaktionären Flügel zu überspielen; sie tat es auch, weil sie verstanden hatte, daß Freiheit unteilbar ist und im ökonomischen Bereich, also Arbeit für menschliche Bedürfnisse anstatt für den Selbstzweck schwerindustrieller Expansion, nicht sein kann, wenn sie nicht auch im geistigen Bereich ist. Materielle, politische, geistige, moralische Motive haben zusammengewirkt.

Dieser Vortrag begann mit einer bescheidenen, unreifen, aber edel gemeinten Verschwörung, die sich mit dem Namen Büchner verbindet. Er möge enden mit einem Wort über die Kette von Ereignissen in unserem Nachbarland, die uns alle mit Kummer erfüllen. Nie, in unserer Zeit, ist ein ernsterer Versucht gemacht worden, das, was mit einem Modewort die Entfremdung heißt, zu überwinden: Entfremdung zwischen den Berufsklassen, den Generationen, den Nationalitäten, Entfremdung zwischen Denken und Wirklichkeit, Entfremdung der Macht. Man mag diesen Versuch sehr wohl wissenschaftlich nennen; Ökonomen, Soziologen, Psychologen haben ihn durchdenken helfen. Aber er war nicht allwissend, nicht totalitär, und lenkte zurück zu dem, was von den großen Traditionen der tschechischen Geschichte lebendig und brauchbar ist. Wenn alle Dokumente, von denen wir bisher nur einen Teil in deutscher Sprache haben, einmal beisammen sind, so möchten sie wohl ein Grundbuch über die großen Fragen ergeben, wie eine industrielle und wissenschaftliche Gesellschaft am glücklichsten einzurichten sei. Indem man sie, allmählich und endlich, in den Genuß der heute möglichen materiellen Annehmlichkeiten bringen wollte, kannte man die Gefahren eines künstlich übersteigerten Privatkonsums sehr gut; sehr genau die Infamie zu Gewinnzwecken ausgebeuteter Sensationen. Auf *diesem* Weg war die Tschechoslowakei nicht. Beide Seiten, Parteiführer und Volk, blieben sozialistisch in dem Sinn, daß sie nicht im Traum daran dachten, das Privateigentum an den Produktionsmitteln wieder herzustellen; ein Prinzip, das man auf Marx und Lenin gründen kann, obgleich es notfalls auch ohne ginge. Im übrigen glaubten sie sich frei, über ihre Spielart des Sozialismus zu bestimmen.

Das war ihr Irrtum. Ein Irrtum nicht über die eigene Nation, ihren guten Geist, ihre Möglichkeiten, sondern über die schieren Machtverhältnisse auf Erden. Es wäre ungerecht, diesen Irrtum einen typischen Schriftsteller-Irrtum zu nennen. Wohl sind Schriftsteller gewöhnt, das Moment der Macht zu unterschätzen. Selber muß ich mich dessen schuldig bekennen. Vergebens habe ich mich viele Jahre lang mit der Geschichte von Macht und Mächten befaßt, von Thukydides bis in unsere Tage, vergebens habe ich mir das Wort Lord Actons »Power tends to corrupt and absolute power corrupts absolutely« gemerkt und Bücher gelesen, ›Die Arroganz der Macht‹, ›Die Dämonie der Macht‹ und wie sie heißen. Praktisch, in dieser Gegenwart, habe ich doch nicht geglaubt, daß Macht sich so verhalten würde, wie sie sich dann verhielt, und die meisten unserer tschechischen und slowakischen Kollegen mögen im gleichen Fall sein. Aber ja nicht sie allein. Die erfahrensten Parteileute, die ältesten Kremlkenner, innerhalb der Tschechoslowakei und draußen, jene, die es am ehesten wissen mußten, haben offenbar sich ganz ebenso geirrt. Das Unvernünftige muß man immer fürchten, aber vorausbestimmen konnte man es nicht. Messen wir also der Literatur nicht das vornehmste Verdienst am Prager Frühling bei und nicht die vornehmste Schuld am Jammer des Herbstes. Sie tat ihren Teil, und tat ihn gut. Festzustellen bleibt, daß dieser Versuch einer gewaltlosen sozialistischen Revolution mit dem Ziel freier menschlicher Gemeinschaft nicht an sich selber gescheitert ist, nicht sich als von innen her unstimmig erwiesen hat. Er ist durch fremde Macht erstickt worden.

1968

Der heilige Johannes von Nepomuk

Ein Dorf in Mittelböhmen, unter dem Schloß gleichen Namens gelegen, Sternberg. Über den Fluß eine Brücke, wie man in unseren Tagen Brücken baut. Darunter, am Uferhang, eine verwitterte Figur in Stein. Man hat sie gnadenhalber dort hingesetzt, als die alte, enge Brücke abgerissen wurde, auf welcher der Heilige im Gewande des weltlichen Priesters, langer Rock, Schulterumhang, hoher Kragen mit herabhängenden Enden, der Heilige mit den fünf Sternen über dem Birett vorher stand. – Friedland in Nordostböhmen. Brücke über die Wittig, tief unter der waldumrauschten Burg. Da, in der Mitte, steht er noch, einsam. So in Münchengrätz bei Turnau, am Bach, hier einsam nicht, sondern flankiert von andern Betenden, Angebeteten rechts und links. So auf der Prager Karlsbrücke, hier wieder für sich allein, das Kruzifix gegen die Brust haltend, in himmlische Ferne schauend der Blick; so auf vielen, vielen Brücken in Böhmen, Franken, Bayern, Österreich, Tirol und weiter westwärts bis ins Elsaß. Ein Brücken-Heiliger also, ein Wasser-Heiliger? Genaugenommen wohl nicht, obgleich er als Schützer gilt gegen Schiffbruch und Wassersnot, und Brücke und Wasser seine Heiligkeit vollendeten. Mit Fug aber steht er auch an Wegen und Straßen, auf Dorfplätzen und Stadtplätzen und Paßhöhen; steht er über Kirchenportalen und an Rathaustreppen; kniet er auf seinem von Engeln getragenen Sarg; und solch verschwenderisch-jubelnder Triumph über den Tod, solch silbernes Gewirr von Kerzen, Vasen, allegorischen Figuren, von Engeln, Engeln, die den Finger auf die Lippen drücken, Zeichen des Schweigens, Engeln, die auf die Attribute des Heiligen weisen, solch himmelanstrebenden Reichtum bis zum Manne mit den fünf Sternen über dem Haupt und dem Kruzifix in den Händen, dem Manne, der kniet, aber nur mit dem linken Knie, so daß er etwas wie ein Aufstehen oder Auferstehen zu vollziehen scheint – dergleichen sieht man im Prager Dom und sonst nirgendwo.

Den Heiligen oft. Es ist immer derselbe, Johann von Nepomuk, Jan Nepomuczky, Joannes Nepomucensis, Ecclesiae Metropolitanae Pragensis S. Viti Canonicus, Presbyter et Martyr. Er scheint nicht immer derselbe. Als der Heilige des Schweigens kann er sehr in sich gekehrt wirken, sehend, was kein anderer sieht. Er kann auch stehen wie ein Redner, gestikulierend, die Engel anblickend, die um ihn sind, oder die Menschen, die man unter ihm sich vorstellen muß. Denn ein großer Prediger war er auch, die Eloquentia ihm eigen wie die Taciturnitas. Was dann die Szenen betrifft, die sein Leben, Sterben und erhöhtes Leben darstellen, die Reliefs um den Marmorsockel des Sarkophages im Dom, und andere Reliefs am Fuße der Statuen, an Altären und Kirchentüren, die Kupferstiche, die Bilder und Deckengemälde, so zeigen sie am häufigsten zwei Momente: die Beichte der Königin, deren Geheimnis der Priester bis in den Tod für sich behielt

> ... nicht verkünden
> durft er anvertraute Fehle ...

und den Sturz von der Brücke. Es gibt viele andere bis zum letzten, höchsten: Der heilige Johannes von Nepomuk in der Glorie, auf Wolken stehend, von Engeln umgeben, vor dem aufgetanen Himmel; auch etwa kniend vor der Jungfrau und ihr seine Zunge überreichend. Was es mit der Zunge für eine Bewandtnis hat, davon gleich. – Den meisten Figuren und Bildern, den meisten Kirchen und Kapellen, die dem Beichtiger geweiht sind, ist der barocke Stil gemeinsam. Johann von Nepomuk ist der Heilige des späteren 17., des früheren 18. Jahrhunderts; heilig gesprochen wurde er, als die Zeit dafür schon überreif war, 1729. Was nicht heißt, daß er damals erst entdeckt und zu kirchlich-politischen Zwecken listig propagiert wurde. Diese Legende ist unwahr; unwahrer, scheint mir, als alle Legenden, die um den Heiligen sich spannen und für die Frage, richtig oder falsch, nicht taugen. Dem plötzlichen Aufschwung des Ruhmes ging langsames Wachsen vorher. Wenzel Hagecius von Libotschan, Böhmens Chronist, weiß um die Mitte des 16. Jahrhunderts: viele Lichter seien gesehen worden um den Körper des Ertrunkenen in der Moldau; danach und bald habe es Wunder gegeben an seinem Grab. Was die Bewahrung des Beichtgeheimnisses betrifft, um derentwillen

der Heilige zum Märtyrer wurde, so bestand diese Tradition schon 1433 – vierzig Jahre nach seinem Tod.
Nach wessen Tod? Darüber ist im 19. Jahrhundert unter den Böhmen gerätselt und gestritten worden. Johannes aus dem südböhmischen Städtchen Pomuk oder Nepomuk, daher so beibenannt, Doktor des Kirchenrechts, Pfarrer zuerst, zuletzt Generalvikar des Erzbischofs von Prag, ist eine historisch vielfach bezeugte Persönlichkeit. Seine Karriere hat etwas Nüchternes, die eines kirchlichen Verwaltungsbeamten mehr, denn eines Wundertäters. Sie brachte ihm Pfründen ein, er konnte in der Hauptstadt zwei Häuser kaufen. Daß er jedoch geachtet war unter den Menschen, unter jenen tschechischer und deutscher Zunge in gleichem Maß, und Gott zum Wohlgefallen lebte, »Deo acceptus et hominibus«, wird von den Zeitgenossen bestätigt. Über allem Zweifel erhaben ist sein grausames Ende; grausam nicht so sehr durch den Wassertod wie durch die Folterung, die unmittelbar vorherging. Kaum war er tot, so nannte sein Erzbischof, in einem Schreiben an den Papst, ihn einen »Sanctus Martir«. Sein Grab, zuerst und provisorisch in der Kirche zum Größeren Heiligen Kreuz, dann im Chorgang des Domes, blieb dort immer dasselbe, bis 1736 jenes schwebende Monument aus Tonnen getriebenen Silbers vollendet war; obgleich zweimal verwüstet, durch die Hussiten und durch des Winterkönigs pfälzische Calviner. Die Überlieferung ist ununterbrochen. Daß sie gleich von Anfang, oder mittendrin plötzlich, einem anderen sollte gegolten haben, der gleichfalls Johannes hieß, gleichfalls aus Nepomuk stammte, gleichfalls auf Befehl des Königs Wenzel in der Moldau ertränkt wurde, kommt mir ungereimt vor. Franz Palacky, Böhmens Nationalhistoriker, hält es für möglich. – Freilich aber ist der Heilige, so wie Frömmigkeit seine Gestalt formte, unterscheidbar von dem Menschen in seiner Zeit.
Diese war so voller Wirren wie alle Zeiten, indem neues Denken sich gegen altes regte, neue Herrschaftsformen andrängten, alte noch fortbestanden, Nationalitäten sich ihres Daseins feindlich bewußt wurden, Städte kämpften gegen Fürsten, Fürsten gegen Städte und unter sich, Herren vom Adel gegen die Fürsten oder mit ihnen, neue Mönchsorden gegen die alten oder die weltliche Geistlichkeit, und was

solcher Rivalitäten mehr sind. Gefährlich war die Zeit auch. Pest wütete in Osteuropa unter der Regierung Wenzels IV., Königs von Böhmen, Römischen Königs, Herzogs von Luxemburg. Von Erscheinungen, welche die Bewohner Böhmens ängstigten, Ungetümen und Gespenstern, weiß Hagecius zu berichten. Bayern fielen in Böhmen ein, sengend und brennend, warum weiß man nicht, die Böhmen machten einen Gegenbesuch. In Prag gab es eine gräßliche Judenverfolgung, angeführt von Priestern. König Wenzel stellte zwar den Frieden wieder her, aber nicht das Recht; das Gold, Tonnen davon, das die Plünderer von den Juden gewonnen, ließ er sich herausgeben, um es selber zu behalten. Aus Ungarn lesen wir, daß es dort zwei Königinnen gab, Elisabeth, Witwe Ludwigs des Großen, und ihre Tochter Maria, angetraut dem Markgrafen Sigismund von Brandenburg, einem Bruder Wenzels von Böhmen. Diese beiden Damen hatten Streit mit ihrem Vetter, König Karl von Neapel, aus dem Hause Anjou, der Anspruch auf die Krone des Heiligen Stephan erhob, nach Ungarn kam mit seinen Bewaffneten, sich krönen ließ in Stuhlweißenburg, auch von den Fürstinnen mit arglistiger Freundschaft empfangen wurde; bei einem Fest aber ließen sie ihn erschlagen durch Blasius Forgač̌s. Die neapolitanische Partei, die es in Ungarn gab, nahm die Tat sehr übel. Ihr Anführer, namens Horwathy, überwältigte die Morddamen während einer Lustreise, schleppte sie nach der festen Burg Novigrad in Dalmatien. Markgraf Sigismund, der seiner Gemahlin bedurfte, um selber König von Ungarn zu werden, unternahm Gegenschritte; rief die Venezianer zur Hilfe, an sich keine Freunde der Neapolitaner; belagerte Novigrad. Howathy, in übler Lage, ließ die alte Königin erdrosseln vor den Augen der jungen, den Leichnam über die Mauer werfen: so werde es auch der Tochter ergehen, wenn die Belagerer nicht aufgäben. Worüber Sigismund, um sein Erbe zu retten, sich in Unterhandlungen einlassen mußte. Das waren die Sitten, überall, und in Böhmen auch; wir könnten Beispiele geben. Kein Hindernis waren sie der Frömmigkeit, die Schönes gebar: Fein-Schönes, Hymnen, besinnliche Dialoge in lateinischer Sprache; Gewaltig-Schönes wie den Dom in Prag.

Schwer aber litt Frömmigkeit daran, daß es zu jener Zeit zwei

Oberhirten der Seelen gab, zwei Päpste, einen in Avignon, Robert von Genf, der Clemens VII. zu nennen sich erkühnte, gestützt von Frankreich und von Neapel, einen in Rom, Urban VI. Das Schisma, Symptom mehr als Ursache für den Verfall der all- und einen Christenheit, hatte Folgen für die Kirchen der einzelnen Länder. Beide Teilpäpste, anstatt daß noch das Größte von ihnen abgehangen hätte, waren selber abhängig und mußten haushälterisch umgehen mit ihrer ärger als nur zur Hälfte reduzierten Autorität.

Die böhmische Kirche war Missionskirche von Anfang, weniger römisch daher als etwa die französische, beschützt und beherrscht von den alten Herzogen, dann Königen von Böhmen und dem Adel des Landes. »Ihr wißt«, sprach bei Gelegenheit Herzog Friedrich von Böhmen, »daß der Bischof von Prag mein Kaplan ist, daß seine Vorgänger die Kaplane waren meiner Ahnen. Urteilt selber, ob er Rechtsstreit führen kann gegen seinen Herrn, ob ich vor meinem Kaplan mich zu beugen habe.« Wohl hatte, seitdem dies stolze Wort gesprochen worden war, im Jahre 1187, manches sich geändert. Reich war die Kirche dennoch geworden, es heißt, der dritte Teil Böhmens habe ihr nun gehört, und das war den Königen so unlieb nicht, denn die Erwerbungen gingen auf Kosten des Adels, und der Monarch betrachtete sie als Kronland, Bischöfen und Klöstern nur geliehen. Ferner residierte seit 1344 in Prag ein Metropolitan, ein Erzbischof, nur dem Papste verantwortlich; mit seiner eigenen Gerichtsbarkeit, welcher auch die junge, aufblühende Prager Universität unterstand, 30 000 Doktoren und Studenten; eine Art von geistlichem Gegenkönig, wenn der König kein solcher Staatsmann war wie Wenzels Vater, Karl IV., wenn der Erzbischof die Würde und Fülle der Macht, welche seinem Amt innewohnte, wahrnahm ohne Diskretion. So tat der dritte Erzbischof von Prag, Johann von Jenstein, Jenštejn, Jenzenstein.

Er war Aristokrat von Haus, gebildet in Padua, Bologna, Montpellier und Paris; ein geistlicher Literat, der dichtete, Gespräche schrieb und Predigten, das hat sich alles erhalten, denn er sorgte dafür, daß es in einem reich illustrierten Codex gesammelt würde; herzlich fromm dabei, zumal bei vorgerücktem Alter, nach einem Erlebnis, welches man die conversio nannte, da wurde der ehedem den Freunden des Lebens Zugewandte ein Asket; leidend unter der Zerrissenheit des Christentums, das er wieder ganz zu machen strebte durch schroffe Treue zu Rom; von seinem Recht die steilsten Vorstellungen nährend. War andererseits König Wenzel IV. nicht ganz der Nero und Herodes, als der er später verschrien wurde, so steht doch fest, daß er ein fauler, jähzorniger Trunkenbold war, den böhmischen, den innerluxemburgischen, den deutschen, den kirchlichen, den europäischen Wirrungen, die auch ein Besserer nicht hätte entwirren können, kläglich ungewachsen. Desto begieriger zeigte er sich, sein Königtum dort zu bewähren, wo es vergleichsweise noch am bequemsten schien, dank der königlichen Gegenwart, in Böhmen. Leicht auch hier nicht. Denn ständig braute neuer Widerstand sich gegen den groben Gesalbten zusammen. Sein eigener Bruder, Markgraf Sigismund, demnächst König von Ungarn, war ihm feind; so waren seine Vettern, die Markgrafen Jost und Procop von Mähren, wenn sie nicht gerade gegeneinander schlugen; und diese Prinzen zettelten mit einer böhmischen Adelsfronde, den Rosenberg, Wartenberg, Choustník. Weil nun das Verhältnis zwischen König und Erzbischof sich zusehends verdüsterte, so mußte einem mißtrauischen, schwachen, nur momentweise den Starken spielenden Menschen der Verdacht sich aufdrängen, daß hier alles eins sei, alle seine Gegner unter einer Decke steckten.

Der Rest ist schnell erzählt. Wachsender Trotz, immer böser sich erhitzender Streit zwischen König und Erzbischof. Streit um Landbesitz, von dem Jenstein sich nichts abzwicken lassen wollte, auch da, wo seine Titel die eindeutigsten nicht waren. Streit um Jurisdiction: als des Königs Minister und Günstling zwei Prager Studenten hatte hinrichten lassen, schleuderte Jenstein seinen Bannstrahl gegen den Mann, Huler mit Namen. Streit um Kirchenpolitik. Die Kleinadeligen und Bürger im Rat des Königs hatten das Projekt ausgekocht, die reiche Benedictiner-Abtei im böhmischen Westen, Kladrau, in ein Bistum zu verwandeln, bei entsprechend listiger Besetzung. Dem kam Jenstein zuvor: die Mönche wählten einen neuen Abt, zur Stunde, in welcher der alte tot war. Großangriff Jensteins: ein Dokument, dem König überreicht, alles

Unrecht herzählend, welches der Kirche unlängst angetan worden war, alle Wiedergutmachung fordernd. Gegenangriff des Königs: »Du, Erzbischof, gib mir mein Schloß Raudnitz und meine anderen Schlösser zurück und geh fort von meinem Land Böhmen. Und wenn du noch weiter was tust gegen mich und meine Leute, so will ich dich ertränken und diesen Streit beenden. Komm nach Prag!« Der Brief war auf deutsch geschrieben, in vulgari Teutonico, wir haben ihn nur in der lateinischen Übersetzung, in der Jenstein ihn nachmals dem Papst, jetzt Bonifaz IX., anklagend kommunizierte. Des Erzbischofs oberste Gehilfen, der Generalvicar Johann von Nepomuk und ein gewisser Doktor Puchník, flohen aus der Hauptstadt nach Jensteins Schloß, Raudnitz. Alle drei aber, der Erzbischof und die Doktoren, kehrten nach Prag zurück, den 20. März 1393, dem Befehl des Königs folgend; was sie besser nicht getan hätten. Denn die Begegnung von königlicher und geistlicher Macht, auf der Karlsbrücke, war fürchterlich, und beiden Gruppen nur zu bald bewußt, welche die stärkere war. Jenstein entkam – mag sein, daß der König die Hand an einen Erzbischof doch nicht zu legen wagte – und suchte Sicherheit in seiner festen Burg Geiersberg, Supí Hora, nahe der sächsischen Grenze. Die Doktoren aber ließ der König auf die Burg schleppen und der scharfen Befragung unterwerfen, »damit ich dort sehe, auf wessen Rat alles dies getan wurde«, quia ibi videbo, de quorum consilio hoc est actum. Daß dabei auch der Königin, Sophie von Bayern, gedacht wurde, ist im Bereich des sinnvoll Möglichen. Warum sollte Wenzel, der seine Verwandtschaft des Schlimmsten für fähig hielt, nicht auch der eigenen Königin mißtraut haben? ... Puchník redete, bald ließ man von ihm ab. Johannes schwieg, trotz der Brandfolter. Es ist sicher, daß er schwieg. Hätte er geredet, so hätte man ihn leben lassen, damit er als Zeuge diente. TACUI, das Wort, das man den Sternen über seinem Haupt manchmal eingeschrieben findet, das auch die Fünfzahl der Sterne bedeuten soll, hat guten Grund. Der aber von der Moldaubrücke ins Wasser gestürzt wurde, in früher Nacht des 20. März, war schon ein Sterbender. Des ans Ufer geschwemmten Leichnams nahmen die Priester sich an und gaben ihm eine würdige Grabstätte. König Wenzel ließ es geschehen.

So die Geschichte, im Sinn von Historie, wahrer, erforschter Geschichte. Die weiteren Schicksale Jensteins, der bald sein böhmisches Amt resignierte und in Rom starb, ein gescheiterter Mann, das interessiert hier nicht. Auch nicht, was dem König Wenzel fernerhin Ärgerliches widerfuhr. Höchstens dies. Als die deutschen Kurfürsten – genauer gesagt, die rheinischen Kurfürsten, denn Sachsen und Brandenburg fehlten, und der an sich beispiellose Vorgang war nicht so recht den Reichskonstitutionen gemäß – als die Kurfürsten ihn als Römischen König absetzten im Jahre 1400 als »einen unnützen, versäumlichen, unachtbaren Minderer und unwürdigen Handhaber des Heiligen Reiches«, da stand unter den sechs Anklagepunkten auch dieser: Wenzel habe, sogar mit eigenen Händen, »ehrwürdige und biedere Prälaten, Pfaffen und geistliche Leute, und auch viel andere ehrbare Leute, ermordet, ertränkt, verbrannt mit Fackeln, und sie jämmerlich und unmenschlich wider Recht getötet.« Die Anspielung ist deutlich. Daß der König selber die Folterwerkzeuge spielen ließ gegen den heiligen Johannes, erzählen einige; andere nur, daß er dabei war oder zum Fenster hereinschaute.
Aus der Schreckenskammer, aus dem Wasser erhob sich, indem die Jahrhunderte kamen und gingen, langsam heilige Gestalt. Identität mit dem Generalvicar, dem höchsten Verwaltungsbeamten? Ja und nein. Immer meinte man ihn. Jedoch liegen die Tugenden, die nun das Erdendasein des Heiligen charakterisierten, liegen die wunderbaren Geschichten, in denen solche Tugenden artikuliert wurden, in einer anderen Sphäre.
Er muß schon berühmt gewesen sein, als der Dreißigjährige Krieg begann; sonst hätten nicht die Calviner sein Grab so genüßlich zerstört, sonst hätte nicht der Römische Kaiser, als er Sieger war und wiederkam, die Missetat darstellen lassen, in einem der Reliefs im Dom, welche die Szenen der Rebellion und ihres jämmerlichen Ausgangs zeigen; den jämmerlichen Ausgang auch der Grabschänder, denn einer starb augenblicks, ein anderer nur Stunden später.

Mit Gottes Heiligen muß man nicht spielen,
Sonst wird man ihre Macht gar leichtlich fühlen.

In derselben Epoche, 1621–1630, wurde das neue Portal des Domes geschaffen und mit acht Heiligen geziert, von denen einer »Johannes der Beichtiger« ist. Fünfzig Jahre später ließ ein Edelmann die erste Brückenstatue errichten, eben die auf der Karlsbrücke, zum Dank für Errettung aus Lebensgefahr. Bohuslav Balbinus, ein Patensohn Wallensteins, schrieb ungefähr gleichzeitig des Beichtigers Geschichte. In der späteren Ausgabe, die vor mir liegt, erschienen 1730 in Augsburg, ist sie geschmückt mit 33 Kupferstichen eines gewissen Johann Andreas Pfeffel; die führen uns alles fromme Tun, alle Mirakel aus dem Leben des Heiligen vor Augen, seither kam kaum noch etwas dazu. Die Mirakel: Wie er geboren wurde aus Eltern schon sehr vorgerückten Alters, ex grandaevis nascitur, und göttliches Licht die Stube der greisen Wöchnerin erhellte, coelesta flamma domum paternam ambiente; wie die Heilige Jungfrau den Knaben von schwerer Krankheit genesen ließ; wie er als junger Ministrant sich fleißig bewährte, dann lehrte als Doktor und predigte vor bärtigen Männern, verzückten Frauen, betenden Kindern; wie der König, stolz unter seiner gezackten Krone, ihm ein Bistum offerierte, der Mann im Strahlenkranz aber ein anderes als schlichter Priester nicht sein wollte; wie er oft schwierigen Streit unter den Gläubigen schlichtete durch gerechtes Urteil; wie die Königin kniend ihm beichtete, der König aber, zwei Kupfer weiter, ihn versuchte mit köstlichen Schätzen, um das Geheimnis ihm zu entlocken; wie der grausame Wenzel seinen Koch braten ließ am Spieß, weil der einen Kapaun schlecht gebraten hatte, und kein anderer als Johannes dem tafelnden Wüterich sein Verbrechen vorhielt in strengen Worten; wie dann Wenzel überging von Versprechen zu Drohungen, denn der Königin Geheimnis wollte er erfahren; wie die Folterung begann mit Strecken und Brennen; wie der Heilige schwieg trotz der Qual und der Freiheit zurückgegeben wurde, das mußte sein, ein Interludium zwischen Folter und Tod, sonst hätte er sich nicht so herrlich auf ihn vorbereiten können; wie er in letzter gewaltiger Predigt den Böhmen großes Unheil verkündete, womit er gewiß die Hussitenheimsuchung meinte, wie auch jenen selbstverschuldeten Krieg der Dreißig Jahre; wie er am Stock nach Altbunzlau pilgerte, Boleslaviam veterem, zum Wunderbilde der Jungfrau, Böhmens Palladium; wie er wieder gefangen wurde auf des bösen Königs Befehl und von der Brücke gestürzt, da waren in dem Schein über seinem Haupt schon die fünf Sterne erkennbar: wie er von Himmelsflammen umlodert im Wasser lag, geborgen wurde, aufgebahrt und feierlich bestattet; wie es anging mit Wundern an seinem vergitterten Grab, König Wenzel aber von Thron und Land fliehen mußte und starb, gar bald nach dem Johannes, in frommer Reue; und so noch andere Szenen bis zur endlichen päpstlichen Bestätigung des nun schon seit undenkbar langen Zeiten blühenden Kultes, Immemorialis cultus Servi Dei. Das Letztere traf zu. Die Jesuiten, Vorkämpfer der Rekatholisierung Böhmens nach 1620, haben den heiligen Johann von Nepomuk nicht erfunden, er war vor ihnen da.

Jene Ausgabe der Vita des Balbin bringt in einem Anhang die Geschichte der Seligsprechung, 1721, dann der Kanonisation, 1729, mit Auszügen aus den Prozessen. Schwierig war solch Unternehmen, wie der spätere Editor weiß, schwierig zumal seit der strengen Bulle Papst Urbans VIII. vom 5. Juli 1634. Die Bemühungen, den Johann von Nepomuk zu dem zu machen, was er in Böhmen, nun auch in Deutschland, schon lange war, sind ein halbes Jahrhundert älter als die Erfüllung. Entscheidend trug zum Erfolg ein Fund bei, der im Sommer des Jahres 1720 gemacht wurde. Damals nämlich ließ der Erzbischof von Prag den Sarg des Johannes öffnen. Fünf Ärzte, drei Doktoren der Medizin, zwei der Chirurgie, hatten zu prüfen, nachdem sie selber genauestens geprüft worden waren: Wer sie seien? Wo sie ihre Titel erworben? Ob sie auch Anatomie getrieben? Wo, wie oft? Ferner dann: was sie da vor sich sähen und ob irgend etwas Außergewöhnliches und Übernatürliches dabei sei, aliquid plane extraordinarium et supernaturale? Darauf sollten sie antworten nach ihrem Gewissen und bei heiligstem Eid. Sie antworteten alle dasselbe, die Doktoren Löw, Puchmann, Fuchs, Schutzbreth und Schober. Sie sahen ein Skelett, durchaus sine carne, der Schädel ein wenig geneigt, die Knochen fest ineinandergefügt, jedoch da und dort mit Spuren eines harten Aufpralls, das erklärte sich durch den Sturz von der Brücke und war nichts Wunderbares daran. Die Zunge aber, die erkannten die Fünf, einer nach dem anderen, staunend als die eines Lebenden, so gänzlich intakt in Substanz und Farbe. Und dafür, wie streng auch der Erzbischof inquirierte, gab es keine natürliche Erklärung, da hatte Wunder sich ereignet. Blieb die Frage, ob jene Reliquien denn wirklich und sicher die des Johann von Nepomuk seien? Wo die gelehrten Männer nur Hörensagen zu bieten hatten, wußten die Maurer, die Ausgräber, besseren Trost: nie, vor diesem Augenblick, sei das Grab geöffnet worden, auf so etwas verständen sie sich doch, auch sei die Inschrift auf dem untersten Grabstein die älteste, ursprüngliche, charactere antiquissimo facta ... Die Zunge, demnächst zur Schau gestellt und verehrt, ist seitdem ein Attribut des heiligen Johann von Nepomuk geblieben, und seines nur: Symbol der Rede, wie des Schweigens.

Schon vor der Heiligsprechung waren dem Johannes einige Kirchen geweiht gewesen. Nun brach der lange gewachsene, lange aufgestaute Kult-Trieb sich rasche, breite, leuchtende Bahn: in Prag S. Johann auf dem Hradschin, S. Johann am Felsen, die S. Johannskapelle an der Georgskirche auf dem Hradschin, fünf Kirchen, drei Kapellen, 13 Statuen insgesamt; und Kirchen anderswo in Böhmen, in Rozmital, Pilsen, im Geburtsort Nepomuk in Südböhmen, in Saar, in Kuttenberg, Frauenberg, Budweis, Hohenmauth, Hohenelbe, in hundert Städten, Dörfern, Klöstern, Schlössern. War ja diese Zeit die baufreudigste, bild- und Freuden-freudigste, die es je gab; das Prager Fest zur Feier der Kanonisation, mit seinen Triumphbögen, Statuen, Dekorationen, Feuerkreuzen und »brennenden Felsen« die prunkvollste Kaiserkrönung überbietend, ist nach Stichen und Berichten noch zu erkennen. Man sagt, der Adel habe starken Teil an der Verehrung dieses Heiligen gehabt. Den Herren gefiel der Schweiger, der Verteidiger der Ehre; wie er den Jesuiten gefiel, sie wählten ihn zu ihrem zweiten Patron, und zwar als Beschützer gegen die Verleumdung, von welch letzterer gerade sie ein Lied zu singen hatten. Man sagt uns auch, die Internationalität des habsburgisch-böhmischen Adels habe den Ruhm verbreiten helfen. Dicht waren die Verbindungen dieser neuen Aristokratie, zu Österreich, Bayern, Italien, über Spanien-Portugal selbst nach Lateinamerika, nach Brasilien und Mexiko. Es ist dann auch in den Abbildungen des Johannes ein Wandel festzustellen: er wurde eleganter, moderner; einem Cavalier des 17. Jahrhunderts ähnlicher als einem Apostel oder Propheten der Urzeit. Für meinen Teil kann ich zwischen dem, was vom Adel und den Orden ausging und vom Volk nur angenommen wurde, was vom Volke angenommen wurde, weil es so begehrte, was vom Volke selber ausging, die Grenzen recht scharf nicht ziehen. Daß die Menschen einen neuen Heiligen brauchten, um alte Sehnsucht, alte Furcht und Gottesfurcht und Hilfsbedürftigkeit auf ihn zu konzentrieren, dies, glaube ich, konnte geschehen; es kam dann das Angebot dem Wunsche entgegen. Der Verteidiger der Ehre war auch der Almosenspender, der Armen-Anwalt, der Patron der »guten Sterbestunde«, der Beschützer der Wassersleute, verehrt von den Flößern auf der Isar, den Schiffern auf der Donau und dem Inn. Die Kunstwerke der Brüder Asam, das Deckenfresco in der Schloßkapelle von Ettlingen, die Kirche in München, die Kapelle im Dom von Freising, sind Eines; so die prunkenden Kelche, die feinen Gruppen aus Porzellan; die schlichten Holzfiguren, gemalt und vergoldet, die Malereien auf Bauernmöbeln, Schränken und Kasten, die grob gehauenen steinernen Monumente die Flüsse entlang sind etwas anderes. Das Eine und Andere gehören zusammen. Die Gesellschaft des 18. Jahrhunderts, heißt es, war eine geteilte, der eine Teil herrschend und genießend, der andere beherrscht und betrogen. Das ist schon richtig. Nur, ein Ganzes war sie auch, nämlich zäh in sich zusammenhängend und verbunden. Ohne frommes Volk überall, für sich allein, hätte Priestern und Künstlern die schöpferische Phantasie gefehlt für ihre Schriften und Predigten, ihre Malwerke und Bauwerke. Der so rasch zu höchster Verehrung gelangt war, nahe Johannes dem Täufer, nahe Johannes dem Evangelisten, ja der Jungfrau und dem Erlöser nahe, er gehörte allen Gläubigen.

1971

Anhang

Bibliographischer Nachweis

Noch ein Versuch über Geschichtsschreibung. Nach einem Vortrag, gehalten vor der ›Bayerischen Akademie der Schönen Künste‹, München, im Mai 1973. Bisher unveröffentlicht.

Max Weber. Erstmals unter dem Titel ›Max Weber als Politiker‹ in ›Neue Rundschau‹, Frankfurt am Main – Berlin, 1964, H. 3, S. 380–400.

Der Pädagoge als Politiker: Kurt Hahn. Erstmals unter dem Titel ›Kurt Hahn als Politiker‹ in ›Neue Rundschau‹, Frankfurt am Main – Berlin, 1965, H. 4, S. 590–622.

Konrad Adenauer

Der Staatsmann und sein Werk. Zu Adenauers Rücktritt, 1963. Erstmals in ›Die Zeit‹, Hamburg, 18. 10. 1963.

Selbstporträt eines Patriarchen. Der erste Band der ›Erinnerungen‹. Erstmals in ›Die Zeit‹, Hamburg, 5. 11. 1965.

Ein Gespräch mit Konrad Adenauer. Bisher unveröffentlicht.

Ein Staatsmann blickt zurück. ›Erinnerungen‹, Band II. Erstmals in ›Die Zeit‹, Hamburg, 25. 11. 1966.

Zwei alte Herren. ›Erinnerungen‹, Band IV. Erstmals in ›Die Zeit‹, Hamburg, 14. 2. 1969.

Hermann Rauschning. Erstmals unter dem Titel ›Das Werk Hermann Rauschnings. Zur Neuauflage seiner ‹Revolution des Nihilismus›‹ in ›Neue Rundschau‹, Frankfurt am Main – Berlin, 1963, H. 4, S. 577–589.

Helmuth James von Moltke. Bisher unveröffentlicht.

Bertrand Russell. Erstmals unter dem Titel ›Versuch über Bertrand Russell‹ in ›Neue Rundschau‹, Frankfurt am Main – Berlin, 1967, H. 2, S. 240–266.

Napoleon und die Deutschen. Erstmals in ›Frankfurter Allgemeine Zeitung‹, 16. 8. 1969.

Schloß Arenenberg. Erstmals unter dem Titel ›Die Napoleoniden auf Schloß Arenenberg‹ in ›Du. Kulturelle Monatsschrift‹, Zürich, 24. Jg., August 1964, H. 182, S. 36–53.

Heine, wem gehört er? Vortrag, gehalten auf dem Düsseldorfer Heine-Kongreß im Dezember 1972. Erstmals in ›Neue Rundschau‹, Frankfurt am Main – Berlin, 1972, H. 4, S. 650–659.

Georg Büchner und die Revolution. Rede, gehalten anläßlich der Verleihung des Georg Büchner-Preises 1968. Erste Buchveröffentlichung in ›Jahrbuch der Deutschen Akademie für Sprache und Dichtung‹, Darmstadt, 1968, S. 88–103.

Der heilige Johannes von Nepomuk. Erstmals in ›Du. Kulturelle Monatsschrift‹, Zürich, 31. Jg., Dezember 1971, H. 370.

Register

Zusammengestellt von Knut Beck